gutes leben
bene!

Andreas Knapp · Melanie Wolfers

GLAUBE, DER NACH FREIHEIT SCHMECKT

Eine Einladung an
Zweifler und Skeptiker

INHALTSVERZEICHNIS

EINLADUNG

Glauben Sie wirklich, dass Sie an Gott glauben? Oder glauben Sie nicht an Gott, aber zweifeln bisweilen an Ihren Zweifeln? Interessiert es Sie, warum heute noch Menschen so verrückt sind, an Gott zu glauben? Dann sind Sie eingeladen, mit uns ins Gespräch zu kommen.

Wir sind zwei Ordensleute, gehören also zur selten gewordenen Gattung »Nonne« und »Mönch«. Doch anders, als Sie vielleicht vermuten, leben wir nicht im Kloster, sondern in einem ganz normalen Umfeld. Bei unserer Arbeit – im Kontakt mit jungen Erwachsenen oder in der Flüchtlingsarbeit, als Seelsorgerin, Schriftstellerin und Podcasterin – stoßen wir auf Neugier und Unverständnis: »Warum lebst du so? Wie kannst du an Gott glauben, wo du doch sonst ganz vernünftig wirkst? Wen oder was meinst du mit ›Gott‹?« Oder spöttisch: »Grüß Gott – wenn du ihn triffst!«

Solche Begegnungen mit Zweiflern und Skeptikern wie auch mit Christinnen und Christen, die ihren Glauben tiefer verstehen wollen, haben uns herausgefordert. Denn uns beide verbindet der leidenschaftliche Versuch, wie wir den christlichen Glauben in einem modernen Weltbild denken und leben können. Sieben Tage lang haben wir heftig miteinander diskutiert. Dabei stellten wir uns Fragen, die in der Öffentlichkeit sehr umstritten sind, aber auch Fragen, die sich eher in stillen und nachdenklichen Stunden zu Wort melden. Aus diesen Dialogen entstand das vorliegende Buch.

In unseren Gesprächen geben wir einen Einblick in unseren Alltag und unseren Glauben. Und aus diesen Dialogen erwachsen zugleich die zentralen Fragen dieses Buches: Kann der Mensch auf Religion verzichten? Fördert Religion Gewalt? Lassen sich Evolutionstheorie und Schöpfungsgedanke miteinander vereinbaren? Wer war Jesus von Nazareth, und warum fasziniert er bis heute so viele Menschen? Und schließlich: Welche Orientierung kann der Glaube in einer pluralen und unübersichtlichen Welt geben?

Ausgangspunkt unserer Überlegungen ist: Der Mensch ist der »erste Freigelassene der Evolution«. Darin gründen seine Größe und Würde, aber auch seine Not und Gefährdung. Der Ruf nach Freiheit kann ganze Völker mobilisieren. Doch im Namen der Freiheit werden auch fürchterliche Verbrechen begangen. Ausgehend von dieser Ambivalenz, entfalten wir ein Gottesbild, das aus jüdisch-christlichen Quellen schöpft und den Weg zu einer modern verstandenen christlichen Freiheit weist. Wenn Sie einer solchen Freiheit auf den Geschmack kommen wollen: Lesen Sie weiter!

Vielleicht reizt es Ihre Neugier noch mehr, wenn Sie erfahren: Dieses Buch ist vor 15 Jahren erschienen und hat seither zahlreiche interessierte Leserinnen und Leser gefunden. Diesem Erfolg verdankt sich die Anregung von Stefan Wiesner, dem Leiter des bene! Verlags, unser Gemeinschaftswerk zu überarbeiten und neu auflegen zu lassen.

Melanie Wolfers, Wien
Andreas Knapp, Leipzig
an Pfingsten 2023

ERSTER TAG: GOTT TAUCHT AUF

Melanie: *Darauf habe ich mich schon lange gefreut: Mit dir mal wieder über Gott und die Welt zu diskutieren! Es ist allerdings schade, dass wir nur eine Woche Zeit haben …*

Andreas: *Ach, sieben Tage sind doch ein bewährter Zeitraum, um schöpferisch tätig zu sein! Und das Bildungshaus St. Michael in Tirol bietet uns einen herrlichen Rahmen für unsere religiösen Gipfelgespräche. Der Blick auf die Berglandschaft ist faszinierend. Ich komme direkt aus Leipzig, und dort ist die Landschaft ziemlich platt …*

Melanie: *Apropos »platt«: Seit 18 Jahren lebst du jetzt schon als Ordensmann – oder soll ich sagen: als Mönch? – in einem Plattenbau am Stadtrand von Leipzig. Die DDR hatte noch geplant, dass in den Beton-Siedlungen der neue sozialistische Mensch heranwächst. Wenn Honecker & Co erfahren würden, dass dort jetzt so eine Art Kloster entstanden ist, wären sie wohl auch ziemlich platt …*

Andreas: *Wobei Honecker sicher stolz darauf wäre, dass Leipzig nach wie vor als »Hauptstadt des deutschen Atheismus« gilt. In unserem Wohnviertel sind Christen eine Rarität und Mönche absolut exotisch. Ich vermute, dass wir bald unter das Artenschutzgesetz fallen, weil wir vom Aussterben bedroht sind.*

Melanie: *Ich lebe zwar als Ordensfrau im katholischen Österreich, aber auch das ist schon lange kein »Klösterreich« mehr. Es gibt noch ökologische Nischen, in denen Mönche und Nonnen überleben, aber sie wirken häufig wie lebende Fossilien aus einer anderen Zeit oder gar von einem anderen Stern. Was sagen denn eure Nachbarn, wenn sie am Klingelschild »Kleine Brüder vom Evangelium« lesen?*

Andreas: *Die Leute wundern sich über eine »Männer-WG« zu viert, über unsere vielen Besuche und sicher auch darüber, dass wir einer ganz normalen Arbeit nachgehen. Aber »Mönch-Sein« ist vor allem etwas Inneres. Den Glauben an Gott liest man einem ja nicht an der Nasenspitze ab.*

Melanie: *Auch wir leben einen ganz normalen Alltag. Wenn andere erfahren, dass ich Mitglied einer Ordensgemeinschaft bin, dann kommt es zu den unterschiedlichsten Reaktionen. Die einen wissen gar nicht, was das ist, und fragen mich, wie viele Kinder ich habe. Andere staunen über den Mut, dass ich auf eine Hochschulkarriere verzichtet habe und mein Leben ganz auf Gott setzen will.*

Andreas: *Können denn die Leute, denen du begegnest, mit dem Begriff »Gott« noch etwas anfangen?*

Melanie: *Sowohl in meiner früheren Arbeit an der Uni als auch heute in meiner Vortragstätigkeit habe ich viel mit Menschen zu tun, für die Gott ein Fremdwort ist. Für Bekannte, die naturwissenschaftlich geprägt sind, ist Religion oft ein Ladenhüter, der vielleicht bald verschwinden wird.*

Andreas: *Ist es nicht komisch für dich, dass du an Gott glaubst, während viele deiner Freunde für Religion nur ein müdes Lächeln übrig haben?*

Melanie: *Weißt du, ich bin in Flensburg geboren und aufgewachsen, wo es recht wenige Christinnen und Christen gab. Von daher habe ich schon früh meinen religiösen Standpunkt selbst finden müssen. Und ich bekam zunehmend Lust, mit anderen über den Glauben zu diskutieren.*

Andreas: *Auch für mich ist es eine Herausforderung der ganz besonderen Art, mitten unter Nichtchristen zu leben. Für viele Arbeitskollegen oder Nachbarn ist die Frage nach Gott völlig uninteressant.*

Melanie: *In Österreich ist der christliche Glaube noch mehr verbreitet. Aber zugleich haben viele Frauen und Männer, mit denen ich in Kontakt stehe, keinen Bezug zu Kirche und Glaube. Wenn es*

jedoch um Berufsentscheidung oder Partnerschaft geht, um Trennung oder den Verlust eines geliebten Menschen, um den Umgang mit Krankheit und Leid, dann stellt sich oft auch die Frage nach Gott. Ein anderer Bereich sind die gesellschaftlichen und globalen Herausforderungen: In welcher Welt wollen wir leben? Wie gestalten wir unsere Zukunft auf unserem einzigartigen und zugleich so bedrohten Planeten? Auch hier kommen spirituelle Fragen ins Spiel.
Andreas: *Es gibt aber auch Menschen, die Gott ablehnen und den religiösen Glauben bekämpfen, weil er angeblich die Gewalt fördert und das Denken beschränkt.*
Melanie: *Ja, auf den Bestsellerlisten tauchen regelmäßig Bücher auf, die der Religion den Krieg erklären. Richard Dawkins hat in seinem Buch »Der Gotteswahn« den religiösen Glauben als eine biologische Fehlentwicklung des Menschen gebrandmarkt. In den letzten Jahren blies Yuval Noah Harari in das gleiche Horn.*[1]
Andreas: *Diese Autoren versuchen, soziale Phänomene mithilfe der Evolutionstheorie zu erklären. Ich habe mich schon vor 35 Jahren während meines Studiums mit der Soziobiologie beschäftigt. Dieser Erklärungsansatz hat mich derart fasziniert, dass ich sogar eine Doktorarbeit darüber geschrieben habe. Es gab damals eine längere Phase, in der ich die Kritik am Gottesglauben überzeugend fand. Ich war damals so etwas wie ein »theoretischer Atheist« …*
Melanie: *… und trotzdem bist du Priester und Ordensmann geworden?*
Andreas: *Ja. Intuitiv habe ich gespürt, dass die Soziobiologie nicht alles erklären und vor allem Religion, Kunst oder Liebe nicht einfach weg-erklären kann. Das Studium der Wissenschaftstheorie hat mir dann die Augen dafür geöffnet, dass naturwissenschaftliche Erklärungen eine begrenzte Reichweite haben. Wenn das vergessen wird, dann werden solche Theorien totalitär.*
Melanie: *Wie kamst du eigentlich zur Soziobiologie?*
Andreas: *Mein Opa war Imker. Ich habe mich von Kindheit an für die Staaten bildenden Insekten interessiert. Von meinen Klassen-*

kameraden wurde ich manchmal sogar »Ameisenprofessor« genannt. Für die Evolutionstheorie stellte die soziale Organisation der Ameisen und Bienen lange eine große Herausforderung dar: Wie kam es dazu, dass im Bienenstaat sterile Arbeiterinnen auf eigenen Nachwuchs verzichten und sich für die Brut der Königin bzw. den »Insektenstaat« selbstlos aufopfern? Die Soziobiologie versucht, für ein solches Verhalten Erklärungsmodelle zu entwickeln. Doch können diese auch schon erhellen, warum buddhistische Mönche und katholische Nonnen auf Sex und Nachwuchs verzichten? Der Blick vom Ameisenhügel aus scheint mir für solche komplexen menschlichen Verhaltensweisen dann doch etwas zu kurzsichtig.

Melanie: *Unsere Spezies scheint auch für Hirnforscher ein lohnendes Objekt zu sein. Immer wieder lese ich davon, dass meditierende Mönche und Nonnen mit modernster Technologie beobachtet werden. Beim Gebet werden ganz bestimmte Areale im Gehirn aktiviert und biochemische Substanzen freigesetzt. Ich finde das hochinteressant! Aber was es bedeutet, an Gott zu glauben, lässt sich so nicht erfassen. Ich kann ja auch messen, welche Gehirnregionen bei einem Physiker aktiviert sind, wenn er über die Relativitätstheorie nachdenkt. Aber daraus lässt sich über die Inhalte dieser Theorie nichts ableiten, und es relativiert sie in keinster Weise.*

Andreas: *Man könnte auch die Gehirnzustände eines Biologen messen, wenn er gerade seine Ameisen untersucht oder von einer Biene gestochen wird. Diese Erregungszustände würden über den Inhalt oder gar die wissenschaftliche Wahrheit der Soziobiologie nichts aussagen.*

Melanie: *Wenn du deinen Nachbarn im Plattenbau erklären willst, was Religion ist, was würdest du dann sagen?*

Andreas: *Ich würde bei Adam und Eva anfangen. Das Menschsein beginnt mit der Religion. Und zwar von Anfang an.*

PROLOG IM URWALD

Die Schwüle war unerträglich. Modergeruch und der süßliche Duft überreifer Früchte erfüllten die stickige Luft. Gegen Abend ballten sich über dem Blätterdach des Regenwaldes dunkle Wolken zusammen. Von fern war bereits ein grummelndes Grollen zu vernehmen. Dann herrschte wieder bedrückende Stille. Die Stimmen der Vögel waren verstummt, und Spannung lag in der Luft. Endlich zerriss ein zuckender Blitz die Schwärze der Nacht und schlug unter ohrenbetäubendem Donner in einen Baumriesen ein, dessen Wipfel in tausend Scheite und Späne zersplitterte. Auf den dumpfen Schlag folgte ein Höllenlärm. Tukane pfiffen in höchsten Tönen, Papageien kreischten, und zwei Paradiesvögel flatterten mit lautem Flügelschlag davon. Ein Kapuzineraffe, der sich in der Baumkrone verkrochen hatte, ließ sich schreiend in die Tiefe fallen und fing sich erst im unteren Astwerk wieder. Dort blieb er hängen, wimmernd und am ganzen Körper zitternd.

Unter diesem Baum am Rande des Urwalds hatte ein Exemplar der Spezies »Homo prae-sapiens« Zuflucht vor dem nahenden Gewitter gesucht und kauerte am Boden. Die Augen des Vor-Menschen waren zufällig auf eine Lücke im Geäst gerichtet, sodass er den Blitzstrahl in den Wipfel einschlagen sah. Vom Donner gerührt, zitterte auch er am ganzen Körper und war doch zugleich gebannt von diesem Schauspiel. Seine Nackenhaare sträubten sich, und ein eigentümlicher Schauder lief ihm über den Rücken. Schrecken und Faszination erfassten ihn im selben Augenblick. Durch sein Gehirn fuhr ein Geistesblitz und weckte ihn aus traumwandlerischer Stumpfheit. Staunend über sich selbst formte er einen ersten Gedanken: Welche Macht hatte ihn soeben tödlich bedroht und dann doch verschont?

Der erste Mensch, nennen wir ihn aus purer Gewohnheit »Adam«, war aus der dumpfen Natur erwacht. Als er um sich blickte, lagen rauchende und glimmende Späne auf dem Boden verstreut. Das trockene Gras in der Nähe des Baumstamms fing Feuer, und Adam stand staunend vor der prasselnden Erscheinung, die sich immer weiterfraß. Er hatte die Urgewalt des Feuers schon öfter beobachtet. Jetzt aber gingen ihm die Augen auf: Die Macht, die Blitze schleudert, meinte es gut mit ihm.

Adam nahm seinen ganzen Mut zusammen und ergriff ein brennendes Scheit, um es zu seiner Sippe zu bringen, die draußen in der Savanne lagerte. Dabei formte sich ein weiterer Gedanke in seinem großen Gehirn: Es gibt Götter, die über den Wolken wohnen und Macht haben über Leben und Tod. Dem Menschen aber haben sie das Feuer geschenkt, damit auch er mächtig werde. Zum Dank für das Feuer vom Himmel würde der Mensch den Göttern Brandopfer darbringen. So hoffte er, dass sie ihm auch künftig gnädig sein werden, ihm Fruchtbarkeit schenken und ihn vielleicht sogar in die ewigen Jagdgründe aufnehmen.

Während der Affe bald wieder seinem Bananen-Trieb folgend weiterzog, hatte sich unweit bei einem nahen Verwandten die größte biologische Revolution ereignet. In einem Gedankenblitz war eine Ahnung von »Gott« aufgetaucht – und das war zugleich die Geburtsstunde des Menschen. Der Affe blieb, was er war, und dachte nicht daran, einem Gott zu opfern oder seine Toten zu begraben. Der Mensch aber war über sich selbst hinausgewachsen.

GOTTES BLITZGEBURT

Wir wissen nicht genau, von welchem Stammbaum der erste Mensch heruntergestiegen ist, um den aufrechten Gang zu lernen. Wir wissen aber ziemlich sicher, dass Religion etwas Urmenschliches ist und sich schon bei frühen Menschenformen wie Neandertaler und Homo erectus findet. Unsere These lautet: *Das Menschsein beginnt mit der Befähigung zur Religion.*

Unter *Religion* versteht man im Allgemeinen die »Rück-Bindung« an etwas Göttliches (lat. religare = anbinden, zurückbinden). Der Mensch hat eine natürliche Tendenz zum Übernatürlichen. Zwar fürchtet sich auch ein Affe, wenn sich dunkle Wolken über ihm zusammenbrauen. Aber erst der Mensch hat das Abstraktionsvermögen, sich einen über den Wolken thronenden Gott vorzustellen, der als Wotan, Jahwe oder Zeus Blitze wie Pfeile um sich schleudert. Auch ein Kapuzineraffe erschrickt, wenn ein Blitz über ihm den Himmel zerreißt, aber es wird ihm nie einfallen, ein Mönch zu werden. Luther hingegen tritt nach seiner Blitzbekehrung in ein Augustinerkloster ein. Und es mag durchaus sein, dass ein Affe etwas hilflos und vielleicht traurig neben einem toten Artgenossen kauert. Er wird aber nicht auf die Idee kommen, ihm eine Pyramide oder ein Mausoleum zu bauen, selbst wenn er im Zoo gelernt hat, mit Legosteinen zu spielen.

Nur der Mensch kann sich ein Leben nach dem Tod paradiesisch bunt ausmalen und dem verunglückten Artgenossen Waffen für die Jagd im Jenseits, Reiseproviant und gegebenenfalls noch einen Schuss Schnaps mit ins Grab geben. Auch Schimpansen können Farben erkennen und haben sichtlich Freude daran, mit ihnen herumzuklecksen, vor allem, wenn ihnen als Belohnung eine Packung Studentenfutter winkt. Aber erst der Mensch malt Bilder und Symbole an Höhlenwände, um Tiergeister zu bannen und Götter zu verehren.

Der entscheidende Schritt zur Menschwerdung (»Hominisation«) setzt mit dem aufrechten Gang und der Vergrößerung des Gehirns ein. Das aufrechte Gehen erweitert das Gesichtsfeld des Menschen und ermöglicht ihm, seine Hände frei zu gebrauchen. Er greift nach den Dingen, und durch das Begreifen erweitern sich die Kapazitäten seines Gehirns. Der Mensch emanzipiert sich zunehmend von den Vorgaben seiner biologischen Natur und gewinnt neue Handlungsspielräume. Er erwacht aus der naturhaften Ohnmacht und kommt zu sich. Aufgrund dieser neuen Bewusstseinsstufe ist er nicht mehr im Hier und Jetzt gefangen. Das engstirnige Leben im jeweiligen Augenblick weitet sich in Übersicht und Vorausschau. Der Mensch kann reflektieren, d.h. nachdenken. Der Urmensch interessiert sich nicht mehr bloß für die Banane in seiner Hand, sondern auch für die Taube am Himmel und die Ursache des Blitzes. Das Naheliegende ist ihm nicht mehr gut genug, und er schweift in die Ferne: Er staunt über die Sterne, träumt von der Zukunft und erinnert sich an die Toten. Im Weitblick kann der Mensch von sich und seinem unmittelbaren Interesse Abstand nehmen. Tiere dagegen können nicht von sich absehen und sind distanzlos. Deshalb haben sie auch nichts zu lachen. Der Mensch hingegen hat Humor. Er kann den tierischen Ernst überschreiten und sogar über sich selbst lachen. »Der Mensch ist das Wesen, das sich selbst zurücknehmen, sich relativieren kann.«[2]

Wenn der Mensch von sich selbst Abstand nimmt, macht er einen Schritt über sein Ich hinaus. Man könnte auch sagen: Er überschreitet (lat. = transzendiert) sich. Vielleicht spiegelt sich im Übergang vom Urwald in die Weite der Savanne diese Bewusstseinserweiterung des Menschen. Während der Affe vor lauter Bäumen den Wald nicht sieht, vermag der Mensch über das Unmittelbare hinauszudenken. Es drängt ihn zu fragen, was »hinter« und »über« der Welt steht (Transzendenz). So lässt sich der Übergang vom Tierreich zum Menschen bei unseren Vorfahren dort ansiedeln, wo sie zum ersten Mal Ehrfurcht und Furcht vor einem höheren Wesen empfinden, das sie zu verehren beginnen. Der Rubikon zwischen Tier und Mensch wird in dem Moment überschritten, in dem ein Wesen erstmals, und wenn auch nur andeutungsweise, den Gedanken »Gott« zu bilden vermag (Joseph Ratzinger). Der Mensch als religiöses Lebewesen (animal religiosum) kann Gott danken und denken. Erst die Befähigung zur Religion macht den Menschen zum Menschen.

In der Debatte um die Gottesfrage wird heute freilich oft auf die evolutionsgeschichtliche Entwicklung der Religion hingewiesen, um Gott als eine Illusion des Menschen zu enttarnen:

Religion als Trostpflaster

Die Ursprungsgeschichte des Gottesglaubens wird von Religionskritikern gern aufgegriffen, um zu zeigen: *Religion verdankt sich irrationalen Ängsten und ist daher selbst irrational.* Ein klassisches Argument lautet: Die Angst vor Blitz und Donner, vor Krankheit und Naturgewalten lässt den Menschen die trostvolle Geschichte vom »lieben Gott« erfinden. Eine noch undurchschaubare Natur überfordert die naive Fantasie der ersten Menschen, die sich dann vor lauter Schreck die tollsten Götter ausmalen. Mit dem Bewusstsein von sich selbst erkennt der Mensch, dass er sterben wird. Dieses todsichere Wissen lässt den Menschen die Religion erfinden, um seine Todesangst zu bewältigen. Demnach sind Angst vor dem Tod und der Wunsch nach einem Jenseits die Schöpfer aller Mythen und Religionen. Zudem kann der Glaube an ein Weiterleben nach dem Tod beispielsweise Unglück und Ungerechtigkeit erträglicher machen. Denn ein »himmlischer Rechnungshof« wird darüber wachen, dass am Ende alle quitt sind. Auf den Punkt gebracht: Die menschlichen Sehnsüchte und Wünsche schaffen sich in Gott ein Gebilde, das hilft, in diesem elenden Jammertal zu leben. Religion ist evolutionsgeschichtlich also nichts weiter als ein falsches Bewusstsein, das der Mensch entwickelt, um mit dem Leben besser zurechtzukommen. Gott ist eine Schöpfung des Menschen!

Diese Überlegungen sind allerdings nicht sehr tiefschürfend. Denn *erstens* sind zwar Bestattungen ohne Zweifel paläontologisch ein wichtiger Hinweis für das Auftreten des Homo sapiens und geben Inhalte früher religiöser Vorstellungen zu erkennen. So wurden beispielsweise die Toten des Neandertalers mit bis zu sieben Blumenarten und ihre Augen mit Muschelschmuck bedeckt. Auch deuten gespaltene und verkohlte Tierknochen über den Gräbern auf ein Totenmahl hin, sodass der Leichenschmaus als eine Erfindung des Neandertalers gelten kann (Ulrich Lüke). Wenn jedoch der tröstliche Gedanke an ein Jenseits der Entstehungsgrund für Religion sein soll, so muss man fragen: *Warum kennen dann viele Religionen keine Aufnahme ins Paradies?* Für die alten Griechen winkte nach dem Tod kein Platz an der Sonne, sondern ein düsterer Ort namens Hades – eine alles in allem ziemlich traurige Veranstaltung für die sich allmählich auflösenden Schatten. Eine derart trübe Aussicht nimmt den Menschen nicht gerade die Furcht vor dem Tod, sondern vergrößert sie eher noch. Andere Religionen trösten den Menschen nicht mit paradiesischen Zuständen, sondern machen ihm mit Jenseits-Drohungen die Hölle heiß. Die Aussicht, von Dämonen geröstet und in einem ewigen Feuer gegrillt zu werden, ist – weiß der Teufel – keine appetitliche Perspektive. Wie soll da der Gedanke an den Tod erträglicher werden? Auch das Konzept der Wiedergeburt bietet keinen Trost, denn die Vorstellung von einem Kreislauf, in dem man als Zweibeiner, Tausendfüßler und dann als Fußpilz endlose Runden dreht, wird als fürchterlicher Fluch empfunden. In wieder anderen Religionen, wie etwa im Judentum, entwickelte sich der Glaube an ein Leben nach dem Tod nicht am Beginn, sondern erst in einer sehr späten Phase. Was das frühe Judentum interessierte, war nicht ein Leben nach dem Tod. Der Segen Gottes war vielmehr ein pralles Leben mit Korn und Wein in Fülle, mit reichem Kindersegen und einem hohen Alter, um das Zeitliche zu segnen und Gott zu loben. Ähnlich geht es auch in vielen anderen Religionen nicht primär um ein Jenseits, sondern um ein Leben mit Gott oder den Göttern im Hier und Heute. Die Religion prägt und durchformt den Alltag, in dem sich Himmel und Erde berühren.

Zweitens behauptet die Religionskritik, dass Religion auf eine zwar verständliche, aber falsche Wunschvorstellung von einem Leben nach dem Tod rückführbar sei. Wir haben gesehen, dass diese These geschichtlich nicht haltbar ist. Doch selbst wenn Todesangst bei der Entstehung des Gottesglaubens eine gewisse Geburtshilfe geleistet haben sollte: Was sagt das über die Richtigkeit dieser Idee? Wäre die Relativitätstheorie ungültig, wenn Einstein sie aus purem Ehrgeiz aufgestellt hätte? Ist nicht auch die Naturwissenschaft aus Angst vor einer übermächtigen und unbeherrschbaren Natur entstanden? Die psychischen Beweggründe, die jemanden auf einen bestimmten Gedanken bringen, sagen über den Realitätsgehalt des Gedachten nichts aus. Auch wenn Angst den Menschen beflügelt haben sollte, über die Welt nachzudenken, kann der gefundene Inhalt genauso richtig sein wie das Ergebnis einer Mathematikaufgabe, die eine Schülerin aus purer Angst vor der Strafe ihres Vaters löst.

Religion als Sozialkitt

Ein weiterer beliebter Versuch, Religion zu erklären, ist die Behauptung: *Der religiöse Glaube hat sich in der Evolution um eines sozialen Vorteiles willen herausgebildet.* Die »Soziobiologie« geht von den darwinistischen Gesetzen aus: Die Eigenschaften und Verhaltensweisen von Lebewesen werden von Genen programmiert. Dabei haben jene Gene eine größere Chance, an die nächste Generation vererbt zu werden, die ihren Träger überlebenstüchtiger machen (natürliche Auslese, »Selektion«). Eine Veränderung im Genmaterial (»Mutation«) kann beispielsweise eine Maus so programmieren, dass sie beim Anblick einer Katze davonläuft. Die dafür verantwortlichen Gene werden sich gegenüber anderen Genen durchsetzen, welche die Maus in der Gefahr einfach sitzen lassen. Einige Soziobiologen wenden die Gesetze von Mutation und Selektion auch auf soziale und kulturelle Phänomene des Menschen an: Eine Gemeinschaft, die an Götter glaubt, ist überlebenstüchtiger, denn der gemeinsame Glaube fördert das Sozialverhalten der Höhlenmenschen. Der Regentanz ist zwar nach heutiger Kenntnis meteorologisch ineffektiv, kann aber soziale Spannungen abbauen und damit häusliche Gewitter vermeiden helfen – was die Tanzenden allerdings nicht durchschauen. Religion kann eine Gruppe abgrenzen und ihren Mitgliedern Identität und Zusammenhalt vermitteln. Sie wirkt als Sozialkitt und moralische Ressource einer Gesellschaft.

Nach Meinung verschiedener Autoren hat eine Belohnung im Jenseits schon den Homo erectus dazu angestachelt, auf die ungläubigen und darum verzagteren Konkurrenten umso waghalsiger dreinzuschlagen – was sich im Kampf ums Dasein als vorteilhaft erweist. Die Idee eines Gottes, der als unsichtbarer Polizist alles kontrolliert, kann sich auf das konkrete Verhalten von Menschen regulierend auswirken. Ja, wer an eine himmlische Lohntüte glaubt, verzichtet leichter zugunsten von Stammesgenossen. Und schließlich können religiöse Rituale den Menschen zu heldenhaftem Einsatz und sogar zum Selbstopfer bewegen: Der Gläubige ist bereit, Nächstenliebe zu üben und am Ende für Gott und Vaterland zu sterben.

Nun ist es allerdings trivial zu sagen, dass Religion vielerlei soziale Funktionen ausübt und sich wie alles Kulturelle auch soziobiologisch vorteilhaft auswirken kann. Doch Religion hat nicht nur biologischen Nutzen mit sich gebracht. Im Gegenteil: Religion hat auch ganze Völker in den Untergang geführt. Es gab und gibt Religionskriege, deren evolutiver Nutzen überhaupt nicht sichtbar wird. Den Verfechtern religiöser Ideen geht es um die Wahrheit ihres Glaubens und nicht um einen Überlebensvorteil. Es gibt Menschen, die sich bewusst – oft sogar unter Lebensgefahr – gegen die Religion der Gemeinschaft stellen, in der sie aufgewachsen sind. Und dies nur aus einem Grund: weil sie eine andere Religion als plausibler und überzeugender empfinden. Solche Bekehrungen sind mit »soziobiologischem Nutzen« kaum zu erklären. Es würde völlig ausreichen, in eine beliebige Weltanschauung eingebettet zu sein, die Harmonie und Sicherheit vermittelt. Darüber hinaus stellt sich die Frage, warum bestimmte Religionssysteme ausgestorben sind, während die Völker überlebten: Griechen, Ägypter und Schwaben existieren auch ohne Zeus, Osiris und Wotan munter weiter. Um all diese Fakten zu erklären, greifen rein soziobiologische Erklärungsmuster einfach zu kurz.[3]

Religion als Fitnessfaktor

Auch wenn der Gottesglaube bisweilen soziale Nachteile mit sich bringt, so kann er doch einen ausgleichenden und stärkenden Effekt haben. Einige Vertreter der modernen Psychologie werden nicht müde, den *»Gesundheitsfaktor Glauben«* zu betonen. Der zum Bewusstsein erwachte Mensch wird mit seiner Ohnmacht, mit Misserfolg und Leiden konfrontiert. Religion kann diese Situation des Menschen psychisch erträglicher machen. So hat zum Beispiel der US-amerikanische Psychologe David Larson den Zusammenhang zwischen Glauben und psychischer Gesundheit ausgewertet und kommt zum Fazit: Religiosität wirkt sich in 84 % der Fälle positiv auf die Gesundheit aus, in 13 % neutral, und nur in 3 % ist sie der Gesundheit abträglich. Bei Menschen mit geringer Religiosität ist die Wahrscheinlichkeit für Alkoholabhängigkeit viermal höher als bei regelmäßigen Kirchenbesuchern. Religion scheint auch gegen Opiumsucht resistenter zu machen, sodass Religion als Substitution bei Opiumabhängigkeit des Volkes eingesetzt werden könnte. Harold Koenig vom Duke University Medical Center, der Hunderte von Studien über den Einfluss der Religion auf die Gesundheit kritisch analysiert hat, behauptet sogar: »Ein Mangel an religiösem Engagement wirkt sich auf die Sterblichkeit genauso aus, wie wenn man vierzig Jahre lang täglich eine Schachtel Zigaretten raucht.«[4] Religiosität würde folglich vor Bluthochdruck und Depression schützen und sogar eine höhere Lebenserwartung garantieren.

Wenn man diesen Zusammenhang näher untersucht, lässt sich feststellen, dass religiöse Menschen weniger rauchen und seltener Drogen nehmen. Glaube befähigt – im Zusammenhang mit anderen Faktoren – offenbar auch, emotionale Belastungen besser zu bewältigen, die eigenen Nöte ins Gebet zu nehmen und Stress abzubauen und somit das Immunsystem weniger zu beanspruchen. Auf diesem Hintergrund wäre zu prüfen, ob Ärzte nicht auch religiöse Übungen verschreiben sollten. Vielleicht wäre eine Taufe oder eine Zen-Meditation wirksamer als die Verschreibung von synthetischen Pillen – und darüber hinaus der Gesundung des angeschlagenen Krankenkassen-Systems zuträglich.[5] Es gibt freilich auch die Gegenanzeige: Religion kann negative Konsequenzen für die Gesundheit haben. Die Luft in Kirchen ist einer Untersuchung zufolge schlechter als an Straßen mit einem Verkehrsaufkommen von mehr als 45 000 Autos täglich. Besonders wegen der rußenden Kerzen übersteigt der Schadstoffgehalt der Kirchenluft die europäischen Luftverschmutzungsstandards um mehr als das Zwanzigfache.[6]

Was sagen nun all diese Untersuchungen? *Zum Ersten* könnte man versucht sein, aus positiven Nebeneffekten von Religion den Schluss zu ziehen: *Religion beruht auf einer Kosten-Nutzen-Rechnung,* der es um einen bestimmten Gewinn geht. In der Tat finden sich in der Volksreligiosität viele Versuche, mit Gott ein Geschäft zu machen. Man bietet Gott Gebete und Opfer an, um im Gegenzug etwas von ihm zu erhalten. Doch Religion kennt Dimensionen, die über eine solche Mentalität eines Krämerladens weit hinausgehen.

Ein Beispiel soll das verdeutlichen: Es gibt Untersuchungen, die zeigen, dass verliebte Menschen mehr Abwehrkräfte gegen bestimmte Krankheiten haben, weil ihr Immunsystem besser funktioniert. Aber wird sich ein Mensch deshalb verlieben? Ganz abgesehen davon, dass man sich auf Kommando ja sowieso nicht verlieben kann: Es wäre höchst absurd, wenn im Herbst statt der Grippe-Impfung alle Welt anfangen würde, Frühlingsgefühle zu entwickeln und sich Hals über Kopf zu verlieben, um Halskrankheiten vorzubeugen. Niemand verliebt sich, um gesünder zu bleiben. Auch wird niemand an Gott glauben, um eine stabilere Ehe führen zu können. Solche nützlichen Wirkungen sind Nebeneffekte, mehr oder weniger bekannt und oft nicht einmal gewollt. Denn bei der Religion geht es ähnlich wie bei der Liebe im Letzten nicht um ein Kalkül oder darum, ob ich etwas davon habe.

Eine *zweite* Folgerung, die aus positiven Funktionen von Religion abgeleitet wird, findet sich bei Religionskritikern. Aus ihrem Nutzen drehen diese nämlich der Religion einen Strick. Ihre These lautet: *Religion ist nur eine Art Psychopharmakon,* das sich die Menschheit selbst verschrieben hat. »Gott« ist ein Placebo: Es hat zwar keinen Inhalt, wirkt aber dennoch, weil man an seine Wirkung glaubt.

In ähnlicher Weise setzte schon die klassische Religionskritik an und wollte Religion als Betäubungsmittel entlarven. Nach Ludwig Feuerbach und Karl Marx legt sich die unterdrückte Volksmasse zu Vertröstung und Seelenmassage eine Religion zu, die ihr hilft, ihr Elend besser zu ertragen. Denn nach diesem Leben im grauen Jammertal der Erde wartet ja ein bunter Himmel, in dem man dann zum Ausgleich Glück findet – etwa bei himmlischen Orchestermessen. Nach Marx schafft sich das Proletariat selbst eine solche Vertröstungsdroge (»Opium des Volkes«), nach Lenin träufeln die Mächtigen dieses Rauschgift dem Volk ein, um es ruhigzustellen (»Opium für das Volk«). Dadurch wird ein kritisches Erwachen der Menschen und die daraus folgende marxistische Revolution verhindert.

Die *Projektionstheorie* geht also davon aus, dass der Mensch ein Wunschbild an eine Leinwand projiziert und für die Wirklichkeit hält. Nun ist diese Theorie ein Ladenhüter aus dem 19. Jahrhundert, dessen Qualität sich nicht dadurch verbessert, dass man ihn ständig neu ins Schaufenster legt. Dass Religion soziale Funktionen hat und Momente der Projektion enthält, ist nämlich eine Binsenweisheit. Doch ob Religion nun gesund oder krank, aufgeweckt oder schläfrig macht – oder welche sonstigen Funktionen Religion für eine Gesellschaft haben kann: All dies sagt nichts darüber aus, ob das, was sie lehrt, wahr ist oder nicht!

Ein Beispiel: Man kann einem Kind abends eine Geschichte vorlesen, damit es besser einschläft. Wenn dem Kind dann bald sorglos die Augen zufallen und es wunderbar tief schläft, lässt sich daraus nicht schließen, ob die Geschichte wahr oder erfunden ist. Es gibt kluge Philosophen, die sagen: Die Gutenachtgeschichte ist Opium für das Kind und schläfert es ein. Aus dieser Funktion folgern sie, dass die erzählte Geschichte gar nicht wahr ist. Nun kann aber die Geschichte von dem Mann mit dem langen Bart sowohl von König Drosselbart als auch vom Kaiser Rotbart (Barbarossa) gehandelt haben. Die einschläfernde Wirkung einer Geschichte sagt also null und nichts darüber aus, ob sie von einem real existierenden Bartträger oder einem märchenhaften Weihnachtsmann handelt.

Das gilt auch für die Geschichte vom »lieben Gott«.* Weil der Gedanke an Gott schon so alt ist, hängt man diesem – wie einem alten Witz – einen Bart an. Nun zeigt aber unsere Analyse rasier-

---

* Der Vergleich der Geschichte vom lieben Gott mit einschläfernden Gutenachtgeschichten ist in keiner Weise als Kritik an Predigten mit ähnlichen Wirkungen zu verstehen.

messerscharf, dass der lange, weiße Bart auch bei Erweis von dessen pharmakologischer Wirkung – mal als Sedativum auf Opiumbasis, mal als Aufputschmittel – noch lange nicht ab ist. Dass Religion den Menschen u. U. wie Opium zu betäuben vermag, kann nicht zur Beweisführung über das Sein oder Nichtsein Gottes herangezogen werden. Umgekehrt ist auch die Funktion des Angst-Machens ungeeignet, etwas über die Wahrheit der Religion zu erfahren. Wenn das Kind nach dem Hören der Geschichte vor lauter Angst nicht mehr einschlafen kann, ist daraus nicht ableitbar, ob es sich bei dem Erzählten um ein Märchen oder um einen Polizeibericht gehandelt hat. Wenn Religion Menschen in Ängste stürzt und sie vielleicht sogar krank macht oder wenn sie bei anderen gesundheitsfördernd wirkt, so folgt aus diesen Tatsachen für die Frage nach der Existenz von Gott oder von Göttern einfach – nichts!

Sowohl die klassische Religionskritik als auch ihre unverbesserte Neuauflage im Gewand soziobiologischer Thesen eines Richard Dawkins oder von Yuval Noah Harari[7] erliegen einem denkerischen Kurzschluss, wenn sie von der Funktion einer Idee auf deren Inhalt oder Realitätsgehalt schließen. Sie beweisen daher nicht das, was zu beweisen sie angetreten sind: die Nichtexistenz Gottes. Vielmehr glauben sie an die Hypothese, dass es Gott in Wirklichkeit nicht gibt. Von dieser Annahme ausgehend, versuchen sie dann, psychologisch oder soziobiologisch zu erklären, wie es zu dem dennoch vorhandenen Gottesglauben kommen konnte.

Man könnte den reizvollen Versuch unternehmen, die Religionskritik und den »neuen Atheismus« mit den gleichen Mitteln, nur unter umgekehrten Vorzeichen zu befragen. Mal angenommen, es gibt Gott: Was könnte Religions-allergische Menschen veranlassen, seine Existenz zu leugnen? Vielleicht haben sie eine unglückliche Vaterbeziehung erlebt, sodass sie sich mit der

»Tötung Gottes« endlich vom Über-Ich ihres tyrannischen Vaters emanzipieren wollen. Oder sie sind Opfer frühkindlicher Allmachtsfantasien, die sie dazu verleiten, sich selbst an die Stelle Gottes zu setzen. Womöglich wollen sie gar selbst zu Religionsgründern werden. Vielleicht will der neue Atheismus aber auch eine Gesellschaftsform vorantreiben, in der manche Wissenschaftlerinnen und Wissenschaftler endlich freie Hand bekommen, um das menschliche Erbgut nach Belieben zu manipulieren? Bislang ist dieser Neo-Genesis durch Genetiker vor allem mit religiösen Argumenten Widerstand geleistet worden (»Das Leben ist heilig«; »Die Würde des Menschen ist unantastbar«). Christopher Hitchens, Autor des Bestsellers »Der Herr ist kein Hirte. Wie Religion die Welt vergiftet«[8] hasst den Glauben, weil er der »Feind« einer »ungehinderten wissenschaftlichen Forschung« sei. Verbergen sich also hinter dem atheistischen Pulverdampf letztlich politische, wirtschaftliche oder soziale Interessen?

Wir wollen diese Fragen offenlassen, um keinen kurzschlüssigen Antworten zu erliegen. Für die atheistische Position gilt nämlich dasselbe wie für die religiöse: Es mag funktionale Gründe geben, welche die Existenz Gottes oder die Nichtexistenz Gottes als wünschenswert nahelegen. Doch diese sagen über die entscheidende Frage, ob Gott existiert oder nicht, rein gar nichts aus. Schließlich spricht ja auch die psychologische Funktion der Evolutionstheorie, dem unsicheren und besorgten Menschen endlich eine beruhigende Antwort auf die Frage nach seiner Herkunft zu geben, nicht gegen ihre Wahrheit.

KEINE TRICKS!

Eine weitere Erklärungsvariante für die Entstehung von Religion bietet der Soziobiologe Richard Dawkins in seinem »Gotteswahn«. Er behauptet: Religion ist kein direkt angezieltes Ergebnis der natürlichen Auslese unter den ersten Menschen. Sie ist vielmehr eine Art Schadensfall der Evolution. Denn Religion ist nicht aufgrund eines direkten Überlebensvorteils entstanden, sondern stellt eine Fehlfunktion eines eigentlich nützlichen Mechanismus dar. Religiöses Verhalten ist ein »unglückseliges Nebenprodukt einer grundlegenden psychologischen Neigung«.[9]

Dawkins geht als Soziobiologe von den Mechanismen der Evolution aus: »Wie erfolgreiche Chicago-Gangster haben unsere Gene in einer Welt intensivsten Existenzkampfes überlebt.«[10] Fitte Gene sind daher nach Dawkins von einem skrupellosen Egoismus geprägt: Sie tendieren dazu, in der nächsten Generation vermehrt präsent zu sein, um sich so im Lauf der Evolution immer mehr durchzusetzen.

Für die Fortpflanzung des Menschen – und damit für die Weitergabe der entsprechenden Gene – ist für Dawkins die Fähigkeit, sich zu verlieben, von Vorteil. Menschen, die von ihren Genen dazu vorprogrammiert sind, sich in einen Partner des anderen Geschlechtes zu verlieben, setzen sich aufgrund erfolgreicher Fortpflanzung gegenüber solchen Konkurrenten durch, denen die entsprechenden Gene fehlen. Das Schweben auf Wolke sieben geht nun mit ganz bestimmten Gehirnzuständen einher, bei denen chemische Substanzen ausgeschüttet werden. Diese wirken als natürliche Drogen auf das Gehirn ein. Sie verursachen das »Verliebtsein«, welches Dawkins als irrational kennzeichnet. Verliebt sein könnte als biologischer Mechanismus dafür sorgen, dem anderen Elternteil so lange treu zu bleiben, bis das gemeinsame Kind großgezogen ist.

Das Verliebtsein ist nach Dawkins nichts anderes als ein Trick der »egoistischen Gene«. Diese wollen immer nur das eine: ihr eigenes Fortbestehen auch in der nächsten Generation sicherstellen. Um ihrer eigenen Karriere willen haben die Gene den schönen Schein der Liebe erfunden. Die aufzuklärende Leserschaft müsse sich leider darauf einstellen: Die Liebe ist zu schön, um wahr zu sein. Ihr kommt keine Wirklichkeit zu. Sie ist lediglich eine überlebensdienliche Illusion, hinter der ein knallhartes genetisches Kalkül steht. Der Mensch fühlt sich selbstlos, sozial und liebevoll. In Wirklichkeit aber sind diese Gefühle nur das Resultat einer verborgenen Strategie. Die Mafia im genetischen Untergrund trickst den Menschen aus, um dann im Zeugungsakt das eigene Überleben zu sichern.

Dawkins kombiniert: Die Evolution hat im Gehirn einen »Irrationalitäts-Mechanismus« eingebaut, der es dem Menschen ermöglicht, sich zu verlieben. Der religiöse Glaube stellt ein ähnlich irrationales Phänomen dar wie die Liebe. Folglich ist Religion vielleicht als Nebenwirkung des Verliebtseins entstanden. Dawkins deutet also mit einem sexten Sinn Religion als Fortpflanzungsstrategie. Mystische Erfahrungen sind dann nichts weiter als evolutive »Trittbrettfahrer des Sex«.[11] Letztlich verdanken sich religiöser Glaube und Liebe einzig und allein einer Taktik von »egoistischen Genen«.

Gene lassen Spielräume

Betrachten wir diese kecken Thesen genauer. Dawkins redet von Genen, als ob diese bis ins Detail Eigenschaften und Verhalten eines Menschen bestimmen würden. Doch das Genom (die Gesamtheit der Erbanlagen) legt nicht statisch fest, was für ein Mensch aus ihm wächst. Die Entwicklung eines Menschen ist ein offener Prozess, der auch auf die Gene zurückwirkt. Daher ist das Erbgut eines jeden in ständigem Umbau begriffen.[12]

Weiterhin stellt sich die Frage, warum die Gene einen derartigen Aufwand betreiben, wo doch in der gesamten Pflanzen- und Tierwelt die Sexualität auch ohne das Gefühl der Liebe ausgezeichnet funktioniert. Die moderne Gehirnforschung betont, dass die Evolution mit dem menschlichen Gehirn eine Struktur hervorgebracht hat, die über ungezählte Möglichkeiten an Verzweigungen und Kapazitäten verfügt. Liebe und Religion sind hochkomplexe Phänomene, die sich weniger einem Überlebenstrick der Gene verdanken als vielmehr diesem denkwürdigen Gehirn.[13]

Das Größenwachstum des Gehirns ist ohne Zweifel ein Ergebnis der natürlichen Selektion. Das dadurch entstandene Gehirn kann nun aber wesentlich mehr Funktionen erfüllen als nur jene, die für die natürliche Auslese entscheidend waren. Den »egoistischen Genen« ist ihr Experiment mit den grauen Zellen längst davongelaufen. Denn vorteilhafter als Gene, die ein bestimmtes Verhalten bis ins Detail vorherbestimmen (determinieren), sind Erbanlagen, die den Menschen mit Köpfchen, d. h. mit Flexibilität, Lernvermögen und Intelligenz ausstatten. Der Gehirnforscher Manfred Spitzer bringt es auf den Punkt: Wir besitzen nicht trotz, sondern durch unsere Gene die Flexibilität, »die es uns erlaubt, mit der Umwelt auf immer neue Weise kreativ zurechtzukommen. Unsere Anlagen bestimmen uns damit vor allem zu einem, nämlich uns selbst zu bestimmen.« Und: »Genetik und Gehirnforschung zeigen … zweifelsfrei und sehr klar, dass wir uns selbst bestimmen.«[14] Innerhalb einer deterministischen Natur, in der alles festgelegt ist, hat die Evolution eine ökologische Nische ermöglicht, in der sich Freiheit entwickeln konnte. Die darwinistische Evolution hebt sich also teilweise selbst auf, indem sie ein hochgradig lernfähiges Gehirn hervorbringt.

Neue Bewusstseinsstufen ermöglichen dem Menschen, immer neue Lebensräume zu erobern und sich an die Umwelt anzupassen. Das zentrale Nervensystem mit seinen »offenen Programmen«

befähigt ihn, verschiedenste Verhaltensmuster zu erlernen – und dann kulturell weiterzugeben. Mithilfe der Sprache wird eine neue, symbolische Welt geschaffen, die es u. a. erlaubt, einen ungeheuren technischen und wissenschaftlichen Fortschritt zu erzielen und bis zum Mond zu fliegen. Diese kulturelle Evolution ist jedoch keine Fortsetzung der natürlichen Evolution mit anderen Mitteln. Sie kennt auch Zwecke, die nicht auf die Weitergabe bestimmter Gene zielen. Daher ist die Fortpflanzung nicht mehr die einzige, wenngleich immer noch sehr wichtige Triebfeder des menschlichen Handelns. So zeichnet sich der moderne Mensch auch dadurch aus, dass er seinen Genen mit ihrem Reproduktions-Konzept durch Kontrazeption ein Schnippchen schlägt. Die blinden Kräfte der Evolution haben Kreaturen mit Augen hervorgebracht. Der sehende Mensch durchschaut die Gesetze, denen er seine eigene Herkunft verdankt. Der Mensch kann die bisherige Richtung der Evolution erkennen. Er kann seinen Blick aber auch auf andere Ziele richten. Ja, mithilfe der ungeheuren Leistungsfähigkeit seines Gehirns vermag der Mensch sogar, gegen seine »Schöpfer« (Evolution und Genetik) zu rebellieren.

Wer hat hier das Sagen?

Dawkins betont, dass Gehirnprozesse zu Rationalem und zu Irrationalem, zu Wahrem und zu Falschem führen können – und das ist offenkundig der Fall. Nun stellt sich aber die Frage: Welche Instanz kann zwischen beiden unterscheiden? Die Gehirnprozesse als solche vermögen es nicht, wohl aber Menschen mit Hirn, indem sie es gebrauchen. Fragen wir also nach den *Kriterien,* mit deren Hilfe man *zwischen Rationalität und Irrationalität unterscheiden* kann.

Die *Evolutionäre Erkenntnistheorie* gibt vor, über solche Kriterien zu verfügen. Ihr Grundgedanke lautet: Das größere Gehirn und verfeinerte Sinnesorgane haben die Fitness des Menschen im evolutiven Überlebenskampf gesteigert. In diesem Zusammenhang wird gern der alte Goethe zitiert: »Wär nicht das Auge sonnenhaft, die Sonne könnt es nie erblicken.« Das Auge als Fitness steigerndes Organ hat sich also in der Evolution durch »trial and error« den Gesetzen der Optik optimal angepasst. Folglich entspricht es in Struktur und Funktion den Gesetzmäßigkeiten des Lichtes. Aus dem gleichen Grund konnten sich auch die Kategorien, die das menschliche Denken strukturieren, ausbilden und durchsetzen: weil sie in gewisser Weise die Realität abbilden und daher einen Überlebensvorteil bieten. Das menschliche Gehirn hat beispielsweise ganz bestimmte Strukturen, die die Vorstellung eines dreidimensionalen Raumes oder von Festkörpern erlauben. Solche Vorstellungen sind Modelle der Wirklichkeit, die vom Gehirn konstruiert werden und dem Menschen eine rationale Erkenntnis der Welt und technischen Fortschritt ermöglichen. Das Kriterium für eine realistische Erkenntnis und ein rationales Denken ist also für die Evolutionäre Erkenntnistheorie die Tatsache, dass diese für das Überleben des Menschen nützlich sind und sich folglich durchgesetzt haben.

Wir denken dieses Argument nun folgerichtig weiter: Mit der gewachsenen Hirnkapazität bescherte die Evolution dem Menschen auch ein Gott-fähiges Gehirn. Nach dem Verfahren »trial and truth« könnte Adam in der Morgenröte der Menschheit zur Erfahrung Gottes und zu deren Reflexion gelangt sein. Der Gedanke »Gott« wäre dann ein »wahrheitsgetreuer Einfall« im Bewusstsein des Menschen, eine Art Ur-Intuition, die bei der Hominisation ins Bewusstsein hochgeladen wurde.

Doch gegen eine solche Annahme erheben Vertreter der Evolutionären Erkenntnistheorie und der Soziobiologie merkwürdigerweise Einspruch. Sie behaupten: Die scheinbare Transzendenz-Fähigkeit des Menschen ist nur ein Nebeneffekt eines überdimensionierten Gehirns, das Illusionen erzeugt und sich selbst etwas vorspielt. Die Existenz eines göttlichen Wesens verdankt sich lediglich einem hypertrophen Gehirn*, das Irrationalismen hervorbringen kann. »Gott« ist nur eine fiktive Figur auf der Schaubühne des menschlichen Gehirns und die Sehnsucht nach Gott lediglich eine Art von Phantomschmerz.

Nun erscheint uns diese Behauptung bemerkenswert inkonsequent – ähnlich wie das Zitieren von Goethes Xenie, deren zweiter Teil leider immer verschämt unterschlagen wird:

Wär nicht das Auge sonnenhaft,
die Sonne könnt es nie erblicken.
Läg nicht in uns des Gottes eigne Kraft,
wie könnt uns Göttliches entzücken?

Wenden wir unverschämterweise die Argumentationsfigur der Evolutionären Erkenntnistheorie auch auf das religiöse Denken und Empfinden an, anstatt einzelne Bereiche auszuklammern und als irrational zu diffamieren. Das würde bedeuten: Wenn der Mensch »Gott« denken kann, so muss sich die Evolution dabei etwas gedacht haben! Religiöses Empfinden und Denken kann sich in der Evolution ja nur dann entwickelt und durchgesetzt haben, wenn es eine Realität abbildet. Die Existenz der religiösen Erfahrung weist daher auf eine entsprechende Wirklichkeit hin. Ein Gottesbeweis ist das nicht. Und wir wollen diese Argumentationsfigur auch nicht so dogmatisch anwenden, wie das einige Vertreter der Evolutionären Erkenntnistheorie tun. Es gibt schließlich ja auch optische Täuschungen. Aber warum sollte der religiöse Sensus nicht auf die Existenz Gottes hinweisen wie das Auge auf die Existenz des Lichtes? Ja, man könnte zugespitzt sogar fragen: Wenn es Gott nicht gibt, warum fehlt er uns dann so?

---

* Als Hypertrophie wird z. B. das übertrieben große Geweih des ausgestorbenen Riesenhirsches bezeichnet: Ein typisches Beispiel dafür, wie eine Art am Übergewicht männlicher Selbstdarstellung zugrunde gehen kann.

WAS STECKT HINTER GEDANKEN?

Der Mechanismus der biologischen Auslese reicht nicht aus, um die Entstehung und vor allem die Inhalte von Religion zu erklären. Dies gesteht auch Dawkins zu. Um jedoch sein Quasi-Dogma von der Schöpferallmacht der natürlichen Selektion zu retten, überträgt er deren Mechanismen auch auf die Welt der Gedanken: Ideen und Überlegungen sind wie Viren, die das menschliche Gehirn infizieren. In gegenseitigem Konkurrenzkampf versuchen diese geistigen Viren, sich im Haupt des Menschen zu behaupten. Diese von Dawkins so bezeichneten »Meme« sind Gedankensequenzen, kulturelle Überlieferungen etc., die sich – ähnlich wie das Überleben der Fittesten in der biologischen Umwelt – in Gehirnen durchsetzen und verbreiten. Auf diese Weise haben sich auch die Religionen in ihrer Unterschiedlichkeit entwickelt und ausgebreitet.

Hier lassen sich Dawkins und Harari von einer alten Idee infizieren, wie ein Blick in die Geschichte zeigt: Es gab immer wieder Denker, die an ihrem eigenen Verstand zweifelten. Bereits 1720 schrieb der englische Atheist John Toland, dass die Welt eine von den Naturgesetzen vollständig gesteuerte Mechanik sei und das Denken eine bloße Bewegung des Gehirns. Im 19. Jahrhundert sah der Materialist Karl Vogt Gedanken als eine bloße Notdurft des Gehirns an: So wie die Niere Urin produziere, so produziere das Gehirn Gedanken – woraufhin ein Zuhörer konterte: Wenn man Vogt so reden hört, glaubt man fast, es sei wirklich so!

Dieser notdürftige Gedanke erfährt gegenwärtig bei manchen Hirnforschern eine unverbesserliche Neuauflage: Das Gehirn spielt sich selbst ein Theater vor. Gedanken und das Gefühl der Freiheit sind nur Trugbilder. In Wirklichkeit laufen im Gehirn komplexe Verschaltungen und neuronale Reaktionen nach streng determinierten Gesetzen ab. Der Mensch hat nur das wirrköpfige Gefühl, frei zu sein und selbst denken zu können. De facto aber ist er eine Marionette, an deren Fäden die geheimen Mechanismen der Gehirnregionen ziehen. »Wer hat das Muss gesprochen, wer? Was ist das, was in uns hurt, lügt, stiehlt und mordet? Puppen sind wir, von unbekannten Gewalten am Draht gezogen; nichts, nichts wir selbst«, stellt Georg Büchner fest. Das »Ich« ist folglich eine Scheinfirma, und das Gefühl, ein Subjekt zu sein, eine Vorspiegelung falscher Tatsachen. In Wirklichkeit gibt es nur »Avatare« (virtuelle Figuren) in einem Computerspiel, das von niemandem gespielt wird: Ein Gespenst geht um im Gehirn …

In Widersprüche verwickelt

Unterstellen wir für einen Augenblick die Richtigkeit dieser Theorien und spielen wir einige ihrer Konsequenzen durch: Den genannten Theorien zufolge dirigieren die neuronalen Prozesse des Gehirns vollständig die Welt der Gedanken. Das menschliche Ich und sein »Cogito ergo sum« (»Ich denke, also bin ich«) sind demnach pure Illusionen. Dann entpuppt sich allerdings auch die Theorie besagter Hirnforscher als eine nichtige Täuschung: »Ich« bin nicht – also denke ich nicht.

Wenn nur die biochemischen Strukturen im Gehirn »wirklich« sind, wird der denkende Mensch selbst zu einem computerähnlichen Schaltapparat. Physikalische Prozesse aber sind keine Gedanken und können weder wahr noch falsch sein. Und wenn es auf der Ebene des Denkens keine Freiheit gibt, ist das Ich auch nicht fähig, Argumente nach ihrer Logik abzuwägen und sich für die einsichtigere Variante zu entscheiden. Damit ist es um die Kraft des besseren Argumentes geschehen!

Wenn sich beispielsweise atheistische oder neurobiologische Thesen durchsetzen, dann geschieht dies nicht aus Einsicht, sondern aufgrund raffinierterer Manipulation. Folglich ist Dawkins' und Hararis Angriff auf die Religion lediglich ein blinder Kampf um die Vorherrschaft, den geistige Viren im Gehirn der Menschen austragen.[15] Ein Erfolg von Dawkins' Theorie etwa würde sich einzig und allein der größeren Wirkkraft bestimmter chemischer Strukturen im Gehirn verdanken bzw. der Meme, die neuronal codiert sind. Damit fällt Dawkins mit seinem Versuch, Religion als pure Illusion zu enttarnen, am Ende selbst in das Grab, das er der Religion schaufeln wollte.

Wenn wir die Freiheit des Denkens nicht im Hinterkopf behalten, gibt es keine echte Diskussion mehr, sondern nur noch wechselseitige Manipulation. Damit ist es aber auch um die »Freiheit der Forschung« geschehen. Die gesamte Geistesgeschichte und Naturwissenschaft ist dann lediglich eine gigantische Maschinerie voller Widersprüche, der eine denkbar schlechte und widersprüchliche Determinierung der Gehirne zugrunde liegt. Die Denker des Nichtdenkens sind von ihren Hirnströmen dazu verurteilt, eine Theorie von determinierenden Gehirnströmen zu vertreten, während ihre Gegner fatalerweise von ihren neuronalen Prozessen dazu bestimmt sind, eine Nicht-Determination zu vertreten.[16] Ebenso drückt auch unser Buch mit seinen Argumenten nichts anderes aus als das, was ein geheimes Computerprogramm in unseren Gehirnen diktiert. Dieses steuert uns beim Schreiben das illusionäre Gefühl bei, wir selbst würden denken, um uns bei Laune zu halten. Da aber das Subjekt und die Laune des Schreibens eine pure Illusion darstellen, ist auch das Verfassen wissenschaftlicher Bücher am Ende eine virtuelle Mega-Show, die keinerlei Wirklichkeit abbildet. Der Mensch demontiert sich selbst, indem er sein Ich dementiert. Er wird zum »Homo demens«.

Kurz und bündig: *Werden die deterministischen Theorien kritisch und rational zu Ende gedacht, heben sie sich selbst auf.* In ihrem Weltbild kämpft nicht mehr die Wahrheit gegen Illusionen, und Illusionen stehen nicht mehr gegen die Wahrheit. Vielmehr liegen verschiedene Illusionstheater miteinander im Wettstreit, wobei die Vorstellung von »Illusion« selbst schon wieder illusionär ist. Wer einen solchen »Salto mortale« der Logik vertritt, gleicht einem Menschen, der ausruft: »Es gibt keine Kannibalen mehr! Ich habe den letzten gegessen!«

Sind wir völlig fremdgesteuert?

Das Gedankengebäude des radikalen Determinismus ist aus fragilem Baustoff errichtet: aus Sideroxylon (hölzernes Eisen). Doch die Vertreter dieser bizarren Theorien verstricken sich nicht allein in theoretische Widersprüche. Mindestens ebenso merkwürdig ist, dass sie sich für ihre denkerischen Leistungen auch noch mit wissenschaftlichen Preisen auszeichnen lassen. Sie tun so, als seien ihre Gedanken auf ihrem eigenen Mist gewachsen. Sie müssten aber ehrlicherweise zugeben, dass sie zu diesen Theorien determiniert sind und der Nobelpreis eigentlich den kleinen grünen Männchen zusteht, die im Souterrain ihres Oberstübchens sitzen.

Hier zeigt sich das merkwürdige, weitverbreitete Phänomen einer »halbierten Freiheit«: Für Verdienste wird gern das eigene Ich vorgeschoben. Wo es jedoch um Schuld und Versagen geht, will man von einem verantwortlichen Ich nichts mehr wissen. Hier glaubt man lieber an geheime Drahtzieher. Jeder ist halt irgendwie programmiert: Straftäter und Richter stehen sich in virtuellem Geplänkel gegenüber, und Staatsanwälte wie auch Verteidiger führen Scheingefechte. Da aber niemand die Programmierung durchschaut, läuft der Schauprozess weiter wie ein hirnloses Computerspiel, in dem zwei Computer versuchen, einander wechselseitig ihre Programme aufzuzwingen (Reinhard Löw). Aber waren die Kriegspläne Hitlers nur das Resultat von Gehirnstrategien, denen der »Führer« ohnmächtig ausgeliefert war? Sind Erdogan und Assad in ihrer Feindschaft nur hilflose Opfer der geheimen Kommandozentralen ihrer Gehirne?

Im deterministischen Weltbild erklärt sich der Mensch selbst als nicht zurechnungsfähig: Es gibt weder Schuld noch Sühne, weder Denken noch Entscheiden. Hinter den Gedanken der Menschen lauern nicht einmal Hintergedanken. Und der freie Wille gleicht der Illusion von Kindern, die auf dem Jahrmarkt Karussell fahren. Sie sitzen stolz in kleinen Autos oder auf Mini-Motorrädern. Mit kindlichem Ernst lenken sie ihre Fahrzeuge und treten aufs Gaspedal. Doch das Karussell dreht sich nach anderen Gesetzen, und Bahn und Geschwindigkeit werden von einem geheimen Autopiloten diktiert. Das Steuerrad bewegt sich zwar, doch es bewirkt nichts. So ist der Mensch am Ende nur ein mentaler Geisterfahrer, der vergeblich gegen seine Hirnströme anzusteuern versucht.

Ich kann auch ganz anders!

Bevor uns von diesen Gedankenspielen schwindlig wird und wir uns nur noch sinnlos im Kreis drehen, wollen wir lieber festhalten: Mit der Überschreitung der kritischen Masse des Gehirns kommt es zu völlig neuen Systemeigenschaften in der Gehirnstruktur, die in der außermenschlichen Evolution völlig unbekannt sind. Einige Evolutionstheoretiker interpretieren das Auftauchen neuer Fähigkeiten als »Fulguration« (lat. fulguratio = Blitzstrahl). Mit diesem Gedankenblitz ist Folgendes gemeint: Das Bewusstsein, das auf einer neuronalen Grundlage aufbaut, kann zugleich als neuer Faktor auf das gesamte System steuernd einwirken.

Die komplexe Struktur unseres Gehirns erlaubt uns Menschen also eine gewisse Freiheit im Denken und die Fähigkeit, uns Ziele zu setzen und danach zu handeln. Natürlich bleiben uns auch weiterhin Angst, Neid oder Hass ins Stammbuch geschrieben. Zugleich aber können wir auch Entscheidungen treffen, sittliche Urteile fällen und nach Zwecken handeln, die unserer biologischen Antriebsstruktur zuwiderlaufen. Während der hungrige Hund den Knochen fressen muss, der vor ihm liegt, kann der

Mensch aus politischen oder religiösen Gründen fasten. Umgekehrt kennt der Mensch das Komasaufen, welches selbst dem größten Kamel nach der längsten Durststrecke nicht in den Sinn kommen würde. Menschen können aus ideologischen Gründen ihr Leben für andere einsetzen oder als Selbstmordattentäter sich und andere in die Luft sprengen. Solche Handlungen bedürfen der Klaviatur eines komplexen Gehirns. Ebenso bedarf es aber auch eines Klavierspielers, der sich nach allen Regeln der Kunst frei und virtuos entfalten kann.

DER ZWEIÄUGIGE IST KÖNIG

Der Spielraum unseres Denkens und Handelns baut auf neuronalen Grundlagen auf. Entsprechend können Hirnforscher auch religiöse Erfahrungen mit spezifischen Erregungsmustern im Gehirn in Verbindung bringen. In einem Experiment rückten sie meditierenden buddhistischen Mönchen und betenden Franziskanerinnen mit EEG, Kernspintomografie und radioaktiven Infusionen zu Leibe.[17] Sie stellten fest: Bei intensiven religiösen Erfahrungen verändert sich die Durchblutungsintensität bestimmter Hirnregionen. Umgekehrt konnten sie Menschen zu einer Art mystischen Erfahrung verhelfen, indem sie bestimmte Hirnareale künstlich reizten.

Was folgt aus solchen Experimenten? Zunächst fällt auf, dass es beim Messen der Gehirnströme bisweilen zu einem Kurzschluss kommt: wenn man nämlich aus den Experimenten schließt, dass mystische Erfahrungen illusionär sind. Dieser Denkfehler sei mithilfe eines Beispiels entlarvt: Wenn Versuchskaninchen berichten, dass sie durch elektrische Reizungen bestimmter Gehirnregionen Halluzinationen von saftigen Rüben haben, so sagt dies über die Existenz von Runkelrüben außerhalb ihrer Rübe rein gar nichts aus. Ähnliches gilt für Versuche zu religiösen Erfahrungen.

Doch was besagen die viel beachteten Experimente dann? Sie bestätigen schlicht und einfach: Es gibt keine kopflosen Gedanken. Alle menschlichen Erfahrungen finden in unserem Gehirn statt. Jegliches Denken und Empfinden ist mit bestimmten neuronalen Erregungsmustern verbunden.* Aber die spezifische Erfahrung, dass *ich* denke und empfinde, kann von außen nicht erkannt werden. Ein außerirdisches Computerwesen, das uns

---

* Der Zusammenhang zwischen Kopf und Denken war z. B. schon dem Arzt Joseph-Ignace Guillotin bekannt, und so erfand er die Guillotine: Wurden Querdenker um einen Kopf kürzer gemacht, hörten ihre Querelen schlagartig auf.

Menschen erforscht, könnte zwar alle chemischen und neuronalen Sachverhalte messen. Aber es wäre nicht fähig zu erkennen, dass wir Menschen mehr sind als eine Sache. Dass wir denken, fühlen und entscheiden. Und dass wir uns als ein »Ich« erleben, das denkt, fühlt und entscheidet. *Die subjektive Seite des Lebens kann grundsätzlich nicht mit einem Objektiv beobachtet werden!* Dies ist für unsere naturwissenschaftlich geprägte Weltsicht von größter Bedeutung. Im Folgenden soll dies weiter verdeutlicht werden. Als Beispiel dient der zentrale Forschungsgegenstand der Biologie: das Leben.

Was ist Leben?

Nur ein Lebewesen kann Leben erkennen und von Totem unterscheiden. Nur aus eigenem Erleben wissen wir, was Leben ist. In dieser Urerfahrung finden sich zwei Gesichtspunkte: »Ich lebe« meint immer auch »*Ich* erfahre *mich* als lebend«. Hier erfährt ein lebendiges Subjekt sich selbst. Das Subjekt (»jemand«) ist gleichzeitig auch Objekt (»etwas«). Nur weil wir Menschen selbst leben, haben wir aus eigener »Anschauung« eine Innenansicht von Leben. Daher wissen wir auch, dass Leben leben will. Dass es sich selbst *will.* Ein Delfin etwa will zum Atemholen aufsteigen. Wenn er in ein Schleppnetz gerät, versucht er, sich freizukämpfen. Falls ihm das nicht gelingt, stirbt er einen qualvollen Erstickungstod. Im Unterschied dazu ist es Sauerstoffblasen ziemlich gleich, wenn sie im Wasser am Aufsteigen gehindert werden. Sie haben kein vitales Interesse.

Natürlich können wir von unserer konkreten Selbsterfahrung abstrahieren und abstrakte Definitionen von Leben machen. Die NASA nennt Leben ein »selbst erhaltendes chemisches System, das in der Lage ist, eine darwinsche Evolution einzugehen«. Für den Molekularbiologen Bernhard Korzeniewski ist Leben ein Geflecht von negativen Rückkopplungsschleifen, die einer positiven

Rückkopplungsschleife untergeordnet sind. Und der Biochemiker Jeffrey Wiken versteht Leben als Verbrennungsprozess. Aus solchen Definitionen kann man für die Entstehung des Lebens dann folgern: Am Anfang war der Blitz. Zündende Funken zuckten durch die Uratmosphäre, und das millersche Experiment zeigt, dass die Ursuppe durchaus nahrhaft war.

All diese Definitionen sind aber genau dies: Begrenzungen, die Rahmenbedingungen beschreiben, ohne die Leben nicht möglich ist. Aber was ist das, was dann als Leben aus dem Urschlamm auftaucht? Ein Lebewesen ist mehr als ein Kopiergerät, das verrücktspielt und ständig neue, bisweilen fehlerhafte Reproduktionen seiner selbst hervorbringt. Und die Vielfalt des Lebens einschließlich des Menschen ist nicht bloß die fatale Folge eines Kopierverfahrens, das eine zu hohe Fehlerquote hat. Leben kann auch anders verstanden werden, als dass es bloß eine extravagante Konfiguration von Materie ist. Denn Leben hat gewissermaßen auch eine *Innenseite*. Das Innenleben ist entsprechend der Abstufungen der Organismen natürlich höchst unterschiedlich entwickelt und ausgeformt. Und doch gilt wohl auf allen Stufen: Alles Lebendige will *von sich aus* leben. Dieser innere Drang ist für einen Beobachter von außen nicht greifbar. Unsere Selbst-Erfahrung befähigt uns jedoch, Lebensäußerungen von anderen Lebewesen zu erkennen und sogar nachzuvollziehen.

Wenn sich jemand stößt und laut aufschreit, können wir das Verhalten erklären, weil wir aus eigener Erfahrung – und nur durch diese – wissen, was körperlicher Schmerz ist. Und wenn jemand weint, weil er einen lieben Menschen durch den Tod verloren hat, können wir das verstehen, weil wir wissen, was Lieben und Trauern ist. Dieser Mehr-Wert des Lebendigen entzieht sich freilich einer Außenansicht – denn diese beschränkt sich auf die materiale Basis des Lebens. *Innere Erfahrungen wie Selbstbewusstsein, Spontaneität oder Gefühle verschließen sich prinzipiell einem rein äußeren Betrachten.*

In den Naturwissenschaften zählt bekanntermaßen allein das objektiv Messbare. Subjektive Erfahrungen werden methodisch ausgeblendet. Daraus folgt logischerweise: In den naturwissenschaftlichen Definitionen des Lebens kann dessen subjektive Dimension gar nicht vorkommen. Ideologisch und damit auch wissenschaftlich falsch wird diese berechtigte Sichtweise freilich dann, wenn man behauptet: Leben ist *nichts anderes* als das, was mit naturwissenschaftlicher Objektivität erkennbar ist. Hier wird aus der methodischen Beschränkung eine beschränkte Weltanschauung: der Materialismus. Dieser lässt nur die Materie und deren Gesetzmäßigkeiten als »wirklich« gelten. Das Lebendige ist dann – mit den Worten von Friedrich Nietzsche – auch nur eine Art des Toten, wenn auch eine extrem seltene.

Hier drängt sich die entscheidende Frage auf: Wie kann der Mensch als komplizierter Aggregatzustand von toter Materie diese Materie überhaupt erkennen? Das konsequenteste Denken des Materialisten wäre eigentlich das Nichtdenken (Gilbert Keith Chesterton). Denn so wenig, wie der Schlaf sich selbst begreift, sondern allein der wache Mensch über sich und seinen Schlaf nachdenkt, so wenig denkt die tote Materie über sich selbst nach. Es ist der lebendige Mensch, der den materialen Gesetzen auf die Spur kommen will, die der Entstehung des Lebens zugrunde liegen.

Man kann das Leben als zufällig entstandenen Schriftzug deuten, der sich in der Buchstaben-Ursuppe zusammengefügt hat. Es ist nur erstaunlich, dass es ein Wesen gibt, welches das Alphabet (z. B. die DNS) erkennen und diese Schrift lesen kann. Lesen setzt ein »Ich« voraus, das fähig ist, das Gelesene zu verstehen. Und schließlich wird ja auch das materialistische Weltbild nicht von einem Materiehaufen entworfen, sondern von einem Haufen lebendiger Menschen. Die Behauptung, dass das erkennende Subjekt nur eine Illusion darstellt, enthauptet sich selbst.

Damit sind wir bei einem entscheidenden Punkt angelangt: Eine äußerliche Beobachtung bekommt die »Innenansichten eines Artgenossen« grundsätzlich nicht in den Blick! Jeder Mensch ist sein eigener Insider, und seine Sichtweise ist völlig exklusiv. Nur ich weiß, wie sich mein Glück oder mein Schmerz anfühlen. Eine rein äußere Betrachtungsweise erinnert daher an einen Tauben, der einer Klavierspielerin auf die Finger schaut, aber die Musik nicht hört. Wenn dieser Taube sich nun als Musikkritiker ausgeben würde, riefe dies bei den meisten wohl nur ein stummes Lächeln hervor. Umso erstaunlicher ist, wie häufig einem diese naiv anmutende Selbstüberschätzung im wissenschaftlichen Gewand begegnet, ohne dass jemand lacht – nämlich wenn behauptet oder stillschweigend vorausgesetzt wird: Wir können mittels des objektivierenden, naturwissenschaftlichen Denkens die ganze Welt (zumindest prinzipiell) erkennen und erklären.

Wie kurzsichtig diese Weltsicht ist, verdeutlicht der Physiker Arthur Eddington mit einer kleinen Geschichte: Ein Fischkundiger wirft sein Netz ins Wasser. Aus dem Fang schließt er, dass kein Seegeschöpf weniger als zwei Zoll lang ist und dass alle Seegeschöpfe Kiemen haben. Dem Einwand, es könne doch auch kleinere Fische geben, die ihm durch die Maschen gehen, entgegnet er: »Alles, was mit meinem Netz nicht gefangen werden kann, liegt jenseits des Rahmens fischkundlichen Wissens und ist kein Teil des Fischreiches, wie es als Gegenstand fischkundlichen Wissens definiert wurde. Kurz gesagt, was mein Netz nicht fangen kann, ist kein Fisch.« Diese Geschichte zeigt pointiert, wie viel einem durch das Netz geht, wenn man jenseits des naturwissenschaftlich Erkennbaren nichts gelten lässt.

Das Unerklärliche an Liebe und Religion

Dies wirft auch ein Licht auf den Versuch einiger Evolutionstheoretiker, welche die menschliche *Liebe* innerhalb ihres begrenzten Erklärungsrahmens vollständig ergründen wollen: Liebe ist für sie nichts weiter als ein von den Genen vorgegaukeltes Trugbild, hervorgerufen durch eine hormonelle Extravaganz. Doch Zuneigung ist kein leerer Wahn, sondern eine authentische Erfahrung des Menschen. Wahnsinnig sind allein die Theorien, die alle menschlichen Erfahrungen mithilfe einer primitiven Weltformel erklären wollen. Solche aberwitzigen Theorien sind und bleiben abgeleitete Modelle, während die Selbsterfahrung des Menschen eine ursprüngliche Wirklichkeit darstellt, die nicht objektivierbar ist.

Wer sich noch nie verliebt hat, kann zwar das äußere Verhalten von Verliebten untersuchen: Liebesbriefe schreiben, auffallend häufiger Besuch von Blumengeschäften, Schlafstörungen, hohe Handy-Rechnungen, Neigung zu exaltiertem Verhalten. Er kann auch den Bluthochdruck und die erhöhte Pulsfrequenz bei Verliebten messen und literarische Studien über die Liebeslyrik von Eskimos und Pygmäen betreiben – doch der glühende Kern des Verliebtseins wird ihm verborgen bleiben. Wer nicht von innen her versteht, was Liebe heißt, wird Schmetterlinge im Bauch mit dem Ultraschall suchen – und keine finden. Erst durch den eigenen Sturz in den Zustand der Liebe *(to fall in love)*, der einem die Welt auf den Kopf stellt, erfahren wir, was Liebe ist.

Diese einmalige Erfahrung verhält sich merkwürdig gleichgültig gegenüber ihren theoretischen Verallgemeinerungen. Ihnen haftet etwas Hilfloses und Naives an. Natürlich lässt sich evolutionsbiologisch sagen, dass der Kuss ursprünglich ein Fütterungsvorgang und das Streicheln ein Lausen gewesen sein könnte. Doch den Küssenden wird dies völlig gleichgültig sein. Sie werden die Kurven der Gehirnströme, die ihre Zärtlichkeit in Streichel-Einheiten umrechnen, nur müde belächeln. Es laust einen eben nicht mehr ein Affe, sondern es ist ein Mensch, der mir Zuneigung und

Zärtlichkeit schenkt. Liebe ist eine Ur-Erfahrung, die durch Beobachten, Zählen und Messen nicht erklärt werden kann.

Diese Überlegungen gelten nicht zuletzt auch für das Phänomen der *Religion*. Um zu wissen, wie Glauben geht, genügt nicht die beobachtende Außenperspektive. Nur wer seine menschlichen Erfahrungen als Ereignisse deutet, in denen er Gott auf die Spur kommen kann, weiß, was Glauben ist. Nur wer Gott als Geheimnis seines Lebens annimmt und sich ihm vertrauensvoll überlässt, kann beim Beten mitreden. Alle Versuche, diese Erfahrungen zu objektivieren, sind zum kläglichen Scheitern verurteilt. Daher können auch nur religiöse Menschen kompetente Religionskritiker sein. Am ehesten noch weiß die Poesie von Gott zu reden – aber diese ist eben gerade keine wissenschaftliche, objektivierbare Sprache.

Es gilt: sowohl als auch!

Unsere Ausführungen zeigen: Der Mensch ist kein einäugiges Lebewesen. Vielmehr sind ihm *zwei verschiedene Weisen gegeben, Wirklichkeit wahrzunehmen und zu erkennen*. Er verfügt über eine unmittelbare Innenansicht *und* über einen äußeren, »objektiven« Blick. Dabei ist bemerkenswert, dass auch die Naturwissenschaften ohne die subjektive Sichtweise von Wirklichkeit nicht auskommen. Denn auch wenn der Mensch sich den Kopf zerbricht, um herauszufinden, was in seinem Gehirn vor sich geht – aus der reinen Beobachtungsperspektive kann er nicht wissen, was Lieben oder Glücklichsein ist. Bevor er also erforschen kann, wie die neuronalen Erregungsmuster des Gehirns bei einem liebenden oder glücklichen Menschen aussehen, muss er erst einmal seinen Forschungsgegenstand entdecken – und dies geht nicht ohne die menschliche Selbsterfahrung.

Die Innen- und die Außenperspektive sind also nicht aufeinander rückführbar. Keine ist durch die andere zu ersetzen. Jeder

Versuch, einen dieser beiden Aspekte zugunsten des anderen zu demontieren, endet in einer Sackgasse. Wenn man sich mit der rein materiellen, oberflächlichen Sicht der Dinge begnügt, würden tiefe menschliche Erfahrungen wie Religiosität oder Liebe wegerklärt. Sie fielen unter den (Sezier-)Tisch der instrumentellen Vernunft. Daher müssen beide Erkenntnisweisen als komplementär angesehen werden.

Dies betont auch der Direktor eines Max-Planck-Instituts, der Physiker Hans-Peter Dürr: Die subjektive und die objektive Perspektive sind gleichberechtigte und einander ergänzende Formen, die Wirklichkeit zu beschreiben. Ähnlich argumentiert der Physiker Walter Heitler: »Die quantitativ-kausal-deterministische Richtung der Wissenschaft schenkt uns eine Teilwahrheit. Eine Teilwahrheit ist aber auch eine Teilunwahrheit, und sie wird zur ganzen Unwahrheit, wenn wir den Teil für das Ganze ansehen.« Entscheiden wir uns für eine ganzheitliche Weltsicht, dann wird deutlich: Die Welt ist mehr als das, was der Fall ist – und was somit gemessen oder gezählt werden kann. Das Geistige ist ebenso wirklich wie das Materielle. Das Auto, der Toaster oder eine Skulptur wären nicht ohne den menschlichen Geist, der sie erst in Form gebracht hat.

Ein kurzer Blick in die Geschichte

Wie konnte es dazu kommen, dass die naturwissenschaftliche Perspektive zu einer Weltanschauung wurde? Die Beschränkung des Wissens auf Zähl- und Messbares hat ihre Wurzeln in der Frühen Neuzeit. Für Francis Bacon war es das erklärte Ziel der entstehenden Naturwissenschaft, dass sich der Mensch durch seine Forschung zum Herrn und Meister der Natur aufschwinge. Um der Naturbeherrschung willen reduziert man beispielsweise Tiere auf die reine Außenperspektive und spricht ihnen ein wirkliches, subjektives Empfinden ab. Ein Hund, der von einem Stein getroffen wird und aufjault, ist für René Descartes wie eine schlecht geölte Maschine, die zu quietschen beginnt. Dass eine solche Sicht Folgen für den Umgang mit Tieren hat, ist offenkundig: Man denke an Tierexperimente oder Massentierhaltung. Vor dem Hintergrund dieses Herrschaftsinteresses bedeutet »eine Sache verstehen«: »Wissen, was man damit machen könne, wenn man es besitze.« (Thomas Hobbes)

Dieser Wissensbegriff und die dahinterstehende Geisteshaltung führten nicht nur zur Entstehung der Wissenschaft in unserem heutigen Verständnis, sondern auch zum erfolgreichen Umgang mit der Natur. Und genau in diesem Erfolg liegt die entscheidende Ursache für den Siegeszug des naturwissenschaftlichen Weltbildes. Herzschrittmacher und Antibiotika, Flugzeuge mit Überschallgeschwindigkeit und schalldichte Fenster, Fast Food und automatische Viehfütterung – all diese Errungenschaften verdanken sich den großen Fortschritten in Naturwissenschaft und Technik. Seit dem Beginn der Neuzeit wird die instrumentelle Sehweise immer mehr geschärft, vom Elektronenmikroskop bis zum Hubble-Teleskop. Wer mit einem Auge in die Röhre schaut, schließt jedoch das andere Auge. Dann aber gibt es kein räumliches Sehen mehr.

Zum großen Spektrum der menschlichen Erfahrungen gehört mehr als das, was man zählen und messen kann. Die Naturwissenschaft rechnet mit allem, nur nicht mit dem Unberechenbaren. Die unkritische Meinung, die »wissenschaftliche« Erforschung des Menschen und der Welt könne umfassend sein, ist daher vermessen. Die Fallgesetze gehören der Physik an. Doch wenn ich einen Blumentopf berechnend aus dem Fenster fallen lasse, damit ein unliebsamer Nachbar dadurch zum Todesfall wird, so ist dieser Casus nicht mehr nur Sache der Physik, sondern auch ein Fall für Ethik und Justiz. Hier endet die Zuständigkeit der Naturwissenschaften.

ICH BIN HIN UND WEG

Die Vermessung der Welt bringt vieles ans Licht. Doch das spezifisch menschliche Erleben bleibt im Dunkeln. Zuneigung, Begeisterung oder Staunen lassen sich nicht mit Instrumenten ausloten. Selbstverständlich kann man eine Symphonie als Luftdruckkurve darstellen, aber sinnvoll ist das nicht. Auch der naturwissenschaftlich nachprüfbare Hinweis, dass Kühe bei Mozarts »Kleiner Nachtmusik« mehr Milch geben als bei Richard Strauss' »Konzert für 23 Solokühe«, bietet keinen echten Zugang zum Phänomen der Musik.[18] Es gibt ursprüngliche Erfahrungen, die sich nicht vollständig auf anderes zurückführen lassen. Wenden wir uns einigen dieser Erfahrungen zu: der Liebe, der Schönheit und der Religion.

Wie die Liebe auf die Welt kam

Noch ganz benommen vom Einschlag des Blitzes, machte sich Adam auf den Weg zu seiner Horde, die am Ufer eines nahen Flüsschens lagerte. Kurz vor der Flussbiegung hielt Adam inne. Irgendetwas hatte sich im Gebüsch bewegt. Seine Witterung verriet ihm, dass es kein Raubtier war. Immer noch den glimmenden Ast in Händen, schlich er sich vorsichtig näher. Dann sah er sie. Schon länger hatte er ein Auge auf sie geworfen. Ihre Körperformen hatten etwas Unwiderstehliches. Jetzt hatte auch sie – nennen wir sie gemäß einer jüngst kreierten Tradition »Lucy«* – ihn bemerkt und drehte sich um. Ihre nackte Schönheit leuchtete. Doch da war mehr als Anreiz und Trieb. So wie jetzt hatte er Lucy noch nie gesehen. Die Blicke der beiden berührten sich, und es funkte zwischen ihnen. Adams wulstige Lippen formten zum allerersten Mal ein Wort: »Du!« Er war selbst dermaßen erstaunt über

---

* Beim bisher ältesten Fossilienfund des Menschen (3,2 Millionen Jahre) handelt es sich um Überreste einer Frau, die von den Paläontologen auf den Namen »Lucy« getauft wurde. Der Name leitet sich nicht von Luzifer her, sondern von den Beatles: Als die Knochen 1974 in Äthiopien geborgen wurden, hörten die Forscher gerade den Song »Lucy in the Sky with Diamonds«.

dieses erste Wort aus Menschenmund, dass er es noch einmal wiederholte und Lucy dabei zulächelte. Da war ein Blitzen in den Augen, ein Pfeil und ein Funke. Es war Adam, als brenne jetzt in ihm selbst ein Feuer, heiß und wunderbar lebendig. Und auch das war wohl ein Geschenk der Götter. Adam hielt das brennende Holzscheit in die Höhe. Lucy wiederholte das Wort Adams: »Du!« Zutiefst beglückt standen beide einander gegenüber, und ihre Blicke verschmolzen. Das war die Supernova der Liebe.

Liebe hat – wie Religion – ihren Ursprung in der menschlichen Fähigkeit, sich selbst zu überschreiten. Das große Gehirn ermöglicht uns Menschen, nicht mehr darauf fixiert zu sein, unsere Triebe augenblicklich befriedigen zu müssen. Die Kontakte mit Artgenossen erhalten eine neue Qualität. Wir sind nicht mehr gefangen in den starren Mechanismen der Selbstbezogenheit. Wir können einem anderen wirklich in die Augen schauen und dabei nicht nur unser eigenes Spiegelbild (die »Pupille« = das kleine Püppchen) sehen. Vielmehr können wir aus uns »herausgehen« und uns sogar in andere »hineinversetzen«. Die biologische Grundlage dafür liegt in einem ganz bestimmten Typ von Nervenzellen. Wenn wir beispielsweise sehen, wie jemand sich auf einer heißen Herdplatte die Hand verbrennt, dann zucken wir selbst zusammen und schreien vielleicht sogar auf. Dies hat seine Grundlage in den sogenannten Spiegelneuronen. Sie ermöglichen es, dass wir uns in andere »hineindenken« und »einfühlen« können.[19] Wo dies wohlwollend geschieht, kann *Liebe* wachsen. Liebe meint: die andere Person erkennen und anerkennen, d. h. sie in ihrem Anderssein respektieren. Anders gesagt: Liebe ist »Wirklichwerden des anderen für mich« (Robert Spaemann).

Die Menschwerdung lässt sich demnach dort ansetzen, wo der Mensch – kraft seines großen Gehirns – Du-fähig geworden ist. Im Duzen lässt er sich auf das Du einer anderen Person ein. Wer vom Kraftfeld eines Du angezogen wird, kann die Gravitation des megaschweren Ich überwinden. Aus der egozentrischen Umlaufbahn herausgeschleudert, kreist er oder sie nicht mehr um sich selbst, sondern gelangt in neue Sphären. Dies ist eine Art kopernikanische Wende: Der Mensch erkennt, dass nicht er selbst, sondern eine Sonne Mittelpunkt seiner Welt ist. Nun kann er sich einschwingen in die Dynamik von Angezogen-Werden, Sich-Loslassen und Sich-Hingeben an eine größere Wirklichkeit. Anders gesagt, er ist fähig zur »Ekstase«, d.h. er kann »außer sich geraten« und ganz aus dem Häuschen sein. Wenn sich eine junge Frau verliebt, durchzuckt es sie wie ein Blitz. Sie ist nicht mehr auf sich selbst versessen, sondern selbstvergessen. Sie ist ganz beim anderen und spürt sich selbst zugleich so intensiv wie noch nie. Dieses paradoxe Erleben wird als Einswerden erfahren: Zwei verliebte Menschen sind sich so nah, dass es zwischen ihnen keine Grenzen mehr zu geben scheint. Und zugleich erfahren sie sich mehr denn je als sie selbst. Die Du-Fähigkeit und die Ich-Fähigkeit wachsen in gleichem Maße.

Schönheit ist kein leerer Schein

Ähnlich selbstvergessen kann ein Kind über die Schönheit eines Sonnenaufgangs staunen oder von der Gewalt des Sturmes fasziniert sein. Die Farben der Blumen bezaubern selbst einen Stadtmenschen, und das tiefe Blau von Himmel und Meer lässt ihn eintauchen in unendliche Weite. Musik kann als Zauberflöte Menschen in andere Sphären entführen. Man kann in Bach eintauchen und von einem Pianissimo zart berührt werden.

In der Kunst beginnt der Mensch, selbst Schönes zu schaffen und darin aufzugehen. Dies ist nicht das Privileg weniger, sondern »jeder ist ein Künstler« (Joseph Beuys). Denn uns Menschen ist von Natur aus ein Freiraum gegeben, in dem wir uns selbst schöpferisch entfalten können. Kunst ist also nicht Notdurft, sondern freies Spiel. Wir können das biologisch Notwendige überschreiten, den Kampf um das nackte Dasein hinter uns lassen und spielend mit unserer Zeit und Energie umgehen. Wir sind fähig zu dieser zweckfreien und vielleicht gerade daher so erfüllenden Betätigung.

Wie sehr der Anspruch des Schönen sogar das Leben eines Menschen verändern kann, hat der prämierte Film »Das Leben der Anderen« ausgemalt: Ein Stasi-Beamter wird beim Abhören eines Opfers auch Zuhörer von dessen Musik. Das übernatürlich schöne Klavierstück »Die Sonate vom guten Menschen« wandelt den Verfolger in einen Schutzengel. Doch auch die Bemerkung, auf der die Filmidee beruht, klingt einem in den Ohren: Maxim Gorki berichtet von Lenin, dass er sich Beethoven versagt habe. Denn dessen Musik verleite ihn, über Köpfe zu streicheln, während er sich aber berufen fühle, Köpfe abzuschlagen. Hier wird auf einer Negativfolie deutlich: Das Schöne hat offenkundig die Kraft, einen Menschen zu berühren und zu verwandeln.

Wenn man tiefer schaut: die spirituelle Dimension

Die Scheu, die angesichts der Unendlichkeit des Universums sprachlos macht, oder die Erfahrung, dass die Welt in Ordnung ist – solche Momente können schließlich ein *religiöses* Empfinden aufkommen lassen. Es gibt vielleicht keine spezifisch religiöse Erfahrung. Doch im Licht der Religion wird unser Erfahrungsschatz anders gedeutet. Ein religiöser Mensch erfährt also *nichts anderes* als andere Menschen, aber er erfährt es *anders*. Durch die religiöse Deutung bekommt sein Erleben eine besondere Qualität. Die Wirklichkeit wird durchscheinend für das Ganze und Unendliche, das sich im Endlichen und Vergänglichen abbildet. Durch die »Haut« der Dinge schimmert eine neue tragende Ordnung. Der Mensch hat das Gefühl, in der Gegenwart von »etwas« zu sein, was nicht in Worte fassbar ist.

Dankbarkeit und Staunen können also Ausgangspunkt religiöser Erfahrungen und Reflexionen sein. »Es gibt Menschen, die kommen zur Religion, weil sie einen herrlichen Frühlingsmorgen erleben, und sie möchten ihr Gefühl der Dankbarkeit irgendwie adressieren und finden, der Kirschbaum selbst sei keine hinreichende Adresse dafür.« (Robert Spaemann)[20] Glück lehrt Beten. Aber der Mensch staunt nicht nur, sondern er erschrickt auch, wie zerbrechlich alles ist. Er bangt um sich und die Welt. Und er klagt in der Hoffnung, dass sein Schrei nicht ins Leere geht. So gilt auch: Not lehrt Beten.

Die religiöse Erfahrung basiert darauf, dass der Mensch über sein Ich hinausblicken und die Grenzen seines Selbst überschreiten kann. Irgendwann in der langen Geschichte der Evolution begann er, auch über Sinn und Unsinn der Welt nachzudenken. Seither macht er sich – wohl als einziges Wesen unter den Sonnen – seine Gedanken über Mond und Sterne, Leben und Tod, Sein und Zeit, All und Nichts. Der Mensch staunt vor der Welt, die ihn gleichzeitig fasziniert und ängstigt. Er fragt sich, warum es überhaupt etwas gibt und nicht einfach nichts. »Nicht wie die Welt ist, ist das Mystische, sondern dass sie ist« (Ludwig Wittgenstein). Religion entzündet sich also primär nicht an einzelnen Wundern, sondern im Staunen darüber, dass die Welt ein einziges Wunder ist.

»Mystik« kommt vom griechischen Wort *myein* und bedeutet: die Augen schließen. Mystik macht aber nicht blind, sondern lässt im Gegenteil tiefer blicken: Der Mensch bleibt nicht am Oberflächlichen hängen, sondern schaut tiefgründiger. Während das Tier in seiner Welt daheim ist, wird dem Menschen die Welt unheimlich und geheimnisvoll zugleich. Wenn er sich dessen bewusst wird, berührt er das Geheimnis des Daseins. Solche mystischen Erfahrungen wecken die Ahnung, dass es ein göttliches Geheimnis gibt. Das Göttliche ist die heimliche Heimat des Menschen.

Alle Erfahrungen von Selbst-Transzendenz[21] – die Erfahrung der Liebe, die Berührung durch das Schöne und die Ahnung des

Göttlichen – haben eine gemeinsame Struktur. Sie sind geprägt durch zwei Momente: durch Aufmerksamkeit und Empfangen. Solche Erfahrungen werden daher auch nicht »gemacht«, sondern erlebt und bisweilen sogar erlitten. Das Transzendente kann einen Menschen leise berühren oder jäh überfallen. Man kann von einer solchen Erfahrung überwältigt werden, dies jedoch nicht mit zwingender Gewalt. Denn nur wer sich darauf einlässt, kann trunken werden von der Schönheit eines Flötenkonzertes oder ergriffen sein von einer großen Liebe. Nur wer es geschehen lässt, kann sich an Gott verlieren und darin alles finden. Erfahrungen dieser Art sind also mit unserer Freiheit verknüpft. Daher können wir uns diesen Ereignissen gegenüber auch verschließen. Wir können der Transzendenz-Erfahrung unsere Zustimmung verweigern. Wir können ihr unsere Anerkennung vorenthalten und sie beispielsweise als Täuschung deuten. Das tun etwa jene, die das Erleben von Schönheit oder Liebe durch biologische Funktionen restlos zu erklären beanspruchen.

Wenn ich mich aber ergreifen lasse von etwas, das jenseits meiner selbst liegt, kann ich Raum und Zeit vergessen. Dann erlebe ich vielleicht ein schwereloses Gefühl, ein allumfassendes Glück. In solchen Momenten vergesse ich mich. Doch gerade darin komme ich mit mir selbst in Berührung. Denn: Wo ich hin und weg bin, bin ich ganz da. Ich bin eins mit mir und der Welt.

WER'S GLAUBT, WIRD SELIG

Adam ging oft allein auf die Jagd. Er liebte es, für sich zu sein, um sich seine Gedanken machen zu können. Doch dieses Mal blieb er länger aus als gewöhnlich. Lucy machte sich zunächst keine Sorgen. Als freilich einige Tage verstrichen waren und Adam immer noch nicht zurückkam, wurde sie unruhig. Während sie sich an ihrer gemeinsamen Laubhütte zu schaffen machte, schaute sie immer wieder auf. Ihr Blick suchte den Waldrand ab. Dort hatte Lucy Adam zuletzt gesehen. Doch es wurde wieder Abend, ohne dass Adam heimkehrte. In dieser Nacht schlief Lucy sehr unruhig. Sie wälzte sich auf ihrem Lager hin und her, und gegen Morgen erwachte sie aus einem Albtraum: Sie hatte Adam gesehen. Er stand an einem Urwaldbaum, an dem eine Schlange herunterkroch.

Lucy war in großer Angst um Adam. Sie erhob sich von ihrem Lager und schlich hinüber in die Hütte von Udu. Der war noch jung, aber er galt als der beste Jäger des Stammes. Sie weckte ihn und erzählte von ihrem Traum. Udu beruhigte sie und versprach, er würde sich gleich am nächsten Morgen auf die Suche nach Adam machen. Lucy kehrte etwas erleichtert in ihre Hütte zurück und schlief noch einmal ein. Doch bald wurde sie von lauten Stimmen geweckt. Adam war zurückgekehrt. Er hatte einen Büffel erlegt und brachte frisches Fleisch mit. Während die Jäger des Stammes sofort loszogen, um das restliche Büffelfleisch zu holen, machten die Frauen schon Feuer, um ein festliches Essen zuzubereiten. Der Abend brach herein, und man feierte die fette Beute. Doch dann wurde Adam etwas zugeflüstert: Lucy habe die Nacht bei Udu verbracht. Erst beim Morgengrauen sei sie in ihre Hütte zurückgekehrt.

Adam zuckte zusammen. Ein nie gekannter Schmerz durchdrang sein Innerstes. Lucy bemerkte den Schatten in seinem Gesicht. Sie nahm ihn bei der Hand und führte ihn beiseite. Als Adam ihr sagte, was ihm zugetragen worden war, erschrak auch sie. Sie senkte den Blick zu Boden, denn sie wusste, welch ungeheurer Vorwurf auf ihr lastete. Sie erzählte von ihrem Traum. Aus Angst um Adam sei sie zu Udu gegangen, um ihn um Hilfe zu bitten.

Nun schaute Lucy Adam ins Gesicht. Im flackernden Feuerschein war es so schwer, in den Augen des anderen zu lesen. Lucy flüsterte nur ein Wort: »Adam!« Da entspannten sich die Gesichtszüge Adams. Er nahm Lucy in den Arm. Lucy schloss die Augen und spürte, wie eine steinerne Last von ihr abfiel. Denn Adam glaubte ihr.

Was man alles glauben kann

Was meinen wir mit »glauben«? Für viele ist »glauben« ein »meinen«. Doch dass »glauben« im Alltag viele verschiedene Bedeutungen hat, zeigt folgendes Beispiel: Wenn ich mit meinem Automechaniker plaudere und er sagt: »Ich glaube, dass es morgen schönes Wetter gibt«, dann ist diese Aussage für mich wahrscheinlich von geringer Bedeutung. »Glauben« ist hier ein vages Meinen. Wenn er aber sagt: »Ich glaube, dass die Bremsen wieder funktionieren«, so ist mein Glaube schon mehr gefordert. Vielleicht bestehe ich darauf, dass er vor meinen Augen eine Bremsprobe macht. Denn wer sich leichtgläubig ans Steuer setzt, muss vielleicht bald schon dran glauben. Wenn meine Tochter mir verspricht, mit meinem Auto vorsichtig zu fahren, so muss ich mich fragen, ob ich ihr glauben kann. Wenn sie mir dann erzählt, dass sie geblitzt wurde, obwohl sie nur 30 Stundenkilometer schnell gefahren sei, so wird mein Glaube auf eine ziemlich harte Probe gestellt. Wenn ich sie dann nach dem Totalschaden, den sie mit meinem Auto verursacht hat, in die Arme schließe und sage: »Alles ist gut!« – und sie mir *das* glauben kann, dann ist das Glaube in Vollendung.

Umgangssprachlich wird »glauben« häufig verwendet, um auszudrücken: »Ich bin mir nicht ganz sicher. Ich weiß es nicht genau.« Wenn ich mich dann mit eigenen Augen überzeugt habe, brauche ich nicht mehr zu glauben, sondern weiß, was Sache ist. Doch dass ich meinen Sinnen trauen kann, ist reine Glaubenssache. Vieles lädt nämlich zum Misstrauen gegenüber unseren Sinnen ein: Es gibt ja auch Sinnestäuschungen. Und schließlich ist das Spektrum unserer sinnenhaften Wahrnehmungen sehr begrenzt. Wir können zwar das Lichtspektrum messen, das eine Biene wahrnimmt. Daher wissen wir, dass sie die Farbe Rot nicht sieht, wohl aber UV-Licht. Wie dieses aber aussieht, können wir gerade nicht sehen.

Eine weitere Grenze liegt darin, dass wir uns die Makrostruktur des Kosmos oder die Mikrostruktur der Quantenphysik nur sehr beschränkt vorstellen können. Dies alles könnte eine äußerste Skepsis gegenüber der Realitätsfähigkeit unserer Sinne und unseres Denkens nahelegen. Doch wenn der Mensch nicht von Sinnen sein will, muss er seinen Sinnen trauen.

Ebenso gilt: Wer nicht an sich selbst irrewerden will, muss auf seinen Verstand bauen. Doch wer seiner Vernunft vertraut, kann dies nicht selbst wiederum mit der Vernunft begründen – so wenig, wie die Angeklagte gleichzeitig Richterin sein kann. Die Vernunft kommt ohne den Glauben an ihre eigene Wahrheitsfähigkeit nicht aus!

Unser Wissen lebt also vom Glauben. Und je mehr die Menschheit weiß, umso mehr muss der Einzelne glauben. Wir leben von einer schier endlosen Liste allgemeiner Überzeugungen. Diese können wir nicht alle überprüfen. Dass es am Nordpol keine Pinguine gibt, dass Maiglöckchen giftig sind und dass es vor Martin Luther schon Bibelübersetzungen ins Deutsche gegeben hat – dies alles wird wohl kaum jemand überprüfen wollen, sondern er wird es den historischen Quellen und den Fachleuten glauben. Prinzipiell sind solche Tatsachen zwar nachprüfbar. Da wir uns aber nur in wenigen Fällen persönlich von etwas überzeugen können, müssen wir uns auf andere verlassen. Hier deutet sich eine weitere Dimension von »glauben« an: *einem Menschen glauben* – etwa der Ärztin ihren Therapievorschlag, dem Kind seine Zahnschmerzen oder dem Passanten die Wegbeschreibung. Die Glaubwürdigkeit dieser Menschen ist unterschiedlich. Wer nicht blauäugig sein will, muss daher wissen, wem er über den Weg traut. Es braucht Gründe, um jemandem Vertrauen zu schenken. Beim Glauben geht es also weniger darum, *was* ich glaube, sondern *wem* ich etwas glaube. Die personale Dimension von Glauben findet ihren Ausdruck in dem wunderbaren Bekenntnis: »Ich glaube *dir*.«

Nun gibt es innere Erfahrungen des Menschen, die prinzipiell nicht nachprüfbar sind, denn jeder Mensch ist eine Welt für sich. Wie eine Freundin die Farbe Rot sieht, können wir selbst nicht sehen. Man kann die Gehirnströme einer Person beim Musizieren, Küssen oder Beten aufzeichnen. Wenn wir aber wissen wollen, was sie beim Singen oder Meditieren erfahren hat, müssen wir sie fragen. Ihre Antwort können wir nur verstehen, wenn wir selbst wenigstens ansatzweise schon ähnliche Erfahrungen gemacht haben. Jeder Mensch sieht immer nur mit den eigenen Augen, und wenn er sagt: »Ich sehe das anders«, dann können wir dem nicht widersprechen. Wie sich ein Schmerz oder eine Freude für einen anderen Menschen anfühlt, können wir von außen nicht wahrnehmen. Was sich der andere dabei denkt, wenn er mir eine Rose schenkt, oder was er dabei empfindet, muss ich ihm *glauben,* weil subjektive Erfahrungen eben nicht objektiv nachprüfbar sind.

Ein solches Vertrauen kann ich einem anderen nur »schenken«. Es gibt keine letzte Sicherheit und keine Versicherung, die das Wagnis des Glaubens abdecken könnte. Es kann sich jedoch in der Geschichte einer Beziehung immer mehr zeigen, dass die andere Person glaubwürdig ist. Die Freundschaft bewährt sich, und das Vertrauen kann weiter wachsen. Umgekehrt verletzt es zutiefst, wenn das eigene Vertrauen missbraucht wird. Manchmal brauchen Menschen viele Jahre, bis sie es wieder wagen, jemandem Glauben zu schenken. Ihr Misstrauen hält sie davon ab, sich jemandem anzuvertrauen.

Glauben im religiösen Sinn bedeutet schließlich: auf die Existenz Gottes bauen und ihm Glauben schenken. Religiöser Glaube meint also nicht, wie bisweilen unterstellt wird, das Unwahrscheinliche für wahr zu halten – und je skurriler oder irrationaler etwas ist, umso mehr Glauben braucht man. Richard Dawkins glaubt diesen Un-Sinn: Glaube ist für ihn die Freude daran, keinerlei Beweise zu brauchen. Das aber ist kein Glaube im biblischen Sinn. Denn dieser ist ähnlich gegründet wie das Vertrauen auf einen Menschen. Doch wie geht das: auf Gott vertrauen? Um nicht ins Blaue hinein zu glauben, braucht es Gründe. Ich kann Menschen begegnen, denen ich ihren Gott glaube so wie Mutter Teresa oder Martin Luther King. Solche Lebenszeugnisse lassen aufhorchen und können zum Glauben führen.

Doch trotz aller guten »Gründe« ist und bleibt der Glaube immer ein Abenteuer: Du stehst auf dem Fünf-Meter-Turm und hast dich über Wassertemperatur und die Tiefe des Beckens durch zuverlässige Sachverständige bestens informiert. Du weißt auch um die Systemeigenschaften von Wasser und welche Effekte das Eintauchen des eigenen Körpers in das Schwimmbecken haben kann. Springen aber musst du selbst.

Der Akt des Glaubens ist bisweilen ein solcher Sprung, bei dem man den festen Boden der bekannten Sicherheit hinter sich lässt, um das Wunder des freien Falls und Aufgefangenwerdens am eigenen Leib zu erleben. Oft aber sind es viele kleine Schritte, mit denen sich jemand auf dem Boden des Glaubens vorantastet. Meist werden ihn auch Zweifel begleiten, die sein Vertrauen immer neu herausfordern. Wenn dann aber erlebt wird, dass sich der Vertrauensvorschuss bewährt und der Glaube an Gott trägt, so kann das Vertrauen weiter wachsen. *Glauben ist wie das Gehen über eine Brücke, die gerade erst – und zwar Schritt für Schritt – gebaut wird.* Wir müssen den jeweils nächsten Schritt wagen. Allein in dem Maß, in dem wir uns an Gott halten, können wir erfahren, dass Gott innerer Halt sein kann. Nur soweit sich jemand auf Gott verlässt, kann er auch dessen Verlässlichkeit erfahren. Daher ist Glaube – wie Freundschaft und Liebe – ein Wagnis von Augenblick zu Augenblick.

Wenn jemand freilich immer skeptisch bleibt, haben Freundschaft oder Glauben keine Chance. Wer die Treue eines andern ständig hinterfragt und »Liebesbeweise« fordert, verhindert dadurch genau das Vertrauen, das er sucht. Glauben bedeutet daher immer auch, sich selbst ein Stückchen loszulassen. Wenn jemand aus lauter Angst nur noch sich selbst über den Weg traut, findet er den Weg zum andern nicht mehr. Angst produziert ein Festhalten, und das Festhalten produziert immer neue Ängste. Man kann die Ängste überspielen und sich »cool« geben. Oder sich in Ablenkungen und Scheinwelten stürzen. Um aber dem inneren Teufelskreis der Angst zu entkommen, braucht es Vertrauen. Dann kann man den »Sprung ins Leben« wagen.

Was die Bibel unter »Glauben« versteht

Welche Geschichten erzählt die Bibel, das Glaubensbuch der Juden und Christen, wenn sie vom Glauben spricht? Für die Bibel ist Abraham aus der Stadt Ur in Mesopotamien der Urtyp des gläubigen Menschen. Abraham steigt aus dem religiösen Establishment seiner Heimat aus, das vom Glauben an viele Götter geprägt ist. Er setzt sein Vertrauen auf einen einzigen Gott. Dieser sprach zu Abraham: »Zieh weg aus deinem Land, von deiner Verwandtschaft und aus deinem Vaterhaus in das Land, das ich dir zeigen werde. Ich will dich zu einem großen Volk machen.« Da zog Abraham fort, wie der Herr ihm gesagt hatte (vgl. Genesis 12,1–4).

Abraham steht für den Menschen, der sein sicheres Setting verlässt. Dabei könnte er sich auf seinem Erbe ausruhen und auf seine Sippe bauen. Denn er ist gut etabliert, und sein Besitz ist eine Art Lebensversicherung mit Rentenanspruch. Abraham aber hört auf eine innere Stimme, die ihn lockt, ins Freie zu gehen (Genesis 15,5). Der Blick zum Sternenhimmel verspricht ihm eine unermessliche Zukunft, gegen die alles kalkulierte Planen ein bloßes Erbsen-Zählen ist. Er tritt aus dem Schatten seines Stammbaumes und lässt Clan und Sippe hinter sich. Er wagt den aufrechten Gang, weil er ein inneres Rückgrat spürt.

Das ist die Sternstunde des Glaubens: Abraham verlässt das Korsett äußerer Sicherheiten und hat den Mut, sich auf seine innere Stimme zu verlassen, die ihm Freiheit verspricht. Der Glaube an Gott lässt ihn auf eine Zukunft hoffen, die nicht allein aus seiner eigenen Kraft und Potenz entsteht. So wird Abraham zu einem der bedeutendsten Entdecker der Menschheitsgeschichte: Er betritt Neuland und erfährt dabei, innerlich getragen zu sein. Er bricht auf und spürt, wie in ihm ein nie gekanntes Vertrauen aufbricht und ihn begleitet. Diesen Lockruf in die Freiheit identifiziert Abraham mit der Stimme Gottes.*

Freilich bleibt auch der Glaube Abrahams nicht unangefochten. Er und seine Frau Sara erhoffen einen Sohn als Erben. Doch das als Gabe Gottes erwartete Kind bleibt aus. Da greift Abraham auf Rat seiner Frau zur Selbsthilfe und zeugt mit deren Magd einen Sohn. Die Stimme Gottes aber fordert Abrahams Vertrauen noch einmal neu heraus, bis er schließlich von seiner Frau Sara einen Sohn erhält. Im Laufe eines langen Lebens lernt Abraham im Auf und Ab von Glaube und Zweifel, seine selbst gebastelten Sicherheiten immer mehr zu verlassen. Er kann sich auf Gott verlassen und wird so zum »Freund Gottes« (Jesaja 41,8). Die Bibel nennt die Freundschaft zwischen Gott und Mensch einen »Bund«. Die Initiative zu diesem Bündnis auf Treu und Glauben geht immer von Gott aus. Gott schließt mit Abraham einen Bund zum Wohl der ganzen Menschheit (Genesis 12,3).

In der Geschichte von Abraham wird deutlich, was die Bibel unter »glauben« versteht. Das hebräische Wort für »glauben« heißt *emin* und bedeutet: einen Halt haben, sich festmachen, sich ver-

---

* Im Film »Abraham« mit Richard Harris in der Hauptrolle spricht Gott nicht mit unbekannter Stimme aus dem Off, sondern Harris spricht auch die Stimme Gottes.

ankern. *Amán* ist der feste Boden, in dem die Nomaden ihre Pflöcke einrammten, um die Zeltschnüre daran zu befestigen. Das Wort »Amen« stammt aus derselben Sprachwurzel und meint: »Darauf kann ich mich verlassen!«

Jeder Mensch braucht feste, verlässliche Bezugspunkte. Wenn beispielsweise einem Kind in den frühen Lebensjahren eine verlässliche und zugewandte Bezugsperson fehlt, kann dieses Kind nur schwerlich eine stabile Identität aufbauen. Es gewinnt emotional keinen festen Boden unter den Füßen. Umgekehrt kann ein Kind sorglos und gelöst spielen, wenn es erfährt, dass es von seinen Eltern geliebt wird. Menschen können nur dann ihre Selbstständigkeit entfalten, wenn sie einen inneren Halt verspüren. Freiheit setzt also ein tragendes Element voraus.

Ein Bild soll diesen Gedanken verdeutlichen: Ein Adler kann fliegen, weil die Luft ihn trägt. Dieses tragende Element kann freilich auch als Widerstand empfunden werden. Der Adler könnte auf die Idee kommen, dass es sich ohne Luftwiderstand noch viel besser fliegen ließe. Doch eine »absolute«, völlig losgelöste Freiheit im luftleeren Raum würde zum Absturz führen. Entsprechend braucht die menschliche Freiheit einen festen Bezugspunkt, an den sie sich binden kann.

Es gehört zur Freiheit des Menschen, diesen Bezugspunkt selbst zu wählen. Ein anderer Mensch, Erfolg oder Anerkennung, Besitz oder eine bestimmte Aufgabe, Wissen oder eine technische Fertigkeit – all dies können Fixpunkte werden, die dem eigenen Ich Stabilität verleihen. Doch sie können immer nur einen begrenzten Rückhalt geben. Weil aber das Bedürfnis des Menschen nach einem zuverlässigen Halt unbegrenzt ist, klammert er sich bisweilen umso mehr an Personen oder Dinge. Dadurch überfordert er sie. Es droht sogar die Gefahr, dass die Beziehung, die Halt geben sollte, einen festhält und unfrei macht.

Es ist der Kern der biblischen Glaubenserfahrung, dass Gott allein diesen letzten, absoluten Rückhalt geben kann. Er kann

Halt geben, ohne festzuhalten. Je mehr sich ein Mensch an Gott bindet, umso freier wird er. Ob ein Mensch also wirklich an Gott glaubt, wird darin spürbar, ob er in seiner Freiheit wächst und die Freiheit der anderen fördert und verteidigt. Freiheit erweist sich nicht zuletzt in der Fähigkeit, freizugeben, loszulassen. Eltern können ihre Kinder gehen lassen, Pläne und Projekte können scheitern, oder die eigene Lebenskraft kann abnehmen, ohne dass Verlustängste oder Trennungsschmerz das letzte Wort haben. Wer sich auf Gott verlässt, dem schenkt diese »Abhängigkeit« einen Halt, der ihm zugleich eine wachsende Selbstständigkeit ermöglicht.

Im Wettstreit der Interpretationen

Es wird deutlich: Glauben ist nicht folgenlos. An Gott zu glauben bedeutet vielmehr, ein neues Leben zu führen. Zugleich wirft der religiöse Glaube ein spezifisches Licht auf die Wirklichkeit. Weder schmälert er das Faktenwissen, noch schränkt er menschliche Erfahrungen ein. Vielmehr lässt er das Ganze in einer neuen Perspektive erscheinen. Eine solche umfassende Perspektive lässt sich mit dem Vorzeichen in der Musik vergleichen: Es gibt die Tonart vor und verleiht der Melodie ihre spezifische Note, ihren charakteristischen Klang. Das Vorzeichen des biblischen Glaubens bringt zum Klingen: Hinter allem steht eine wohlwollende Macht, die es gut mit den Menschen meint. Wer hingegen an die Absurdität der Welt glaubt, für den ist Harmonie eine Illusion. Alles ist von Grund auf verstimmt.

Weder die biblische noch die absurde noch irgendeine andere Weltdeutung können bewiesen werden. Mit dem *Glauben im Sinn einer umfassenden Weltdeutung* ist es wie mit dem Horizont: Erst vor dem Hintergrund eines Horizontes können wir die Landschaft erkennen, die einzelnen Bäume und Häuser, die Menschen, die sich bewegen, und die Wolken, die am Himmel dahinjagen. Den Horizont als Gesamteindruck aber können wir nicht noch einmal wie die einzelnen Dinge in den Blick nehmen. Ähnlich gibt es einen geistigen Horizont, der uns erlaubt, die einzelnen Dinge und Erfahrungen zu erkennen und zu einem Ganzen zu ordnen. Eine mythologische Weltdeutung beispielsweise sieht überall geheime Kräfte am Werk. Die Quellen werden von Nymphen bewohnt und die Wolken von Engeln. Der Materialismus hält dagegen nur die Materie und ihre Spielregeln für wirklich. Und eine pessimistische Weltsicht sieht überall nur schwarz.

Alles Sehen geschieht immer im Licht einer Weltanschauung. Die ist aber nicht beweisbar, sondern muss »geglaubt« werden. Die Entscheidung für eine Weltanschauung muss aber keineswegs ein blinder Sprung sein. Wie vernünftig und daher glaubwürdig eine Weltsicht ist, lässt sich ansatzweise erfragen: Blendet eine Glaubensüberzeugung bestimmte menschliche Erfahrungen aus? Oder finden Liebe und Freiheit, Schuld und Scham, Sexualität und Tod eine angemessene Deutung? Wenn eine Weltsicht viele Phänomene als Illusion abtut, so wird sie selbst unglaubwürdig. Umgekehrt gilt: Je mehr die unterschiedlichen Erfahrungsbereiche integriert werden können, umso vernünftiger ist ein Glaube.

Hier treten die verschiedenen Weltanschauungen – z. B. die materialistische, die fatalistische, die kapitalistische, die religiöse – in den Wettstreit der Interpretationen ein. Wer sich diesem entzieht, schottet sich und seine Weltanschauung ab. Dies ist ein Zeichen von Unvernunft, weil Vernunft immer etwas mit Vernehmen und damit mit Dialog zu tun hat. Der Suche nach dem weitsichtigeren Horizont wird sich niemand verschließen wollen, der erkannt hat: Meine Weltanschauung bestimmt, was für ein Mensch ich bin!

TOLLKIRSCHEN UND SCHLANGENGIFT

Manchmal zogen Lucy und Adam auch gemeinsam los, um Früchte und Beeren zu sammeln. Bei einem dieser Streifzüge stießen sie auf einen Strauch mit schwarzen Beeren. Noch kannte der Mensch die Tollkirsche und ihre verhängnisvollen Wirkungen nicht. Adam war von den leuchtenden Früchten an dem Strauch wie gebannt. Lucy dagegen spürte einen inneren Widerstand. Eine geheime Stimme in ihr, ein untrüglicher Instinkt, Jahrmillionen lang bewährt, sagte ihr, dass diese Früchte giftig sind. Lucy schaute auf Adam, doch der nahm ihren fragenden Blick schon nicht mehr wahr. Neugier und Lust auf diese Früchte hatten von ihm Besitz ergriffen. Gierig pflückte er einige schwarze Beeren und steckte sie in den Mund. Zum ersten Mal hatte ein Lebewesen der Stimme des Instinktes den Gehorsam verweigert. Ein erster Schritt in eine unbekannte Freiheit und eine ungeahnte Gefährdung war getan. Adam schloss die Augen und zerkaute langsam die Beeren. Wenig später schon fiel er in einen wilden Taumel. Sein Gesicht war verzerrt, und er rollte mit den Augen, deren Pupillen geweitet waren. Jetzt wollte auch Lucy nicht mehr zurückstehen. Sie überhörte die Stimme in ihrem eigenen Innern und ahmte nach, was Adam getan hatte.

Tieren gebietet der Instinkt, was sie zu tun und zu lassen haben. Die Katze lässt das Mausen nicht und wird ihre Beute seelenruhig fressen. Alle Bisse, die sie im Laufe ihres Katzenlebens diversen Opfern beigebracht hat, machen ihr nicht die geringsten Gewissensbisse. Eine Katze tötet und frisst die Maus, um hinterher behaglich zu schnurren. Kein Gewissen ist das beste Ruhekissen. Tiere töten, aber sie morden nicht. Sie können »grausam« sein, aber sie werden nicht schuldig. Tiere kennen keine Moral und wissen nichts von einem Sündenfall. Sie sind weder gut noch böse, sondern nur friedfertig oder aggressiv.

Freilich gab es auch Zeiten, in denen man Tiere für ihre Taten verantwortlich machte: Vom 14. bis zum 17. Jahrhundert wurden

Pferde, Rinder und Hunde vom Scharfrichter getötet, wenn sie einen Schaden verursacht hatten. Sie wurden gehenkt, verbrannt, ertränkt, erwürgt oder lebendig begraben. Ja, es kam sogar zu richtigen Strafprozessen gegen Tiere. So wurden im Jahr 1379 in Burgund einige Säue durch den Herzog von Burgund zum Tod verurteilt. Sie hatten einen Jungen zu Tode gebissen, weil er ihre Ferkel an den Schwänzen gezogen hatte. Vor der Hinrichtung am Galgen zog man ihnen menschliche Gewänder an. Dann wurden Hunderte von Säuen zur Hinrichtungsstätte getrieben, da man sich von der Hinrichtung eine abschreckende Wirkung erhoffte. 1470 wurde ein Pferd auf dem Scheiterhaufen verbrannt, nachdem es wegen Hexerei verurteilt worden war. Sogar gegen Schnecken, Ameisen und Bienen wurden Prozesse angestrengt. Und noch 1962 verurteilte ein amerikanisches Gericht einen Hund zu zwanzig Monaten Gefängnis, weil er zusammen mit einem Verbrecher an einem Einbruch beteiligt gewesen war.

In all diesen kuriosen Geschichten unterstellt man den Tieren menschliche Fähigkeiten. Doch Tiere kennen nur das »sogenannte Böse« (Konrad Lorenz). Der Mensch allein ist fähig zum wirklich Bösen. Wenn jemand mit seiner Katze Maus spielt und sie grausam zu Tode drangsaliert, so wird er zu Recht wegen unmenschlicher Tierquälerei angeklagt. Und selbst die Tiere, die auf dem Speiseplan des Menschen stehen, sollen möglichst human in den Kochtopf gelangen. Der Allesfresser Mensch kann sich aber auch zum Vegetarier bekehren und aus politischen Gründen in Hungerstreik treten. Die Kuh als eingefleischte Vegetarierin wird sich dagegen um die Erhaltung bedrohter Pflanzenarten nicht scheren.

Vor der Erlangung des Selbstbewusstseins lebten die Vormenschen in einer Art von paradiesischer Harmonie mit ihrer Umwelt. Alles Geschehen lief nach den Grundregeln der Natur ab, die noch nicht bewertet wurden. Mit dem Erwachen des Bewusstseins wurde das fraglose Eingebettetsein zerstört. Das große

Gehirn und der aufrechte Gang ermöglichten es dem Menschen, fortan zu sagen: »Hier stehe ich! Ich kann noch ganz anders!« Ihm stehen seitdem verschiedenste Optionen offen; er kann dieses oder jenes tun. Dabei geht ihm auf, dass die Alternativen nicht gleichwertig, sondern unterschiedlich erstrebenswert sind: »Ich sollte dieses tun und jenes lassen!« Mit dem Menschen ist eine, wenn auch begrenzte Freiheit in die Welt gekommen – eine Freiheit zum Guten wie zum Bösen. Schon seit Urzeiten wird diese Befähigung des Menschen in Märchen und Mythen zum Ausdruck gebracht. Ein besonders erhellendes Beispiel findet sich im ersten Buch der Bibel.

Ein Fehlgriff und seine Folgen

Im Buch Genesis wird erzählt, dass der Mensch zunächst in einer paradiesischen Unschuld lebt, sie dann aber verliert (Genesis 2,4 ff.). Welche typisch menschlichen Erfahrungen verdichten sich in dieser Erzählung vom »Sündenfall«?

Mit der Hominisation kommt dem Menschen die instinkthafte Sicherheit mehr und mehr abhanden. In den Kindertagen der Menschheit hatte die als Gottheit erlebte Natur dem Menschen beispielsweise die Tollkirschen verboten, weil sie schädlich sind, ja sogar den Tod bringen können – ähnlich wie Eltern ihrem Kind die vielen bunten Bonbons im Arzneimittelschrank verbieten. Jetzt wird der Mensch immer mehr vor die Wahl gestellt (Genesis 3,5; im Übrigen spricht die Bibel in dieser Geschichte nicht von einem Apfel, sondern von »Früchten«). Er muss nun *entscheiden,* welcher Neigung und Möglichkeit er folgen will.

Mit der Erlangung des Selbstbewusstseins geht dem Menschen auf: Ich werde einmal sterben. Im Unterschied zu unseren tierischen Vorfahren wissen wir um die Vergänglichkeit der Welt und unseres Lebens. Damit kommt das Bewusstsein vom Tod in die Welt (Genesis 3,19). Jetzt wird der Mensch damit konfrontiert, dass seine Möglichkeiten sehr begrenzt sind. Jede Entscheidung ist einmalig. Dies fordert heraus, bewusst zu handeln. Weil der Mensch in die Zukunft blicken kann, vermag er auch die Folgen seiner Handlungen abzuschätzen. Daher fragt er nach Maßstäben für sein Tun.

Mit dem Selbstbewusstsein taucht auch das *Gewissen* auf. Das menschliche Verhalten ist nicht mehr mechanisch vorprogrammiert. Der Mensch erfährt einen inneren Anspruch, der ihm mitteilt, was er tun soll. Zugleich entdeckt er in sich auch die Tendenz, etwas zu tun, von dem er instinktiv spürt, dass er es nicht tun sollte. Im Schöpfungsbericht wird diese versuchende Stimme im Symbol der Schlange (mit ihrer gespaltenen Zunge!) beschrieben (Genesis 3,1). Die Kunst hat die Schlange bisweilen mit einem Frauenkopf abgebildet, der eine exakte Kopie des Konterfeis von Eva darstellt. Es ist also eine innere Stimme im Menschen selbst, die mit ihm zu diskutieren anfängt. Hier ist jemand mit sich selbst uneins und wird hin- und hergerissen. Der Mensch will nicht mehr er selbst, sondern ein »toller Mensch« sein und in seinen Wahnfantasien sogar werden wie Gott (Genesis 3,5). Durch den Griff nach der verbotenen Frucht aber macht er sich schuldig. Doch keiner will es gewesen sein: Der Mann schiebt die Schuld auf die Frau, die Frau auf die Schlange … Der Mensch hat die Unbekümmertheit paradiesischer Nacktheit verloren, und er beginnt das Versteckspiel mit Feigenblättern, Masken und Schminke, um seine nackte Wahrheit zu verstecken. Er bekleidet sich wieder mit Tierfellen und kann doch nicht mehr zur Unschuld des Tieres zurück. Er hat Angst, sich eine Blöße zu geben und dem anderen in die Augen zu schauen. Der Mensch hat sein Gesicht verloren und kann sich nicht mehr sehen lassen. Er schämt sich für sein Tun und bedeckt seine Scham. Der Mensch ist das einzige Lebewesen, das erröten kann. Er ist aber auch das einzige, das Grund dazu hat (Mark Twain).

Die innere Stimme, die den Menschen für sein Übertreten tadelt, wird in der biblischen Schöpfungsgeschichte mit der Stimme Gottes identifiziert. Vor lauter Katzenjammer möchte sich der Mensch am liebsten in ein Mauseloch verkriechen. Gott aber sucht ihn: »Adam, Mensch, wo bist du?« So lautet die erste Frage, die Gott in der Bibel an den Menschen richtet. Er hält Adam sein Tun vor Augen, schaut ihm ins Gesicht, will eine Antwort und ruft den Menschen so zur Verantwortung.

Zu Bewusstsein gekommen, ahnt Adam um Gut und Böse und erfährt sich in seiner *Sünde* als von Gott getrennt. Im Wort »Sünde« klingt das Wort »sondern« an. Man denke auch an den »Sund«, den trennenden Meeresgraben. In der Sünde äußert sich die schmerzliche Erfahrung, die selbstverständliche Einbettung in eine paradiesisch erfahrene Natur verloren zu haben. Von nun an ist dem Menschen diese innere Zerrissenheit wie eine Erbkrankheit mitgegeben. Sie ist so etwas wie ein Artmerkmal des Menschen, das von Generation zu Generation weitergegeben wird. Doch worin besteht die *Erbschuld,* die besser als Erblast zu bezeichnen ist?

Wie durch einen genetischen Defekt bedingt, läuft bei jedem Menschen ein fehlerhaftes Programm ab, das ihn an der Welt zweifeln lässt. *Einerseits* ist dem Menschen in der Schöpfung des Gottesgedankens aufgegangen, dass alles gut ist: Licht und Finsternis, Tag und Nacht, Sonne und Mond, Land und Meer, Pflanzen, Tiere und die Menschen (Genesis 1,1–2,4a). *Andererseits* aber lebt der Mensch mit der erblichen Hypothek des Zweifels, ob diese Welt mit ihren Widersprüchen von einem guten Gott verantwortet wird, dem man – trotz aller schmerzlichen Erfahrungen – trauen kann.

Ein solches negatives Denken ist das heimliche Schlangengift, das letztlich jede Beziehung zerstört: »Meint Gott es wirklich gut mit mir?« »Meint es der oder die andere wirklich ehrlich mit mir?« Die suggestive Frage der Schlange im Paradies zielt genau auf dieses Misstrauen: »Hat Gott wirklich gesagt, ihr dürft von keinem Baum des Gartens essen?« (Genesis 3,1). Nein, das hat er nicht! Der biblische Gott hat dem Menschen vielmehr alle Früchte erlaubt – mit einer Einschränkung, die der Begrenztheit des Menschen entspricht. Wenn Eltern ihrem Kind verbieten müssen, Omas Tabletten zu lutschen, kann das so ankommen, als ob die Eltern ihrem Kind etwas nicht gönnen. Ähnlich kann der Mensch die ihm gesetzten Grenzen dahin gehend interpretieren, dass Gott ihm Liebe vorenthält. Der nagende Zweifel, ob Gott ihn wirklich liebt oder ihm missgünstig etwas vorenthält, zerstört das Grundvertrauen. Zugleich trauen sich die Menschen auch gegenseitig nicht mehr. Erblast meint somit, dass uns Menschen etwas fehlt, das uns eigentlich hätte kennzeichnen sollen: ein Urvertrauen in Gott und die Güte der Welt wie auch ein Vertrauen der Menschen untereinander. Stattdessen prägt eine Ambivalenz unser Bewusstsein. Es gehört zu unserem Erbe, dass uns von Anfang an ein Doppelpack aus Vertrauen und Angst in die Wiege gelegt ist.

Der Mensch zwischen Gut und Böse

In der Bibel finden sich also in der Sprache des Mythos wesentliche Einsichten in die Besonderheit des Menschen, der sich aus dem Bereich der Tiere heraus entwickelt hat. Mit dem aufrechten Gang hat der Mensch auch die Befähigung zu Aufrichtigkeit und Niedertracht erlangt. Die Primatenforschung legt zwar nahe, dass es auch bei Menschenaffen Ansätze für ein »moralisches« Verhalten gibt. Affen zeigen zum Beispiel Mitleid oder kümmern sich um behinderte oder sterbende Artgenossen. Dennoch: Selbstbewusstsein und Gewissen, Scham und das Wissen um den Tod sowie die Unterscheidung von Gut und Böse machen den Homo sapiens* zu einem evolutionsgeschichtlichen Sonderfall.

---

* Dass der jetzt lebende Mensch sich selbst als »Homo sapiens sapiens« tituliert, ist unbescheiden und verfrüht. Neben vielen anderen Ungereimtheiten im menschlichen Verhalten spricht auch diese Selbstbezeichnung gegen die Weisheit des Menschen, die vorläufig wohl noch ein Desiderat bleibt.

Die Fähigkeit zur Ethik hat biologische Grundlagen. Wir können uns selbst als lebendige Wesen wahrnehmen, die leben wollen. Mit allen Lebewesen teilen wir, dass wir etwas erstreben. Ob Schnecke, Hund oder Mensch – der Durst setzt in Bewegung. Wer etwas anzielt, kann es aber auch verfehlen. Der Hund, der den Fressnapf, und der Mensch, der das Wirtshaus verfehlt, sind schmerzlich frustriert. Doch nur der Mensch kann das Gelingen und Verfehlen bewerten und sein Handeln an Werten ausrichten. Ein Bierglas ist für Schnecke und Mensch gleichermaßen anziehend. Der Mensch aber kann der Falle entkommen, indem er sich von seinen Impulsen und Trieben distanziert und sich andere Ziele setzt. Die diebische Elster kann einfach nicht anders; wenn ein Mensch aber zum Dieb wird, kann er sich nicht so einfach aus der Verantwortung stehlen.

Eine weitere Basis für menschliche Ethik liegt darin, dass wir uns in andere Menschen und sogar in Tiere einfühlen können. Man denke etwa an das Sprichwort: »Quäle nie ein Tier zum Scherz, denn es fühlt wie du den Schmerz.« Wir können uns in die Lage von anderen Menschen versetzen. Wir haben eine Vorstellung davon, was jemand will. Unsere Fähigkeit zu Mitleid und Empathie kann dazu führen, dass wir von der Hilfsbedürftigkeit anderer regelrecht ergriffen werden. So wurde Jean-Paul Sartre, der die Moral als objektive Verpflichtung ablehnte, vom Anblick hungernder Kinder in Algerien tief erschüttert. Er machte die Erfahrung, dass er der Pflicht zu helfen nicht mehr ausweichen konnte.

Wir Menschen können aus uns herausgehen und den Ich-fixierten Standpunkt wechseln, um eine Sache »von außen« anzuschauen, etwa durch die Brille eines anderen Menschen. Solche Perspektivwechsel geben den Blick frei für das, was gut ist. Und zwar nicht nur gut für mich, sondern auch gut für den anderen. Damit nehmen wir den Standpunkt der Ethik ein: Ich kann den anderen als »meinesgleichen« anerkennen und mich darum mühen, unparteiisch zu sein. Dieser Perspektivwechsel ist sprichwörtlich geworden: »Was du nicht willst, das man dir tu, das füg auch keinem andern zu!« Abstrakter formuliert: Behandle den anderen so, wie du selbst in einer ähnlichen Situation behandelt werden möchtest.

Diese »Goldene Regel« kann als universale Basis menschlicher Ethik dienen. Auf dieser Grundlage können wir Konflikte regeln, ohne uns egoistisch durchsetzen zu wollen. Wir können uns an Recht und Gerechtigkeit orientieren, anstatt uns vom »Recht des Stärkeren« leiten zu lassen, welches eben gar kein Recht ist. Der Kampfplatz der Evolution kann zum Garten des Menschlichen werden. Denn wir sind fähig, das nackte Überlebensprinzip, gemäß dem sich der Stärkere durchsetzt, durch die sittliche Forderung nach Rücksicht auf Kranke, Schwache und Beeinträchtigte zu ersetzen. Ja, der Mensch vermag sich sogar für Fremde selbstlos aufzuopfern und sein letztes Stück Brot mit einer anderen Person zu teilen.

Schließlich verleiht die Befähigung, sich selbst zurückzustellen und einen in diesem Sinn »absoluten« (= losgelösten) Standpunkt einzunehmen, dem Menschen eine einzigartige Sonderstellung im Universum. Als einziges von allen uns bekannten Lebewesen kann der Mensch Verantwortung übernehmen für den Schutz der Biosphäre und sich für eine nachhaltige, enkeltaugliche Zukunft einsetzen.

Die Verantwortung für das eigene Tun und Lassen erfährt der Mensch in seinem Innern, in seinem Gewissen. Wer das Opfer eines Verkehrsunfalls am Straßenrand liegen sieht, weiß eigentlich, was er zu tun hat. Im flehenden Blick eines verletzten Menschen trifft ihn etwas Gebietendes: »Lass mich in meiner Not nicht allein!« Diese innere Verpflichtung kann bis ins Mark erschüttern. Wer sich dem inneren Ruf verweigert, erfährt sich als zerrissen, weil er oder sie »sich selbst« verraten hat.

Ohne Zweifel baut die Gewissenserfahrung nicht nur auf biologischen Grundlagen auf, sondern ist auch kulturell und biografisch geprägt. Darauf aufbauend, wird im Gewissen zugleich auch eine unbedingte Verpflichtung erfahren. Diese kann religiös gedeutet werden: Ein absoluter Anspruch lässt an eine absolute Dimension denken. Im inneren Angesprochensein kann der Mensch sogar erleben, dass ihn vielleicht »jemand« anspricht. Die Stimme des Gewissens kann als Stimme Gottes gedeutet werden.

Die Freiheit, zu entscheiden und zu handeln, erweist sich als Gabe und Aufgabe, als Befähigung und Verantwortung zugleich. Der Wolf kennt keine innere Stimme, die ihm zuflüstert, er soll seinem Wolf-Rivalen ein Mensch werden. Nur der Mensch kann dem Menschen zum Wolf werden, aber auch zum Mitmenschen.

RÜCKBLICK AUF DEN ERSTEN TAG

Die Naturgesetze des Universums erlaubten es, dass sich auf einem Planeten ein ganz besonderes Phänomen entwickelte: das Leben. Im Laufe einer langen Evolutionsgeschichte tauchte schließlich der Mensch auf. Eine entscheidende Rolle bei der Entwicklung zum Menschen hin spielte die Vergrößerung des Gehirns. Dadurch erlangte der Mensch völlig neue Fähigkeiten wie Selbstbewusstsein und Reflexion. Der Mensch ist das erste Lebewesen, in dem die Evolution sozusagen über sich selbst nachdenkt: Er sucht nach einer Deutung für die Existenz des Kosmos und für sein eigenes Leben. Er staunt über das Schöne, unterscheidet zwischen Gut und Böse und verehrt das Göttliche.

In der Neuzeit entdeckte der Mensch die erstaunliche Vorgeschichte seiner eigenen Entstehung. Die naturwissenschaftliche Erforschung seiner Herkunft ließ allerdings auch Zweifel aufkommen: Sind die Spielräume der Freiheit oder die Erfahrungen von Schönheit, Ethik und Religion vielleicht nur Illusionen? Oder gibt es gute Gründe, diesen Erfahrungen zu trauen und sich auf das Abenteuer des Glaubens an Gott einzulassen?

ZWEITER TAG: GOTT GIBT SINN

Andreas: *Hattest du schon mystische Erfahrungen?*
Melanie: *Na, du fällst ja mit der Tür ins Haus. Das ist nicht nur eine sehr persönliche Frage. Es ist auch schwer, über mystische Erfahrungen zu reden. Am leichtesten ist es vielleicht, wenn ich ein, zwei Erfahrungen erzähle.*
Andreas: *Da bin ich mal gespannt!*
Melanie: *Ich bin am Meer groß geworden. Und auch sonst habe ich manchmal nah am Wasser gebaut. Ich glaube, dass ich sehr berührbar bin. Ich kann stundenlang auf die bewegte See schauen und dabei selbst in eine stille Tiefe kommen. Es ist dann, als ob ich meinen eigenen Grund berühre. Wenn ich auf das Rauschen des Windes höre, spricht mich eine Weite an. Ich vergesse die Welt um mich herum und sogar mich selbst – und bin doch ganz da.*
Andreas: *Ich kenne Ähnliches. Als Jugendlicher habe ich mich für Astronomie interessiert. Mich faszinierten Theorien und Berechnungen über die Weite des Kosmos. Ich erinnere mich, dass ich einmal unter einem sternenklaren Himmel stand und von der Größe des Alls wie hingerissen war. Das Eigenartige war, dass ich mich nicht verloren fühlte, sondern als ein Teil des Ganzen. Ich war im Großen und Ganzen geborgen. Mir wurde klar: Ich lebe in einem immensen Zusammenhang, den ich nicht durchschaue und zu dem ich doch gehöre. Ich spürte, dass ich im Universum daheim bin, aber nicht bei etwas, sondern bei jemandem. Und dieser Jemand fühlte sich an wie Gott.*

Melanie: *Es hört sich vielleicht merkwürdig an: Eine meiner frühesten Erfahrungen, an die ich mich erinnern kann, ist die Entdeckung der Vergänglichkeit. Ich saß als kleines Mädchen bei uns auf dem Hof und spielte mit Kieselsteinen. Auf einmal fragte ich mich: Melanie, ob du dich, wenn du groß bist, an diesen Moment erinnern wirst? In diesem Augenblick entdeckte ich den Strom der Zeit und dass es nicht selbstverständlich ist, dass ich bin. Ich fing an zu staunen. Und ich ahnte, dass alles Vergehende zugleich auch bleibt. Weil ich in einer christlichen Familie aufgewachsen bin, habe ich all diese Erfahrungen ganz intuitiv mit Gott in Verbindung gebracht.*

Andreas: *Auch meine Erfahrungen von Geborgenheit und Sinn deutete ich religiös, was durch meine Erziehung nahelag. Ich bin in einer traditionell katholischen Umgebung groß geworden. Ganz selbstverständlich wuchs ich in eine Welt voller Symbole und Riten hinein. Auch die Heimat und Liebe, die mir meine Familie schenkte, waren für mich Ausdruck einer großen Liebe, die von Gott ausgeht.*

Melanie: *Das war bei mir ähnlich. Gemeinsam Gott für den neuen Tag zu danken oder am Abend von meiner Mutter gesegnet zu werden, war für mich so selbstverständlich, wie mich warm anzuziehen, wenn es kalt war. Doch dann gab es ein Ereignis, das meinen Glauben verändert hat: In einem Gottesdienst bin ich in einer solchen Tiefe von der Zuwendung Gottes berührt worden, dass ich vor Glück nur weinen konnte. Diese Erfahrung ist so gewiss und evident wie wenig anderes in meinem Leben. Doch es ist schwer, sie in Worte zu fassen. Am ehesten kann ich sie beschreiben mit dem, was sie in Gang gesetzt hat: Gott hat mich überzeugt. Und ich konnte und wollte ihm antworten.*

Andreas: *Und wie sah das konkret aus?*

Melanie: *Nach meinem Abi stand ich vor der Qual der Wahl: Studiere ich Medizin, Theologie, Musik oder Landwirtschaft und gehe dann in die Entwicklungshilfe? Ich habe mich schließlich für Theologie entschieden. Ich wollte für mich klären, ob und wie ich heute,* *auch intellektuell verantwortlich, Christin sein kann. Eine weitere Frage in dieser Zeit galt meinem Lebensentwurf. Ein großer Wunsch war der nach Partnerschaft und Kindern. Zugleich kam mir immer wieder in den Sinn, als Ordensfrau zu leben. Ich wollte Gott den ersten Platz in meinem Leben geben.*

Andreas: *Auch ich bin ein unternehmungslustiger Typ und konnte mir für mein Leben alles Mögliche vorstellen. Ich bin ehrgeizig und risikofreudig. Manchmal aber spüre ich, dass mich mein Lebenshunger irgendwie überfordert und sogar schmerzt. Die Suche nach immer mehr wurde für mich zum Hinweis auf eine Erfüllung, die nur Gott geben kann. Ich glaube, dass es unter dem Niveau des Menschen ist, nur für Besitz und Konsum zu leben. Wir sind zu etwas Höherem berufen. Das ist auch ein Grund dafür, warum ich vieles zurückließ und mich einer Ordensgemeinschaft anschloss. Es war für mich stimmig, mich für einen einfachen Lebensstil, Gehorsam und Ehelosigkeit zu entscheiden. Gott ist für mich der Name für die Überfülle, die auf uns wartet.*

DIE ENTGRENZUNG DES MENSCHEN

Eine Preußin und ein Bayer sitzen beim Oktoberfest nebeneinander. Der Bayer hat seine sechste Maß, Radi, Steckerlfisch, Emmentaler und Ochsenfleisch verdrückt. In der gleichen Zeit hat seine Nachbarin die Hälfte einer Maß getrunken und eine mitgebrachte Vollkornbutterstulle verzehrt. Als der Bayer sie merkwürdig ansieht, erklärt sie, sie esse nur so viel, bis sie ihren Hunger gestillt habe. »Und dringa tuast a bloß, wannst an Durscht host?«, fragt der Bayer ungläubig nach. Seine Nachbarin nickt stolz. »Wia's Viech!«, schüttelt ihr Gegenüber das weiß-blaue Haupt …

Mit Volumen und Ausdifferenzierung des Gehirns wächst die Fähigkeit des Menschen, sich über das naturgegebene Maß hinwegzusetzen. Er akzeptiert die Grenzen nicht mehr, die ihm von Gott oder der Natur gesetzt wurden. Er streckt sich aus nach dem Übermenschlichen. Sein Maß ist die Maßlosigkeit.

In dieser Entgrenzung liegt die Ursache für die *Größe* des Menschen. Wir bleiben nicht stehen beim jeweiligen Stand unseres Wissens und Könnens. Eine innere Unruhe treibt uns an, die Grenzen des Erreichten immer wieder zu überschreiten.

Der Fortschritt in Wissenschaft und Technik verdankt sich diesem Stachel. Schon früh entwickelt der Mensch Werkzeug, das ihm »zur Hand geht«. Feuer und Schwert, Hammer und Sichel revolutionieren das Leben des Menschen. Er beobachtet die Natur und ihre Gesetzmäßigkeiten. So überlässt er die Ernte von Körnern nicht mehr dem Zufallsprinzip nach dem Motto: Auch ein blindes Huhn findet mal ein Korn. Er durchschaut den Zusammenhang von Aussaat und Ernte und baut nun selbst Getreide an. Es gelingt ihm, Tiere lebend einzufangen und zu züchten. Aus dem Sammler und Jäger wird ein Bauer und Hirte. Der Mensch konstruiert Häuser und Städte, die ihm das Leben so angenehm wie möglich machen sollen. Aus dem Waschen im Fluss wird die

Waschmaschine mit eingebautem Knitterschutz. Und der Abakus mit seinen Rechenperlen wird weiterentwickelt zum PC.

Zu den Überlebenstechniken tritt die Lebenskunst: Die ersten malerischen Versuche an Höhlenwänden steigern sich bis zu den Fresken von Michelangelo. Die Buschtrommel wird zur Pauke perfektioniert und die Panflöte zur Orgel. Am allerdeutlichsten zeigt vielleicht das übergroße Bedürfnis nach Liebe, wie sehr uns die Maßlosigkeit ins Stammbuch geschrieben ist. Der Mensch übersteigt den Menschen unendlich (Blaise Pascal).

Weil dem Menschen nicht mehr ausschließlich die Instinkte vorschreiben, was er zu begehren hat, greift er nach Tollkirschen und Sternen. Die biblische Erzählung vom gierigen Griff nach der verbotenen Frucht ist ein Reflex auf die Schattenseite dieser Entwicklung. Die angeborene Entgrenzung ist daher auch Ursache für das *Elend* des Menschen und entpuppt sich zunehmend als gefährlicher »Trojaner«. Das Größenwachstum des menschlichen Gehirns führt anscheinend auch in den Größenwahn. Der Mensch ist ein ewiger Nimmersatt, der im Unterschied zu den Tieren dazu fähig ist, einen über den Durst zu trinken. Er kann den Hals nicht vollkriegen und leidet an chronischem Magenknurren. Am Anfang steht die Fangfrage: Wer wird Millionär? Wer dann eine Million Dollar hat, will zwei davon. Und dann vier. Das entsprechende Glaubensbekenntnis lautet: »In gold we trust« (man beachte den hartnäckigen Druckfehler auf dem Dollarschein!). Die Spirale des Besitzen-Wollens dreht sich immer schneller. Der Mensch ist ein Fass ohne Boden und will als biologischer Allesfresser die ganze Welt verschlingen. Die Gier nach immer mehr scheint an keine Grenze zu kommen.

Für derart Konsum-Besessene heißt der Slogan: alle Befriedigung jetzt. Doch wer das Glück seines Lebens darauf setzt, nur noch seine natürlichen Bedürfnisse zu befriedigen, stößt bald auch an die Grenzen seiner eigenen Natur. Die Reichen haben gar nicht so viele Bedürfnisse wie Mittel. Wenn Jeff Bezos drei Schnitzel gegessen hat, ist er satt, und die potenziellen Milliarden Schnitzel, die er sich noch leisten könnte, bleiben virtuell. Wozu dann die ganze Schnitzeljagd? Die alten Römer griffen als Abhilfe zur Abführung: Nach dem Gaumenkitzel ließen sie sich durch Federkitzel zum Erbrechen reizen. Aber auch dieses Verfahren ist nur begrenzt anwendbar, von seiner ästhetischen Extravaganz ganz zu schweigen.

Dazu kommt, dass Luststeigerung oft ihr Gegenteil hervorbringt. Nach Rausch und Ecstasy bleibt eine traurige Leere zurück. Und um beim nächsten Trip den gleichen Flip zu erleben, muss man auch noch die Dosis etwas erhöhen, was den Absturz nach dem Höhenflug noch brutaler werden lässt. Der nimmersatte Mensch überfordert die begrenzte Welt, denn sie kann ihm nie genügen. Die Besitzgier verbeißt sich nicht nur in das Irdische, sondern greift sogar noch auf den Himmel aus: Es gibt amerikanische Makler, die Grundstücke auf dem Mond verkaufen. Wer seinen Besitz in Augenschein nehmen will, guckt dann in den Mond …

Viele leiden an der Oberflächlichkeit einer solchen Konsummentalität mit ihren angelernten Bedürfnissen. Denn man hat zwar immer mehr, aber zugleich beschleicht einen das Gefühl, dass einem das Wichtigste noch fehlt. Wir wissen ja nur zu gut, dass die Werbung ihre großen Versprechen nicht halten kann. Enttäuscht läuft man vom einen zum anderen. Die Eindrücke werden immer oberflächlicher und flüchtiger. Der Umschlag von gesteigerter Quantität in geringere Qualität lässt den Menschen immer unbefriedigter zurück. Etikettenschwindler verkaufen Eros als Liebe und bieten doch nur viagrösen Instant-Sex. Und Wertpapiere können kein bleibendes Selbstwertgefühl vermitteln. Um die Leere zu kompensieren, muss man noch schneller konsumieren oder noch weiter fahren. Und das bedeutet: Man muss noch mehr leisten und sich selbst immer mehr unter Druck setzen.

Die Angst, etwas zu versäumen, sitzt dem Menschen im Nacken. Der Zeittakt wird immer schneller, und viele leiden an Hektik, Stress und einem Überangebot. »Genug vom Zuviel!«, das ist der Stoßseufzer vieler Zeitgenossen. Hinzu kommt: Der pathologische Heißhunger des Menschen führt zu jener unerbittlichen Treibjagd, deren katastrophale Folgen wir gegenwärtig beobachten müssen. Die menschliche Maßlosigkeit ist eine tödliche Bedrohung für das gesamte Ökosystem, denn die Ressourcen unserer Welt sind knapp bemessen. Die Klimakatastrophe beschleunigt sich, und das Hinauszögern wirksamer Maßnahmen führt zu Schäden, die nicht wiedergutzumachen sind. Wenn bestimmte Kipppunkte überschritten werden, gibt es kein Zurück. Letztendlich schlägt eine unkontrollierte Ausbeutung der Natur auf uns Menschen zurück, weil wir ein Teil dieser Natur sind. Wenn die Natur durch den Menschen tyrannisiert wird, bringt sie am Ende den Tyrannen um. Treibt uns der unstillbare Hunger also in den Abgrund?

Wonach hungern wir wirklich?

Der Mensch hat mehr Wünsche, als ihm freistehen. Seine Gier nach immer mehr überfordert ihn selbst, seine Mitmenschen und letztlich die ganze Welt. Am Anfang der Menschheitsgeschichte steht nun aber nicht nur dieser wachsende Hunger, sondern zugleich das Phänomen der Religion. Denn in der Entgrenzung des Menschen liegt die Ursache dafür, dass dieser an Gott zu glauben beginnt.

Unsere These lautet: Religion ist ein Weg, die Sehnsucht des Menschen nach »immer mehr« in eine spirituelle Dynamik zu verwandeln. Zugleich bieten die verschiedenen Religionen konkrete Wege an, um den Menschen vor seinem selbstmörderischen Hunger zu schützen und seine Maßlosigkeit in geordnete Bahnen zu lenken.

In vielen *Naturreligionen* wird bestimmten Tieren und Pflanzen ein heiliger Respekt entgegengebracht, wodurch diese vor einer unkontrollierten Ausbeutung geschützt sind. Es gibt ausgegrenzte Orte, die als Reservate dienen: In Tempeln und heiligen Bezirken dürfen keine Geschäfte abgeschlossen und keine Gewalttaten verübt werden. Und schließlich wollen religiöse Übungen helfen, die menschlichen Bedürfnisse und Wünsche zu kultivieren. So werden Zeiten festgelegt, in denen Konsum und Ausbeutung heilsam unterbrochen werden. Fasten und Askese, sexuelle Enthaltsamkeit und materielle Beschränkung dienen dazu, den Menschen aus der Kralle der Begehrlichkeiten und Begierden zu befreien.

In *Hinduismus* und *Buddhismus* schlingt der Gedanke der Wiedergeburt ein Band der Achtung um alles Lebendige. Der Umgang mit Tier und Mensch ist von Ehrfurcht geprägt. Diese Grundeinstellung fördert die Haltung der Gewaltlosigkeit. Der Buddhismus ist keine Religion im strengen Sinn, weil er die Frage nach dem Göttlichen nicht stellt. Er ist eher eine tief spirituelle Weltanschauung. Besser gesagt: Er ist eine Welt-Durchschauung. Durch vielfältige Übungen wird man sich der Nichtigkeit der Welt bewusst. Buddhisten entlarven alles Begehren und sogar ihr eigenes Ich als einen Schein.* Sie durchschauen die Welt – und es ist nichts dahinter. Kraft dieser »Erleuchtung« kann der Mensch seine Gier überwinden. So lehrt z. B. Bodhidharma, ein Meister des taoistischen Buddhismus aus dem 6. Jahrhundert: »Wo auch immer ein Begehren ist, da findest du Leiden, wenn das Begehren aufhört, bist du frei vom Leiden. Nichtbegehren ist der Weg zur Wahrheit.«[22]

Auch die *Bibel* wird von einem flammenden Protest gegen die Habgier durchzogen, allerdings aus einem völlig anderen Grund:

---

* Insofern entspricht die Philosophie des Buddhismus den weltanschaulichen Prämissen jener Naturwissenschaftler, die das Ich als Illusion entlarven wollen. Der Buddhismus ist diesen Ideologien zugleich überlegen, weil er konsequent auch auf das Begreifen-Wollen verzichtet.

Der Hunger des Menschen kann nur von Gott gestillt werden. Wer seine Bedürftigkeit dagegen nicht als Gottessehnsucht deutet, läuft Gefahr, eine Leere unangemessen zu füllen. Wenn man sein Herz an Dinge oder Menschen hängt und diese abgöttisch liebt, so macht man sie zu seinen Götzen. Ein Götze ist etwas Begrenztes, das absolut gesetzt wird und das man dann absolut braucht. Alles kann zum Götzen werden: Der pferdestarke Jaguar mutiert im Geschwindigkeitsrekord zur heiligen Kuh, der Filmstar zur angebeteten Diva. Ein Blick in die Geschichte zeigt die tödlichen Folgen solcher Vergötzungen von Sonne und Sternbildern, Kühen und Eichen, Volk und Rasse. Nicht Gott ist das Placebo, sondern Geld und Öl, Sex und Macht werden zu billigen Surrogaten des menschlichen Tiefenbedürfnisses. Diese erfüllen den Menschen nicht, sondern müllen ihn zu.

Die biblische Tradition deutet die Maßlosigkeit des Menschen als »Gott-Fähigkeit«, als Gottes-Kapazität. Der Mensch ist *capax Dei,* d. h. er kann Gott ersehnen und empfangen. Er ist ein Wesen, das über alles hinausdenken kann kann (lat. »ens quod maius cogitare potest«). Diese »Gott-Begabung« (Johann Baptist Metz) hat ein abgrundtiefes Bedürfnis aufgerissen. Weil Menschen eine Ahnung von göttlicher Fülle haben, geben sie sich mit dem Begrenzten nicht mehr zufrieden. Für Glaubende ist *»Gott« die Chiffre für das, was uns Menschen auch dann noch fehlt, wenn wir alles haben.* Denn der Mensch ist eben nicht in sich abgerundet, sondern gleicht einer Parabel, die nach oben offen ist.

Der Drang nach immer mehr wird im Christentum zum Hinweis, dass der Mensch auf Gott hin geschaffen ist und sein Herz erst in Gott zur Ruhe kommt, wie das bereits Aurelius Augustinus gedeutet hat. Der Priester und Dichter Ernesto Cardenal beschreibt diese Erfahrung mit folgenden Worten: »In den Augen aller Menschen wohnt eine unstillbare Sehnsucht. In den Pupillen der Menschen aller Rassen, in den Blicken der Kinder und Greise, der Mütter und liebenden Frauen, in den Augen des Polizisten und des Angestellten, des Abenteurers und des Mörders, des Revolutionärs und des Diktators und in denen des Heiligen: In allen wohnt der gleiche Funke unstillbaren Verlangens, das gleiche heimliche Feuer, der gleiche unendliche Durst nach Glück und Freude und Besitz ohne Ende.«[23] Um dieses Durstes willen werden Berge bestiegen und die Tiefen der Meere erforscht, für ihn wird geherrscht und intrigiert, gebaut und geschrieben, gesungen, geweint und geliebt – und dieser Durst ist nach Cardenal im Tiefsten die Sehnsucht nach der Liebe Gottes, die immer größer und letztlich grenzenlos ist. Ein anderer christlicher Dichter, Paul Claudel, bringt es auf den Punkt: »Das Unersättliche kann sich nur ans Unerschöpfliche wenden.«

DIE ENTFESSELTE GEWALT

Als erster Freigelassener der Evolution hat der Mensch seine Instinktsicherheit verloren. Dies führt nicht nur zu einem unbändigen Hunger nach immer mehr, sondern hat auch massive Auswirkungen auf das menschliche Sozialleben.

Zunächst einmal eröffnet die Entgrenzung dem Menschen eine Fülle von neuen Verhaltensmöglichkeiten. Während es für eine Schnecke nur eine Möglichkeit gibt, ihr Haus zu bewohnen, vermag der Mensch seinen Lebensraum unabsehbar variabel zu gestalten. Selbstverständlich bleibt der Mensch von angeborenen Verhaltensmustern geprägt. Doch weil die Instinkte zurückgetreten sind, ist Denken gefordert. Der Mensch ist gefragt, Ordnung in die Fülle seiner Sinnesreize zu bringen. Er muss Zusammenhänge erkennen und interpretieren, um handeln zu können. Und er denkt sich nun auch neue Verhaltensweisen aus, die er an andere weitergibt. So entsteht Kultur als die »zweite Natur« des Menschen.

Der Mensch ist von Natur aus ein Kulturwesen, und er lernt vor allem, indem er jemanden oder etwas nachahmt. Bereits im zarten Alter von vierzig Minuten ist ein Säugling zur Imitation fähig: Streckt man ihm die Zunge heraus, macht er es nach.[24] Später muss eine Mutter ihrem Kind das erste Wort viele Male vorsagen, bis es den Laut nachahmt und ins Haus der Sprache krabbelt. Selbst den aufrechten Gang erlernt der Mensch durch Imitation. Das anfängliche Nachäffen differenziert sich zu kulturellen Höchstformen. Durch Sprache und Zeichen (Schrift, Codes) beschleunigt sich der kulturelle und wissenschaftliche Fortschritt in exponentiellem Ausmaß. Auch Werte und Weltanschauung entdeckt der Mensch mithilfe von Vorbildern, zu denen er aufschaut.

Die Fähigkeit, einen anderen zu imitieren und von ihm etwas abzukupfern, ist jedoch ambivalent. Wer nachahmt, schielt nämlich auf die anderen. Die Äpfel in Gottes wie die Kirschen in Nachbars Garten scheinen besonders schmackhaft zu sein. Es wurmt, dass die Kollegin ein größeres Auto fährt und ein kleineres Notebook besitzt. Es läuft fast automatisch ab: Ich sehe, was die andere Person hat – und will es auch haben. Ich höre davon, was sie kann – und will es ebenfalls können. Ich spüre, was der anderen begehrenswert erscheint – und ahme das Begehren selber nach (René Girard).

Durch Nachahmung kann ich auf Schönes und Wertvolles aufmerksam werden. Wer seinen großen Bruder Fußball spielen sieht, will es ihm gleichtun und kann dadurch selbst Freude am Spiel entdecken. Häufig führt der Mechanismus des Nachahmens allerdings dazu, dass nicht das Spielerische, sondern der Konkurrenzkampf im Vordergrund steht. Der Gewinn liegt dann darin, sich im neidvollen Blick der anderen sonnen zu können. Und beneidet zu werden, verleiht den Schein, wichtig und bedeutsam zu sein: »Ich bin wer!« Dieses Streben treibt die tollsten Blüten: Aus einer Guinness-Laune heraus wetteifern erwachsene Menschen darum, wie viele Streichhölzer sie sich in die Nase stecken können. Männer mit Glatze versuchen, auf einem Bein stehend ein rohes Ei auf dem Kopf zu balancieren, und lassen sich diesen Eiertanz prämieren. Bei der Schaffung ständiger VIP-Nischen sind der Fantasie von Eierköpfen keine Grenzen gesetzt. Nach den Billignachrichten zu urteilen, die einem ungebeten ins Haus flattern, befindet sich die gesamte Menschheit auf dem paraolympischen Gipfelsturm, um unter Blitzlichtgewitter einen Platz im Pantheon der Superstars zu ergattern. Als Weltrekord im Jahr 2023 gilt in folgenden Disziplinen (jeweils pro Minute): 24 Sahnetorten werfen; 123 Kokosnüsse mit dem Handrücken zerschlagen; 77 Mal gegen den eigenen Kopf treten, 25 Tassen in einer Hand tragen. Da hat man doch wirklich nicht mehr alle Tassen im Schrank …

Doch das gegenseitige Übertrumpfen und Imitieren des Begehrens ist nicht nur zum Lachen. Denn in ihm wurzelt einer der Ursprünge für die Konflikte in den menschlichen Gruppen und Gesellschaften.

Die Suche nach einem Sündenbock

Utan und Tatan waren Zwillingsbrüder. Schon im Mutterleib gab es ein heftiges Gerangel zwischen den beiden. Der Konkurrenzkampf setzte sich nach der Geburt fort. Utan war der Stärkere, und Tatan eiferte seinem überlegenen Bruder viele Jahre vergeblich nach. Als die beiden ins Erwachsenenalter kamen, setzte sich Tatan immer mehr von seinem Bruder ab und wurde ein Sonderling. Er sammelte seltene Steine und schnitzte hölzerne Figuren. Utan dagegen wurde ein großer Jäger. Um ihn herum sammelten sich die jungen Männer des Stammes, die es ihm gleichtun wollten. Dieser Wettstreit führte bisweilen zu einer angespannten Atmosphäre. Als Utan schließlich nicht nur dem Wild, sondern auch verschiedenen Frauen des Stammes nachzustellen begann, wurde die Stimmung im Stamm immer gereizter. Die abendlichen Versammlungen am Feuer nahmen tumultartige Züge an und eskalierten immer mehr.

Nur wenig später passierte das Unvermeidliche: Einige Stammesmitglieder solidarisierten sich mit Utan, während andere sich gegen ihn zusammenrotteten. Die Steinbeile waren schon erhoben. In diesem Augenblick kam Tatan zufällig aus dem Wald zurück. Er schleppte einen Pfahl mit sich, in den er mit der Axt gesichtartige Züge geschnitzt hatte. Jetzt war es allen klar: Tatan war an der ganzen Spannung schuld, denn er hatte die Sippe verhext. Einhellig stürzte sich die Horde auf den völlig überraschten Tatan und umzingelte ihn. Utan hob als Erster einen Stein auf und schleuderte ihn auf seinen Zwillingsbruder. Das Blut schoss Tatan aus der Nase. Jetzt schleuderten auch die anderen ihre Steine, die Tatan tödlich trafen und bald unter sich begruben. Wenig später schon lag ein ganzer Steinhaufen über dem Opfer.

Der Blutrausch verflog, und die Menge stellte erstaunt fest, dass alle Zwistigkeiten beseitigt waren. Alle umarmten sich und waren wieder ein Herz und eine Seele. In den Steinhaufen, der einer kleinen Pyramide ähnelte, wurde das geschnitzte Holz von Tatan gesteckt, das von nun an als Totempfahl verehrt wurde. Ja, Tatan wurde immer mehr vergöttlicht: Sein Tod hatte die Gemeinschaft wie durch ein Wunder neu zusammengeschweißt. Man erzählte sich Geschichten von seiner Macht, die er jetzt als Totengeist erst recht über die Sippe haben würde. Und als zwölf Monde seit der Bluttat verflossen waren, tötete man den erstgeborenen Sohn des Stammeshäuptlings auf dem Steingrab, damit das hinabrinnende Blut den Begrabenen versöhnt und der Stammesfriede gewahrt bleibt.

Schon in den Urhorden kommt es zu Rivalitäten um Revier, Ressourcen und Reproduktion. In den später entwickelten Gesellschaften streitet man um Land und Krone, Ehre und Macht, Gunst und Geld, um Frauen und Männer. Weil man nie genug »kriegen« kann, kommt es zu endlosen Kriegen.

Die Ursache dafür liegt in der Entgrenzung des Menschen: Befähigt zu Neugier und Gier, werden die Wünsche des Menschen maßlos. Indem wir Menschen das Begehren anderer nachahmen, kommt es zu einer Spirale, die Eifersucht und Neid immer weiter anheizt. Das gibt böses Blut. Ein Wort gibt das andere, und wie beim Tennisspiel folgt Schlag auf Schlag. Gewalt ist ansteckend und hat eine schier unwiderstehliche Sogwirkung. Schließlich fließt Blut, vergossen durch Menschenhand. Das schreit nach Rache. Die *Rache* ist die perfekte Nachahmung einer vorherigen Gewalttat. Die mörderische Kettenreaktion der Blutrache droht sich endlos auszubreiten und Sippen oder Stämme, ja sogar die ganze Menschheit auszurotten.

Um das Schlimmste zu verhindern, hat sich seit Urzeiten ein Mechanismus eingespielt. Dieser lässt sich mit der Funktion eines Dampfkochtopfs vergleichen: Sobald der Druck des Kochtopfs einen bestimmten Grenzwert erreicht, bedarf es eines Ventils, um Dampf abzulassen und eine Explosion zu verhindern. In ähnlicher Weise erhitzt Aggression die Atmosphäre einer Gruppe bis zum Siedepunkt, und es droht das Chaos. Als Ausweg bietet sich ein wunderbarer Tausch an: Die Aggression richtet sich auf einen Prügelknaben, der angeblich an allem schuld ist. In seiner Raserei lyncht der Mob den Erstbesten. Alle Spannung entlädt sich an diesem »Sündenbock«* wie an einem Blitzableiter.

---

* Der Begriff »Sündenbock« geht auf einen biblischen Ritus zurück: Die im gesamten Volk Israel vorhandene Schuld wurde per Handauflegung auf einen Ziegenbock übertragen und dieser dann in die Wüste geschickt (Leviticus 16,21 f.).

Wenn also ein Krieg »alle gegen alle« droht, kann der *Sündenbock-Mechanismus* mit seinem »alle gegen einen« das Schlimmste verhindern. Denn jetzt stürzen sich alle auf den »einen«, der (angeblich) an der Spannung schuld ist. Die aufgeheizte Aggression wird an diesem »einen« ausgelassen und findet damit ein unverhofftes Ende. Über der Leiche des Opfers findet die Gruppe wie durch ein Wunder neu zusammen und schließt Frieden. Die wiedergefundene Einmütigkeit wird als Geschenk des Himmels, als göttliche Gabe gedeutet und gefeiert. Das Opfer wird daher vergöttlicht. Der lateinische Begriff für »opfern« (= sacrificere) bedeutet nicht von ungefähr: etwas zu einem »sacrum« (= heiliger Gegenstand) machen.

Doch der wiedergefundene Friede ist nur ein fauler, vorläufiger Friede. Unter seinem Deckmantel gären die alten Neid-Konflikte weiter. Die Ruhe ist trügerisch und hält nicht lange. Unweigerlich kommt es wieder zu Reibungen, und ein neues Gewitter braut sich zusammen. Der durch die Opferung eines Prügelknaben abgeleitete Blitz droht von Neuem. Bald muss ein anderer Schuldiger oder eine neue Schuldige für die Spannung gefunden werden. Der Opfermechanismus hat sich ja schon bewährt und kann beliebig wiederholt werden. Wieder wird ein unschuldiges Opfer zur Zielscheibe der gesammelten Aggressionen. Und wenn das schwarze Schaf ausgestoßen, verbannt, getötet oder verbrannt ist, so ist wiederum alles wunderbar in Butter.

Dieser Kreislauf läuft wie geschmiert, denn die heimliche Energie, die den Menschen unaufhörlich mit Gewaltbereitschaft auflädt, kommt aus seiner eigenen Natur. Selbst in modernen säkularen Gesellschaften funktioniert der Sündenbock-Mechanismus fröhlich weiter und fordert regelmäßig seinen Tribut.

Opferkult und Religion

Das Opfer ist ein urreligiöser Begriff und spielt in der Entstehungsgeschichte der Religion eine wesentliche Rolle. Opfer an Götter können ein Ausdruck von *Dankbarkeit* sein. Menschen erkennen, dass sie ihr Leben und Wohlergehen nicht allein sich selbst verdanken, sondern einem größeren Zusammenhang. Darüber hinaus ordnen sie sich mit ihren Opfern in den universalen *Zyklus der Natur* ein. Hierher gehört der urtümliche Brauch, das erstgeborene Kind oder die Erstlingsfrüchte des Feldes dem blinden Kreislauf der Naturkräfte zurückzugeben. Eine wesentliche Funktion des Opferkultes besteht schließlich darin, das drohende *soziale Chaos* zu bändigen.

In den Riten vieler Religionen wird der sozialpsychologische Mechanismus, der durch das Opfer den Frieden einer Gesellschaft wiederherstellt, im Kult dargestellt und gepflegt. Die zwischen Menschen lauernde Gewalt wird kanalisiert und durch die regelmäßige Opferung eines Sündenbocks vorbeugend entschärft. Und immer wieder geschieht das »Wunder«: Wenn einer für alle (bei den Griechen) zerrissen oder (bei den Azteken) geschlachtet wird, kehrt eine himmlische Ruhe ein. Die Deutung liegt auf der Hand: Die Götter waren beleidigt und sind durch das Opfer wieder gnädig gestimmt.

Die Mythen der Menschheit erzählen in vielen Variationen von diesem Kreislauf. Der Kosmos ist vom Chaos bedroht. Blitze, Erdbeben, Missernten oder Seuchen sind Zeichen dafür, dass die Götter zürnen und die Harmonie des Kosmos aus dem Gleichgewicht geraten ist. In Mexiko wird beispielsweise von einer grässlichen Göttin erzählt, die nach einem dramatischen Götterkampf zerstückelt wurde. Aus ihrem Körper wurde die Erde geschaffen. Fruchtbarkeit und alles Nützliche entspringen dem Körper des Opfers.[25] Doch um die Fruchtbarkeit zu erhalten, muss der Götterkampf im Kult wiederholt werden. Die Erde wird nur dann ihre Gaben spenden, wenn sie regelmäßig mit Menschenblut getränkt wird.

Hier wird in mythischen Bildern davon erzählt, dass Frieden und Fruchtbarkeit nur dann gewährleistet sind, wenn der Mensch den Göttern opfert. Im alten Griechenland wurden dafür eigens Menschen als Opfer-Reserve gehalten: Der sogenannte *Pharmakos*, dessen Lebensunterhalt von der Stadtverwaltung bestritten wurde, konnte dann bei drohendem Unheil zur Besänftigung der Götter bei lebendigem Leib zerrissen werden.

Mit diesen Opferriten meint der Mensch, seinen Göttern zu dienen. In Wirklichkeit aber dienen die Opfer der öffentlichen Ordnung. Ein immer gleiches Muster bewirkt den Umschlag der Gewalt zum Frieden: Durch die rituelle Tötung eines Sündenbocks entlädt sich regelmäßig die Hochspannung einer Gesellschaft, sodass es zu keiner unkontrollierten Eskalation von Gewalt kommt. Die grausamen Riten verhindern eine noch größere Grausamkeit. Denn die ungerichtete Aggression innerhalb einer Gesellschaft wird im Ritual inszeniert. Damit wird die soziale Gewalt kontrolliert und in einen begrenzten Bereich verwiesen. Es gehört also zur großen kulturellen Leistung archaischer Religion, dass sie die chaotische Gewalt einzudämmen vermag.

WER ZÄHMT DEN MENSCHEN?

Eine Blutspur zieht sich durch die Geschichte der Menschheit, eine Blutspur auch im Namen Gottes. Doch worin liegt die Ursache dieser erschreckenden Gewalt? Der Generalverdacht fällt heute vielfach auf die Religion. Denn Kreuzzüge und Heilige Kriege wurden und werden im Namen Gottes geführt, der als blutrünstiges Monster gilt. Selbst ernannte Aufklärer von Dawkins bis Harari halten daher den religiösen Glauben für problematisch bis gefährlich: Dawkins spricht sogar vom größten Übel der Welt, »vergleichbar dem Pockenvirus, aber schwerer auszurotten«.[26] Da für ihn die Idee »Gott« eine Art geistiges Virus darstellt, welches das Gehirn des Menschen befällt, versteht er seinen antireligiösen Kreuzzug[27] als Impfkampagne: Der Mensch soll gegen die Gottesidee immunisiert werden.

Dawkins und seine Mitstreiter verkennen freilich den Ursprung der Gewalt und stellen die Evolutionsgeschichte auf den Kopf. Stellen wir uns einmal vor, die Evolution des Menschen hätte das »unglückselige Nebenprodukt« der Religion nicht hervorgebracht. Wäre die Geschichte der Menschheit friedlicher verlaufen? Wohl kaum! Denn der Mensch wurde ja gerade dadurch zum Menschen, dass seine biologische Natur entgrenzt wurde. Die Wurzel des Übels liegt nicht in den kulturellen Errungenschaften des Menschen und damit auch nicht in der Religion. Die Ermöglichung einer ausufernden Gewalt »verdankt sich« der Höherentwicklung des Menschen, die eine nie da gewesene Freiheit und Gefährdung mit sich bringt. Denn durch sein großes Gehirn ist der Mensch zu allem fähig. Kein Tier kann sich Artgenossen gegenüber so tierisch und bestialisch verhalten wie der Mensch. Nur er kann aus der Art schlagen und abartig werden.

Fatalerweise gibt die Höherentwicklung des Gehirns dem Menschen auch noch immer neue Möglichkeiten an die Hand. Denn die Werkzeuge, an deren Entwicklung schon die ersten

Menschen ihr Denken schärften, sind zweischneidig: Der Pfeil kann sowohl für die Jagd als auch für den Krieg genutzt, und Pflugscharen können zu Schwertern umgeschmiedet werden. Ein anderes Beispiel: Die Entdeckung von Atomkern und Zellkern wurde als Fortschritt gefeiert. Doch die technische Nutzung der Kernreaktion oder der Eingriff ins Erbgut bleiben höchst ambivalent. Vernunft, Technik und Naturwissenschaft sind in der menschlichen Geschichte oft missbraucht worden, um Kriege noch brutaler und zerstörerischer zu führen. Genetik kann zur Eugenik werden, Kernphysik zur Disziplin der atomaren Vernichtung, Chemie zur Grundlagenforschung für die »Endlösung«. Ja, es ist schließlich auch möglich, die Evolutionstheorie zur Rechtfertigung von Rassenwahn und Klassenkampf heranzuziehen.

Wie alle kulturellen Errungenschaften kann auch die Religion von der menschlichen Gewaltbereitschaft in Dienst genommen werden. Sollte man die Religion ausrotten, wie Richard Dawkins fordert, weil sie zur ideologischen Rechtfertigung von Gewalt missbraucht wurde und wird? Dann müsste man konsequenterweise auch die Musik ausrotten, weil Kriegslieder und Siegesmärsche komponiert wurden. Und schließlich müssten Technik, Naturwissenschaft und Biologie verboten werden, weil sie dem Menschen ein fürchterliches Zerstörungspotenzial zur Verfügung stellen.

Das polemische Pathos von Dawkins und Harari scheint leider im umgekehrten Verhältnis zu ihrer Sachkenntnis zu stehen. Dies wird zum Beispiel daran sichtbar, dass sie – wie viele andere – in ihrem furiosen Angriff alle Religionen über einen Kamm scheren. Eine derartig undifferenzierte These steht in krassem Widerspruch zum wissenschaftlichen Anspruch, mit dem sie vorgetragen wird. Es kommt einem vor, als ob eine Biologin eine Studie über Pilze und deren Genießbarkeit erstellen soll. Sie wirft nun alle möglichen Pilze in einen Topf. Aus der giftigen Suppe schließt sie, dass alle Pilze giftig sind. Einen ähnlichen Fehlschluss begeht, wer die verschiedenen Religionen in dieselbe Pfanne haut.

Zudem kennen Religionen auch einen »Evolutionsprozess« und haben sich weiterentwickelt. Es ist unverständlich, wenn Dawkins die Bibel in Bausch und Bogen verwirft, weil sie archaische Entwicklungsstufen in sich birgt. Würde er auch das britische Recht verwerfen, weil in ihm – für heutige Verhältnisse – abstruse Präzedenzfälle überliefert werden? Und schließlich: Dass die Geschichte von Religionen nicht geradlinig verläuft und es zu Rückfällen und Fehlentwicklungen kommen kann, müsste einem Evolutionsbiologen eigentlich nachvollziehbar sein.

Die Evolution des Gottesbildes

Religion hat viele Wurzeln. Daher hat das Göttliche auch viele Gesichter. Es gibt grauenvolle Götterbilder, in denen sich die von Menschen verübte Gewalt spiegelt. In vielen Kulturen dienen Menschenopfer dazu, die angestaute Gewalt abzubauen und sozusagen auf dem Rücken des Opfers wieder zum Frieden zu finden. Im Verlauf der Religionsgeschichte werden Menschenopfer dann oft durch Naturalien ersetzt (Tiere, Früchte).

Diese Weiterentwicklung des Gottes- und Menschenbildes schlägt sich literarisch etwa in der Bibel nieder. In dieser werden wie in der Evolution Ablagerungen von früheren Entwicklungsstufen bewahrt, die progressiv überwunden worden sind. So finden sich in der Bibel Schilderungen brutaler Gewalt, die im Namen Gottes verübt wird. In einer erstaunlichen Höherentwicklung kommt es in der Beurteilung der Gewalt jedoch zu völlig neuen Einsichten, die eine Gewalt im Namen Gottes immer fragwürdiger werden lassen. So hat sich in der Bibel ein immer menschenfreundlicheres Gottesbild durchgesetzt.

Dies sei an einem viel zitierten und oft falsch verstandenen Beispiel verdeutlicht. Die Bibel erzählt, dass Gott Abraham auffordert, ihm seinen Sohn Isaak als Schlachtopfer darzubringen (Genesis 22,1–19). Abraham hat schon das Messer in der Hand, als ein Engel Gottes eingreift und das grausige Tun verhindert. Das Ganze wird als Gehorsamsprobe Gott gegenüber dargestellt. Wie kann diese schwierige Geschichte gelesen werden?

Abraham hat als »Vater des Glaubens« Gott als eine gütige Macht erfahren, die ihm eine neue Weite und Freiheit ermöglicht. Auf seinem langen Weg erfährt Abraham Gott als *freundlich*. In der überraschenden Erfahrung, im hohen Alter noch einen Sohn zu bekommen, erkennt er, dass selbst Nachkommenschaft kein Produkt der eigenen Potenz ist, sondern eine Gabe Gottes. Geschenke sind Zeichen von Freundschaft. Das eigentliche Geschenk aber ist die Freundschaft selbst!

Jede Freundschaft lebt davon, dass sich Menschen einander in Freiheit schenken. Nun tendieren wir Menschen dazu, alle Geschenke und selbst den geliebten Menschen in Besitz zu nehmen und ihn immer mehr zu kontrollieren. Der »Schatz« wird im Tresor eingesperrt. Wenn ein Mensch die geliebte Person nicht mehr als stets neues Geschenk erfährt, führt dies zum Tod der Liebe. Ein Vater, der seinen Sohn oder seine Tochter als Eigentum betrachtet und über sie verfügt, achtet sie nicht mehr als Personen. Er behandelt sie vielmehr als »etwas« und bringt sie um ihre Eigenständigkeit und Würde (in gewisser Weise Kindermord). Nur wenn man die andere Person in jedem Augenblick loslässt und diese ihre Zuneigung immer frei schenken kann, bleibt die Beziehung lebendig.

Abraham wird auf die Probe gestellt, ob er seinen Sohn Isaak als Gabe oder als Besitz ansieht. In einer patriarchalen Gesellschaft bedeutet die Freiheit des Stammvaters zugleich die Unfreiheit seiner Frauen und Kinder. Diese werden rechtlich als sein Besitz betrachtet, über den der Patriarch uneingeschränkt herrschen kann. Abraham ist zunächst noch in diesem alten Muster gefangen. Er meint, er habe Verfügungsgewalt über seinen Sohn. Er vergisst, dass Isaak eine Gabe Gottes bleibt. So ist er bereit, seinen Sohn einem archaischen Gottesbild zu opfern. In Abrahams

Umgebung gibt es den Brauch der Kinderopfer. Menschen schlachten ihre eigenen Kinder, um Gott gnädig zu stimmen. Sie trauen Gott nicht und kennen Religion nur als Dienst nach (zum Teil grausamer) Vorschrift.

Abraham aber hatte Gott als Freund des Lebens erfahren. Im letzten Augenblick geht ihm wie durch eine himmlische Eingebung auf, dass er Isaak ja als Geschenk von Gott empfangen hat. Daher darf er nicht über seinen Sohn verfügen. Isaak kann sich nur selbst Gott schenken! Abraham versteht nun, dass er die von Gott empfangene Freiheit nur dann im Tiefsten angenommen hat, wenn er sie auch anderen gewährt. Gott als Freund will eben keine äußeren Gaben, sondern es geht ihm um das Herz des Menschen. Weil aber jeder und jede immer nur das eigene Herz verschenken kann, darf auch keiner mehr den anderen opfern. In dieser Einsicht Abrahams geschieht ein religionsgeschichtlicher Durchbruch: Das Menschenopfer wird ein für alle Mal als ein Vergehen gegen Gott (»Sakrileg«) entlarvt!

Es gehört zu den Sternstunden der Menschheit, dass die Propheten der Bibel einen Gott verkünden, der nicht mehr primär auf äußere Riten und Religiosität, sondern auf das Innere des Menschen schaut. Religion wird immer mehr zu einer Herzensangelegenheit. (Das lateinische Wort für »glauben« heißt »credere«. Es leitet sich ab von »cor dare«, das Herz schenken.) Eine innere religiöse Haltung aber kann von außen weder nachgeprüft noch erzwungen werden. Weil Gott eine innerliche Beziehung will, wird alle äußerlich erzwungene Gefolgschaft sinnlos. Hier findet eine großartige Revolution des Gottesbildes statt.

Dieses neue Bild von Gott ermöglicht dann den Gedanken und die Entwicklung von Toleranz und Religionsfreiheit.[28] Toleranz meint nicht, dass es im Grunde egal ist, was jeder glaubt oder für wahr hält. *Toleranz* im eigentlichen Sinn bedeutet nämlich kein Verhältnis zur Wahrheit, sondern ein Verhältnis zu anderen Menschen, wenn man sich über die Wahrheit nicht einig ist.

Fördert Monotheismus die Gewalt?

Ein Vorwurf, der vor allem gegen Judentum, Christentum und Islam gerichtet ist, lautet freilich: Der Glaube an einen einzigen Gott *(Monotheismus)* hat die nackte Gewalt im Namen Gottes auf den Plan gerufen. Weil der Monotheismus keine alternativen Götter mehr zulässt, fördert er die Bereitschaft, Andersgläubige aus religiösen Gründen zu verfolgen. Dagegen ist der Glaube an viele Götter *(Polytheismus)* etwas friedlicher. Denn die vielen Gottheiten erlauben eine Art von religiösem Pluralismus.

Allerdings sind solche verwegenen Behauptungen von keinerlei Sachkenntnis getrübt. Auch Yuval Noah Hararis »Kurze Geschichte der Menschheit« [29] ist hier entschieden zu kurz geraten!* Denn *erstens* haben die Menschen vor der Erfindung des Monotheismus keinesfalls sehr friedlich unter der Sonne Griechenlands oder Ägyptens gelebt. Die Griechen vor Troja wie auch die Verteidiger der Stadt stürzten sich gemeinsam mit ihren Göttern in die Schlacht. Die Himmlischen hatten sich dabei schön auf beide Lager verteilt. Weil Religion zur Staatsräson gehörte, wurden alle Kriege auch immer im Namen der vielen Götter geführt. Und der Feind wurde mitsamt seinen fremden Gottheiten bekämpft. Die vielgöttrigen Azteken bekriegten ihre Nachbarn sogar, um deren noch schlagende Herzen in einem grausamen Ritus einem herzlosen Sonnengott zu opfern. Beim »Lob des Polytheismus« (Odo Marquard) handelt es sich daher wohl um eine fromme Projektion postmoderner Philosophen, die im Polytheismus ihre ideologischen Urahnen erkennen und verehren wollen.

Zweitens: In seiner bekannten Kritik des biblischen Monotheismus unterstellt Jan Assmann, der biblische Glaube begründe einen Herrschaftsanspruch, der durch die Betonung des *einen* Gottes unterstrichen wird. Wie jede Monopolisierung gehe auch der Monotheismus auf Kosten der menschlichen Vielfalt. Dagegen

---

* Eine hohe Auflage ist noch keine Garantie für eine hohe Qualität der Argumente.

könne eine Pluralität im Götterhimmel die irdische Pluralität besser repräsentieren.

Doch auch dem ist nicht so. Denn von Anfang an ist es das Anliegen des biblischen Monotheismus, Einheit *und* Vielfalt zu verbinden: Die Stammbäume im Buch Genesis (z. B. Genesis 5; Genesis 10) betonen, dass alle Menschen von Adam »abstammen«. Hier wird in einem Bild die ursprüngliche Gleichheit und Zusammengehörigkeit aller Völker ausgesagt. Die Grundaussage des Monotheismus lautet: ein Gott – eine Menschheit. Götter sind pluralisierbar und regionalisierbar, nicht aber der biblische Gott. »Er ist nur ›mein‹ Gott, wenn er auch ›dein‹ Gott sein kann, er ist nur ›unser‹ Gott, wenn er auch der Gott aller anderen Menschen sein kann.«[30] *Die Vorstellung einer einzigen »Menschheitsfamilie« wurzelt geschichtlich im biblischen Ein-Gott-Glauben.* In diesem Verständnis eignet sich Gott »nicht zur Legitimierung und Befestigung des Freund-Feind-Verhältnisses unter den Menschen. Der Gottesgedanke ist – elementar – ein Friedensgedanke.«[31]

Noch aus einem *dritten* Grund trifft der Vorwurf nicht, dass der biblische Monotheismus als solcher besonders gewalttätig sei. Denn Gott ist ein Gott aller Menschen, ein Gott der Könige wie auch der Ausgegrenzten. Daraus ergibt sich eine Sozialkritik und schließlich sogar eine Herrschaftskritik. In den *mythischen Gesellschaften* wird die Gewalt der Machthaber mit der Gewalt der Götter identifiziert. Römische Könige und Kaiser etwa wurden schon zu Lebzeiten als Götter verehrt, wie eine Tempelinschrift aus Kleinasien zeigt, die Augustus als »Vater, Gott und Heiland der ganzen Menschheit« betitelt.

Im Unterschied dazu entthronen *Judentum und Christentum* diese menschengemachten Götter und entheiligen die weltliche Macht. Der Gott der Bibel wirft den Mächtigen ihre ungerechte Gewalt vor. Um nur eines von ungezählten Beispielen zu nennen, in denen Gott durch den Mund der Propheten die Herrschenden zur Rede stellt: »Hört doch, ihr Herrscher und Richter aus dem

Haus Israel! Ist es nicht eure Pflicht, das Recht zu kennen? Doch sie hassen das Gute und lieben das Böse« (Micha 3,1–2).

In der Bibel findet sich ein für die damalige Zeit außerordentliches literarisches Phänomen: Die übliche Hofberichterstattung weicht einer harschen Kritik an den Herrschenden. Die *Propheten* leihen den Ausgebeuteten und Geknechteten ihren Mund. »Propheten« sind Menschen, die etwas zu sagen haben. Ihre Sensibilität für einen politischen, sozialen oder religiösen Notstand drängt sie dazu, ihren Mund aufzumachen. Diese innere Verpflichtung erleben sie als einen Auftrag Gottes. Das biblische Wort für »Prophet« (= nabi) drückt diese beiden Aspekte aus: der berufene Rufer. Für die Propheten wird die Solidarität mit den Schwachen und das gerechte Verhalten gegenüber den Benachteiligten zum Prüfstein der wahren Gottesverehrung.

In vielen *Psalmen* kommen schließlich die Unterdrückten selbst zu Wort. Nach der Interpretation von René Girard[32] sind die Psalmen vielleicht sogar die ältesten Texte der Menschheit, die eher den Opfern als den Verfolgern das Wort geben. Da diese die Ausbeuter bisweilen mit scharfen Worten anklagen und verfluchen, fällt es manchen – verständlicherweise – schwer, die Psalmen heute als Gebet zu sprechen. Vielleicht lassen sich die Psalmen leichter mitbeten, wenn man sich klarmacht: In diesen Texten hat literarisch etwas völlig Neues begonnen. Die Benachteiligten und Unterdrückten geben hier erstmalig ihren Klagen und Anklagen Ausdruck, auch mit der ganzen Bandbreite ihrer Emotionen.

Wie aber kam es zu dieser revolutionären Sichtweise? Das kleine Volk Israel war als Spielball zwischen den Großmächten Ägyptens und Mesopotamiens Opfer vielfacher Aggressionen geworden. Vielleicht war es dadurch besonders sensibilisiert, die Geschichte aus dem *Blickwinkel der Opfer* zu sehen. Jedenfalls wird der trügerische Sündenbock-Mechanismus erstmalig in der

Weltgeschichte entlarvt: Nicht die ohnmächtigen Opfer sind schuldig, sondern die mächtigen Täter werden angeklagt.

Vor allem in den prophetischen Überlieferungen der Bibel wird die Hoffnung, ja sogar die Überzeugung zum Ausdruck gebracht: Gott stellt sich auf die Seite der Unschuldigen. Die göttliche Macht wird nicht (mehr) als Komplizin der Mächtigen verstanden. Sie lässt sich nicht dazu missbrauchen, die Taten der Herrscher ideologisch zu rechtfertigen. Im Gegenteil: Die Gewalt der Herrschenden ist nicht mehr göttlich legitimiert. Die Mythen, die die Opferung unschuldiger Sündenböcke als göttliches Gesetz darstellen, werden im Namen des wahren Gottes kritisiert. So wird aufgedeckt, dass der Sündenbock unschuldig ist. Die bislang kaschierte Gewalt kommt ans Tageslicht (René Girard).

Damit provoziert die Bibel eine Veränderung der Gesellschaft, die einem Umsturz gleichkommt: *Die Staatsmacht wird entmythologisiert.* Es gibt keinen Gott-König mehr, und der Staat ist nicht mehr heilig. Die kollektive Gewalt verliert ihre Göttlichkeit. Dadurch hat die jüdisch-christliche Religion die Trennung von Religion und Staat eingeleitet und das Fundament für diese aufklärerische Errungenschaft geschaffen – auch wenn dies in der Spätantike und im Hochmittelalter wieder vergessen wurde.

Somit war es gerade der Monotheismus, der durch seine Verinnerlichung der Religion und die *Wendung zur Ethik* das archaische Gewaltpotenzial des Menschen einzuschränken vermochte. Selbst Jan Assmann räumt inzwischen ein: »Der Monotheismus hat mit seinem Tötungsverbot, seiner Abscheu gegen Menschenopfer und Unterdrückung und seinem Plädoyer für die Gleichheit aller Menschen vor dem Einen Gott alles getan, die Gewalttätigkeit dieser Welt zu verringern.«[33]

So lässt sich zusammenfassen: Je deutlicher sich verschiedene Religionen in Richtung Innerlichkeit entwickelten, umso mehr konnten sie die menschliche Gewaltbereitschaft auffangen. Diese

Religionen und vor allem der Monotheismus haben daher einen wichtigen kulturellen Beitrag geleistet, um den Menschen vor seinem eigenen Gewaltpotenzial in Schutz zu nehmen. Dieser Beitrag bleibt freilich gefährdet, weil Religion vor Missbrauch nicht geschützt ist. Die latente Gewaltbereitschaft des Menschen kann immer noch »im Namen Gottes« aktiviert werden. Viele Zeitgenossen verurteilen daher den Gottesglauben – und damit die religiösen Menschen – als potenziell gewalttätig und plädieren deshalb für den Atheismus. Wie aber sieht ein Weltbild aus, das von Gott völlig absieht?

FALLS ES KEINEN GOTT GIBT …

Ein Skeptizist nahm an einer Wüstensafari teil. Er misstraute den Ratschlägen seines erfahrenen Guides und entfernte sich immer wieder auf eigene Faust vom Lager. Er schlug alle Warnungen in den Wind, bis derselbe sich dann als Sandsturm rächte. Als der Sturm sich wieder beruhigt hatte, fand der Skeptizist das Lager nicht mehr und irrte durch die Dünen. Er war dem Verdursten schon nahe, als er plötzlich eine Oase mit grünen Palmen und einem Wasserteich vor sich sah. Er wollte seinen Augen nicht trauen und verfluchte die Grausamkeit der Natur, die ihm eine Fata Morgana vorgaukelte. Ja, er dachte sogar über die physikalischen Bedingungen nach, die ein solches Trugbild entstehen lassen. Mit letzter Kraft stapfte er weiter, bis er schließlich sogar das Wasser plätschern und die Vögel auf den Palmen singen hörte. Er wusste aber, dass diese Halluzinationen von einigen Endorphinen verursacht werden, die das Gehirn bei großem Stress produziert, um Glücksgefühle hervorzurufen. Kurz vor dem Tod also wird dem Menschen die Illusion des nahen Paradieses mit Wasser und Palmen präsentiert, war sein letzter Gedanke, bevor er vor Durst zusammenbrach. Wenige Stunden später kamen zwei Beduinen und fanden den Toten. »Bei Allah! Wie konnte dieser Mann verdursten, nur wenige Schritte vor dem Wasserteich?«, fragte der eine. Der andere erwiderte trocken: »Er war ein Ungläubiger.«

Viele Denker der Moderne malen die Vorstellung einer Welt ohne Gott in tollkühnen Bildern aus. Friedrich Nietzsche lässt seinen »tollen Menschen« verkünden, dass Gott tot ist: »Wir haben ihn getötet. Aber wie haben wir das gemacht? Wie vermochten wir das Meer auszutrinken? Wer gab uns den Schwamm, um den ganzen Horizont wegzuwischen? Was taten wir, als wir diese Erde von ihrer Sonne losketteten? Stürzen wir nicht fortwährend? Haucht uns nicht der leere Raum an? Ist es nicht kälter geworden? Kommt nicht immerfort die Nacht und mehr Nacht?«

Ähnlich wie Nietzsche denken sich heute viele Menschen,

unter ihnen Philosophen, Naturwissenschaftler und Schriftsteller, die Welt ohne Gott. Manche von ihnen kommen zum Schluss: Die Welt ist völlig widersinnig. Aus dem Kaffeesatz der Ursuppe lässt sich nichts Sinnvolles herauslesen. Das ganze Spektakel von Kosmos und Evolution ist eine einzige Fehlkonstruktion. Leben ist Versuch und Irrtum, eine schlechte Laune der Natur, »eine obszöne Verirrung des Kohlenwasserstoffs, eine bösartige Wucherung der Erdoberfläche« (Friedrich Dürrenmatt), das absurde Resultat von verrückt gewordenen chemischen Verbindungen. Die Entstehung des Lebens »verdankt« sich einem extremen, unglücklichen Zufall: Weil auf einem feuchten Planeten des Sonnensystems die sonst geltenden sterilisierenden Maßnahmen des Weltalls (wie Affenhitze oder Hundskälte) vernachlässigt worden sind, konnte dort eine Art Schimmelpilz entstehen. Die Evolution geht über Myriaden von Leichen und stellt letzten Endes nichts anderes dar als eine einzige Krankheit zum Tod. Durch eine unglückliche Verkettung von genetischen Fehldrucken wuchs sich die ursprüngliche Amöbe zu monströsen Formen aus. Am Ende dieser langen Krankheitsgeschichte steht der Mensch. Er ist ein grauenvolles Ergebnis des Versagens der antiseptischen Vorsichtsmaßnahmen, die das Weltall sonst kennzeichnen, so der Physiker Arthur Eddington.

Der Mensch als Kollateralschaden des Urknalls ist ein Blindgänger der Evolution, der aus Versehen sehend geworden ist. Dem Menschen wird bewusst, dass er als große Niete aus dem Evolutionslotto herausgekugelt wurde. Auf einem verlorenen Planeten muss er erkennen, dass er dort eigentlich nichts verloren hat. Voll Entsetzen sieht er, dass ihn in seinem Jackpot millionenfaches Leid und die Angst vor dem Tod erwarten. Ja, die Evolution gleicht daher weniger einer Glückslotterie als vielmehr dem russischen Roulette mit einer komplett geladenen Revolvertrommel. Der »Lebenslauf des Menschen« besteht laut Arthur Schopenhauer darin, dass er, »von der Hoffnung genarrt, dem Tode in die Arme tanzt«.

Warum aber muss der Mensch auslöffeln, was die Evolution in die Ursuppe eingebrockt hat? Warum ist der Mensch dem Menschen ein Wolf? Kann das bisschen Menschlichkeit, das im Laufe der Hominisation entstanden ist, das Meer von Blut und Tränen aufwiegen, das diese Entwicklung verursacht hat? Diese Fragen können unsagbar quälen! Darin aber liegt der Gipfel von blindem Sadismus: Die Natur hat den Menschen programmiert, solche sinnlosen Fragen zu stellen. Sie hat ihm illusionäre Bedürfnisse eingepflanzt. Wir sind dazu verdammt, fromme Wünsche zu hegen, und dazu verflucht, anderen Segen zu wünschen. Doch alle Sehnsucht nach einem göttlichen Grund ist nichts als Lug und Trug. Menschen sind dazu verurteilt, an einen Sinn zu *glauben,* auf Gerechtigkeit zu *hoffen* und sich nach *Liebe* zu sehnen. Doch der Kosmos ist taub (lat. = surdus), und Glaube, Hoffnung und Liebe sind damit letztlich absurd.

Diese hässliche Sichtweise bringt der Molekularbiologe und Nobelpreisträger Jacques Monod in lyrischer Schönheit zum Ausdruck: »Der Mensch muss endlich »aus seinem tausendjährigen Traum erwachen und seine totale Verlassenheit, seine radikale Fremdheit erkennen. Er weiß nun, dass er seinen Platz wie ein Zigeuner am Rande des Universums hat, das für seine Musik taub ist und gleichgültig gegen seine Hoffnungen, Leiden oder Verbrechen.«[34] Der Urschrei des Menschen nach Freundschaft verhallt ungehört in der Weite des Alls. Moralische Motive sind bloße Alibis für einen verborgenen naturhaften Egoismus. Es gibt im Kosmos nur rohe Kräfte, die sinnlos walten. Hinter der bunten Maske des Lebendigen lauert das Nichts, und Sinn ist die größte aller Sinnestäuschungen.

Das absurde Theater der Menschheitsgeschichte spielt sich auf einer völlig unbedeutenden Provinzbühne am Rande des Kosmos ab, ein Nonstop-Nonsens vor der Kulisse apathischer Galaxien. Das menschliche Leben ist ein großes *Dinner for one.* Die Lady sitzt am Tisch und prostet ihren toten Illusionen und Lebensträumen zu. Es bleibt ihr nur, sich sinnlos zu betrinken bis zur Besinnungslosigkeit. Während der Butler im Kreis rotiert, kommt sie aus dem Kreislauf von Sucht und Halluzination nicht mehr heraus: *The same procedure as every year.* Es gibt keinen Intendanten, der dieses tragische Stück gewählt hat, das mit tödlicher Sicherheit auf ein *unhappy end* hinausläuft. Denn das Auftauchen des Menschen mit seinem krebsartig gewucherten Gehirn stellt seit dem Meteoritenregen, der zum Aussterben der Dinos geführt hat, die größte Naturkatastrophe der Erdgeschichte dar. Der Mensch als *worst case* der Evolution erobert die Biosphäre in einer Weise, die vielen Arten zum Verhängnis wird. Ja, der Mensch setzt sich selbst auf die Rote Liste der vom Aussterben bedrohten Arten.

Die Evolution hat mit dem Menschen letztlich nur Katz und Maus gespielt. Sie gibt ihm zwar die Illusion der Freiheit. Aber am Ende frisst sie ihn doch. So werden im großen Wettlauf der Evolution wohl eher die Ratten das Rennen machen. Darin wird der Instinkt endgültig über die Intelligenz siegen, die sich als ungeeignete Strategie der Gene selbst disqualifiziert hat. Auch die Ameisen mit ihrem überlegenen Sozialsystem und Staatenmodell haben eine große Chance, einen atomaren Holocaust und eine gnadenlose Umweltzerstörung zu überleben. Sie werden aber das Auftauchen und Verschwinden des Menschen weder erforschen noch bedauern. Ratten und Ameisen werden dann den blau-grauen Planeten beherrschen, bis er eines fernen Tages von einem rasenden Kometen zerbröselt wird. »Alles Leben wird schließlich darauf hinauslaufen, eine flüchtige und sinnlose Grimasse gewesen zu sein in dem Idiotenantlitz der unendlichen Materie«,[35] stellt Clive Staples Lewis hoffnungslos fest.

Wenn Gott tot ist, was dann?

Wenn es keinen Gott gibt und die eben skizzierte Sichtweise schon alles ist: Was könnte das für das menschliche Handeln bedeuten?

Vor einer teilnahmslosen Natur wird jede menschliche Handlung gleich-gültig. Ein Kind umzubringen wäre eine genauso belanglose Tat wie die Entscheidung, den Kaffee heute ohne Zucker zu nehmen. Die Ausrottung der farbenprächtigen Aras im brasilianischen Regenwald muss in einem solchen Weltbild in gleicher Weise kommentiert werden wie die Sprengung eines Hochhauses durch einen Pyromanen, nämlich mit einem schulterzuckenden: »Na und?« Denn nach uns kommt nichts als die Sintflut. Alles Bemühen um Gerechtigkeit und jeder Einsatz für die Bewahrung der Biosphäre läuft letztlich ins Aus. Die Freiheitskämpfer, die ihr Ziel nicht erreicht haben, sind umsonst gestorben. Jede posthume Rehabilitierung und Ehrung kommt für Spartakus, Giordano Bruno und Sophie Scholl entschieden zu spät. Die Weltgeschichte ist nicht darauf angelegt, dass das Gute sich durchsetzt. Im Gegenteil: Sie führt ganz offensichtlich den guten Willen vieler Menschen ad absurdum.

Die »neuen Atheisten«, die in den letzten Jahren von sich reden machen, verstehen sich als Vorkämpfer einer Gesellschaft ohne Gottesbezug, ohne Religion und Sehnsucht nach dem »Ewigen«. Sie wollen die Menschheit zur Gottlosigkeit »missionieren«. Denn religiöse Menschen sind nach dem Urteil von Richard Dawkins tendenziell unmoralisch und gewalttätig. Nun soll diese moralische Keule nicht umgedreht werden, indem man etwa an die entsetzliche Gewalt erinnert, mit der atheistische Regime ganze Völker tyrannisiert haben. Aber die Frage, wie diese neuen Menschheits-Beglücker Werte begründen wollen, bleibt offen: *Kann es in einer Weltanschauung, die alles relativiert, noch absolute, d. h. bleibend gültige Werte geben?* Wie soll eine Würde des Menschen ohne Respekt vor etwas Absolutem begründet werden? Wenn jemand die Menschenrechte ablehnt und allein das Recht des Stärkeren* gelten lassen will, kann man einer solchen Sicht innerhalb eines relativistischen Weltbildes kaum widersprechen.

Und wohin würde sich eine zum Atheismus »bekehrte« Gesellschaft entwickeln? Was würde den neuen religionsresistenten Menschen kennzeichnen? Das lässt sich nicht prognostizieren. Denn Menschen ohne Religion sind ein ziemlich junges Phänomen, und die gesellschaftlichen Traditionen von Religion und neuem Atheismus sind sehr komplex verwoben. So werden beispielsweise viele Werte auch in einer säkularen Gesellschaft anerkannt, deren Wurzeln in vergangene, religiös geprägte Epochen zurückreichen.

Eine Gesellschaft des ethischen Relativismus hat freilich Grundlegendes verloren: Die Rede von einer »unantastbaren« Menschenwürde oder einem »absoluten« Verbot der Folter wurzelt nicht mehr in einem tragenden Grund. Die allgemein noch anerkannten Werte von Achtung und Würde gleichen dann Trockenblumen, die von ihrem Wurzelboden abgeschnitten werden. Sie verstauben und zerfallen immer mehr. Irgendwann kann man fragen: Warum soll die Erklärung der Menschenrechte durch die Vereinten Nationen wahrer sein als die Nürnberger Gesetze der Nationalsozialisten? Der Bio-Philosoph Peter Singer fragt heute schon, warum man dem Menschen eine prinzipielle Würde zugestehen sollte. Denn eine solche sei ja nichts anderes als ein Art-Chauvinismus, ein Komplizentum unter Artgenossen. Würde kommt dem Menschen nach dieser Auffassung nicht grundsätzlich zu, sondern ist abhängig von Bewusstseinsgrad, Intelligenz oder Leistung. Daher spricht Singer einem erwachsenen Schimpansen mehr an Würde und Lebensrecht zu als einem neugeborenen Menschenkind, dessen Bewusstsein noch nicht weit entwickelt ist. Die Tötung eines behinderten Säuglings ist dem-

* Adolf Hitler betonte 1933 bei einer Rede in Nürnberg das Recht des Stärkeren: »Die jeweils höherstehende Rasse unterwirft sich die niederstehende Rasse … ein Recht, das uns die Natur verliehen hat und das als einzig greifbares Naturrecht gelten kann.«

gemäß kaum noch als ein Unrecht einzustufen. Harari schließlich entlarvt Menschenrechte und Würde als nützliche Illusionen, die in einer bestimmten Phase der Menschheit ihren Platz hatten. Doch im Grunde handelt es sich nur um Fiktionen, die nun durchschaut und damit wertlos geworden sind.[36]

Eine weitere Frage drängt sich auf: Wenn der Mensch generell *die Sehnsucht nach dem Übernatürlichen* verlieren würde, gibt er sich dann am Ende vielleicht schon völlig zufrieden mit der bloßen Befriedigung seiner natürlichen Bedürfnisse? Wer seinen Hunger nach Gott mit irdischen Dingen auffüllen will, wird die begrenzte Welt völlig überfordern. Ohne Sehnsucht nach Tiefe läuft der Mensch Gefahr, der Oberflächlichkeit einer banalen Spaßgesellschaft zu verfallen. Wenn er sich den großen Fragen nach Gott, Sinn oder Gerechtigkeit nicht mehr stellt, bleibt er sitzen in der kleinen Welt von Billigangeboten und Bequemlichkeit. Die Re-Mutation des Menschen zum cleveren Tier* könnte eine Konsummentalität fördern.

Der spirituell entkernte Mensch kennt die Sehnsucht nach einem von Gott erfüllten Leben nicht mehr. Stattdessen vertröstet er sich auf das schnelle und billige Diesseits. Man jagt nach Schnäppchen statt nach dem Schatz im Himmel. Die Angst, etwas zu verpassen, sitzt ihm im Nacken, und er steht unter ständigem Innovationszwang. Wer nicht mehr auf das Ewige hofft, muss das Zeitliche ausdehnen und auskosten bis zuletzt. Das Leben wird zur letzten Gelegenheit, und man amüsiert sich zu Tode. So hetzt der renaturierte Mensch von einer Belustigung zur nächsten und findet doch kein Glück.

Der Mensch lebt unter seinem Niveau. Denn er denkt nicht mehr über sich hinaus, sondern nur noch an das Nächstbeste, das seiner Befriedigung dient. Die Frage danach, was das Ganze soll,

---

* Die Natur kennt solche Rückbildungen. So ist der Grottenolm aufgrund der Lebensweise in dunklen Höhlen blind, obwohl seine Vorfahren schon einmal sehend waren.

wird nicht mehr gestellt. Der Mensch mutiert zum glücklichen Affen, der sich in seinem Streichelzoo gut eingerichtet hat. Wem es aber nur noch um sein eigenes kleines Glück geht, dem ist die Zukunft der Menschheit oder der Einsatz für Gerechtigkeit gleichgültig. Man tanzt auf dem untergehenden Schiff und reißt am Ende die gesamte Biosphäre mit sich in den Tod.

Eine solche Weltanschauung ist zwar traurig, aber deshalb noch nicht unbedingt wahr. Denn auch das Gegenteil ist denkbar: Warum nicht einfach unserem Gespür trauen und auf Göttliches hoffen, das dem menschlichen Leben und Handeln Sinn verleiht?

Die Erfahrungen, die für Sinn wie für Irr-Sinn sprechen, halten sich global gesehen vielleicht die Waage. Und alle Weltanschauungen stellen letztlich Variationen dieser beiden Möglichkeit dar: Sein oder Nichtsein, Sinn oder Unsinn, Vertrauensvorschuss oder Misstrauensvotum – das bleibt die große Frage. Die Antwort entscheidet darüber, wie wir uns selbst verstehen wollen und wozu das ganze Unternehmen »Kosmos & Mensch« gut sein soll. *Ob es Gott gibt oder nicht, ist daher die wichtigste Frage überhaupt!*

Oft treffen wir hier gar keine bewussten Entscheidungen. Werte und Haltungen werden unreflektiert übernommen. Der Alltag wird pragmatisch organisiert, und wir leben mit vielen Kompromissen. Gott sei Dank sind die meisten, die nicht an Absolutes oder Göttliches glauben, inkonsequent. Sie verneinen zwar einen Sinn von Kosmos und Evolution, nehmen aber zugleich für sich in Anspruch, dass ihr Entscheiden und Handeln sinnvoll ist. Theoretisch lehnen sie alles Absolute ab, praktisch aber halten sie an der Menschenwürde fest. Sie kämpfen für eine gerechte Welt und klagen über Korruption und Steuerflucht. Sie erwarten, dass ihr Partner oder ihre Partnerin treu ist, und bemühen sich, ihre Kinder zu anständigen Menschen zu erziehen. Sie leben und vertreten fraglos viele menschliche Werte. Aber gibt es ein richtiges Leben im falschen Film?

WAS SPRICHT FÜR »GOTT«?

Wie verstehe ich mich und die Welt? Welche Erfahrungen sprechen für eine sinnvolle Deutung? Drei Bereiche seien genannt: das Bewundern des Kosmos, der Anspruch der Ethik und eine Ahnung von Göttlichem.

Wir bestaunen nach Immanuel Kant den »gestirnten Himmel über uns und das moralische Gesetz in uns«. Der zum Bewusstsein erwachte Mensch steht mit offenem Mund inmitten eines gigantischen Kosmos, von dem er selbst ein winziges Teilchen ist. Erstaunlicherweise vermag er mit seinem Gehirn viele Gesetze des Universums zu erkennen, die ihn selbst mitsamt seinen Gehirnstrukturen hervorgebracht haben. Bis heute sind Naturwissenschaftler fasziniert von der Rationalität des Universums, das vom Menschen in erstaunlichem Maße gelesen und verstanden werden kann. Für Albert Einstein ist das Unverständlichste am Universum, dass es verständlich ist. Diese vorgefundene Rationalität der Welt macht den Menschen nachdenklich, und er bewundert deren Ordnung.

Staunenswert ist ebenso, dass wir Menschen nicht nur einen ethischen Anspruch erfahren. Wir hoffen auch, dass dieser innere Anspruch sinnvoll ist. Immanuel Kant drückt die intuitive Einsicht vieler aus, wenn er es als eine Forderung der Vernunft ansieht, dass der gute Wille nicht böse endet. Es darf einfach nicht sein, dass das Mühen um Wahrhaftigkeit vom Lauf der Welt Lügen gestraft wird. Es widerstrebt unserer menschlichen Vernunft, dass die Guten am Ende die Dummen sein sollen. Wer sich für das Gute einsetzt, dem soll es auch gut ergehen. Und weil dies in den Grenzen von Raum und Zeit oft nicht gewährleistet wird, braucht es eine göttliche Instanz, die alles ins rechte Lot bringt. Deshalb ist es für Kant eine Forderung der Vernunft, dass Gott existiert.

Natürlich soll man nicht moralisch handeln, weil Gott den Menschen als *big brother* oder als perfekter Stasi-Offizier auf Schritt und Tritt beobachtet und dann die Fleißpunkte bzw. die Fehltritte in sein schwarzes Buch notiert. Fjodor Dostojewskis Wort, dass ohne Gott alles erlaubt sei, könnte in dieser Richtung missverstanden werden. »Gute Werke« stellen aber keine Versicherung im Diesseits gegen ein Feuer im Jenseits dar! Wer das Gute aus Angst vor der Rute des Nikolaus oder der Knute staatskirchlicher Obrigkeit verwirklicht, ist noch nicht auf den Geschmack des Guten gekommen. Denn es gehört zu dessen Eigenart, dass es um seiner selbst willen getan wird. Wer ein Kind aus einem brennenden Haus rettet, tut dies nicht, um dafür das Bundesverdienstkreuz zu erhalten. Vielmehr ist sein Tun in sich absolut einsichtig und sinnvoll.

Der Mensch soll nicht »um Gottes willen« gut handeln, sondern weil das Gute als solches erstrebenswert ist. Wenn das Gute aber nicht in einem Transzendenten verankert ist, so gleicht es einem Treibgut, das willkürlich an den Strand geschwemmt und von der nächsten Welle wieder weggerissen wird. Wenn der Sinn des Ethischen nicht eingebettet ist in einen Sinn des Ganzen, ist das moralische Verhalten nichts anderes als das Reparieren eines tropfenden Wasserhahns auf der untergehenden »Titanic« – eine rührende, aber vergebliche Liebesmüh. Daher hofft der Mensch auf einen »größeren Zusammenhang«, der garantiert, dass die Verbrecher nicht auch noch belohnt werden. Es darf nicht sein, »dass der Mörder über sein Opfer triumphiert«, forderte Max Horkheimer.

Schließlich können Erfahrungen wie Freundschaft und Liebe über alles Begrenzte hinaus- und auf etwas Göttliches hinweisen. Vertrauen und Treue sind Werte, in denen man ein Stück Ewigkeit berührt. Liebe kann so unglaublich schön sein, dass man an das Göttliche zu glauben beginnt. Oder denken wir an Momente, in denen wir uns aufgehoben fühlten und die Welt »stimmig« war. Solche intensiven Augenblicke sollen nicht einfach spurlos vergehen. Vielmehr wecken diese Erfahrungen die Frage nach einer liebenden Macht, welche die Echtheit menschlicher Liebe garantiert. Und so hoffen Menschen, dass es ein verborgenes Geheimnis gibt, das »hinter« dem Kosmos und seinen Kräften steht. Diese gütige Macht wird seit jeher »Gott« genannt.

Wenn der Mensch sich in seinem unersättlichen Hunger Gott zuwendet, lernt er, die Welt im göttlichen Licht neu zu sehen: Die Dinge sind nicht Gott, aber sie werden auf Gott hin durchsichtig. Diese Welt kann folglich in ihrer Transparenz auf das Göttliche hin verstanden und durchschritten werden.

Um es in einem Bild zu verdeutlichen: Für einen gottbezogenen Menschen ist die Welt manchmal wie ein klares Fensterglas. Durch alle Dinge, durch Sonne und Mond, Baum und Blume strahlt in lichten Stunden die Gegenwart Gottes auf. Die Natur wird »symbolisch«, d. h. durchsichtig auf Gott – so wie eine geschenkte rote Rose ein Ausdruck von Freundschaft ist, eben: durch die Blume gesagt. Ähnlich kann der Glaube an Gott die Augen öffnen für die Liebe, die durch alles hindurchscheint. In diesem Licht sieht der Mensch dann alles Irdische im rechten Licht. Er kann sich an der Welt freuen, ohne sie zu vergöttlichen oder zu dämonisieren.

Das Geheimnis echter Freude liegt nämlich darin begründet, dass der Mensch im begrenzten Augenblick die Ewigkeit erahnen kann. Wem die endliche Welt auf Gott hin transparent wird, der kann alle Dinge im richtigen Maß genießen. Seine unstillbare Sehnsucht schlägt dann nicht um in Gier, sondern erwartet ihre letzte Erfüllung von Gott her.

Daraus folgen konkrete Haltungen. Etwa: Je weniger ich von der heimlichen Angst geplagt werde, zu kurz zu kommen, umso mehr kann ich mich selbst entschleunigen. Der Glaube an Gott lässt eine Gelassenheit wachsen, weil ich nicht alles auf die Karte dieser Welt setze. Ich muss nicht über die Stränge schlagen, sondern kann meinen eingeschränkten Lebensraum als Ort begreifen, der auf der Erde Heimat schenkt und zugleich nach oben – zum Himmel hin – offen ist. Das Irdische wird in sein Recht eingesetzt, und der Mensch darf artgerecht leben und sterben.

Falls es keinen Gott gibt … Angenommen, es gibt Gott … Hier steht jede und jeder am großen Scheideweg. Das Drama des Menschen besteht darin, dass er wählen muss: Wie deute ich mich und die Welt?

Zur Eigenart eines Weltbildes gehört, dass es nicht bewiesen werden kann. Es ist aber möglich, verschiedene Weltanschauungen zu vergleichen. Was dabei zählt, ist die größere »Anschaulichkeit«: Vor welchem Hintergrund kann ich meine Erfahrungen von Freiheit und Gewissen, von Staunen und Dankbarkeit, von Freundschaft und Schuld, von Liebe und Tod besser sehen? Es gibt einen Hintergrund, der viele Erfahrungen zum Verschwinden bringt. Man sieht sie dann einfach nicht mehr. Im Blick auf Freiheit oder die menschliche Sehnsucht nach Gott sind viele Weltdeutungen repressiv und lassen diese Erfahrungen nicht gelten. Doch hier ist an das Wort von Georg Wilhelm Friedrich Hegel zu erinnern: »Wer mehr sieht, hat recht.« Sicher, auch eine religiöse Weltdeutung beantwortet nicht alle Fragen. Aber sie nimmt für sich in Anspruch, einen Hintergrund zu bieten, der vielen typisch menschlichen Phänomenen Grund und Sinn geben kann.

ICH BIN GELERNTER ATHEIST

Richard Dawkins hält Religion für ein überflüssiges Nebenprodukt der menschlichen Evolution. Mehr noch: Ähnlich wie der Blinddarm ist der Wurmfortsatz der Religion ein potenzieller Entzündungsherd und daher gefährlich. Gemäß seiner Deutung haben religiöse Menschen also »etwas zu viel«. Wir widersprechen und stellen die These auf: *Menschen ohne Religion haben »etwas zu wenig«*. Ja, ihnen fehlt Wesentliches. Religionslosigkeit ist eine Mangelerscheinung. Denn seit alters her ist die religiöse Frage verwoben mit der Frage des Menschen nach sich selbst.

Im Unterschied zum Tier kann der Mensch sich fraglich werden und nach Grund und Sinn seines Lebens suchen. Entsprechend haben wir die Hominisation dort angesetzt, wo der religiöse Glaube erstmals aufblitzte. Die menschliche Freiheit verdankt sich der Transzendenzerfahrung und dem Gottesgedanken. Religiosität stimuliert und garantiert die Freiheit des Menschen. »Die Gottesahnung ermöglichte den entscheidenden geistigen Quantensprung hin zum modernen Menschen.« (Johannes Röser)

Weil die menschliche Freiheit heute durch ganz neue Herausforderungen bedroht wird, gewinnt der Gottesglaube noch an Bedeutung. Noch nie war er so wertvoll wie heute. Denn die offensichtliche Manipulation zum Beispiel durch immer raffiniertere Werbung, durch Manipulation in den sozialen Medien oder durch den subkutanen Eingriff in die Gene bedroht die menschliche Autonomie in bislang unbekanntem Maß. Ohne den Immunitätsschutz der Religion ist der Mensch den selbst ernannten Halbgöttern, die die Medien kontrollieren oder Algorithmen programmieren, hoffnungslos ausgeliefert. Die Pflege der religiösen Sensibilität wird zur Überlebensfrage der Menschheit.

Wie aber kann jemand zum Glauben finden? Ethische Überlegungen oder der Vergleich von Weltbildern können zwar nachdenklich machen. Aber der religiöse Glaube ist nicht das Resultat vernünftigen Abwägens oder einer Art von Beweisführung. Zum Glauben entschließt man sich nicht wie zum Kauf einer Waschmaschine. Manche wollen (wieder) glauben und können es nicht. Andere haben ihren Kinderglauben verloren und fühlen sich wie vertrieben aus dem Paradies eines einfachen und unschuldigen Vertrauens. Wieder anderen ist der Zugang zu Gott durch Pomp und Popanz der Kirchen versperrt. Sie sind vielleicht nie mit einer einladenden Form des Glaubens oder mit überzeugenden religiösen Menschen in Berührung gekommen. Oder sie haben durch Erziehung und Umfeld keinerlei Chancen erhalten, bis an die Schwelle des Gottesglaubens zu gelangen.

Nikolai Berdjajew hatte den Menschen noch als »unheilbar religiös« bezeichnet. Inzwischen aber lassen sich evolutiv anscheinend erfolgreiche Varianten von Homo sapiens nachweisen, die nicht religiös sind und dies als »normal« bezeichnen. Die Population der Nichtreligiösen erstreckt sich in Europa über viele Staaten des ehemaligen Ostblocks; sie wächst aber auch in Frankreich oder in der Schweiz beachtlich. Nach seinem derzeitigen Hauptverbreitungsgebiet lässt sich der neue Mensch als »Homo areligiosus Leipzigensis« bezeichnen. Denn Leipzig gilt als die »Hauptstadt des deutschen Atheismus« (so die Zeitschrift »Christ in der Gegenwart«).* Handelt es sich beim Homo areligiosus vielleicht um das fehlende Bindeglied, um das *missing link* zu einem neuen Menschen? Ist die Religion vielleicht nur ein Durchgangsstadium auf dem Weg zu einer höheren Stufe der Menschheit? Wenn die Mutation zum Homo areligiosus einen Selektionsvorteil bringt, so wird sie sich mit großer Wahrscheinlichkeit durchsetzen. Dann stünden wir an der Schwelle eines weiteren evolutionären Sprungs, der zu einer neuen Art führen könnte: zum geborenen Atheisten!

* Allerdings: Bei der Fußball-WM 2006 sorgte ein Schamane aus Ecuador dafür, dass das Leipziger Zentralstadion von allen bösen Geistern verlassen wurde. Das erinnert an eine Bemerkung von Ernst Jünger: Die verlassenen Altäre werden von Dämonen bewohnt …

Allerdings: Die Religionslosigkeit eines Menschen ist nicht einfach sein Schicksal. Die religiöse Desensibilisierung vieler Zeitgenossen muss nicht irreversibel sein. Vielmehr gilt: Jeder Mensch ist von seiner Grundausstattung her religionsfähig – ähnlich, wie er zum Sprechen begabt ist: Dem Menschen ist zwar keine Sprache angeboren, wohl aber die Fähigkeit, sprechen zu lernen. Und so kann er von Kindesbeinen an in eine Muttersprache hineinwachsen.

In ähnlicher Weise sind nichtreligiöse Menschen gar nicht von Geburt an »religiös unmusikalisch«, wie die strapazierte Formulierung von Max Weber behauptet. Sondern sie sind vielleicht in ihrer Kindheit nicht in eine Religion hineingewachsen, weil die Eltern sie »religionsfrei« erzogen haben. Häufig mit der Begründung: »Wir wollen unser Kind nicht bevormunden. Es soll sich als erwachsene Person selbst entscheiden, wie es zum Glauben steht und ob es einer Religion zugehören möchte.« Doch eine solche Einstellung verbaut das, was gerade ermöglicht werden soll: Eine eigene fundierte Entscheidung, wie ich es mit der Religion halten will.

Dies sei am Beispiel der Musikalität verdeutlicht: Es gibt Menschen, die mit Musik kaum in Berührung gekommen sind. Deshalb konnten sich deren musikalische Fähigkeiten oder Interessen auch nicht entwickeln. Ähnlich verhält es sich, wenn jemand religionslos aufwächst. Denn die entscheidende Sensibilisierung für religiöse Fragen geschieht in der Kindheitsphase. Die Hirnforschung macht darauf aufmerksam: Sprachvermögen, Intelligenz, eine musikalische Begabung oder auch das Gespür für das Transzendente werden durch eine Aktivierung der entsprechenden Verschaltungen gefördert.

Daher gilt: Es gibt keine angeborene Gottlosigkeit. Der Mensch hat von seinen natürlichen Anlagen her eine Gott-Begabung. Ob und wie sich diese Anlage aber entfaltet, ist sowohl eine Sache der Erziehung und des konkreten Umfeldes als auch der eigenen

Freiheit. Wenn ein Mensch nie oder nur sehr defizitär mit Religion in Berührung gekommen ist, so ist er noch lange kein »Atheist«. Denn die Entscheidung für oder gegen Gott setzt eine Grunderfahrung voraus und ist eine *religiöse* Entscheidung.

Den spirituellen Sensus kultivieren

Doch wo kann bei religiösen Spätentwicklern der Gottesglaube ansetzen? Für den erwachsenen *Homo areligiosus* braucht es eine behutsame Hinführung zum Religiösen. Daher sollten gläubige Menschen den Nichtreligiösen gegenüber nicht wie Staubsaugervertreter auftreten, die ihnen, ob sie wollen oder nicht, einen Staubsauger anzudrehen versuchen. Sie dürfen auch nicht in den Lebensräumen der anderen möglichst viel Staub aufwirbeln, um dadurch die Notwendigkeit eines Staubsaugers zu beweisen. Alle Versuche, Gott an den zerbrechlichen und wunden Stellen des Lebens als die glatte Lösung einzuführen, sind den betroffenen Menschen gegenüber schamlos und Gott gegenüber respektlos. Das Vertrautmachen mit Gott darf also nicht primär an den wunden Punkten des Lebens ansetzen. Ganz in diesem Sinne betont Dietrich Bonhoeffer in seinen Tagebuchaufzeichnungen aus der Haft im Nazi-Deutschland, Gott vor allem auch in der Erfahrung der Fülle und Lebendigkeit zu suchen. Er schreibt: »Ich möchte von Gott nicht an den Grenzen, sondern in der Mitte, nicht in den Schwächen, sondern in der Kraft, nicht also bei Tod und Schuld, sondern im Leben und im Guten des Menschen sprechen.«[37] Es geht also um die Suche nach dem Gott des *ganzen* Lebens, das durch Schönheit und Schrecken gekennzeichnet ist.

Eine solche Suche nach Gott geht ins Leere, wenn ihr die Anschauung fehlt. Denn erst eine gewisse Vorahnung lässt die Suche gelingen. Natürlich kann auch eine Großstadtbewohnerin, die sich im Wald verirrt hat, auf einen Satansröhrling stoßen und vor ihm staunend in die Knie gehen. Die geübte Pilzsammlerin aber weiß, was sie sucht. Sie geht mit einem geschulten Auge durch den Wald und wird selbst dort noch Pilze entdecken, wo andere nichts ahnend vorübergegangen sind. Entsprechend brauchen auch Gottsuchende eine erste Ahnung von Gott, um fündig zu werden.

Darüber hinaus gilt: Eine Sprache, die das Geahnte benennen kann, schärft den Blick, um das Gesuchte zu finden. So kennen angeblich die Eskimos über einhundert Wörter, die mit Schnee zu tun haben. Diese sprachliche Vielfalt hilft ihnen, unterschiedlichste Arten von Schnee zu erkennen und zu unterscheiden. Oder um ein Beispiel aus dem Feinschmeckerlokal anzuführen: »Das differenzierte Vergnügen des Weinkenners hängt zweifellos eng zusammen mit einem zur Verfügung stehenden Vokabular, das bei der Geschmacksbildung Verwendung findet.« (Robert Spaemann)[38] Es gibt also Erfahrungen, die erst mithilfe der ent-sprechenden Sprache zustande kommen. Ein Liebesgedicht etwa benennt nicht nur Gefühle, sondern weckt sie auch. Wenn Verliebte sich ihre Gefühle mit Worten eingestehen und zum Ausdruck bringen, wird ihre Sprache zur Schöpfung neuer und tieferer Empfindungen. Umgekehrt verhindert eine lieblose Sprache die Geburt und das Wachsen von Freundschaft.

In einer gottlosen Sprachwelt kann Gott weder zur Sprache noch zur Welt kommen. Je ärmer die religiöse Sprache ist, desto geringer sind auch die entsprechenden Erfahrungsmöglichkeiten. Eine religiös reiche Sprache ist daher kein Schnee von gestern, sondern erlaubt es, Gottes Spuren wie auf einem von Neuschnee bedeckten Feld zu lesen. Die religiöse Sprachlandschaft einiger Regionen scheint jedoch an einer Art Klimakatastrophe zu leiden, sodass sich keinerlei religiöse Erfahrungen mehr herauskristallisieren und niederschlagen können. Wenn bei Menschen die spirituellen Antennen nicht ausgefahren sind und sie deshalb nur ein stark flimmerndes Programm empfangen können (Schneesturm-Effekt), so bedeutet das nicht, dass Gott nicht mehr auf Sendung ist. Es braucht vielmehr ein Ausrichten der

Antennen, ein Schärfen des Wahrnehmungsvermögens und vor allem die Sehnsucht, Gott zu empfangen.
Menschen sind von Natur aus zur Religion fähig. Daher ist es auch falsch zu meinen, religiöse Erfahrung (Mystik) sei ein Privileg für indische Gurus oder übersteigerte Nonnen. *Jeder Mensch ist ein potenzieller Mystiker.* Denn genau diese Fähigkeit zur Transzendenz ist ja das typisch Menschliche. Mystik ist eine Urbegabung eines jeden. Bei entsprechend geübter Aufmerksamkeit kann sie auch mitten im Alltag gelebt werden.

In allen Religionen gibt es Meditationsformen, die darauf zielen, durch größere Sammlung und Innerlichkeit auf den göttlichen Hintergrund des Daseins aufmerksam zu werden. Religiöse Übungen (»Exerzitien«) sind nun aber keine Technik zur Erzeugung mystischer Erfahrungen. Sie können und wollen vor allem sensibilisieren und konzentrieren.

Ein Bild soll das Gemeinte verdeutlichen: Ich mache Hör-Übungen, um den Schlag der Nachtigall erkennen zu können. Mit dem verfeinerten Gehör gehe ich dann in den Wald. Meine erhöhte Sensibilität ist selbstverständlich keine Garantie dafür, dass die Nachtigall auch singt. Doch ohne Vor-Übung würde ich sie wahrscheinlich überhören oder nicht erkennen. So ist auch Meditation keine Autosuggestion, durch die man einen Vogel bekommt. Vielmehr hilft sie, auf einen Gesang zu hören, der einem bisweilen begegnen kann und dem man dann hingerissen und fasziniert lauscht.

Wenn Menschen glauben wollen, so braucht es folglich zuallererst die Achtsamkeit auf die eigene Sensibilität und Sehnsucht. Eine jüdische Geschichte erzählt Folgendes:

Ein junger Mann kommt zu einem Gelehrten, der an Gott glaubt. Er möchte bei ihm in die Schule gehen und glauben lernen. Der Gelehrte fragt ihn: Liebst du Gott? Der junge Mann antwortet: Nein. Darauf der Gelehrte: Sehnst du dich danach, Gott zu lieben? Der junge Mann erwidert traurig: Wenn ich ehrlich bin – nein. Der Gelehrte schweigt nachdenklich und fragt schließlich: Hast du Sehnsucht nach der Sehnsucht, Gott zu lieben? Jetzt kann der junge Mann freudig sagen: Ja! Und der Gelehrte: Gut. Du bist auf dem Weg.

Gott kann man nicht finden wie etwa eine Münze, die einem auf der Straße rein zufällig in den Blick kommt. Es ist eher so, als würde jemand auf einen Schatz stoßen, den er irgendwie schon lange gesucht hat. Man kann hier an das Finden einer Freundin oder eines Geliebten denken. Die Suche ist schon eine Art des Glaubens. Wer sich danach sehnt zu glauben, der glaubt schon. Wer hingegen von vornherein die Existenz Gottes ausschließt, wird kaum religiöse Erfahrungen machen können. Es ist wie in der Liebe: Es braucht einen Vertrauensvorschuss, damit Liebe möglich wird. Wer nicht an sie glaubt und allen Zeichen von Zuwendung skeptisch gegenübersteht, kann auch keine Freundschaft erfahren. Dies wiederum wird ihn in seinem Vorurteil bestätigen, dass es überhaupt keine Liebe gibt.

Gehen wir im Folgenden auf Spurensuche, wie Menschen in der biblischen Überlieferung zum Glauben an Gott fanden. Für das Volk Israel spielte dabei die Erfahrung von Befreiung eine wichtige Rolle.

RÜCKBLICK AUF DEN ZWEITEN TAG

Die Evolution brachte im Menschen ein Wesen mit besonderen Eigenschaften hervor: Das Größenwachstum des Gehirns erlaubt dem Menschen bisher unbekannte Freiräume des Denkens und Handelns. Das heißt zugleich: Viele Bedürfnisse und Reaktionsmuster werden nicht mehr durch Instinkte gesteuert oder eingeschränkt. Diese Entgrenzung führt unter anderem dazu, dass Menschen nach »immer mehr« streben. Sie werden fähig zu Forschung und Wissenschaft, zu Kunst und Liebe, zu Ethik und Religion. Doch zugleich geraten sie untereinander unausweichlich in Konkurrenz und tödliche Konflikte.

Um diese zu befrieden, entwickelte sich ein Opfermechanismus: Indem ein Mensch – oder ein Tier – als »Sündenbock« geopfert wird, kehrt wieder Ruhe ein. Das Opfer wird religiös gedeutet und im Kult gefeiert. Daher diente Religion von ihren Ursprüngen her auch der Eindämmung von Gewalt. Eine undifferenzierte Religionskritik, welche die Religion als Ursprung der Gewalt abschaffen will, geht daher ins Leere. Mehr noch: Der Atheismus kann Werte wie etwa die Unantastbarkeit der Menschenwürde letztlich nicht begründen. Dazu braucht es eine Verankerung in etwas Absolutem.

DRITTER TAG: GOTT WIRD GROSS

Melanie: *Als Ordensleute haben wir uns an eine Gemeinschaft gebunden und Gehorsam versprochen. Das ist für viele Leute von heute unverständlich und klingt nach finsterem Mittelalter.*
Andreas: *Jaja, die Mönchskutte als Zwangsjacke … Und beim Eintritt in die Kirche, so die Vorstellung, muss man Verstand und eigenen Willen draußen lassen. Denn drinnen verlangen Papst und Kirchenrecht einen blinden Gehorsam. Kirche und Freiheit sind anscheinend unvereinbare Gegensätze.*
Melanie: *Das ist ja nicht nur ein Vorurteil! Es gab und gibt genügend Beispiele, wo der Wille, sich selbst zu entfalten, oder der Mut, sich seines eigenen Verstandes zu bedienen, im Namen des Gehorsams gebrochen wurden. Das aber widerspricht der Freiheit eines Christenmenschen. Wie lebt ihr in eurer Gemeinschaft Freiheit und Gehorsam?*
Andreas: *Bei uns spielt der Dialog eine ganz wichtige Rolle. Unsere Verantwortlichen entscheiden nicht über unsere Köpfe hinweg. Jeder Einzelne soll sich ja mit seiner Persönlichkeit in das Ganze einbringen können. Und wenn ich eine Entscheidung zu treffen habe, dann denken meine Mitbrüder mit. Jede Selbsteinschätzung ist immer auch einseitig und kann danebenliegen. Ich schätze daher das kritische Urteil, den Rat oder auch ein warnendes Wort meiner Kollegen.*
Melanie: *Hat es dich viel gekostet, dass du auf Wunsch deiner Gemeinschaft von Bolivien nach Deutschland zurückgekehrt bist?*

Andreas: *Dem zuzustimmen ist mir nicht leichtgefallen. Umgekehrt hätte ich mir viele Herausforderungen nicht selbst gesucht. Ohne meine Gemeinschaft wäre ich ja auch nie nach Bolivien gegangen. Von selbst wäre ich gar nicht auf die Idee gekommen, in einem Indio-Dorf zu leben und in eine völlig neue Kultur hineinzuwachsen. Ich bin froh, dass mir die Verantwortlichen manches zugetraut und zugemutet haben.*
Melanie: *Da deutest du etwas ganz Wichtiges an. Häufig werden die Ordensgelübde von Armut, Ehelosigkeit und Gehorsam als lebensfeindlicher Verzicht verstanden. Eigentlich aber geht es darum, einen Freiraum zu gewinnen. Ich bin zum Beispiel froh, dass ich an Plakatwänden vorbeigehen und mir sagen kann: Melanie, das alles brauchst du nicht zu haben! Mein Lebensstil befreit mich vom Zwang der Moden und Marken. Ich weiß, für welches Ziel ich leben und für welche Menschen ich mich einsetzen will. Diese Entscheidung hat Lebendigkeit und neue Energien freigesetzt.*
Andreas: *Solche endgültigen Entscheidungen sind heute unmodern. Der kategorische Imperativ der Postmoderne lautet: Entscheide stets so, dass dir auch künftig noch möglichst viele Optionen offenstehen. Doch wer sich alle Türen offenhält, lebt im Durchzug. Das aber ist ungemütlich und ungesund.*
Melanie: *Ich kann allerdings die Angst verstehen, sich an Falsches zu binden und dadurch die Freiheit zu verlieren.*
Andreas: *Hier liegt für mich ein Erkennungsmerkmal Gottes. Wo Gott auftritt, da kommt Freiheit ins Spiel. Und umgekehrt gilt: Wo sich Freiheit entfaltet, wird auch Gott erfahrbar.*
Melanie: *Das klingt sehr abstrakt. Was meinst du damit?*
Andreas: *Eine zentrale Erfahrung meines Lebens heißt: Lieben heißt loslassen können. Ich war in meinen Freundschaften manchmal sehr besitzergreifend. Ich wollte die anderen festhalten und kontrollieren. Dadurch aber zerstörte ich die Beziehung. In der Bibel entdeckte ich, dass Gott als Liebe freilassend ist. Und so wurde mir deutlich, dass ich diesem Gott dort begegne, wo meine innere*

Freiheit wächst. Alles, was Angst macht oder knechtet, ist nicht im Sinne Gottes. Dieses Kriterium hat mir schon oft geholfen, um menschlich zu wachsen und auch bei anderen eine größere Freiheit zu fördern.

Melanie: *Auch für mich hat mein Glaube mit Befreiung zu tun. Um immer freier zu werden, braucht es den Mut, mich Schritt für Schritt der ganzen Wahrheit meines Lebens zu nähern. In Freundschaften erfahre ich: Wenn ich mich geborgen und angenommen erlebe, kann ich mich auch mit meinen Schwächen und Verletzungen zeigen. Ähnliches gilt für meine Beziehung zu Gott: Je mehr ich Gott traue, umso ehrlicher kann ich mich auch meinen Schatten zuwenden und sie annehmen. Wenn ich das Ja Gottes zu mir erahne, so wird es mir möglich, mich als bejaht zu bejahen. Kann es für unser zerbrechliches Selbstwertgefühl etwas Befreienderes geben?*

Andreas: *Das erinnert mich an den biblischen Satz: »Die Wahrheit wird euch frei machen.« Dies gilt auch gesellschaftlich. Oft waren und sind es Christen, die Unrecht beim Namen nennen. Die friedliche Revolution, die zum Fall der Berliner Mauer führte, ging von einer Kirche in Leipzig aus. Ich denke auch an einen Mitbruder, der während der Militärdiktatur in Argentinien ermordet wurde, weil er systemkritisch war. Der Gott der Bibel wird dort bezeugt, wo Menschen in ihrer Freiheit und Würde geachtet werden und Gerechtigkeit wächst.*

EIN LIBERALER GOTT

Der Glaube an einen einzigen Gott ist mit der Geschichte des Volkes Israel in besonderer Weise verknüpft. Dieses kleine Volk im Siedlungsraum von Palästina ist aus verschiedenen Stämmen und Traditionen zusammengewachsen. Unter den vielen Geschichten aus den Anfängen Israels ragt eine ganz besonders hervor: die Erzählung vom Auszug (lat. = Exodus) aus Ägypten. Und so wird es im zweiten Buch der Bibel, im Buch Exodus, erzählt:

Der unbedeutende Nomadenstamm der Hebräer (auch »Israeliten« genannt) wird in Ägypten zur Fronarbeit gezwungen. Ein Mitglied des Stammes namens Mose wird freilich am Hof des Pharaos erzogen. Eines unschönen Tages muss Mose wegen eines Verbrechens fliehen. In der Wüste macht er eine wichtige Erfahrung mit dem Gott seines Volksstammes. Vor der seltsamen Naturerscheinung eines brennenden Dornbusches zieht es Mose die Schuhe aus. Es geht ihm auf, dass der Gott, den seine Vorfahren verehrt hatten, treu ist: Gottes Liebe brennt, aber verbrennt nicht. Der Name dieses Gottes ist »Jahwe« und wird gedeutet als: »Ich bin der Ich-bin-da« (Exodus 3,14).

Im Vertrauen auf diesen Gott gelingt unter Moses Führung schließlich ein Massenausbruch aus dem »Sklavenhaus Ägypten«. Während der Flucht kommt den Hebräern ein Naturereignis unverhofft zu Hilfe: Ein starker Ostwind erzeugt am Schilfmeer einen Ebbe-Flut-Effekt (Exodus 14,21). Dem Flüchtlingsstrom gelingt im richtigen Augenblick der Durchzug durch das Rote Meer. Die zurückkehrende Flut verhindert die Verfolgung durch die Ägypter. Mose schreibt das unerwartete Gelingen der Flucht weder dem eigenen Geschick noch einem blinden Zufall, sondern der Hand Jahwes zu. Der geglückte Auszug wird als göttliche Tat verstanden und gefeiert.

Freiheit: ein göttliches Geschenk

Die Befreiung aus Ketten und Gefängnis wird zur Schlüsselerfahrung für das Volk Israel.[39] Israel deutet die Freiheit als Geschenk Gottes. Diese Einsicht markiert einen entscheidenden Durchbruch im Gottesbild: Viele Jahrtausende hat man in den orientalischen Kulturen Götter als Despoten gefürchtet. Sie sind das exakte Spiegelbild der menschlichen Erfahrung mit launischen Naturgewalten, mit den Herrschern und Mächtigen oder mit den blutigen Konflikten untereinander. Entsprechend werden in den Mythen auch die Götter geschildert: Sie sind unberechenbar und tyrannisch. Man ist sich ihrer nie sicher und muss sich immer wieder ihres Wohlwollens versichern – etwa, indem man es durch Opfer zu erkaufen versucht. Die Glaubenden sind in der Rolle von Gläubigern, die den Göttern etwas schulden. Sie sind wie Sklaven, die die Götter mit Opfern zu nähren oder zu besänftigen haben. Letztlich ist dieses Gottesbild eine angsteinflößende Fratze von Gewalt und knechtender Herrschaft.

Spuren dieses Gottesbildes finden sich auch in der hebräischen Bibel. Gott wird in die Nähe eines willkürlichen Tyrannen oder eines zornigen Übervaters gerückt. Man findet bisweilen sogar die Blutspuren eines Gottes, der über Leichen geht. Nun zeigt sich aber in den biblischen Texten eine bemerkenswerte *»Evolution« des Gottesbildes:* Gott distanziert sich immer mehr von den menschlichen Gewalttaten. Er wird sogar zu einer Instanz, welche den Menschen ihre Ungerechtigkeit und Gewalt vorwirft und sich der Opfer erbarmt. Und Gott selbst thront nicht irgendwo als Unnahbarer, sondern ist stets seinem Volk nahe.

Diese Gotteserfahrung verdichtet die Bibel in der Exodus-Erzählung: Gott überlässt sein Volk nicht seinem Schicksal, sondern befreit es aus der Sklaverei. *Gott will die Freiheit des Menschen.* Auf ihn zu hoffen, ist für Israel daher auch untrennbar damit verbunden, sich um ein gerechtes Zusammenleben zu bemühen. Israel hält sich an diesen Gott und erkennt: Es ist unhaltbar, wenn Herrscher und Mächtige die Menschen bloß eigenen Interessen unterwerfen wollen. Auch werden die allzu menschlichen Götter entthront und als Götzen entlarvt. Naturkräfte, Dinge oder Menschen können zu Götzen mutieren, wenn sie absolut gesetzt werden. Diese gewähren dem Menschen zwar eine Art von Sicherheit. Aber sie machen zugleich abhängig.

Viele amüsieren sich über die Götzenbilder der antiken oder fremdländischen Völker oder die Vergöttlichung eines Pharaos. Aber auch in unserer aufgeklärten Welt gibt es Götzenanbetung im großen Stil. Aktien, die Sammlung von »Likes« oder die Universitätskarriere können zu Götzen mutieren, denen alles geopfert wird. Menschen werden vergöttert oder dämonisiert. Wer sich mit seinem Leben einem Götzen verschreibt, hat freilich eine negative Energiebilanz. Vielleicht lassen sich Götzen mit Vampiren vergleichen: Vampire saugen anderen die Lebenskraft aus den Adern und erhalten sich dadurch am Schein-Leben.* Wie ein Vamp absorbiert der Götze die Freiheit und damit die persönliche Identität des Menschen und macht ihn zu seiner Marionette. Aus dem Ich wird dann eine Schrumpfpersönlichkeit, ein sogenanntes *man.*

Demgegenüber erzählt die Bibel von einer ganz anderen Erfahrung: Zu Gott zu gehören ist anders, als dem Pharao zu gehören. Gott braucht den Menschen nicht, um sich groß zu machen oder sich am Leben zu erhalten. Jahwe zeigt sich vielmehr als freilassende Liebe. Er ist jene Macht, die Halt gibt, ohne festzuhalten. Die Sicherheit schenkt, ohne zu versklaven. Es ist wie ein Erkennungsmerkmal: *Wo Freiheit wächst, da wirkt Gott.* Umgekehrt wird alles, was unfrei macht, als Götze entlarvt. Jahwe fordert dazu auf, die Götzen zu verlassen, aus trügerischen Sicherheiten auszusteigen und ihm zu vertrauen. Denn nur so kann Israel ins gelobte Land von Freiheit und Gottverbundenheit finden.

---

* Vgl. die ultimative Wahl: »Geld oder Leben!« Wer Geld oder einen anderen Götzen wählt und ihm verfällt, verliert in der Tat sein selbstbestimmtes Leben.

Der lange Weg zur Freiheit

Es wäre zu kurz gedacht, wenn man meint: Die befreiende Fluchtwelle durch das Rote Meer spült Israel direkt ins gelobte Land. Vielmehr ist sie eine Initialzündung für einen langen Weg wachsender innerer Freiheit. Wer längere Zeit in einer Abhängigkeit gelebt hat, braucht zunächst einmal Abstinenz. Er muss die alten Strukturen und Mechanismen hinter sich lassen und das soziale Umfeld verändern. Gott will den Menschen dazu »erziehen« (Deuteronomium 8,5), ein freier Bündnispartner zu werden, der liebesfähig ist. Das lateinische Wort für erziehen (educare) bedeutet: herausführen, in die Weite führen. Gott will den Menschen in eine solche Freiheit führen, damit er mit ihm eine freundschaftliche Beziehung leben kann.

In der biblischen Geschichte muss das Volk Israel daher vierzig Jahre lang durch eine Wüste ziehen, was als Entziehungskur von vielfältigen Abhängigkeiten zu verstehen ist. Die Wüste ist eine Schule der Freiheit, weil sie keine sofortige Befriedigung der Bedürfnisse bereithält. In der Wüste steht nicht an jeder Düne eine Pommesbude und schon gar kein Getränkeautomat. Israel soll lernen, sich nicht mehr gehen zu lassen, sondern selbst zu gehen. Der lange Marsch durch die Wüste ist unabdingbar, um sich von falschen Abhängigkeiten zu lösen. Und er ist notwendig, um zu lernen, aus dem Glauben an Gott zu leben.

Der Weg in die größere Freiheit bleibt freilich immer gefährdet und droht im Sand zu verlaufen. Es gibt *die Versuchung der Regression:* Als die Israeliten in der Wüste hungrig werden, kommt es zur Meuterei. Man will nach Ägypten zurück, um sich an den Fleischtöpfen von Papa Pharao den Bauch vollschlagen zu können: Wenn auch unfrei – Hauptsache, satt! Erst kommt das Fressen, dann die Moral (Bertolt Brecht). Freiheit aber bedeutet, um moralischer Werte und Ziele willen auch mit knurrendem Magen – wenigstens ein Stück – weitergehen zu können. Allein eine gewisse Distanz zu den Bedürfnissen und Trieben eröffnet der

Freiheit einen Spielraum. Wenn in einer Gesellschaft kein Konsumverzicht mehr eingeübt wird, droht das Quäntchen Freiheit des Menschen ein Opfer von Werbung und Manipulation zu werden. Die Springflut des Konsums überschwemmt Mailaccounts und Gehirne und ertränkt den Funken Freiheit. Der Weg aus der Fremdbestimmtheit in die Unabhängigkeit fordert das Vertrauen des Volkes Israel immer wieder heraus. Es kommt zu Durststrecken, und der Glaube an Gott als Befreier droht zu verdunsten.

Die Bibel erzählt: In der Wüste leiden die entflohenen Sklavinnen und Sklaven Durst. Und es ist wie ein Wunder, wenn sie dann mitten in der Einöde unverhofft auf eine Quelle stoßen. Völlig überraschend finden sie auch etwas Essbares, eine Art von Brot (»Manna«), und sehen darin ein Geschenk des Himmels. Bald freilich hängt das Wüstenbrot Marke »Manna« den Leuten zum Hals heraus, und die nächste Krise bahnt sich an: Als das Volk auf seinen Anführer Mose, der auf Gott wartet, zu lange warten muss, wird es ihm langweilig. Es bastelt sich einen Götzen, der Fruchtbarkeit symbolisiert: das »Goldene Kalb«. Dieses ist eine Miniaturausgabe des ägyptischen Stiergottes (»Pharao« kommt wortgeschichtlich von *phar* = Stier, ein Symbol der Fruchtbarkeit, der Potenz und der Macht). Doch die Anbetung der Fruchtbarkeit mitten in der Wüste ist nichts als eine Fata Morgana. Und Israel muss lernen, sich der eintönigen Realität der Wüste zu stellen (Exodus 16,1–17,7; 32,1–33,6).

Was lernt Israel in der Leere der Wüste?

Die zentrale Lehre lautet: Im Unterwegssein lernt der Mensch, Gott zu glauben und zu vertrauen. Die Schule der Wüste zielt auf das Transzendieren, d.h. den Exodus aus sich selbst heraus. Das Lernziel »Vertrauen« bedeutet: Ich lebe nicht allein von dem, was ich fest in der Hand habe. Vielmehr lerne ich, dass Gott die leeren Hände füllen kann, wenn es sie ihm offen hinhält. Gott schenkt in der Wüste das Brot vom Himmel und das Wasser, das aus dem Felsen entspringt. Glaube und Vertrauen sind die Ressourcen, die allein das Herz füllen können: Es gibt eine Lebendigkeit, die nur dann aus dem Menschen sprudeln kann, wenn er nicht mehr hart ist wie ein Stein, sondern sich berühren lässt und weich wird; wenn er nicht alles selbst im Griff hat, sondern sich von anderen oder von oben beschenken lässt.

Eine weitere Lektion der Wüste: Die Israeliten müssen lernen, dass sich das von Gott geschenkte Brot nicht horten lässt. Es gibt einige Israeliten, die vom Manna mehr einsammeln, als notwendig ist. Aber dieses Brot wird wurmig und stinkt (Exodus 16,20). Der Wunsch, möglichst viel Brot zu bunkern, ist ein Zeichen für fehlendes Vertrauen. Liebe lässt sich nicht einwecken oder aufsparen. Es gibt keine Freundschaft aus Konserven. Liebe schenkt sich immer nur von Augenblick zu Augenblick. Sie lebt vom Vertrauen, dass die andere Person mir treu bleiben und mich auch morgen wieder beschenken wird.

Freiheit braucht Schutz

Auf seinem langen Wüstenweg lernt Israel, dass Freiheit eine Gabe und eine Aufgabe zugleich ist. Weil die dem Menschen geschenkte Freiheit gefährdet und bedroht bleibt, erinnert die Bibel immer wieder an die große Befreiungserfahrung. Und sie hält Regeln fest, die die gewonnene Freiheit als Angebot und Gebot Gottes interpretieren. Die wichtigsten dieser Regeln werden als *Zehn Gebote* zusammengefasst und überliefert.

Als Präambel dieser Gebote wird an die Befreiung aus der Sklaverei und an die Bindung Jahwes an sein Volk erinnert: »Ich bin Jahwe, dein Gott, der dich aus Ägypten geführt hat, aus dem Sklavenhaus« (Exodus 20,1). Das »du sollst« der nun folgenden Weisungen kann vom hebräischen Text her auch mit »du wirst« übersetzt werden. Sinngemäß würde das erste Gebot dann lauten:

Weil du Jahwe als rettenden Gott erlebt hast, wirst du keinen anderen Gott oder Gottesersatz suchen. Dies ist die Logik der Zehn Gebote: *Weil* der Mensch Befreiung erfahren hat, deswegen kann und wird er die Freiheit anderer achten. Und er wird bestimmte Schutzzäune respektieren, um nicht in die Knechtschaft zurückzufallen. Es geht bei diesen Geboten also primär nicht um die Erfüllung von Pflichten, sondern um die Konsequenzen einer Befreiung, die man selbst erfahren hat.

Die ersten drei Gebote geben Gott den absoluten Vorrang. Das erste Gebot lenkt die Fixierung auf Götzen um in die Bewegung auf Gott hin, den der Mensch mit ganzem Herzen und mit ganzer Seele lieben soll. Die Achtung vor dem Namen Gottes im zweiten Gebot verbietet ein für alle Mal, im Namen Gottes zu richten, Kriege zu führen oder Staaten zu leiten. Das Sabbatgesetz (drittes Gebot) wehrt der Übermacht des Habens: Es werden Reservate ausgespart, die nicht der Gewinnmaximierung dienen und dem Menschen in der Spirale des Besitzerwerbs eine Atempause verschaffen. So ist der Sabbat ein Biotop, das die Freiheit des Menschen gegen die Diktatur einer Leistungsgesellschaft verteidigt. Die weiteren Gebote versuchen, die dem Einzelnen geschenkte Freiheit sozial verträglich zu gestalten: Es geht um den Respekt vor dem Leben der anderen, vor dessen Besitz und Lebenspartner. Ehre und Integrität sind gegenseitig zu achten. Das letzte Gebot schließlich entlarvt das Begehren selbst als Grund vieler zwischenmenschlicher Konflikte.

Diese Überlegungen führen zu folgendem Schluss: Die Idee eines einzigen und absoluten Gottes ist ein Widerlager gegen die Verabsolutierung von Geld, Prestige oder politischer Macht. Der Glaube an diesen Gott entlarvt den Götzendienst jeglicher Couleur. Er befähigt zu einer kritischen Distanz gegenüber allen Spielarten von totalitären Systemen oder zwischenmenschlicher Ausbeutung und Unterdrückung. Die Exodus-Geschichte entfaltet den Glauben an Gott als ein Freiheitsstimulans erster Güte.

Wer sich im Glauben an diesen Gott bindet, wird selbst entbunden zu immer größerer Freiheit. Biblisch werden daher sogar die Versuchungen letztlich Gott zugeschrieben, der dem Menschen die Freiheit schenkt und diese durch Provokation immer wieder herausfordert. Aber: Ist das nicht alles viel zu menschlich gedacht?!

PASSBILD UND TEMPO-TASCHENTUCH

In der Tat, jetzt haben wir ein Problem. Denn zu den Zehn Geboten gehört auch die Forderung: »Du sollst dir kein Gottesbild machen!« Und was tun wir in diesem Buch? Wir reden ständig bildhaft von Gott. Doch wie sollen wir sonst von ihm reden? Es wird deutlich, wie schnell wir an unsere Grenzen kommen: Wie soll man von dem sprechen, von dem man (eigentlich) nicht sprechen kann? Angesichts dessen es einem die Sprache verschlägt?

Dieses Problem teilen wir mit allen Gläubigen, die von Gott reden, wie auch mit den Atheisten, die uns Gott ausreden wollen. Wer das Wort »Gott« in den Mund nimmt, verbrennt sich eigentlich immer die Zunge. Und das liegt in der »Natur der Sache«. Das göttliche Geheimnis, das unaussprechlich ist, kann nicht in Worte oder Bilder gepresst werden. Das Ringen um Worte spricht auch aus allen Zeilen der Bibel. Bezeichnend dafür ist, dass Israel Gott unter dem Namen »Jahwe« erfahren hat. Dieser ist kein sesshafter Herrscher, dem man in seinem palastartigen Tempel Tribut zu entrichten hat. Vielmehr ist Jahwe ein Gott der Wüste. Wie ein Sturm: hörbar *und* doch unfassbar; wie das Firmament: bergend *und* doch unendlich weit; wie eine Wolke: sich zeigend *und* verhüllend zugleich. Er ist greifbar nahe, *und* er ist unbegreiflich zugleich.

Doch was passiert hier: Die Bibel, die uns gerade noch den Mund verboten hat, spricht nun selbst in verschiedensten Bildern von Gott?! – Ja, und dies mit »Strategie«. Durch die Vielzahl und Gegensätzlichkeit der Bilder relativieren sich diese gegenseitig. Gott wird als Vater *und* als Mutter, als König *und* als Bräutigam bezeichnet. So wird jede Identifizierung Gottes mit einem Bild oder einer menschlichen Eigenschaft vermieden. Kein einzelnes Bild kann Gott in seiner Fülle angemessen zum Ausdruck bringen.

In der Geschichte von Mose am brennenden Dornbusch nennt Gott seinen Namen: »Jahwe.« Dies kann auch übersetzt werden mit: »Ich bin die Ich-bin-für-dich-da«. Wofür steht dieser Name? Er sagt aus: Jahwe ist die gütige Macht, die immer bei ihrem Volk sein wird; die es nicht verlässt, sondern treu zu ihm hält. Der Name steht auch dafür, dass Gott sich nicht mit einem »etwas« identifizieren lässt, das man dann in der Hand hätte. Der Gottesname ist ein Versprechen und keine (Beschwörungs-)Formel, mit der man Gott auf den Begriff oder manipulierend in Griff bekommen könnte. So steht der Name »Jahwe« dafür, dass die göttliche Gegenwart »ein Ereignis unnahbarer Nähe«[40] ist. Der brennende Dornbusch drückt dies bildhaft aus: Gott zeigt sich Mose in einer ungewöhnlichen und faszinierenden Erscheinung, von der dieser sich angezogen fühlt. Zugleich aber darf Mose nicht näher treten, sondern muss zum Zeichen der Ehrfurcht die Schuhe ausziehen (Exodus 3,1–6).

Der Gott, von dem die Bibel spricht, ist widerständig und hat eine bilderstürmerische Tendenz. Zugleich können wir von Gott nur in Bildern reden. Unsere Sprache kommt ohne Bilder nicht aus. Selbst eine »exakte Wissenschaft« wie etwa die Physik ist auf Bilder angewiesen. Man beachte: Beim »Urknall« hat es nicht geknallt, und ein »schwarzes Loch« ist kein Loch. Alle Bilder treffen etwas *und* verfälschen es zugleich. Das gilt auch für unsere Bilder von Gott: Sie sagen etwas Richtiges und sind in diesem Sinne Gott »ähnlich«. Zugleich aber ist Gott so anders, dass der Unterschied zwischen ihm und unserer Vorstellung größer bleibt als alle Ähnlichkeit, die unsere Bilder vermitteln.

Um sich diesen Gedanken anschaulich zu machen, kann man ein Passbild von sich zur Hand nehmen: Wenn es schon ein älteres Foto ist, weicht es von meinem jetzigen Erscheinungsbild stark ab. Vielleicht bin ich aber auch gut getroffen. Dann gilt für das Passbild: Es *sieht* mir ähnlich! Aber es *ist* mir nicht ähnlich. Das papierene Passfoto ist einem Tempo-Taschentuch wesentlich ähnlicher als mir.

Noch ein Beispiel: Am Eingang eines Zoos steht ein lebensgroßer Löwe aus Stein. Nun mag es sein, dass diese Skulptur einem echten Löwen bis aufs Haar gleicht. Der gravierende Unterschied zwischen einem Abbild und einem wirklichen Löwen wird aber spätestens dann sichtbar, wenn sich die vermeintliche Skulptur plötzlich bewegt und als lebendiger Löwe auf mich zuspringt. Ähnlich gilt: Unsere Bilder von Gott sagen Richtiges und Wichtiges. Aber der lebendige Gott ist und bleibt von allen Begriffen und Bildern grundverschieden. Gott fällt immer aus dem Rahmen und bleibt größer als alle Bilder.

Gott bleibt undefinierbar

Gott ist immer größer, als wir Menschen glauben. Eine Rechnung mit Gott als unbekannter Größe geht nie glatt auf. Die christliche Theologie (= die Lehre von Gott) hat in ihrer Geschichte immer wieder daran erinnert, dass man von Gott nicht in einem naiven Sinn reden kann. Gott ist irgendwie anders, größer, geheimnisvoller. Entsprechend gilt, dass man von Gott eher sagen kann, was er nicht ist, als was er ist. Wer Gott auf einen Begriff bringen will, vergreift sich und greift ins Leere.

Die wahrhaft Glaubenden definieren (= begrenzen) Gott nicht. Es sind eher die Ungläubigen, die Gott auf eine Formel bringen. Wenn sie Gott ablehnen, dann verwerfen sie allerdings auch nur eine falsche Formel. Schon Leo Tolstoj gab zu bedenken: Wenn ein Wilder an seinen hölzernen Gott zu glauben aufhört, so heißt das nicht, dass es keinen Gott gibt, sondern nur, dass Gott nicht aus Holz ist …

Die Theologie und vor allem die mystische Tradition betonen: Allein das verstummende Staunen kommt Gott nahe. Aurelius Augustinus bringt es auf den Punkt: »Wenn du ihn verstanden hast, dann ist es nicht Gott.« Weil man also Gott nicht festlegen kann, darf sich der Mensch in seiner Gottesbeziehung nicht festsetzen. Er muss vielmehr den zahlreichen Versuchungen wehren, sich von Gott ein festes Bild zu machen. Gott bleibt immer »das ganz andere« (Rudolf Otto). Hier liegt auch ein Kriterium, um echte Religiosität von einer softigen Spiritualität zu unterscheiden. In Letzterer spiegeln sich die Bedürfnisse des Menschen kritiklos eins zu eins.

Auch in der christlichen Rede von Gott gibt es Tendenzen, Gott kleinzureden und ihn zu verniedlichen. So läuft beispielsweise das Bild vom »lieben« Gott Gefahr, die Rolle eines Beruhigungsmittels zu spielen. Ein derart gezähmter Gott fordert den Menschen nicht mehr heraus. Mit müdem Lächeln beobachtet er alles aus seiner Lehnsessel-Perspektive. Er lässt sich selbst einen guten Mann sein und will auch von den Menschen möglichst in Ruhe gelassen werden. In einer religiös verwahrlosten Gesellschaft basteln sich Menschen häufig eine »Religion light« zusammen. Doch diese Collage aus Wellness und Spiritualität gleicht dem Modellflugzeug aus dem Bastelladen. Ich kann ein solches Flugzeug zwar ganz nach meinem Geschmack zusammenbauen, aber ich kann damit nicht fliegen. Eine weichgespülte Spiritualität trägt nicht weit, wenn es hart auf hart kommt. Sie meidet die dunkle Nacht der Wüste und sonnt sich lieber in der Oase der Behaglichkeit. Hier kann sich der Mensch im Wasser eines Wellness-Pools spiegeln, bis er an seiner Selbstverliebtheit stirbt. Als religiöser Selbstversorger begegnet der Mensch immer nur sich selbst.

Authentische Religiosität sucht etwas anderes. Der große Mystiker Meister Eckart sagt in einer Predigt: »Die meisten Leute lieben Gott, so wie man eine Kuh liebt: die liebst du wegen der Milch und des Käses und deines eigenen Nutzens. So machen es alle die, die Gott lieben um äußeren Reichtums oder inneren Trostes willen. Die aber lieben Gott nicht recht, denn sie lieben ihren Eigennutz.« Echte religiöse Erfahrungen zeigen sich darin, dass Gott auch befremden kann. Der wahre Gott lässt dem Menschen einfach keine Ruhe. Es gibt auch das Ringen mit Gott, das Aushalten der Gottesfinsternis, den Schrei der Verlassenheit und die selbstvergessene Hingabe. Gotteserfahrung kann aufwühlen und verwunden. Der Mensch kann vor dem göttlichen Geheimnis erschreckt verstummen und zugleich davon so fasziniert sein, dass Herz und Mund davon überfließen.

»Gott« ist eine Chiffre für das Unbegreifliche, das alles umgreift. Wer von »Gott« redet, kann keinen Punkt machen. Immer bleibt noch etwas offen und unsagbar. Daher steht am Ende jeder Rede von Gott ein großes Fragezeichen. »Gott« steht für die Frag-Würdigkeit der Welt. Und dies ist eine Weise, wie Gott »da« ist: dass Menschen die großen Fragen offenhalten und sich nicht mit vorschnellen und kleinen Antworten begnügen. »Gott« steht dafür, dass es Sinn hat, jene letzten Fragen zu stellen: Was ist Sehnsucht? Was ist Freiheit? Was ist der Mensch? Warum ist überhaupt etwas – wenn doch von Nichts nichts kommt? Das Unbeantwortbare dieser Fragen weist auf ein Geheimnis hin, das wir Gott nennen, aber nicht als Antwort, sondern als Suchbewegung. Gott ist daher nicht die Antwort auf alle Fragen, wie manche Aufkleber allzu billig verkünden. Das göttliche Geheimnis ist vielmehr die Befragung aller Antworten. Ja, es ist selbst die prinzipiell offenzuhaltende Frage. Es ist die Spannfeder, die alle Fenster und Türen offen hält und davor bewahrt, sich in einem Haus oder einem Gedankengebäude endgültig einzurichten. Letztlich ist Gott der geheime Grund dafür, dass wir immer weiter fragen können und müssen, solange wir Menschen sind.

Gottes Inkognito

Wir kommen mit unseren Fragen nach Gott an kein Ende. Die Bibel selbst erzählt davon, dass Gott sich dem Menschen immer wieder entzieht. Mose will das Antlitz Gottes sehen und bittet ihn: »Lass mich doch deine Herrlichkeit schauen!« (Exodus 33,18). Aber Gott gibt diesem Wunsch nicht statt, da sein Angesicht zu sehen für den Menschen tödlich ist. Was könnte mit diesen bildhaften Aussagen gemeint sein?

Gott hält sich bedeckt. Denn würde der Mensch Gott in seiner Herrlichkeit direkt begegnen, hätte er keine Wahl. Er müsste ihn als Herrn anerkennen. Würde ihm seine Größe unmittelbar aufgehen, würde ihn dies in die Knie zwingen. Ihm bliebe nicht mehr die Freiheit, sich für oder gegen Gott zu entscheiden. Doch genau vor dieser Freiheit hat Gott einen Heidenrespekt. Denn erst die Freiheit macht den Menschen zur Liebe und somit zur Freundschaft Gottes fähig.

Als Garant und Pädagoge der menschlichen Freiheit bleibt Gott der menschlichen Erfahrung gegenüber in einer merkwürdigen Schwebe. Er bevorzugt das Inkognito und signiert oft mit »Zufall«, was auch als »Fügung« gedeutet werden kann. Denn wenn er dem Menschen zu offensichtlich begegnen würde – indem er etwa in der Geschichte eingreift –, wäre dieser gezwungen, ihn anzuerkennen. Gott zeigt sich also niemandem »direkt«. Ließe sich seine Existenz beweisen, so wäre es um die menschliche Freiheit als Bedingung der Möglichkeit geschehen, ihn lieben zu können. Der Mensch wäre zum Glauben gezwungen, was das Ende des Glaubens bedeuten würde.

Was der Mensch hingegen erkennen kann, sind Spuren, die auf Gott hinweisen. Spuren können und müssen immer erst interpretiert werden. Ich kann Spuren so oder so deuten – und das ist ein Akt der Freiheit! Die Bibel erzählt, dass Mose das Antlitz Gottes nicht sehen darf. Er muss sein Gesicht verhüllen, während dieser vorüberzieht. Dann aber darf er »den Rücken Gottes« sehen

(Exodus 33,23), sozusagen die Spuren, die sein Vorbeiziehen hinterlässt.

Ähnlich kann ich in der Welt nach Gottes Spuren suchen, denn er hat seine Schöpfung ja »geprägt«. Wer im Licht des Glaubens auf die Welt schaut, kann Gott auf die Spur kommen: Das Staunen über die Schönheit der Natur ist ein Blickfang für das Wirken Gottes. Auch in der Geschichte finden sich spürbare Hinweise, dass er mit seinem Volk oder mit einem Menschen »mitgegangen« ist.

Häufig wird der Sinn eines Ereignisses erst im Nachhinein klar. Zwei Menschen, die sich kennen- und lieben lernen, verstehen ihre Geschichte als Geschenk einer Fügung. Oder jemand, der Schweres und Schmerzliches erlebt hat, vermag im Rückblick zu entdecken, dass er reifer und barmherziger geworden ist. Was wie ein Bruch oder ein Scheitern aussah, kann im Zusammenhang betrachtet einen neuen Sinn erhalten. So ist es Menschen möglich, rückschauend auf ein Ereignis oder eine Lebensgeschichte nach Gott zu suchen.

DIE SCHÖPFUNG DER EVOLUTION UND DIE EVOLUTION DER SCHÖPFUNG

Nach der wunderbaren Befreiung aus der Sklaverei macht das Volk Israel im Laufe seiner Geschichte eine weitere – und zwar ziemlich bittere – Erfahrung. Die einmal geschenkte und dann mühsam verteidigte Freiheit geht wieder verloren. Das kleine Volk Israel wird von den mächtigen Babyloniern unterworfen. Ein Teil des Volkes wird nach Babel ins Exil verschleppt. Bohrende Fragen tauchen auf: War die damals geschenkte Freiheit vielleicht doch nur ein lokaler Zufall? Ist Gottes Wirken auf ein bestimmtes Territorium begrenzt? Gilt Gottes Versprechen und Treue auch jenseits des Jordans?

Israel denkt die Schlüsselerfahrung seiner Befreiung im Fremdland des Exils weiter und kommt zu einem atemberaubenden Schluss: Wenn Israel jetzt im Ausland leben muss und es dennoch nicht aus ist mit Gottes Treue, dann muss Jahwe auch der Gott anderer Länder und Völker sein. Der auf Volk und Vaterland fixierte Blick weitet sich. Jahwe wird nicht mehr als Stammesgott verstanden, sondern als Gott der ganzen Welt. Diesem Gott geht es nicht mehr nur um sein »auserwähltes Volk«, sondern um »Adam« (hebr. = der Mensch), um die ganze Menschheit also. Israel globalisiert seinen Glauben und bekennt: Gott ist universal, und die gesamte Welt ist seine »Schöpfung«. Jahwe ist somit eine Macht, die die gesamte Welt will und ihr wohlgesinnt ist. Gott ist allmächtig und gütig zugleich. Dieser Glaube wird in den verschiedenen Schöpfungserzählungen auf poetische Weise zum Ausdruck gebracht.

Eine Erzählung vom Ursprung der Welt

So wird es im sogenannten ersten Schöpfungsbericht erzählt: Im Anfang schuf Gott Himmel und Erde. Die Erde war ein Tohuwabohu, und Gottes Geist schwebte über den Wassern. Nun ruft Gott durch sein Wort das Chaos zur Ordnung. Die Natur wird durch Gesetze strukturiert: Licht und Finsternis werden geschieden. Sonne, Mond und Sterne erhalten ihren Platz. Im weiteren Geschehen fallen die Lebewesen nicht fertig vom Himmel, sondern entwickeln sich aus der Erde. Diese bringt zuerst die Pflanzen hervor, dann die Tiere. Am Schluss der Entwicklung steht der Mensch (Genesis 1,1–2,4a).

In dieser Erzählung wird Gott nicht als der große Zampano vorgestellt, der Sonne, Mond und Kaninchen aus seinem Zylinder zaubert. Vielmehr haben die Dichter und Denker Israels intuitiv manches von dem erahnt, was derzeit naturwissenschaftlich gedacht wird – wobei die heutigen Evolutionstheorien noch mutieren und sich in ungeahnter Weise weiterentwickeln können. Das Ganze wird im Rhythmus von sieben Tagen erzählt: Am letzten Tag steht der Ruhetag des Sabbats. Und erst durch diesen kommt die Schöpfung zur Vollendung.

Unmittelbar auf diese erste Schöpfungsgeschichte folgt ein ganz anderes Szenarium: der sogenannte zweite Schöpfungsbericht (Genesis 2,4b ff.). Diesmal ist nicht das chaotische Wasser, sondern die staubtrockene Wüste Ausgangspunkt für Gottes Schöpfung. Im Anfang war alles Wüste. Doch dann steigt Feuchtigkeit aus dem Boden auf. Mit der feuchten Erde kann Gott etwas anfangen: Er formt den Menschen (Adam) aus Erde (hebr. = adamah) und legt einen Garten (= Paradies) an. Die Welt ist von Gott also weder als chaotischer Dschungel noch als sterile Monokultur gedacht. Vielmehr schafft Gott eine vielfältige Ordnung als Grundbedingung des Lebens.

Doch nun die Preisfrage: War der Ursprung der Welt zu Wasser oder zu Land? Die nachdenklichen Leser ahnen schon des

Rätsels Lösung: Jede dieser beiden Geschichten wurde in einem ganz bestimmten Klima geschrieben. Die zweite Erzählung ist wohl in der wasserlosen Steppe entstanden. Dagegen stammt die erste Geschichte, in der ein gewaltiger Urozean alles bedeckt, wahrscheinlich aus einer Gegend mit regelmäßigem Wasser-Überfluss, etwa einem Schwemmland.

Die Bibel stellt also zwei im äußeren Ablauf so widersprüchliche Erzählungen völlig problemlos nebeneinander. Darüber hinaus finden sich in der Bibel – beispielsweise in den Psalmen oder im Buch Hiob – noch andere Vorstellungen, wie der Ursprung der Welt ausgesehen haben könnte. Wenn religiöse Fundamentalisten die Evolutionstheorie bestreiten und durch *den* biblischen Schöpfungsbericht ersetzen wollen, so zeugt dies von einer sehr selektiven Wahrnehmung der Bibel. Es geht der biblischen Poesie gerade nicht darum, die Entstehung der Welt naturwissenschaftlich zu erklären! Vielmehr will sie das grundlegende Verhältnis von Gott und Welt bildlich zum Ausdruck bringen.

Dies zeigt sich bereits im allerersten Wort der Bibel: Das »*Im Anfang* schuf Gott« ist nämlich keine chronologische, sondern eine prinzipielle Bestimmung. Würde es heißen: »am Anfang«, so wäre dies eine naturwissenschaftliche Feststellung. Aber um eine solche geht es eben gerade nicht! Die Schöpfung durch Gott ist Prinzip (lat. = principium), nicht zeitlicher Anfang (lat. = initium).

Im Bild gesprochen: Wenn wir eine Zeitachse zeichnen, können wir Gott nicht mit dem Nullpunkt gleichsetzen. Wir müssen ihn eher mit dem Papier als dem tragenden Grund der gesamten Zeitachse vergleichen. Somit ist es falsch, sich den Schöpfergott als einen Uhrmacher vorzustellen, der eine Uhr bastelt und aufzieht, um schließlich als Pensionist nur noch zuzuschauen, wie die Turmuhr auf dem Big Ben läuft. Der biblische Gott hat aber nicht den *big bang* losgetreten, um dann als Müßiggänger das eingespeicherte Programm ablaufen zu sehen.

In der Schöpfung geht es nicht um den Uhrmacher, sondern um den Ursacher dafür, dass »überhaupt etwas ist und nicht einfach nichts« (Gottfried Wilhelm Leibniz). Gott ist »Ursache« dafür, dass es Ursachen gibt. Ein Wort aus der ersten Schöpfungserzählung kann dies verdeutlichen: Dort bedeutet »schaffen« (hebr. = barah) nicht die Tätigkeit des schwäbischen Tüftlers, der sein Häusle bauen will. Schaffen meint das Machtwort, das Gott spricht und das den Grund legt für alles.

Worte sind nicht Schall und Rauch, sondern können etwas bewirken. Wenn die Richterin zum Angeklagten feierlich sagt: »Hiermit spreche ich Sie frei!«, so bewirken diese Worte das Gesagte. Wenn ich jemandem mein Wort gebe, schafft dieses Versprechen eine Bindung, die vorher nicht da gewesen ist. In ähnlicher Weise ist Gottes Sprechen effizient: »Es werde Licht! Und es ward Licht.« (Genesis 1,3)

Das Wort *barah* ist in der Bibel Gott vorbehalten. Von Menschen oder Dingen wird diese Art des Schaffens nicht ausgesagt. Daraus folgt, dass die Wort-Schöpfung durch Gott etwas ganz anderes ist als ein naturwissenschaftlicher Kausalzusammenhang, wie er etwa in der Evolutionstheorie vorausgesetzt wird. Gottes Wort ist der Grund dafür, dass es überhaupt etwas gibt. *Gott wirkt die Wirklichkeit.* Würde er aufhören zu wirken, so zerfiele die Wirklichkeit zu nichts, so wie ein Feuer erlischt, wenn ihm kein Energieträger mehr zugeführt wird.

Hier wird der eingangs genannte Unterschied deutlich: Gott spricht nicht »am Anfang« und schweigt dann wieder. Vielmehr ist das göttliche Beziehungswort der bleibende Grund für die Existenz von allem. Die »im Anfang« versprochene grundlegende Beziehung ist jedem Augenblick der Geschichte unmittelbar. Gott steht nicht am Anfang der Zeitachse, sondern ist wie der Mittelpunkt eines Kreises allen Punkten gleich nah. Daher steht auch jeder Mensch so wie Adam in direkter Beziehung zu Gott.

Schöpfung als Ausdruck künstlerischer Freiheit

Israel deutet die Schöpfung im Licht seiner Erfahrungen mit Jahwe. Es ist davon überzeugt: Es gibt uns als Volk, weil Jahwe uns befreit hat. Das freisetzende Handeln Gottes hat Israel gewissermaßen erst ins Leben gerufen. Ähnlich hat Gott als freisetzender Grund die ganze Welt ins Dasein gerufen. Gott war so frei, die Welt zu schaffen. Die zweite Schöpfungserzählung macht das am Beispiel einer menschlichen Kunstfertigkeit deutlich. Der Mensch kann aus einem Tonklumpen ein Gefäß formen. Er fragt sich nun: Wer aber hat mich selbst und die ganze Welt geformt? So wird dann von Gott als Töpfer erzählt. Dieser geht ans Werk und knetet aus Erde einen Menschen, der durch Beatmung animiert wird. Dann betätigt sich der göttliche Künstler als Landschaftsarchitekt und legt einen paradiesischen Garten an.

Zunächst mutet diese Bildergeschichte vom getöpferten Menschen naiv an. Doch wenn die Bibel davon erzählt, dass Gott die Welt »geformt« hat, dann zielt dieser Vergleich mit einem kreativen Künstler auf die *Freiheit* des Schöpfers. Wir erfahren, dass unsere Welt von (Natur-)Gesetzen erheblich determiniert ist. Die Schwerkraft hält uns im Bett zurück, und der Arbeitsvertrag nötigt uns zur Produktivität. Triebe machen den Menschen bisweilen zu einem fast mechanischen Wesen. Es gibt aber Situationen, in denen die Freiheit des Menschen aufscheint. Von alters her ist es die Kunst, in der sich der Mensch frei entfalten kann. In ihr geht es nicht um Produktion oder gar Reproduktion, sondern um Kreativität.

Das Bild eines kreativen Gottes will zum Ausdruck bringen: Gott ist nicht dazu verpflichtet oder gar verdammt, die Welt zu schaffen und zu erhalten. Er braucht keine Menschen-Affen, um sich zu zerstreuen oder durch ein großes Affentheater zu amüsieren. Solches hat Friedrich Nietzsche wohl vor Augen, wenn er spöttisch schreibt: »Hat ein Gott die Welt erschaffen, so schuf er den Menschen zum Affen Gottes als fortwährenden Anlass zur

Erheiterung in seinen allzu langen Ewigkeiten.« Doch Gott schuf die Welt weder aus Langeweile noch aus innerer Notwendigkeit.

In den Naturreligionen ist die Entstehung und der Ablauf der Welt gesetzlich vorgeschrieben: Alles muss so sein, wie es ist. In der jüdisch-christlichen Religion dagegen wird das Verhältnis von Gott zur Welt als freiwillig gedacht. Es gibt die Welt, weil Gott sie als sein Kunstwerk frei ersonnen und verwirklicht hat.

Die Welt und der Spielraum für ihre Entwicklung ist also von Gott gewollt. Nicht aus »Zufall und Notwendigkeit« (Jacques Monod), sondern aus lauter Lust an Licht und Leben ruft Gott die Welt ins Dasein, und zwar so, dass sie auf eine mögliche Antwort hin angelegt ist. An der Pfeilspitze dieser Entwicklung steht der Mensch, der als Wesen möglicher Freiheit und Liebe zur »Krone der Schöpfung« wird.

DIE WELT IST EIN GEDICHT

Im Menschen ist sich die Materie ihrer selbst bewusst geworden. »Der Mensch ist nur ein Schilfrohr, das schwächste der Natur. Aber ein Schilfrohr, das denkt.« (Blaise Pascal) Er ist das einzige Lebewesen, das um sich selbst weiß und über das Ganze von Welt und Leben nachdenkt. Wie aber ist die Welt zu deuten? Dass unsere Welt einfach da ist, ganz ohne Grund und Hintergrund, klingt gewollt. Die nachdenkliche Religion Israels kommt zu einem anderen Schluss: Die Welt ist von Gott gewollt.

Welt und Mensch verdanken sich einem göttlichen Willen

Menschen staunen über sich selbst und über die Welt mit Sonne und Mond, mit Tieren und Pflanzen. Ebenso staunenswert ist, dass Dinge und Lebewesen entstehen und sich bewegen. Eine ursprüngliche Freiheitserfahrung des Menschen besteht nun darin, dass er selbst Ursprung einer Bewegung sein kann. Das kleine Kind spielt mit den Fingern und entdeckt, dass es *selbst* diese Bewegungen verursacht. Der Mensch *will* die Hand heben – und siehe da: Sie hebt sich! So lernt der Mensch, was eine Ursache ist.

Wenn nun der Mensch etwas bewegen und bewirken kann, so könnte es ja einen universalen Willen geben, der alles bewegt und bewirkt. Denn von nichts kommt nichts. Und weil es ja Sachen gibt, so muss es auch eine Ur-Sache geben. Die Ur-Sache ist selbst keine Sache mehr, sondern Grund dafür, dass es Sachen geben kann. Die frommen Denker Israels kommen zu der geistreichen Folgerung: Die sichtbare Welt und der Mensch verdanken sich einer unsichtbaren Dimension. Diese »Ursache« ist das, was die Menschen »Gott« nennen.

Mit Gott als Ursprung ist nicht die erste Billardkugel gemeint, die alle anderen ins Rollen gebracht hat – denn dann müsste man ja die anstößige Frage stellen, wer denn die Gott-Kugel angestoßen hat. Die Frage nach der Verursachung zielt auf eine ganz andere Dimension!

Um es mit einem Beispiel zu verdeutlichen: Ich kann meine Hand bewegen, weil ich ein Liebesgedicht schreiben *will.* Dass ich meine Hand dann bewege, kann rein mechanisch, neurologisch und gehirnphysiologisch erklärt werden. Diese Beobachtung ist aber nur der äußere Aspekt des Geschehens. Ich als Dichter – und nur ich – kenne auch den Innenaspekt: Ich denke an einen geliebten Menschen und suche nach passenden Worten, die meine Zuneigung ausdrücken. Wenn ich mir darauf einen Reim gemacht habe, schreibe ich das Gedicht nieder. In meiner Innenansicht bin ich mir gewiss, dass *ich* es bin, der dieses Gedicht schreiben *will.* Die äußere, objektive Beobachtung, etwa durch Messen von Gehirnströmen, kann meinen subjektiven Willen weder greifen noch begreifen. Sie bekommt das »Eigentliche« des Gedichts nicht in den Blick.

In ähnlicher Weise kann die Entstehung und das Funktionieren der Welt naturwissenschaftlich beobachtet und erklärt werden. Wir können uns auf diese Sicht der Dinge beschränken. Wir können uns aber auch aufgrund unserer Selbsterfahrung fragen: Ist die Welt vielleicht der äußere Aspekt eines verborgenen Willens? Es sei noch einmal an das Gedicht erinnert, durch das ein Mensch seine Liebe sichtbar zum Ausdruck bringt. So kann auch die Welt ein großes Gedicht sein, das von einem Willen geschrieben wird, den wir von außen nicht erkennen können. Die uns sichtbare Wirklichkeit wird von einem Tieferen bewirkt und gehalten. Dessen Anwesenheit ist *das eigentlich Wirkliche an der Wirklichkeit.*

Wer sich entscheidet, einen göttlichen Dichter anzunehmen, dem zeigt sich die ganze Welt in einem anderen Licht. Ich lese die Welt als ein Gedicht Gottes. Und so sehe ich auch mich selbst unter dem Blickwinkel, dass es Gott gibt und dieser Gott mich will. Ich werde gewollt – also bin ich. Dieser Perspektivenwechsel stellt eine Art von Bekehrung dar.

Die Bibel gebraucht nun nicht das Bild vom Schreiben eines Gedichtes, sondern lässt Gott das Gedicht vom Ursprung der Welt in sieben Strophen deklamieren.* Gott drückt seinen Willen durch sein Wort aus. Es ist Gottes Wille, der die Welt im Innersten zusammenhält. Die Welt ist nicht bodenlos, sondern es gibt eine freie Macht, die sie liebevoll trägt. Diese Grundbeziehung von Gott zur Welt wird *Schöpfung* genannt. Die Welt hängt nicht in der Luft, sondern wird von der geheimnisvollen Energie eines Willens, sozusagen von einem »energischen Willen« am Dasein erhalten.

Wie ist das zu verstehen? Hebt Gott seinen Arm wie ein Marionettenspieler, der als Drahtzieher alle seine Puppen tanzen lässt? Nein! Gott zupft nicht an Galaxien und Atomen herum. Er *greift nicht in* die Schöpfung ein, sondern *umgreift* sie liebevoll, sodass sie Bestand hat. Gott will nicht etwas von seiner Schöpfung, sondern er will die Schöpfung, d. h. er will, dass es die Welt mit all ihren Gesetzmäßigkeiten und Spielregeln gibt. Gott ist der Grund dafür, dass es überhaupt Gründe gibt. »Gott macht, dass die Dinge sich machen« (Pierre Teilhard de Chardin). Er nennt sie beim Namen und verleiht ihnen sprach-schöpferisch ihr Dasein: »Ich will diese Welt.« Gottes wortgewaltige Schöpfung meint somit eine Art Willenserklärung oder ein Treueversprechen, durch das die gesamte Welt ins Dasein gerufen und gehalten wird. Sein treuer Wille trägt die Existenz des Kosmos, die Geburt der Sterne, die Entstehung des Lebens, die Entwicklung der Arten, die Geschichte des Menschen: Gott hält all seinen Geschöpfen ewig die Treue (Psalm 146,6).

Der Gedanke der »Schöpfung« sagt nichts darüber aus, *wie* sich der göttliche Wille realisiert. Es könnte beispielsweise sein, dass er sich in einer spielerischen Weise durch Versuch und Irrtum

---

* John Ronald Reuen Tolkien gebraucht das Bild der Musik. Gott schafft die Welt als große Komposition. Für uns Menschen ist die Welt die sichtbare Partitur einer für uns unhörbaren Symphonie.

verwirklicht, etwa nach dem Prinzip des Würfelbechers. Gemäß einer alten jüdischen Überlieferung (Talmud) gingen der gegenwärtigen Schöpfung sechsundzwanzig Versuche voraus. Die jetzige Welt mit dem Menschen ist aus dem Chaos der zurückgebliebenen Trümmer hervorgegangen. Diese Welt ist daher ebenfalls dem Risiko ausgesetzt, zu scheitern und ins Nichts zurückzufallen. Als Gott die jetzige Welt schuf, rief er aus: »Möge diese gelingen!«

Albert Einstein hatte Mühe, sich mit der Indeterminiertheit anzufreunden, die von der Quantentheorie gefordert wurde, und schrieb an den Physiker Max Born: »Der Alte [= Gott] würfelt nicht!« Im Unterschied dazu kennt die Bibel ein spielerisches Prinzip der Weisheit, das bei der Erschaffung der Welt eine Rolle spielt (Sprüche 8,30 f.).

Das bedeutet: Wenn Gott das Spiel der Schöpfung will, so folgt daraus nicht, dass alle Entwicklungsstufen vorprogrammiert sind. Auch der Schachspieler programmiert ja nicht alle seine Züge im Voraus, aber er bejaht prinzipiell alle möglichen Konstellationen und Entwicklungen. Mit der Entscheidung zum Spiel geht er auch Risiken ein. In ähnlicher Weise hat sich Gott willentlich für das Koordinatensystem von Determination und Zufall entschieden. Sein Wille bejaht alles, was bei diesem Spiel herauskommt, von der Supernova bis zum Mikrokosmos. Und was Gott durch sein Wort ins Dasein ruft, das verantwortet er auch.

Der freie Wille Gottes will Freiheit

Es ist offensichtlich, dass sich im Kosmos Gesetzmäßigkeiten finden, die das Entstehen des Lebens erlauben. Weiterhin tendiert die Evolution des Lebens zu immer komplexeren Strukturen. Diese ermöglichen beim Menschen schließlich ein subjektives Bewusstsein und eine, wenn auch begrenzte, Freiheit.[41] Der Mensch emanzipiert sich immer mehr von seiner naturhaften Basis.

Schreibt man den Grund für diese Entwicklungsmöglichkeiten Gott zu, so lässt sich denken: Es ist Gott daran gelegen, dass sich ein Wesen entwickeln kann, das mit Bewusstsein und Freiheit begabt ist. »Schöpfung« meint daher echte Freigabe für Selbst-Sein. Schöpfung bedeutet also nicht, dass Gott sich breitmacht und selbst verwirklicht, sondern dass er sich in gewisser Weise zurückzieht, um einer anderen Wirklichkeit Platz zu machen. Er diktiert nicht überall dort, wo er die Macht hätte, sondern lässt Raum, damit sich Freiheit entwickeln kann.

Hätte Gott eine Welt gewollt, die willenlos nach seiner Pfeife tanzt, hätte er einen aufziehbaren Affen schaffen können, der ihm ständig Beifall klatscht. Oder einen Musikautomaten, der ununterbrochen Händels Halleluja schmettert. Ein vorprogrammiertes Spielzeug oder ein automatischer Anrufbeantworter vermögen eines aber nicht: Sie können keine freie und damit liebende Antwort geben. Sie spulen nur das Vorgegebene ab, kalt und lieblos.

Ein freies Wesen zu schaffen, bringt ziemlich viel Ärger mit sich. Einem Kind das Leben schenken heißt: damit rechnen, dass das neue Wesen mit größter Wahrscheinlichkeit Probleme machen wird. Es zeigt nämlich schon von Anfang an einen mächtigen Eigenwillen und kann sogar seine Erzeuger tyrannisieren. Es ist nur zu verständlich, dass viele moderne Menschen lieber auf ein Kind verzichten und auf den Hund kommen. Denn ein Hund ist pflegeleicht und kann im Problemfall eingeschläfert werden. Er wird nicht zur Selbstständigkeit erzogen, sodass er etwa nach Belieben zum Fleischer einkaufen gehen oder die Kühlschranktür öffnen lernt. Er wird vielmehr auf maximalen Gehorsam seinem »Herrchen« gegenüber abgerichtet. Allen Haustieren und sonstigen Surrogaten von Kindern fehlt aber ein entscheidendes Merkmal: Sie können Liebe nicht frei beantworten. Der Dackel wackelt zwar freudig mit dem Schwanz, wenn Herrchen oder Frauchen ihm den Hundekuchen serviert. Aber er wird nicht nach dem Rezept fragen, um der Katze von nebenan zur Versöhnung einen Kuchen zu backen.

Liebe ist nur zwischen freien Personen möglich. Und Liebe ist umso echter, je freier die Partner sind. Eine vorprogrammierte oder manipulierte Liebe ist keine. Gott will keine dressierten Sklaven, die alles nachbeten, sondern selbstbewusste Menschen, die von sich aus beten können. Ihm ist an einem ebenbürtigen Gesprächspartner gelegen, an einem Geschöpf also, das zugleich zum Freund taugt. Denn Liebe macht den anderen nicht nur zum Geliebten, sondern will ihn selbst als Liebenden. Wenn Gott also ein beziehungsfähiges Gegenüber will, das aus freien Stücken antworten kann, so muss er eine Schöpfung riskieren, in der sich Freiheit als Spielraum für Liebe entwickeln kann.

Wenn im Kosmos auf einem winzigen Planeten das Phänomen der Freiheit auftaucht, so kann dies als Hinweis dafür gedeutet werden, dass dem Weltall eine Freiheit zugrunde liegt. Und wenn Freiheit die Voraussetzung für echte Liebe ist, so könnte doch jene Macht, der sich das Weltall verdankt, die Macht der Liebe sein. Dante Alighieri formulierte es so: »Es ist die Liebe, die Sonne und Sterne bewegt.«

Der gute Wille Gottes meint es gut mit seiner Schöpfung

Israel ist im Verlauf seiner Geschichte zur Überzeugung gekommen, dass sich ein göttlicher Wille in Freiheit für die Welt entschieden hat. Jeder kann aus eigener Anschauung wissen, was ein guter Wille ist. Wir wollen einem Notleidenden helfen und tun alles, damit es einem Freund oder einer Freundin gut geht. Entsprechend hofft Israel, dass auch der göttliche Wille, der das Ganze der Welt trägt, von Grund auf gut ist. Für die Bibel ist Gott daher kein Dämon, der sich aus Boshaftigkeit eine perverse Welt ausgedacht hat. Er ist kein Sadist, der Freude daran hätte, andere Wesen zu quälen und am Ende zu vernichten. *Die Welt hat einen guten Grund: die göttliche Liebe. Deshalb ist sie im Grunde auch gut* (Genesis 1,31).

Biblisch wird dies durch das Gütesiegel ausgedrückt, das Gott seiner Schöpfung verleiht. Um es sehr menschlich zu sagen: Gott blickt mit Güte auf seine Schöpfung. Er hebt seinen Arm, um sie zu segnen (lat. bene dicere = gut nennen). Gott sagt zu allem: »Es ist gut, dass es so ist, wie es wird.« Gott, der alles Geschehen als gut qualifiziert, verspricht, dass die Evolution der Schöpfung am Ende gut ausgehen wird. Dem Menschen legt er schließlich seinen Arm unendlich sanft auf die Schulter, um ihn zum aufrechten Gang zu ermutigen: »Geh in Freiheit auf deinen eigenen Beinen! Und wohin du auch gehst, ich bin bei dir! Denn ich meine es gut mit dir.« So wird dem Menschen gesagt: »Du bist gewollt! Du bist kein Findelkind des Kosmos, sondern ein Wunschkind Gottes!«

Ein abschließendes Bild: Gott lässt sich vielleicht mit einem Spieler vergleichen, der das große kosmische Spiel erfunden hat. Es ist eine Art Schachspiel, dessen Spielregeln es erlauben, dass einige Joker immer mehr Freiheit erhalten, bis sie schließlich selbst entscheiden können, ob und wie sie weiter mitspielen wollen. Die play-mobilen Figuren, die wie im Märchen zum Leben erwacht sind, können darüber nachdenken, ob das Spiel überhaupt einen Sinn hat. Sie haben sogar die Fähigkeit, das Spiel zu verderben und zu zerstören. Gott wettet auf diese seine Joker, die zu Freiheit und Liebe befähigt sind. Er setzt auf den Menschen und riskiert sein eigenes Glück als Einsatz.

Weil Freiheit mit im Spiel ist, läuft die menschliche Geschichte nicht nach Drehbuch ab, sondern: Das Spiel ist offen. Wie im Improvisationstheater kann die Geschichte einen ganz anderen Dreh kriegen als gedacht. Mitspielende können dem Geschehen eine unvorhersehbare Wendung geben. In Gottes Schublade liegt also kein fertiger Plan für das Riesentheater der Welt. Er redet in dieses auch nicht rein, aber er redet mit. Der Mensch kann sich entscheiden: Spiele ich mit und bejahe ich diese Welt? Nehme ich mein Leben an als Geschenk, das ich Gott verdanke? Oder lehne ich mein Leben als sinnlos ab? Oder lasse ich alles auf sich beruhen? Gott hat dem Menschen als seinem Bündnispartner eine Mitverantwortung am Gelingen des großen kosmischen Unternehmens gegeben. Der Mensch hat ein Mitspracherecht, und sein Veto kann die Hoffnungen Gottes durchkreuzen. Gott bittet um das Ja des Menschen. Es ist die Bitte einer großen Liebe.

Wer der Liebe Gottes glaubt, kann zunehmend in Übereinstimmung mit sich und seiner Welt leben. Von Gott bejaht, kann er immer mehr sich selbst bejahen. Glaube ist herzliche Zustimmung zu sich selbst und zur Schöpfung. Der Nachklang solcher Stimmigkeit ist Freude. Diese Freude erwächst aus dem Glauben, dass die Welt auf den Grundton JA gestimmt ist. Diese Freude kann an den kleinen Dingen aufkeimen: an einem erlebten Sonnenaufgang, beim Hören einer Musik, beim Blick in die Augen eines geliebten Menschen, beim Geschenk an eine Freundin. Der Nachklang des göttlichen Ur-Wortes »gut« ist also in einer Art von kosmischem Hintergrundrauschen bleibend präsent. Denn wenn Gott die Welt aus Liebe erschaffen hat, warum sollte man dann diese Liebe nicht durchschmecken können?

WIE DER MENSCH ZUR VERNUNFT KAM

Ein erster Blick auf die biblischen Schöpfungsgeschichten zeigt, dass sie mit anderen Schöpfungsmythen ihrer Zeit verwandt sind. Die biblischen Schriftsteller haben viele Traditionen aufgenommen, die dem mythischen Gedankengut anderer Kulturen entstammen. Ein zweiter Blick zeigt freilich, dass sich die biblischen Schöpfungserzählungen von den Mythen in wesentlichen Punkten unterscheiden.

Die Entzauberung der Welt

Israels zentrale Gotteserfahrung liegt in der unverhofften Befreiung aus der Sklaverei. Diese Erfahrung verändert den Blickwinkel auf die Welt. Schöpfungsmythen anderer Kulturen beschreiben einen berechenbaren Kreislauf: Sie interpretieren z. B. den Wechsel der Jahreszeiten oder bilden den Zyklus von Gewalt und Frieden ab. Für Israel kommt eine solche Weltsicht nicht infrage. Denn diese Mythen lassen keinen Raum für Neues und Überraschendes in der Geschichte. In einer solchen Welt hat der freie Mensch kein Bleiberecht. Für Israel ist der Ablauf der Welt keine Wiederholungssendung, sondern eine Art Fortsetzungsroman mit Überraschungen – und offenem Ausgang.

Ein weiterer Unterschied: Mythische Gottheiten funktionieren nach ewigen Gesetzen, die dann notwendig auch zur Entstehung des Kosmos führen. Sie unterliegen bestimmten Zwängen, was unter anderem bedeutet: Zwanghaft halten sie die Welt am Laufen. Der biblische Gott Jahwe wird dagegen als frei gedacht. Das Universum entsteht nicht etwa aus einem Götterkampf, sondern wird von einem einzigen Gott geschaffen, der seiner Schöpfung gegenüber völlig andersartig bleibt.

Was viele nicht wissen: Dieses Bild von der Welt als Schöpfung Gottes beschleunigte die Erforschung und Nutzung der Natur.

Denn in der griechischen Antike war es der Gott Helios, der als Sonne auf- und untergeht. Und es war Mutter Erde, die Pflanzen gebiert, nährt und schließlich wieder verschlingt. Im Gegensatz dazu sind für die Bibel die Erscheinungen der Welt kein Ausdruck launischer Gottheiten mehr. Sonne, Mond und Sterne sind schlicht und einfach Laternen am Himmelsgewölbe. Die Natur, die für viele Religionen von Göttern bevölkert ist, wird entzaubert. Wenn die Natur nun aber kein Spielplatz von undurchschaubaren Göttern mehr ist, so kann sie dem Menschen auch nicht mehr Angst und Schrecken einjagen. Vielmehr wird sie jetzt zu einem uns anvertrauten Garten, den wir in Gottes Namen zu beackern haben. In diesen Zusammenhang gehört der Auftrag Gottes an den Menschen: »Macht euch die Erde untertan« (Genesis 1,28).

Geschichtlich gesehen war es also auch der Glaube an Gott als Schöpfer, der zu einer »Entzauberung der Natur« (Entmythologisierung) geführt hat. Mit dem Entstehen des Monotheismus wurde zugleich die Geburtsstunde für jede Form unabhängiger Wissenschaft eingeläutet. Die monotheistische Sicht ist eine wesentliche historische Grundlage der modernen Naturwissenschaft.[42]

Die rationale Erforschung der Welt verdankt sich aus einem weiteren Grund religiösen Ursprüngen: Neben der griechischen Philosophie war es der biblische Schöpfungsglaube, der die Ansicht vertrat, die Natur gründe in einer Rationalität. Der Mensch als Geschöpf Gottes kann mithilfe seiner Vernunft die Strukturen der Schöpfung *nach*denken. Der Glaube an einen Gott, der das Universum mit Vernunft geschaffen hat, gab dem Menschen zu denken. Er inspirierte ihn, seiner eigenen Vernunft zu vertrauen und die Gesetzmäßigkeiten der Welt zu erkunden. Somit ist es zu einem Gutteil der biblischen Tradition zu verdanken, dass der Mensch zu Vernunft kam.

Es ist daher keineswegs zufällig, dass im christlichen Europa die Naturwissenschaften in besonderer Weise Wurzeln fassten und aufblühten. Nikolaus Kopernikus, Johannes Kepler, Isaac Newton – sie alle wurden bei ihren Forschungen von ihrem Glauben geleitet, dass die Welt rational und daher erkennbar sei. Sie glaubten – und wollten aus ihrem Glauben schlau werden. Daher ist es auch ein Fehler, die Aufklärung des 17. und 18. Jahrhunderts als antireligiös zu brandmarken. Und auch heute liegt ein zentraler Begegnungspunkt von Glauben und Wissen in der Überzeugung, dass wir in keinem geistlosen, unvernünftigen Universum leben, sondern dass es in der Natur verständliche und mathematisch nachvollziehbare Gesetze gibt.

Ist Glauben vernunftfeindlich?

Unser Blick in die Geschichte lehrt weiterhin, dass das Verschwinden des christlichen Glaubens keinen Fortschritt an Vernunft und Humanität bringt, wie Richard Dawkins behauptet. Das Gegenteil scheint der Fall zu sein: Im nationalsozialistischen Deutschland beispielsweise wurde Religion eingeschränkt, und das stalinistische Russland schrieb sich den Atheismus auf seine Fahnen. Die Ideologien, die an die Stelle der Religion traten, erwiesen sich in einem noch nie da gewesenen Maß als grausam und inhuman. Umgekehrt kann man feststellen: Wenn es Bewegungen zur Abschaffung des Sklavenhandels, zur Ausrufung der Menschenrechte oder zum Kampf für soziale Gerechtigkeit gab, spielten oft religiös inspirierte Menschen eine führende Rolle. Das biblisch-prophetische Erbe erweist sich dabei als besonderer Stachel, Ungerechtigkeit und Ausbeutung anzuprangern und für eine bessere Welt zu kämpfen.

Wer behauptet, dass Glaube dem Menschen den Kopf verdrehe und daher mit Irrationalität gleichzusetzen sei, verdreht die Geschichte. Denn sowohl die rationale Erforschung als auch die Humanisierung der Welt verdanken sich wesentlich religiösen Impulsen. Selbstverständlich ist der biblische Glaube nicht die einzige Ursache dieser kulturellen Entwicklung gewesen. Aber man muss schon vorsätzlich blind sein, um die Rolle zu übersehen, die das Christentum dabei gespielt hat.

Richard Dawkins hält den christlichen Glauben prinzipiell für vernunftfeindlich, doch diese weitreichende Behauptung begründet er nur sehr schmalspurig. Als Kronzeugen zitiert er nämlich einzig und allein Martin Luther, der die Vernunft abfällig »eine Hure« genannt hat. Dass dieses Zitat aus einer Tischrede (!) von Luther stammt, übersieht Dawkins ebenso geflissentlich wie die Tatsache, dass in entscheidenden Strömungen der christlichen Theologie die menschliche Vernunft einen sehr hohen Stellenwert hat. Seine ganze Argumentation ist daher wissenschaftlich höchst unseriös. Es hat den Anschein, dass sich Dawkins seine schöne Theorie von den hässlichen Fakten der Geschichtsforschung nicht kaputt machen lassen will …

Die Vernunft braucht den Glauben

Die Vernunft braucht den Glauben! Bereits die Annahme, dass unsere Vernunft einen Bezug zur Realität hat, ist reine Glaubenssache. So erkannte bereits der konsequenteste aller Atheisten, Friedrich Nietzsche, dass *die Vernunft nicht ohne den Glauben an ihre eigene Wahrheitsfähigkeit auskommt.* Nur wenn wir darauf vertrauen, dass unsere Sinne einen Aspekt der Wirklichkeit wahrnehmen können, kann es Naturforschung geben. Und nur wenn der Mensch daran glaubt, dass es so etwas wie »Wahrheit« gibt, kann es vernünftige Diskussion und echten Erkenntnisfortschritt geben. Eine Vernunft, die dem Glauben feindlich gegenübersteht, sägt den Ast am Baum der Erkenntnis ab, auf dem sie selbst sitzt. Denn dann bleibt nur die resignierende Feststellung: »Des einen Vernunft ist des anderen Wahnsinn.« (Paul Feyerabend)

Die Aufklärung, die den Menschen aus der Unmündigkeit auch religiös begründeter Autoritäten befreien wollte, hat mit dem Bad auch das Kind des Glaubens ausgeschüttet. Als Folge ist die Wanne der Vernunft nun leer, und am Ende bleibt nichts als eine frostige Rationalität. Diese denunziert das ursprüngliche Fragen der Vernunft nach dem Woher der Welt, dem Wozu des Lebens und dem Wohin des Ganzen als irrational. Und sie wertet es als einen Ausdruck von Vernünftigkeit, alles dem Nützlichkeitsaspekt zu unterstellen. Eine nur technisch orientierte Welterklärung führt allerdings unweigerlich zur *Tyrannei über die Natur* und folglich auch über uns Menschen selbst. Der Fortschritt bedroht inzwischen sogar unseren ganzen Planeten. Gilt für die Menschheit das Motto aus den Krimis: Sie musste sterben, weil sie zu viel wusste …? Schon Franz Kafka befürchtete, dass der Mensch sich am Baum der Erkenntnis noch aufhängen werde.

Es ist also nicht der Glaube, sondern die Wissenschaft selbst, die heute teilweise die Vernunftfähigkeit des Menschen bestreitet und diesen als Tier oder Maschine begreift. Doch weil der Mensch mehr ist als das, was gemessen und katalogisiert werden kann, schlägt das Pendel einer einseitig rationalistischen Weltsicht bisweilen in Irrationalismus um. Gegen ein entsprechendes Entgelt schlägt das Pendel dann aus, um genervte Zeitgenossen auf schlafraubende Wasseradern und Erdstrahlen hinzuweisen. Man schwört auf die Heilkraft von Steinen, wobei sich die bittere Frage stellt, ob auch Gallensteine gegen etwas helfen. Geistheiler und Schamanen sind wieder *in*. Dabei feiern die Paradoxien einen wahren Hexensabbat: Man kann sich über das Medium des Internets in magische Zirkel einschalten und ein Medium konsultieren. Zum traditionellen Hexenkongress in London reist man mit British Airways und nicht auf dem Besen. Die Ungläubigen mutieren zu Leichtgläubigen und lassen sich von Sternen beeinflussen, die ohne die Horoskopgläubigkeit keinerlei Einfluss auf das menschliche Schicksal hätten.*

* Die Sterne lügen nicht und sagen den Menschen im Horrorskop, warum sie beruflich herumkrebsen oder bald schon keine Jungfrau mehr sein werden: per astra ad aspera – in Umkehrung der alten Wahrheit: auf steinigem Pfad zu den Sternen …

Das Christentum, das die menschliche Vernunft als Gabe Gottes glaubwürdig gemacht hat, sieht sich plötzlich zwei Fronten gegenüber: Auf der einen Seite verteidigt es die Vernunft gegen den vagabundierenden Aberglauben. Auf der anderen Seite verteidigt es den Glauben gegen eine rein technisch verstandene Vernunft. Denn eine solche ist in Gefahr, von einer wuchernden Skepsis zersetzt zu werden. Wer mit seinem Verstand alles bezweifelt, wird am Ende am eigenen Verstand verzweifeln. Demgegenüber hält das Christentum daran fest, dass sich auch über experimentell oder mathematisch nicht nachprüfbare Dinge vernünftig reden lässt: über Ethik und Glaube, über Sinn und Schuld, über Liebe und Schönheit. Wenn man aber allein das naturwissenschaftliche Denken als rational gelten lässt, die religiöse Erfahrung aber als irrational abqualifiziert, so muss man fragen: War die Erfindung der Atombombe vernünftiger als die Entdeckung der Zehn Gebote?

Der Glaube braucht Gründe

Doch nicht nur die Vernunft braucht den Glauben, sondern *der Glaube braucht gleichermaßen die Vernunft!* Ein Blick in die Religionsgeschichte macht deutlich, dass viele religiöse Intuitionen zunehmend durchdacht worden sind. Gerade das Christentum hat von Anfang an auf die Vernunft gesetzt und die griechische Philosophie integriert. Der Mensch soll nicht blind glauben, denn Gott hat ihm Augen und Verstand gegeben. Ja, das Christentum traut der Vernunft sogar zu, aus der Erkenntnis der Natur auf die göttliche Vernunft schließen zu können. Historische Forschung – auch über die eigene »Heilige Schrift« – und das Gespräch mit den Wissenschaften sind für den Glauben unerlässlich, damit dieser sich selbst besser verstehen kann. Nur so wird er auch seine Fähigkeit nicht verlieren, ideologiekritisch zu sein gegenüber sich selbst und gegenüber gesellschaftlichen Strömungen.

Ohne die Vernunft verkommt der religiöse Glaube zum Ritualismus oder zum Fundamentalismus. Reli-Fundis treten entsprechend vollmundig auf und können unsägliches Leid über die Menschen bringen. Unwissend arbeiten sie einer merkwürdigen Allianz in die Hände: Atheisten und Fundamentalisten zeigen zwar mit ihren Fingern aufeinander. Faktisch aber arbeiten beide daran, Vernunft und Glaube endgültig voneinander zu scheiden – und dies zum Schaden beider und mit katastrophalen Folgen für die Menschheit.

DIE AUSBILDUNG ZUM MENSCHEN

Was macht den Menschen zum Menschen? In der Neuzeit wurde vor allem die Vernunft als das spezifisch Menschliche angesehen, das uns über die anderen Geschöpfe hinaushebt. Die Bibel setzt profunder an: Der Mensch ist vor allem dadurch ausgezeichnet, dass er Ebenbild Gottes ist.

Was meint »Gottes Ebenbild«?

Im alten Orient repräsentieren aufgerichtete Götterbilder die Macht eines Gottes. Für die Bibel ist der Mensch das aufgerichtete Bild Gottes, der im Auftrag des Schöpfers die Erde zu verwalten hat. Dem Menschen ist die Welt zur Nutzung freigegeben. Die Erlaubnis, sich die Erde untertan zu machen, könnte nun als Freibrief für die Ausbeutung der Schöpfung missdeutet werden. Doch Gott nimmt den Menschen in Pflicht: Eine Herrschaft im Namen Gottes bedeutet, einen verantwortungsvollen und gütigen Umgang mit der Schöpfung zu pflegen. Entsprechend wird der Mensch beauftragt, den Garten Eden zu bebauen und zu hüten (Genesis 2,15).

Als Ebenbild Gottes ist der Mensch zu Amt und Würde gekommen, seine Mitgeschöpfe zu respektieren. Adam gibt den Tieren Namen und erkennt sie damit in ihrem Eigensein an. Sie haben gewisse Rechte und sind nicht bloß Rohmaterial für eine verbrauchende Forschung oder Nutzung. Alle Lebewesen werden in den Bund Gottes mit aufgenommen (Genesis 9,12 f.). Und darin zeigt sich die Freiheit des Menschen: dass er sich selbst zurücknehmen kann. Er kann und soll darauf verzichten, sich alles zu unterjochen, was er unterjochen könnte. Er soll auch den anderen Geschöpfen das Ihre lassen. Die Gottebenbildlichkeit darf also nicht als absolute Verfügungsgewalt über die Schöpfung missverstanden werden!

Eine alte jüdische Erzählung deutet die Schöpfungsgeschichte folgendermaßen: Der Mensch hat eine Würde, weil Gott die Schöpfung wie einen Königspalast bereitet, der dann den Menschen aufnimmt. Zugleich aber hat der Mensch keinen Grund, sich zu brüsten, denn selbst die Mücke wurde vor ihm erschaffen.

Im Menschen schlägt die Schöpfung gleichsam ihr Auge auf und kommt zum Bewusstsein ihrer selbst. Als Einziger von allen Kreaturen ahnt der Mensch, dass er eine Kreation Gottes ist. In dieser Eigenschaft wird er zum Sprecher der ganzen Schöpfung. Stellvertretend für Kosmos und Evolution kann der Mensch – sozusagen als Gehirn des Ganzen – das Wort ergreifen und Gott danken. Ganz in diesem Sinn wird im christlichen Gottesdienst gebetet: »Durch unseren Mund rühmen dich, Gott, alle Geschöpfe.« Der Mensch kann das große Lob der Schöpfung anstimmen. *Und das Lob Gottes besteht darin, dass die Schöpfung bejaht und bewahrt wird.*

Der Mensch hat aber auch die Freiheit, Nein zu sagen. In seiner Freiheit liegt nicht nur seine Größe, sondern auch seine Gefährdung. Er kann sein Leben annehmen. Er kann sich aber auch das Leben nehmen. Allein der Mensch hat das Privileg zum Selbstmord, und keinem Wesen ist so viel Macht über Gedeih und Verderb der gesamten Biosphäre anvertraut. So kann der Mensch auch zur *Dornenkrone der Schöpfung* werden.

Es liegt am Menschen, sich zu entscheiden. Biblisch ist es Gott, der den Menschen dazu provoziert: Gott hat den Menschen erschaffen und ihn der Macht der eigenen Entscheidung überlassen. Er gab ihm seine Gebote und Vorschriften. Wenn der Mensch will, kann er sie halten. Der Mensch kann wählen zwischen Leben und Tod (Jesus Sirach 15,14–17). Was Gott sich vom Menschen wünscht, wird in der Bibel so ausgedrückt: »Leben und Tod lege ich dir vor, Segen und Flucht. Wähle also das Leben« (Deuteronomium 30,19). Der Mensch kann somit zu sich selbst, zum Leben und zum Kosmos Ja sagen. Oder er kann sich versagen. Dieses Versagen nennt die Bibel »Sünde«.

Der Mensch ist »Ebenbild Gottes«. Diese biblische Ehrenbezeichnung sagt auch viel über das menschliche Miteinander. So wird die Gottebenbildlichkeit nicht einer bestimmten Rasse oder einem besonderen Volk vorbehalten. Gott ist universal und daher der Gott der ganzen Menschheit. Deshalb kommt die Würde, Gottes Ebenbild zu sein, allen Menschen zu – und zwar beiden Geschlechtern völlig gleichwertig: »Gott schuf den Menschen als sein Abbild; nach dem Bilde Gottes schuf er ihn. Als Mann und Frau schuf er sie« (Genesis 1,27).* Die jüdisch-christliche Religion sieht in der Gottebenbildlichkeit die absolute Würde jedes Menschen begründet.

Aus dem Glauben an die Schöpfung folgt eine Wertschöpfung: Der Mensch soll mit seinesgleichen gerecht umgehen. Israel entdeckt mit der Universalisierung seiner Gotteserfahrung auch die Globalisierung der Ethik. Gerechtigkeit wird universal gedacht und vor allem für die Benachteiligten und Schwachen nachdrücklich eingefordert. Dieser ethische Anspruch wird als Anspruch Gottes erfahren. Der Mensch ist also jener Instanz gegenüber verantwortlich, die ihm die Freiheit überhaupt erst ermöglicht hat. Gott ist das Gegenüber, das dem Menschen ins Gewissen redet und in die Freiheit der Verantwortung ruft.

---

* Die Erzählung, dass die Frau aus der Rippe des Mannes geschaffen wurde (Genesis 2,21 f.), wird von einer jüdischen Tradition so gedeutet: Gott hat die Frau nicht aus dem Kopf des Mannes geschaffen, sonst würde sie über ihn herrschen, und nicht aus den Füßen des Mannes, sonst müsste sie ihm dienen. Er hat sie aus seiner Seite geschaffen, damit sie seinem Herzen nahe sei.

Individuum und Verantwortung

Hier bahnt sich eine geistesgeschichtliche Revolution an. Der Mensch beginnt, sich selbst immer mehr als verantwortliches Individuum zu verstehen. Über lange Jahrhunderttausende hinweg erlebte sich der Mensch nicht als individuell und daher auch nicht als »persönlich« verantwortlich. Er ist eingebettet in den Kosmos und seine ewigen Gesetzlichkeiten – in den Rhythmus von Morgen und Abend, Tag und Nacht, Sommer und Winter. Die ursprünglichen menschlichen Gesellschaften funktionieren und denken in den Kategorien von Sippe oder Stamm. Im Bewusstsein gibt es nur das *Gruppen-Wir*. Ein sprechendes Zeugnis dafür sind urtümliche Sprachen, in denen Ich und Du nicht unterschieden werden.

Die Religionen der urtümlichen Völker – etwa Naturreligionen – schenken symbiotische Geborgenheit. Das kosmische Gleichgewicht darf nicht gestört werden. Daher muss der Mensch immer für Ausgleich sorgen: Für die Ernte ist ein Opfer zu bringen, ebenso für ein geglücktes Unternehmen oder für die Geburt der eigenen Kinder. Klassisch für diesen Kuhhandel ist der Opferstier.

Auch für die Schuld muss der Mensch bezahlen. Wenn jemand die natürliche Ordnung verletzt hat, etwa durch einen Mord, so muss er dafür mit dem eigenen Leben büßen. In den archaischen Kulturen gibt es noch keine Unterscheidung zwischen fahrlässiger Tötung und absichtlichem Mord. Jede Tötung eines Menschen ist eine objektive Störung der kosmischen Ordnung und muss geahndet werden – unabhängig davon, ob ein Giftpilz absichtlich oder aus Versehen auf dem Teller der Schwiegermutter gelandet ist.

Das *Individuum* taucht in der Geschichte der Menschheit erst relativ spät auf. Zum einen wird die persönliche Verantwortung in den Hochformen der Ethik in Griechenland, Persien, Indien und China ab 500 v. Chr. formuliert. Zum anderen predigen zeitgleich die Propheten der hebräischen Bibel einen Gott, der auf das Herz schaut, d.h. auf die persönliche Intention des Einzelnen. Es ist immer weniger das Volk, sondern die einzelne Person, die erfährt: »*Ich* stehe vor meinem Gott.« Am Du Gottes wird der Mensch immer mehr zum Ich.

Der Mensch löst sich heraus aus einem kosmischen Bewusstsein und aus dem Wir des Clans. Das alte Stammes-Sprichwort »Die Väter essen saure Trauben, und den Söhnen werden die Zähne stumpf« wird kritisiert und außer Kraft gesetzt (Ezechiel 18,2–3). Die »Sippenhaft« wird abgelöst durch die individuelle Verantwortung: Der Sohn soll nicht die Schuld seines Vaters tragen und der Vater nicht die Schuld seines Sohnes. Die Gerechtigkeit kommt nur dem Gerechten zugute, und die Schuld lastet nur auf dem Schuldigen (Ezechiel 18,20). Jetzt zählt einzig und allein die Entschiedenheit des persönlichen Gewissens. Vor Gott erfährt sich der Mensch als zur Antwort berufen und zur Entscheidung befähigt.

Auch unser moderner Begriff der *Verantwortung* hat hier seinen Ursprung. Verantworten stammt aus der Vorstellung, dass der Mensch Gott im Gericht antworten muss. Der zuerst in Ägypten formulierte religiöse Gerichtsgedanke führt dazu, dass sich im Lauf der Geschichte das Konzept der menschlichen Verantwortung entwickelt. Der Mensch versteht sich nicht mehr als ohnmächtiges Moment im großen Weltgeschehen. Er ist persönlich gefragt und hat für seine Überzeugungen und Taten einzustehen.

Ein personales Gottesbild

Im Vergleich der verschiedenen Religionen zeigt sich, dass die Gotteserfahrung Israels einmalig ist. Abraham, Isaak oder Mose erleben Gott als ein befreiendes Gegenüber, das sich ihnen zuwendet und sie anspricht. Israel hat also seinen Gott weder als gesichtslose Fruchtbarkeit noch als anonymes, d.h. namenloses kosmisches Gesetz erlebt. Gott ist kein anderes Wort für einen unpersönlichen Sachzwang, sondern zeigt sich mit Namen. Er ist eine Macht, die dem Menschen in Freiheit und Wohlwollen zugewandt ist. So erahnen die Israeliten Gott als ein Du, das zur Freundschaft einlädt. Im Bild des Ehebundes (z. B. Hosea 2,18–25) kommt diese Dimension besonders klar zum Ausdruck. Israel steht mit seinem Gott auf Du und Du. Gott will den Menschen freien, indem er ihn wie ein Liebender wählen lässt: »Willst du mich – oder willst du mich nicht?«

Israel kennt das Wort »Person« noch nicht, aber sein Gottesbild hat personale Züge: Gott wird als jemand erlebt, der »Ich« sagen kann. Nun ist es zweifelsohne problematisch, von Gott als »Person« zu reden. Wird Gott dadurch nicht kleingeredet? Denn in unserem Sprachgebrauch werden Person und Mensch oft gleichgesetzt. Wir fragen: »Wie viele Personen sind zurzeit in diesem Raum?« Gott aber ist jenseits von Raum und Zeit. Wir dürfen uns Gott nicht zu persönlich – im menschlichen Sinne – denken.

Andererseits sind es gerade personale Eigenschaften, die den Menschen zum Menschen machen: Freiheit, Bewusstsein, Verantwortung, Fähigkeit zur Liebe. Dank dieser Begabungen kann der Mensch überhaupt erst Gott denken und sich an ihn wenden. Wenn der Mensch spürt, dass er zur Verantwortung gerufen ist, wie sollte Gott dann nicht rufen können? Sollte die Macht, der sich der Mensch verdankt, nicht im Dank ansprechbar sein? Ist das Gebet nur ein Reden an eine tote Wand? Israel erhofft es anders: Sollte der nicht hören, der das Ohr gemacht hat, und sollte der nicht sehen, der das Auge geformt hat? (Psalm 94,9). So kommt Israel immer mehr zum Glauben, dass Gott ein »Jemand« ist, bei dem Dank und Klage des Menschen ankommen können.

Die Erfahrung, die Israel mit Gott macht, verdichtet sich im Bild eines *Antlitzes*. Ein Antlitz zeigt eine Person *und* verbirgt sie doch auch. Das Gesicht ist sichtbar *und* zugleich geheimnisvoll. Ich kann im Gesicht einer anderen lesen, *und* gleichzeitig bleibt mir entzogen, was ihr durch den Kopf geht. Alles äußere Forschen im

Gesicht einer anderen Person kann nicht wirklich in ihr Inneres vordringen. Diese zwischenmenschliche Erfahrung wird für Israel zu einem Bild für Gott.

Das zugewandte Angesicht Gottes meint die Ahnung: Das Dasein des Menschen ist nicht gleichgültig, sondern wird von einem Du liebevoll in den Blick genommen. Dieses Du ist ansprechbar und lässt sich erstaunlich gegenwärtig auf die Welt ein. Doch zugleich gehört es nicht zur Welt. Es bleibt dem Menschen immer auch entzogen.

EINE GLEICHUNG MIT UNBEKANNTEN

Wie steht Gott zur Welt? Kann man das Göttliche und das Weltliche auf einen gemeinsamen Nenner bringen? Können wir mit Gott rechnen? – Zunächst gilt: Die Welt ist das uns Naheliegende und Bekannte; das Göttliche dagegen ist die große Unbekannte in der Gleichung. Die Frage lautet daher: Wie kann diese Gleichung gelöst werden?

Die verschiedenen Religionen suchen nach Formeln, um das Verhältnis von Gott und Welt zu denken. Sie finden zu unterschiedlichsten Antworten. Die heute gängige Auffassung, dass die diversen Religionen im Kern dasselbe behaupten und sich nur in ihren äußeren Formen unterscheiden, ist daher ein Irrtum. Schon Gilbert Keith Chesterton stellte fest: Viele Religionen ähneln sich zwar in ihren äußeren Erscheinungsformen (Riten, Wallfahrten, Opfer, Tempelbau …); in ihrem Kern aber sind sie völlig verschieden. Schauen wir uns nun verschiedene religiöse Weltdeutungen in einem holzschnittartigen Durchgang etwas näher an.

Gott und Welt in den Naturreligionen

Eine mögliche Verhältnisbestimmung lautet: *Gott = Welt.* Alles, was ist, ist zugleich auch Gott. Die *Naturreligionen* gehen von einer solchen Identität Gottes mit der Welt aus. In dieser Überzeugung spiegelt sich das ursprüngliche Staunen über die Welt und die Ehrfurcht vor dem Kosmos. Das Göttliche ist ganz natürlich, und das Natürliche ist göttlich. Was in Welt und Geschichte geschieht, ist letztlich ein göttliches Schauspiel. Man begegnet Gott oder den Göttern im Feuer und im Sturm, in der Küchenschabe und in der Kuh. Auch der Mensch ist ein Moment im heiligen Universum und muss seine Rolle im göttlichen Welttheater spielen. In diesem sind Drehbuchautor, Regisseur, Schauspieler, Bühne, Off und Zuschauer letztlich identisch. Gott spielt sich in der Welt selbst etwas vor. Er entwickelt sich, er lebt und stirbt mit der Welt. Alle Götter sind eine Widerspiegelung dessen, was in der Natur und gemäß deren Gesetzen abläuft.

Die Deutung der Welt im Buddhismus

Die buddhistische Weltanschauung ist ein Sonderfall religiöser Weltdeutung. Die Welt wird als ein großer Kreislauf wahrgenommen, der ständig neues Leiden hervorbringt. Man hat das Leben, das von unersättlicher Gier geprägt ist, einfach satt. Um der leidigen Welt endlich zu entkommen, bedarf es der Entsagung. Das Lebensgefühl ist von einem Weltpessimismus geprägt. Die Glocke, die den buddhistischen Mönch dreimal am Tag an den Tod allen Fleisches erinnert, sagt bitterlich: »Nein!«[43] Die buddhistische Deutung löst die Gleichung also dadurch auf, dass die Seite der Welt mit null gleichgesetzt wird. Die Welt ist eine unerträgliche Leichtigkeit des Scheins.

Als Konsequenz der Gleichung *Welt = 0* wird auch das Göttliche annulliert. Die Frage nach einer göttlichen Macht kann nicht beantwortet werden und ist daher letztlich auch uninteressant. Es bleibt das Nirwana als Chiffre für das nicht wissbare Nichts. Mithilfe von Meditation kann der Mensch dem Illusionstheater der Welt entkommen. Denn wenn die Welt null und nichtig ist, dann wird auch das Ich des Menschen, der den schönen Schein durchschaut, zur Illusion.* Was bleibt noch, wenn sich der Zuschauer selbst als reine Show durchschaut? Der Sehende selbst verschwindet, und alles Denken und Handeln, alle Begriffe und Theorien münden in das Meer des großen Schweigens.

---

* Das Ich des Menschen, seine Person wie auch das Leben selbst sind leerer Schein. Daher lässt die klassische Totenkopf-Meditation des Zen-Buddhismus die Nichtigkeit des menschlichen Gesichts erfahren. Man spürt durch die Scheinhülle des Gesichtes hindurch den eigenen Totenschädel.

Die Deutung der Welt in den monotheistischen Religionen
In Judentum, Christentum oder Islam wird die Welt als »Schöpfung Gottes« interpretiert und daher von ihrem Ursprung und Ziel her mit einem positiven Vorzeichen versehen. Die endliche Welt verdankt sich einem unendlichen Ja. Das Begrenzte gründet in einer unbegrenzten Wirklichkeit, die »Gott« genannt wird.

Wie aber kommt der Mensch auf diesen Gott? Gott und Welt sind doch so grundverschieden, dass der Mensch vom unfassbaren Gott nichts wissen kann. Die Wirklichkeit Gottes ist für das kleine Hirn des Menschen völlig inkompatibel, sodass wie auf einem Computer-Bildschirm nur unleserliche Hieroglyphen erscheinen können.

Entgegen dieser Skepsis vertraut der Schöpfungsglauben darauf, dass die Welt so etwas ist wie ein Liebesgedicht in einer verschlüsselten Sprache. Denn Gott hat die Welt aus Liebe geschaffen. Alles, was ist, verdankt sich der Zuwendung Gottes, der Welt und Mensch ins Dasein ruft. Mithilfe seiner Vernunft kann der Mensch den Ursprung und Sinn der Schöpfung erahnen.

Doch dieser Gedankenschritt bleibt fragwürdig: Interpretieren wir einen tieferen Sinn in diese Welt nur hinein, so wie Hellseher etwas in eine abgekartete Kombination von Spielkarten hineinlesen? Oder ist in der Welt und im Leben des Menschen wirklich ein geheimer Sinn verborgen, den man herauslesen kann? Wie ist das »Gedicht der Welt« richtig zu interpretieren?

Hier melden sich die drei großen *Offenbarungsreligionen* zu Wort. Sie behaupten, dass sich der göttliche Dichter selbst äußert, um dem Menschen die Welt zu erklären. Warum sollte nicht auch der Dichter sagen können, was er mit seinem kreativen Einfall eigentlich ausdrücken wollte? Die Offenbarungsreligionen gehen also davon aus, dass Gott etwas von sich offenlegt und dem Menschen zeigt. Gott selbst schlägt eine Brücke über den garstigen Graben, der ihn von der Welt trennt.

Für das *Judentum* ist Gott in gewisser Weise *Weltgeschichte geworden.* Gott hat sich in der Welt schöpferisch ausgedrückt. Wie sich in jedem Kunstwerk eine Spur des Künstlers findet, so auch in der Schöpfung die Handschrift des Schöpfers. Gott spricht durch die Blume und zeigt sich in der Geschichte. Die jüdische Weisheit erzählt von einem Mann, der einem Gottesgelehrten anbietet: »Ich zahle dir einen Gulden, wenn du mir sagst, wo Gott ist.« Darauf erwidert der Gelehrte: »Und ich zahle dir zehn, wenn du mir sagst, wo Gott nicht ist.«

Gottes Spuren sind also in seiner Welt spürbar präsent und vor allem in der Befreiungsgeschichte seines Volkes erfahrbar. Es gibt auch Offenbarungs-Spezialisten: Zum Beispiel Mose, der das Volk Israel aus Ägypten herausgeführt und dem Gott das moralische Urgestein (Zehn Gebote) anvertraut hat; oder die Propheten, die als göttliches Sprachrohr fungieren.

In dieser Linie geht der *Islam* noch einen Schritt weiter und sagt: Gott redet wie ein Buch und wendet sich direkt an den Menschen. In gewisser Weise ist Gott *Buch geworden,* und an dessen unbewegliche Lettern hat sich der Mensch zu halten. Der seit Ewigkeiten schon in Gott präsente Koran wird Mohammed, dem größten und letzten Propheten, diktiert. An den vorgeschriebenen Buchstaben gibt es nichts mehr zu rütteln. Daher ist es auch problematisch, den Koran aus dem Arabischen als der Muttersprache Gottes in andere Sprachen zu übersetzen. Und folgerichtig beginnt die islamische Mission mit der Errichtung von Koranschulen, in denen man Arabisch lernt.

In der Ehrfurcht vor dem Koran drückt sich der Respekt vor der Unbegreiflichkeit Gottes aus. Weil der Koran die Qualität des ewigen Wortes Gottes (griech. Logos = Wort) hat, behält er seinen Sinn, auch wenn er nicht gelesen oder verstanden würde. Aus diesem Grund wurden in der Geschichte des Islam viele Versuche abgelehnt, den Koran mithilfe der menschlichen Vernunft zu verstehen.

Die *christliche* Variante einer Brückenkonstruktion zwischen Gott und der Welt ist die gewagteste und radikalste: Gott selbst riskiert höchstpersönlich den Schritt über den Abgrund, um sich ganz auf die Seite des Menschen zu schlagen. Im Gegensatz zu den östlichen Religionen, in denen der Mensch aus dem Leidensrad der Wiedergeburt (Reinkarnation) aussteigen muss, verkündet das Christentum die Menschwerdung Gottes (Inkarnation): Gott steigt in die leidvolle Welt ein und ist in Jesus Christus *Mensch geworden.* In ihm erklärt Gott nicht nur sein Gedicht. Er erklärt sich selbst. Diese radikalste und unglaublichste Version eines Glaubens ist fast zu schön, um nicht wahr zu sein. Sie geht zurück auf Menschen, die einen gewissen Jesus von Nazareth gekannt und in ihm die Liebenswürdigkeit in Person gefunden haben.

RÜCKBLICK AUF DEN DRITTEN TAG

Eine zentrale geschichtliche Erfahrung für das Volk Israel war die Befreiung aus der Sklaverei in Ägypten. Die Bibel deutet dieses Ereignis religiös und kommt zu dem Schluss: Gott ist an der Freiheit des Menschen gelegen. Denn nur sofern dieser frei ist, taugt er zum »Bundespartner« Gottes und kann sich in Freundschaft an ihn binden.

Auch die Welt wird auf diesem Hintergrund gedeutet. Sie wird als »Schöpfung« verstanden. In heutiger Terminologie ausgedrückt: Die Entstehung des Kosmos und die Evolution verdanken sich einer göttlichen Kraft.

Im Lauf der Geschichte entdeckt der Mensch zunehmend seine Individualität und seine Verantwortung für sich und die Welt. In den Zehn Geboten findet er Weisungen, wie er seiner Verantwortung besser gerecht werden kann.

VIERTER TAG: GOTT GEHT AUFS GANZE

Melanie: *Was hast du eigentlich in Bolivien gemacht?*
Andreas: *Unsere Gemeinschaft hat seit vielen Jahren eine Niederlassung in einem Indiodorf in der Nähe von Cochabamba. Die internationale Zusammensetzung will ein Zeichen sein, dass Menschen unterschiedlichster Kulturen geschwisterlich zusammenleben können. Für mich war es nicht immer leicht, mit einem intellektuellen Franzosen, einem feurigen Spanier und einem selbstbewussten Indio aus Ecuador eine gemeinsame Wohnung zu teilen. Da wir von unserer Hände Arbeit leben, suchte ich mir einen einfachen Job und verkaufte Joghurt auf dem Markt von Cochabamba. Ich war mit einem Bauchladen unterwegs und fand schnell Kontakte mit Straßenkindern.*
Melanie: *Und wie hast du dich als Weißer mitten unter den Indios gefühlt?*
Andreas: *Da ich in vielem das Leben der einfachen Leute teilte, war ich schnell akzeptiert. Ich spürte aber auch die Spannungen zwischen der weißen Oberschicht und der indigenen Bevölkerungsmehrheit, die oft in brutaler Armut lebt. Es herrscht viel Gewalt auf den Straßen von Bolivien.*
Melanie: *Hattest du manchmal Angst?*
Andreas: *Einmal wurde der öffentliche Bus, mit dem ich fuhr, überfallen. Als die Steine durch die Fensterscheiben flogen, dachte ich, dass meine letzte Stunde geschlagen hat. Der Bus wurde völlig zerstört. Wahrscheinlich war es ein Racheakt. Ich kam noch einmal mit dem Schrecken davon. Ein anderes Mal geriet ich zufällig in*

einen Menschenauflauf. Zwei Jugendliche waren beim Stehlen ertappt worden. Sie lagen mit Draht gefesselt und völlig blutig geschlagen am Boden. Jemand übergoss sie gerade mit Alkohol, um sie bei lebendigem Leib zu verbrennen. Lynchjustiz ist in Bolivien nichts Ungewöhnliches. Die Menge war völlig aufgebracht, und jeder verdächtigte die beiden, auch für viele andere Einbrüche verantwortlich zu sein. Glücklicherweise kannten mich einige Leute als Joghurt-Verkäufer. Ich habe mit den Leuten geredet und versucht, sie zu beruhigen. Am Ende gelang es mir, die Menge davon abzubringen, die beiden Jungen zu lynchen. Aber ich hatte auch ziemliche Angst, dass sich der Volkszorn gegen mich richten könnte.
Melanie: *Und was geschah mit den beiden Jugendlichen?*
Andreas: *Ich konnte einige Männer davon überzeugen, dass es besser ist, die Polizei anzurufen, was dann auch geschah. Solche Szenen von bedrohlicher Gewalt sind in Bolivien an der Tagesordnung. Aber du hast ja in Palästina auch in einem sozialen und politischen Brennpunkt gelebt. Hast du dich von der Gewalt bedroht gefühlt?*
Melanie: *Nicht direkt. Ich war während meiner Ordensausbildung in der Westbank. Ich kam mir vor wie in einem riesigen Gefängnis. Von unserem Haus aus schaute ich in drei Himmelsrichtungen auf eine acht Meter hohe Mauer. Eine Mischung aus ohnmächtiger Wut, Gewalt und Resignation lag in der Luft. Die beklemmende Atmosphäre war besonders spürbar, wenn wir mit einem arabischen Bus zu einem der vielen Checkpoints kamen.*
Andreas: *Und was hast du in der Westbank gemacht?*
Melanie: *Unsere Gemeinschaft führt dort ein Haus für palästinensische Frauen, die aufgrund einer geistigen Beeinträchtigung oder ihres Alters pflegebedürftig sind. 2007 haben wir zudem eine Krankenpflegeschule gegründet, um vor allem Frauen Bildung und eine berufliche Zukunft zu ermöglichen. In unserem Heim leben und arbeiten Christinnen und Muslimas unter einem Dach. Ich habe mich besonders um eine behinderte Frau gekümmert, die in einem Hühnerstall gehalten wurde, bevor sie in unser Haus kam. Als*

Gemeinschaft versuchen wir, in diesem von Gewalt und Not geprägten Umfeld den Menschen mit Achtung zu begegnen und sie ihre Würde spüren zu lassen.
Andreas: *Was haben diese Aufgaben mit dem Auftrag eures Ordens zu tun?*
Melanie: *Für uns als »Salvatorianerinnen« ist Jesus als Heiland (Salvator) und Lehrer das entscheidende Vorbild. Der Blick auf Jesus will uns sensibel machen für Menschen in Not. Denn es ging Jesus darum, Menschen ganzheitlich zu begegnen und sie zu heilen.*
Andreas: *Auch wir als »Kleine Brüder vom Evangelium« versuchen, an der Gestalt und am Leben Jesu Maß zu nehmen. Wir Menschen brauchen Vorbilder. In ihnen begegnen uns Werte und Ideale, auf die hin wir uns entwickeln können. Je nachdem, welchen Bildern und Vorbildern wir Aufmerksamkeit schenken, werden unsere inneren Vorstellungen, Wünsche und Fantasien geprägt. Im Laufe vieler Jahre ist mir Jesus immer vertrauter geworden. Regelmäßig im Evangelium zu lesen, hat in mir so etwas wie ein Gespür wachsen lassen, wie Jesus in einer bestimmten Situation handeln würde. Vor allem seine Freiheit und seine Weise, auf Menschen zuzugehen, faszinieren mich, und ich spüre den Wunsch, ihm darin ähnlicher zu werden.*
Melanie: *Was mich an Jesus fasziniert, ist ganz ähnlich: Jesus war authentisch. Er lebte das, was er sagte. Er erzählte nicht nur von der Barmherzigkeit Gottes. Er ließ auch die Verlierer und Leute am Rand spüren, dass sie angenommen sind und Würde haben. In der Bergpredigt nennt Jesus die Menschen glücklich, die ganz auf Gott setzen und sich nicht mit Geld oder Gewalt durchsetzen. Hier spricht Jesus sicher aus eigener Erfahrung.*
Andreas: *Das Vorbild Jesu ist keine verstaubte Wahrheit. In Leipzig wurde während der friedlichen Revolution immer wieder aus der Bergpredigt vorgelesen. Dem Aufruf zur Gewaltlosigkeit ist es wohl zu verdanken, dass in einer hochexplosiven Situation kein einziger Stein flog und kein Blut vergossen wurde. Auch die zahlreichen SED-Funktionäre und Stasi-Mitarbeiter, die in die Nikolaikirche*

beordert worden waren, mussten Montag für Montag die Worte der Bergpredigt anhören. Der Pfarrer dieser Kirche deutete dies positiv: Wo hätten die Genossen die Worte Jesu sonst auch hören können?

Melanie: *Die Botschaft Jesu ist bis heute lebendig und bringt Menschen auf die Straße. Doch das Wichtigste an Jesus ist nicht sein soziales Vorbild, sondern seine Einladung zur Freundschaft. Ich bin nicht Christin, weil ich einem moralischen oder religiösen Gesetz folge, sondern weil ich auf der Suche nach dem lebendigen Gesicht Gottes bin. Das hört sich jetzt vielleicht merkwürdig an. Aber für mich ist Jesus eine lebendige Person, der ich auf vielfältige Weise begegnen kann: Im Lesen des Evangeliums werde ich angesprochen; es gibt so etwas wie einen inneren Dialog mit ihm. Und ich kann in der Begegnung mit anderen Menschen manchmal seine Nähe spüren. Diese Freundschaft mit Jesus kennt wie jede menschliche Beziehung Höhen und Tiefen, Entwicklung und Gefährdung, Nähe und Fremdheit. Es ist das große Abenteuer meines Lebens, dem Mann aus Nazareth auf der Spur zu bleiben.*

DER GEISTESBLITZ AM JORDAN

Was können wir von Jesus wissen? Was hat er getan? Was dürfen wir von ihm erhoffen? Wer war dieser Mensch?

Wahrscheinlich kam Jesus um das Jahr sieben vor Christi Geburt zur Welt (der im sechsten Jahrhundert nach Christus für Jesu Geburt errechnete Termin erwies sich im Nachhinein als ungenau) und trat erst im Alter von etwa dreißig Jahren ins Rampenlicht der Öffentlichkeit. Sein relativ kurzes Wirken von höchstens drei Jahren hat die wohl gewaltigste Wirkungsgeschichte eines Menschen ausgelöst. Dabei waren die Ereignisse am Ende seines Lebens so bedeutsam, dass erst in ihrem Licht die Vorgeschichte Jesu gedeutet und verstanden werden konnte. Zugleich bleibt Jesus nicht nur für seine Zeitgenossen rätselhaft und sperrig.

Zunächst ein kurzer Blick auf die *politische Situation:*[44] Das Land, in dem Abraham gesiedelt und in das später Mose eine Gruppe von Flüchtlingen aus Ägypten geführt hat, wird 63 v. Chr. dem Römischen Reich eingegliedert. Wieder also gerät das kleine Volk Israel unter die Fremdherrschaft einer großen Weltmacht. Die Lage ist politisch und wirtschaftlich angespannt.

Hinzu kommt, dass diese Spannung durch eine religiöse Überzeugung aufgeladen wird: dass nämlich Israel Gottes eigenes Land ist. Die Gruppierungen im Volk reagieren unterschiedlich: Ein Teil der politischen und religiösen Elite Israels kollaboriert mit der römischen Besatzungsmacht – sei es, um Schlimmeres zu verhindern, sei es um der eigenen Vorteile willen. Andere gehen in den bewaffneten Widerstand, um das Land gewaltsam zu befreien. An der Spitze solcher Bewegungen steht oft ein »Messias« (hebr. = der Gesalbte), d. h. ein religiös legitimierter Anwärter auf den Königsthron. Wieder andere hoffen, dass Gott selbst, wie schon früher in der Geschichte, sein Volk aus der Vorherrschaft der Fremden erlösen wird. Die sogenannten *Apokalyptiker* schließlich sehen in dieser Krisensituation ein Zeichen, dass das

Ende der Welt beschlossene Sache ist und unmittelbar vor der Tür steht. Der genaue Ablauf der letzten Tage wird dem Menschen durch eine »Enthüllung« (griech. = apokalypsis) offenbart. In dieser Atmosphäre wächst Jesus auf und wird in der traditionellen jüdischen Frömmigkeit erzogen.

Jesus lernt von Johannes

Lange Jahre lebt Jesus unauffällig in seinem Heimatdorf Nazareth in Galiläa und arbeitet als Bauhandwerker. Eines Tages reiht er sich in die Schar der Bußwilligen ein, die zu Johannes dem Täufer an den Jordan hinabziehen. Wer ist dieser Mann, der Heuschrecken isst und sich mit einem Kamelfell bekleidet? Johannes versteht sich als ein apokalyptischer Gerichtsprediger: Die Welt ist auf eine schiefe Bahn geraten und schlittert unaufhaltsam ihrem Untergang entgegen. Noch haben die Mächte des Bösen das Sagen und manipulieren die in Politik, Wirtschaft und Religion herrschenden Klassen. Doch das Gericht Gottes steht unmittelbar bevor. Die Axt ist schon an die Wurzel der Bäume gelegt (Matthäus 3,10). Vom Jordan aus schleudert Johannes den Mächtigen eine Kritik entgegen, die sich gewaschen hat. Als Prophet der letzten Stunde droht er: Das Ende der Geschichte ist nahe, und die Tage der widergöttlichen Mächte sind gezählt. Diesem unmittelbar bevorstehenden Feuergericht Gottes kann man nur durch das Löschwasser der Taufe und die persönliche Umkehr entkommen.

Mit seiner Botschaft und der Taufe setzt sich Johannes vom Tempelkult in der jüdischen Hauptstadt ab. Der majestätische Tempel in Jerusalem weist auf die erhabene Größe Gottes hin. Die Distanz zu jenem unfassbaren Gott gebietet dem Menschen Ehrfurcht. Gegenüber dem »heiligen« Gott bleibt der Mensch unwürdig und »sündig«. Jüdische Männer und Frauen sind daher verpflichtet, viele Vorschriften zu beachten, um mit Gott ins Reine zu kommen. Die regelmäßigen Opfer im Tempel dienen dazu, die Sünden zu vergeben und den Menschen wieder mit Gott zu versöhnen. Alljährlich wird am »Versöhnungstag« das Blut von Opfertieren über das Volk gesprengt. Die Sünden des ganzen Volkes werden schließlich auf einen Sündenbock übertragen, der dann in die Wüste geschickt wird (Leviticus 16,21 f.).

Johannes der Täufer praktiziert einen Kontrastritus zum großen Reinemachen im Jerusalemer Tempel: Es wird kein Blut vergossen, sondern die Reinigung geschieht mit Wasser. Die Taufe, also das Eintauchen im Jordan, ist im Gegensatz zu den sich wiederholenden Tempelriten ein einmaliges Geschehen. Das Gericht Gottes wird symbolisch vorweggenommen: Man lässt sich im Jordan rituell ertränken und entscheidet sich dadurch endgültig für Gott und sein Gebot. Anders als die kostspieligen Riten im Tempel bietet Johannes die Sündenvergebung ohne finanzielle Gegenleistung an. Menschen, die schon mit allen Wassern gewaschen waren, kommen daher an den Jordan, um sich zu bekehren und von ihren Sünden befreit zu werden.

Jesus überflügelt Johannes

Wahrscheinlich ist Jesus bei Johannes in die Schule gegangen und hat vielleicht sogar als dessen Assistent selbst getauft. Es scheint, dass er sich dann bald von seinem Lehrer distanziert und ein neues Leben begonnen hat: Er verlässt die karge Wüste und zieht in das grüne Galiläa. Er droht nicht mit dem nahen Gericht, sondern verkündet eine beglückende Botschaft: Die Herrschaft Gottes hat sich schon durchgesetzt. Wie kommt Jesus zu einer solchen Sichtweise? So wird es überliefert: Als Jesus nach seiner Taufe aus dem Wasser stieg, sah er, dass sich der Himmel öffnete und der Geist Gottes wie eine Taube auf ihn herabkam. Gleichzeitig sprach eine Stimme aus dem Himmel: Du bist mein geliebter Sohn, an dir habe ich Gefallen gefunden (Markus 1,10 f.).

Was wird hier in der Bildsprache der damaligen Zeit gesagt? Der Himmel öffnet sich, d.h. Gott ist nicht fern und verschlossen, sondern nah und zugewandt. Der Geist Gottes, im Hebräischen ein weibliches Wort, kommt zu Jesus. Im Orient werden oft harte, männliche Bilder für Gott verwendet: Der brüllende Löwe, der angriffslustige Stier oder der reißende Adler stehen für Götter, die den Menschen Furcht einflößen. Die Taube dagegen versinnbildlicht das Sanfte und Friedvolle und steht damit für ein anderes Gottesbild. Schließlich ist von einer göttlichen Stimme die Rede, die wie ein Geistesblitz aus heiterem Himmel zu Jesus spricht und ihn mit Du anspricht.

Wir wissen nicht, wie das innere, mystische Erleben Jesu ausgesehen hat. Vielleicht hat Jesus im Fluss des Wassers eine überfließende Liebe gespürt, die ihn ganz überschüttet hat. Jesus erlebt sich dabei aber nicht als Tropfen, der im Meer der Gottheit aufgeht, sondern als eine kostbare Perle, die vom göttlichen Lebensstrom umspült wird. Er ist ganz eingetaucht in den göttlichen Grund und erfährt sich zugleich als Person, die wie die alten Propheten beim Namen gerufen und in ihrer Einzigartigkeit bestätigt wird.

Diese Erfahrung der göttlichen Zuwendung ist wohl nicht plötzlich vom Himmel gefallen. Vielmehr war Jesus von klein auf in die religiöse Tradition seines Volkes hineingewachsen. Es gibt über Kindheit und Jugend Jesu so gut wie keine sicheren Nachrichten. Aber eines ist gewiss: Wir müssen uns Jesus als einen frommen Juden vorstellen, der die heiligen Schriften seines Volkes gut kennt. Was uns von seiner Taufe erzählt wird, wirft ein Licht auf die besonders intensive Gottesbeziehung Jesu. Er erfährt sich als geliebter Sohn Gottes: *»Gott steht ganz auf meiner Seite, und ich stehe ganz auf Gottes Seite.«*

Jesus berichtet später einmal von einer Vision, von einer mystischen Erfahrung also, die er so in Worte zu fassen versucht: »Ich sah den Satan wie einen Blitz vom Himmel fallen« (Lukas 10,18).

Es war also eine Art Blitz, durch den Jesus zu seiner neuartigen Einsicht kam. In der Bildersprache der damaligen Zeit wird hier auf den großen Entscheidungskampf des ganzen Kosmos angespielt. In diesem geht es um *die alles entscheidende Frage:* Wird Gott sich als die Macht erweisen, welche die Welt endgültig von allem Zerstörerischen erlösen wird? Oder behalten die destruktiven Kräfte die Überhand, die Welt und Mensch vernichten wollen?

Mit »Satan« ist das Prinzip der Ablehnung und Selbstzerstörung gemeint. Es ist »der Geist, der stets verneint«. Wenn Jesus von dessen Sturz aus dem Himmel spricht, so ist er davon überzeugt: Im Himmel sind die Würfel schon gefallen.[45] Die Macht der unheilvollen Mechanismen ist definitiv gebrochen, und ihr Ende ist abzusehen. Die Kräfte des Bösen liefern nur noch Rückzugsgefechte. Dass die Welt endgültig heil wird, steht zwar noch aus. Aber Gott hat das Neuwerden des Kosmos schon unaufhaltsam auf den Weg gebracht. Mit dieser alles erschütternden Einsicht fasst Jesus zusammen, wer Gott und wer er selbst ist: Gott ist die Macht der Liebe. Und Jesus ist der Zeuge für die Entmachtung des Bösen. Damit ist die Herrschaft Gottes, auf die Johannes der Täufer noch wartet, schon angebrochen.

Das mystische Erlebnis Jesu kann allein in einer Bildersprache vermittelt werden. Doch was hier erzählt wird, entspricht wohl dem Selbstverständnis des historischen Jesus: dass er sich in einer besonderen Weise von Gott geliebt, erwählt und gesandt weiß. Während seines gesamten öffentlichen Auftretens sind sein Handeln und seine Worte von einer einzigartigen Gewissheit geprägt. Er lebt aus einer innigen Beziehung mit Gott, den er liebevoll »Abba« (»Papi«) nennt. Im Judentum ist das Bild von Gott als »Vater« durchaus bekannt. Doch ihn derart familiär anzureden, ist neu. Wenn Jesus Gott mit einem Wort aus der Kindersprache anspricht, so wird ein bestimmter Zug des jüdischen Gottesbildes besonders betont. Gott ist nicht mehr so sehr ein strenger Herr oder ein majestätischer König. Vielmehr ist er in den Augen Jesu liebevoll, zärtlich und zugewandt. Mit diesem mütterlich-väterlichen Gott weiß Jesus sich in einer tiefen und besonderen Weise verbunden. Sein Selbstwertgefühl gründet darin, dass er glauben kann, von Gott angenommen und geliebt zu sein.

Aus diesem Grund hält er auch einigen typischen Versuchungen stand, die sich aus der menschlichen Maßlosigkeit ergeben. Denn der Hunger des Menschen nach immer mehr kann in die Irre führen. Auch Jesus ist zeit seines Lebens nicht unangefochten. Wie viele Menschen mit einer hohen religiösen Sensibilität erlebt er die menschliche Abgründigkeit vielleicht sogar umso dramatischer.

Die drei großen Versuchungen

Es wird erzählt, dass Jesus nach seiner Taufe vom Geist Gottes in die Wüste getrieben wurde. Dort blieb er vierzig Tage lang und wurde vom Satan in Versuchung geführt (Markus 1,12 f.).

Eine Ur-Angst des Menschen ist: »Ich bin niemand. Ich genüge nicht. Ich bin der Liebe nicht wert.« Wer in sich unsicher ist, sucht nach äußeren Stützen seiner Identität. Wer seine innere Leere spürt, versucht häufig, sich von anderem oder von anderen her zu definieren: von Besitz oder Prestige, von Macht oder Ansehen, von Leistung oder Können. Auch Jesus wird verlockt, der erfahrenen Liebe Gottes nicht zu trauen. Er wird mit drei großen Versuchungen konfrontiert, die Paul Ricœur in folgende Fragen kleidet: Wann habe ich genug? Wann gelte ich genug? Wann werde ich genug geliebt?

1. Wann habe ich genug? Eine teuflische Stimme flüstert Jesus ein: »Du kannst doch Steine in Brot verwandeln.« Damit wird wohl suggeriert: »Lebe von deinen eigenen Fähigkeiten, nur aus dir selbst, und sei autark. Du bist ein reiner Selbstversorger und brauchst niemand anderen.« Doch der unendliche Hunger des

Menschen kann mit dem, was er sich selbst leisten kann, mit Brot und Spielen, mit Luxus und Vergnügen nie ganz befriedigt werden. Dazu kommt, dass die Jagd nach immer mehr in einer begrenzten Welt immer nur auf Kosten anderer geht. Damit aber werden die anderen automatisch zu Konkurrenten. Hier liegt die Wurzel vieler Konflikte.

In der Wüste entgegnet Jesus der teuflischen Einflüsterung: »Der Mensch lebt nicht vom Brot allein, sondern von jedem Wort, das aus dem Mund Gottes kommt« (Matthäus 4,4). Die primäre Bedürfnisbefriedigung genügt nicht: Satt sein und sich zufrieden über den Bauch streichen ist noch nicht alles im Leben. Es gibt Tieferes, woraus wir leben. Der Mensch braucht das gute Wort, das ihm sagt: »Es ist gut, dass es dich gibt.« Der Mensch lebt nicht nur von den selbst gebackenen Brötchen und dem einsamen Stolz auf das eigene Können. Er braucht Zuwendung, Dialog und Freundschaft. Erst die Beziehung zu Gott, der das Ja-Wort zum Leben ist, kann den tiefen Hunger endgültig stillen. Jesus lebt von diesem Wort.

2. Wann gelte ich genug? Der Teufel lockt mit Macht. Wer Macht hat, ist ein gemachter Mann: Endlich gelte ich etwas! Der Hunger nach Anerkennung ist jedoch grenzenlos. Wer sich ganz von seiner Macht her definiert, ist daher nicht mehr er selbst, sondern machtbesessen. Das ist der teuflische Trick, der von Jesus entlarvt wird: Der Teufel führt Jesus auf einen hohen Berg und zeigt ihm alle Reiche dieser Erde (Lukas 4,5). Er will sie ihm geben, wenn dieser ihn anbetet, d. h. ihn zu seinem Gott macht. Auch im Märchen bietet der Teufel Geld oder Macht an, wenn man ihm dafür die eigene »Seele« verschreibt. Dann besitzt der Mensch zwar Macht oder Geld, zugleich aber hat er seine Seele verloren. Seine Identität, sein Ich gehören dem Teufel. Das bedeutet: Nicht mehr *ich* besitze etwas, sondern ich werde besessen. Ich habe mich selbst aufgegeben und gehöre dem, was ich anbete.

Dieses Motiv aus Märchen und Sagen gilt auch heute noch: Menschen verkaufen sich selbst, um endlich wer zu sein. Man kann einen Beruf oder eine Aufgabe zu seinem Gott machen. Es gibt beispielsweise die Versuchung, nur für andere da zu sein – auch, um sich wichtig und unentbehrlich zu machen. Um mein fehlendes Selbstwertgefühl zu ersetzen, tue ich alles für die anderen. Dies kann sogar ein religiöses Mäntelchen erhalten. Es ist ja das Charakteristische einer Versuchung, dass sie sich einen frommen Anschein gibt. Wenn ich mich aber im Einsatz für andere selbst völlig vernachlässige, werde ich von meiner Aufgabe immer mehr »besessen« – und brenne aus (»Burn-out«). Nur das Brennen echter Liebe verzehrt nicht, denn diese ist eine regenerative Energie, die sich nicht erschöpft. Als Geliebte dürfen Menschen erfahren: »Ich bin, der ich bin« oder »Ich bin, die ich bin« – und nicht »Ich bin meine Leistung« oder »Ich bin meine Potenz«. Ein liebevoller Mensch gleicht daher dem biblischen Dornbusch, der brennt und doch nicht verbrennt (Exodus 3,1–6).

Die einzige Anbetung, die wirklich frei macht, ist die Anbetung Gottes. Denn Gott will, dass der Mensch er selbst ist. Die wahre Anbetung Gottes besteht darin, dass sich eine Person selbst annehmen kann – als Geschenk aus Gottes Hand. Sie braucht dann weder Titel noch Mittel, weder Prestige noch Einfluss auf andere Menschen, um jemand zu sein. Sie muss sich keinen Namen machen, sondern empfängt ihren Namen von Gott her, der zu ihr sagt: »Du bist meine geliebte Tochter, mein geliebter Sohn.« *Von Gott bejaht, kann der Mensch sich selbst bejahen.*

Jesus hängt nicht von Äußerem ab, sondern ruht in sich selbst. Gott ist sein innerer Halt. Darum wirft er sich vor niemandem nieder. Er geht seinen Weg geradlinig, mit aufrechtem Gang. Er beugt sich weder der öffentlichen Meinung noch dem Druck der Machthaber. Jesus hat eine große innere Souveränität. Jesus ist frei.

3. *Wann werde ich genug geliebt?* Der Versucher führt Jesus auf die Zinne des Tempels und fordert ihn auf: »Stürze dich hier hinunter! Wenn Gott dich liebt, wird er dich schon auffangen« (Lukas 4,9–12). Am heiligsten Ort also ist der Teufel am Werk, und er zitiert sogar aus der Bibel! Er will Jesus dazu bringen, von Gott einen Liebesbeweis zu verlangen: »Wenn Gott dich wirklich liebt, dann lässt er dich nicht zerschellen.« Es ist die Versuchung, sich der Zuneigung Gottes zu versichern. Denn wer weiß: Vielleicht meint es Gott am Ende doch nicht gut mit mir? Vielleicht bin ich in seiner Hand nur ein Spielball, den er irgendwann fallen lässt?

Solches Misstrauen mündet in Erpressung: »Wenn du das und jenes nicht tust, dann liebst du mich nicht mehr.« Wirkliche Liebe aber stellt weder Forderungen noch Bedingungen. Sie braucht keine handfesten Garantien und kein Faustpfand. Eine Ehe oder eine Kameradschaft lassen sich nicht versichern. Es gilt sogar das Gegenteil: Wer sich eines anderen versichern will, zerstört das Vertrauen, das er sucht. Entsprechend schrumpfen in einer übersicherungskranken Welt die Biotope von Freundschaft und Liebe.

Jesus stürzt sich nicht vom Tempel herab. Er hält die Unsicherheit aus, die der Glaube an Gott mit sich bringt. Jesus weiß: Es gibt keine Liebesbeweise. Und ob der Glaube einen wirklich trägt, lässt sich nicht nachprüfen in Experimenten mit dem freien Fall. Glauben bedeutet vielmehr: die Bedürfnisse nach Sicherheit loslassen und es Gott überlassen, wann und wie er seine Zuwendung zeigen will.

Jesus widersteht in dieser biblischen Erzählung also einer dreifachen Verlockung, seine Ausrichtung auf Gott in andere Richtungen umzulenken. Er hält den unersättlichen Wunsch des Menschen nach Besitz, Geltung und Geliebtwerden aus. Er weigert sich, das Angewiesensein auf Gott durch Fast Food, Allmachtsfantasien oder ein Liebeszertifikat zu stopfen. Denn er ist davon überzeugt: *Die menschlichen Bedürfnisse verweisen in ihrer Tiefe auf Gott.* Von ihm allein erhofft er die Erfüllung seiner Sehnsucht. Nur Gott ist Brot und Wort, das wirklich nährt. Nur er ist Allmacht, die frei gibt, wenn man sich anbetend an sie bindet. Nur er ist Liebe, die selbst im Absturz des Todes noch auffangen kann.

Am Ende der Versuchungsgeschichte lebt Jesus friedlich mit den wilden Tieren zusammen (Markus 1,13). Hier wird die Brücke zur biblischen Schöpfungserzählung geschlagen: Im Paradies lebt der Mensch (hebr. = Adam) mit den Tieren im Frieden. In Jesus ist das von Gott gewollte paradiesische Leben wiederhergestellt. Jesus lebt schon im Reich Gottes. Und indem er ganz aus der Beziehung zu seinem Vater lebt, wird er zum neuen Adam. Mit dem ersten Adam kam das Misstrauen gegenüber Gott in die Welt. In Jesus beginnt die Menschheit noch einmal neu: Vertrauen ist möglich. Mitten in der Ödnis lebt Jesus aus der Quelle seiner Gotteserfahrung am Jordan. Was Jesus im Wasser der Taufe gespürt hat, bewährt sich in der Trockenheit der Wüste: *Allein Gott genügt.*

STEIG VOM BAUM HERAB!

Nach seiner Taufe ist Jesus mit innerer Gewissheit zur Überzeugung gelangt: Gottes Ja zum Kosmos und zu jedem Menschen hat eine Bewegung ausgelöst, die alle destruktiven Kräfte für immer besiegen wird. Gott ist ganz für diese Welt entschieden. Daher hat die Angst im Herzen der Menschen kein Herrschaftsrecht mehr. Der Mensch kann aus dem Urvertrauen leben, dass er unendlich geliebt ist. So angenommen, ist er zur Freiheit befreit.

Jesus bringt diese innere Gewissheit in seinem äußeren Lebensstil zum Ausdruck. Er ist nicht ängstlich um sich besorgt, sondern hat Vertrauen ins Leben. Er ist von der Liebe Gottes wie vom Blitz getroffen und erfährt sich als Kind Gottes. *Die Entdeckung seiner Identität ist zugleich die Entdeckung seines Auftrags:* Er ist so von Gottes Nähe erfüllt, dass er alles andere zurücklässt, um anderen Gott nahezubringen. Jesus bricht mit seiner Familie und bricht auf, seine neue Sichtweise von Gott zu verkünden. Manchmal klingen seine Worte übertrieben, und seine Handlungen sind oft unverständlich. Seine Angehörigen halten ihn daher für verrückt (Markus 3,20 f.).

Doch Jesus lässt sich davon nicht verunsichern, sondern spricht voll Freude von Gott. Ja, weil er sich an Gott freut, ist seine Freude im Grunde unzerstörbar. Jesus hat einen Schatz im Himmel, der weder durch Raub noch durch ein Verfallsdatum bedroht ist. Wenn Jesus sich vielen Menschen zuwendet, dann nicht aus Mitleid oder schlechtem Gewissen. Jesus strahlt helle Freude aus, weil er von Gott erfüllt ist. Wenn er von ihm redet, ist es daher eine frohe Botschaft, ein »Evangelium«.*

Wer das Wort »Evangelium« verstehen will, kann sich folgende Situation vor Augen führen: Ein Mensch ist zu einer lebenslängen-

* Das Wort »Evangelium« wird auch zur Bezeichnung von Schriften verwendet, die das Leben Jesu erzählen. Die frühe Kirche nahm vier dieser Evangelien in ihre Heilige Schrift auf. Die Autoren werden als »Evangelisten« bezeichnet.

lichen Haft verurteilt worden und sitzt im Gefängnis. Plötzlich betritt ein Regierungsbeamter die Zelle und überbringt die »gute Nachricht«: das Begnadigungsschreiben der Präsidentin. Jesus versteht sich als der Botschafter Gottes, der allen Menschen die Nachricht von Gnade und Neuanfang übermitteln will.

Jesus als Lehrer

So wird der Kern seiner Botschaft zusammengefasst: Jesus ging nach Galiläa und verkündete das Evangelium Gottes. Er sprach: »Jetzt ist die Zeit gekommen, in der Gottes neue Welt beginnt. Kehrt um zu Gott und glaubt an die rettende Botschaft!« (Markus 1,14f.)

Jesus verlässt den Jordan. Er setzt sich äußerlich und innerlich von Johannes dem Täufer ab. Dieser hat mit drohenden Worten am Jordan gepredigt, und die Leute kamen zu ihm. Jesus dagegen zieht los, um die Menschen in ihren Dörfern und Häusern aufzusuchen. Er wird ein Vagabund des Himmels, ein Wanderprediger. In einfachen Worten sagt Jesus den Leuten, dass das »Reich Gottes« im Kommen ist. Was meint er damit? – Jesus greift eine Vorstellung der Propheten Israels auf, nämlich die Hoffnung, dass Gott als Güte alles Negative überwinden wird. Gott wird mit seiner Liebe und Gerechtigkeit so gegenwärtig sein, dass unter den Menschen Frieden herrscht. Diese neue Welt Gottes ist für Jesus greifbar nahe.

Das macht er durch *konkrete Zeichen* deutlich. In gut jüdischer Tradition liegen ihm vor allem die Menschen am Herzen, die an den Rand gedrängt oder ausgestoßen werden. Die Outcasts Israels werden wieder in das Volk Gottes integriert. Jesus muss freilich erst lernen, dass seine Sendung sogar über die nationalen Grenzen Israels hinausgehen kann. Auch dafür finden sich bei den alten Propheten schon Hinweise. Für den Propheten Jesaja etwa steht am Ende der Geschichte das große Festmahl aller

Völker. Daher pflegt Jesus im Gegensatz zum asketischen Lebensstil von Johannes eine besondere Kultur des Feierns – und dies gerade mit den gesellschaftlichen Randexistenzen. Er solidarisiert sich mit den typischen Sündenböcken der Gesellschaft: mit den Behinderten, den Prostituierten, den Zollbeamten. Er kennt keine Berührungsängste gegenüber »den anderen«, den Unreinen, den Ausländern, den Frauen.

Dieser Umgang führt dazu, dass Jesus nicht immer der beste Ruf vorauseilt. Seine Gegner diskreditieren ihn bisweilen als »Fresser und Säufer« (Matthäus 11,19). Der äußere Ruf ist für Jesus aber nicht entscheidend. Er lebt seine innere Berufung frei und ungeniert, nämlich Zeugnis abzulegen für die Freigiebigkeit und Großzügigkeit Gottes.

Weil die neue Welt Gottes schon begonnen hat, sind alle zur großen Familienfeier Gottes eingeladen. Konsequenterweise vergibt Jesus im Namen Gottes die Sünden. Zu dieser Versöhnung braucht es keine Sonderriten im Tempel oder am Jordan mehr. Mitten im Alltag sagt Jesus gerade den Menschen, die als öffentliche Sünder gelten, dass Gott auf sie wartet. Damit distanziert sich Jesus von der Drohpredigt seines Täufers. Für Johannes ist Gott ein strenger Richter, der den unfruchtbaren Baum fällen lässt. Doch Jesus will von Gott auch noch anders reden.

Weil er ihn als Abba-Vater erfahren hat, sucht er nach Bildern und Gleichnissen, die von der Barmherzigkeit Gottes erzählen: Den unfruchtbaren Baum lässt Gott nicht umhauen, sondern den Boden noch einmal umgraben – denn wer weiß, vielleicht trägt er doch noch Früchte. Gott hat Geduld und lässt Unkraut und Weizen wachsen. Das Reich Gottes ist wie ein Senfkorn, das zu einem großen Baum heranwächst. Der Mensch braucht sich nicht zu sorgen, sondern darf leben wie die Lilien auf dem Feld oder wie Kinder, die von ihren Eltern alles erhalten, was sie zum Leben benötigen. So lässt Jesus seine ganze Fantasie spielen, um sein Gottesbild auszumalen: Jesu Gott ist der Gott, der dem Menschen alles gönnt.

Neu denken und handeln

Johannes predigt eine Umkehr, die vor allem die ethische Lebensführung betrifft. Jesus geht es hingegen vor allem um eine *Umkehr der Blickrichtung.* Nicht das Tun des Menschen entscheidet über seinen Wert, sondern jeder und jede *ist* schon Kind Gottes. Was Jesus in der Taufe erfahren hat, gilt für alle Menschen. Gott schaut jeden Einzelnen liebevoll an, und zwar vor aller Leistung und trotz aller Schuld. Umkehr bedeutet nicht: Ich soll ein anderer oder eine andere werden, sondern: Ich wende mich um und entdecke, dass Gott hinter mir steht. Diese Zuwendung macht frei von der ängstlichen Sorge um sich selbst und setzt frei für ein neues Handeln.

Die Bibel berichtet von Menschen, denen durch die Begegnung mit Jesus eine solche Umkehr ermöglicht wurde. So kam Jesus beispielsweise nach Jericho und ging durch die Stadt. Dort wohnte ein Mann, der Zachäus hieß. Er war der oberste Zollpächter und war sehr reich. Er wollte gern sehen, wer dieser Jesus sei. Doch weil er sehr klein war, versperrte die Menschenmenge ihm die Sicht. Deshalb lief er voraus und stieg auf einen Maulbeerfeigenbaum, um Jesus zu sehen, der dort vorbeikommen musste (Lukas 19,1–4).

Das Imperium Romanum hatte sein Steuersystem nach imperialistischer Manier teilweise privatisiert – zwecks effektiverer Ausbeutung. Als Kollaborateur der Besatzungsmacht bereichert sich Zachäus mit finanzamtlicher Gier auf Kosten seiner Volksgenossen und isoliert sich dadurch immer mehr. Vielleicht sucht er als Kleinwüchsiger seine Minderwertigkeitskomplexe dadurch zu kompensieren, dass er Geld scheffelt. Zachäus ist unter seinen Landsleuten unbeliebt und traut sich nicht unter die Volksmenge, die beim Besuch Jesu in Jericho zusammenläuft. Seine Beziehungsfähigkeit ist nachhaltig gestört: Er will sehen, aber er will nicht gesehen werden. Daher steigt er auf einen Baum.

Jesus sieht ihn, und es kommt zu einem Blickwechsel. Jesus schenkt Zachäus Ansehen und fordert ihn auf: »Zachäus, komm schnell herunter!« Mit dem Verlassen der Bäume begann die

Menschwerdung. Auch Zachäus steigt herab und wird ein neuer Mensch. Er lässt sich einladen von Jesus, der so frei ist, sich selbst in das Haus des Zöllners einzuladen. Zachäus genießt im eigenen Haus die Gastfreundschaft Jesu. Es kommt zu Umkehr und neuen Perspektiven. Jesu Gegenwart macht Zachäus groß. Er muss sich Geltung nun nicht mehr durch Geld verschaffen. Er sieht sein Unrecht ein und bemüht sich, es wiedergutzumachen. Die neu erfahrene Gemeinschaft führt ihn zu einer neuen Haltung gegenüber seinen Mitmenschen, die er nicht mehr ausbeuten will. Und dies alles nicht aus moralischer Zerknirschung, sondern »voll Freude«.

Jesus setzt sich mit einem Sünder an einen Tisch. Dadurch überwindet er dessen Isolation. Denn Sünde ist Selbst-Absonderung, durch die sich jemand von Gott oder dem Mitmenschen entfremdet. Daher ist sie immer auch selbstzerstörerisch. Durch die Gegenwart Jesu aber kommt Gottes Freundschaft wieder ins Spiel. Sein Mahl mit den Sündern will Tischgemeinschaft mit Gott schenken. Auch hier wird wieder erfahrbar, dass das Reich Gottes schon begonnen hat. Die Schranken, welche die wohlanständige jüdische Gesellschaft gegenüber Sündern und Zöllnern aufgebaut hat, sind für Gott längst gefallen. Jesus vergleicht Gott mit einer Frau, die eine Münze verloren hat und alles auf den Kopf stellt, um sie wiederzufinden. Oder mit einem Hirten, der seine ganze Herde zurücklässt, um *ein* verlorenes Schaf zu suchen. Und wenn sie Geld oder Schaf gefunden haben, laden sie ein zum großen Fest (Lukas 15,4–9). Der Mensch braucht also nicht hoch hinaus. Er muss nicht Gott werden, um jemand zu sein. Er braucht einzig an die große Liebe Gottes zu glauben und sie bejahend anzunehmen. Er darf glauben, dass er als endlicher Mensch unendlich geliebt ist. Das ist das Evangelium Jesu: Jetzt, in der »Erfüllung der Zeit« (Markus 1,15), schenkt Gott einen neuen Anfang. Der Mensch kann diese neue Welt Gottes schon erkennen, wenn er nur seine Blickrichtung ändert. Dann kann er nämlich sehen, dass Gottes Blick eine liebevolle Welt-Anschauung ist, die jedem Menschen gilt.

EIN WUNDERBARER MENSCH

Jesus ist ein *self-fullfilling prophet.* Denn in seiner Person realisiert sich Gottes neue Welt: Er versteht sich selbst als die große Liebeserklärung Gottes an jeden Menschen. Das erleben viele seiner Zeitgenossen in ganz konkreten Begegnungen.

War Jesus ein Wunderdoktor?

Weil Jesus zur Überzeugung gekommen ist, dass das Böse keine wirkliche Macht mehr hat, treibt er furchtlos Dämonen aus und heilt dadurch viele Kranke. Krankheiten werden zur Zeit Jesu oft als Folge einer dämonischen Besessenheit gedeutet. Dämonen funktionieren als »Aber«-Geister. Sie programmieren den Menschen zu einem Schema wie: »Ich glaube schon, *aber* … Ich will ja lieben, *aber* …« Solche Muster machen den Menschen misstrauisch und nehmen ihn gefangen. Sie hemmen ihn in seiner Lebendigkeit und machen krank. Er ist nicht mehr im Vollbesitz seiner Kräfte und erlebt sich nicht mehr als »Herr im eigenen Haus«.

Solchen Menschen schenkt Jesus Aufmerksamkeit und Freundschaft ohne Wenn und Aber. Sein angstfreier Blick und seine Berührung reißen Menschen aus ihren krank machenden Mechanismen und Blockaden. So befreit Jesus die von Dämonen Gequälten von den inneren Hausbesetzern.[46] Während diese die Kommunikation stören und Menschen z. B. stumm machen, ermöglicht die Zuwendung Jesu Vertrauen und neue Gemeinschaft. Es ist wie ein Wunder: Die in sich Gefangenen können aus sich herausgehen, sie können wieder sehen, hören, reden.

Von Wundern wird in vielen Religionen erzählt. Die Götter werden dabei meist als unberechenbar und launisch charakterisiert. Mit ihrer Macht verbreiten sie Angst und Schrecken, sodass die Menschen oft ihr blaues Wunder erleben. Daher versucht man, mit den Göttern zu paktieren: Wer einen besonderen Einfluss auf die göttlichen Mächte hat, kann Naturkräfte bannen oder seine Mitmenschen manipulieren und unterdrücken (Schadenszauber, Magie). Auch von Jesus wird erzählt, dass er über außergewöhnliche Fähigkeiten verfügt. Diese werden aber zum Wohl der Menschen eingesetzt. Damit wird gesagt: Gott ist eine gütige Macht – und Jesus ist der von Gott zum Guten Bevollmächtigte.

Heute ist von »göttlichen Wundern« die Rede, wenn Naturgesetze angeblich außer Kraft gesetzt werden. Da die Erkenntnisse der Naturwissenschaften voranschreiten und man immer mehr erklären kann, wird der Aktionsradius Gottes immer kleiner. Eine solche »wachsende Ohnmacht Gottes« widerspricht dem Gottesbild Jesu und dem biblischen Wunderbegriff. Denn Gott greift nicht dann und wann in ein Geschehen ein, sondern er hat mit allem zu tun, was geschieht. Außergewöhnliche Ereignisse oder Eigenschaften eines Menschen können darauf in besonderer Weise aufmerksam machen. Wenn Jesus zum Beispiel Menschen heilt, wird konkret erfahrbar, was er verkündet: Gott will alles zum Guten wenden.

Die wunderbaren Taten Jesu sind kein Gottesbeweis, der den Glauben an Gott erzwingen könnte. Im Gegenteil: Erst im Licht des Glaubens werden sie zu Zeichen für Gottes Nähe. Denn wie alles Geschehen unter der Sonne bleiben die Wunder mehrdeutig. Die Gegner Jesu beispielsweise interpretieren sie als magischen Zirkelschluss: Mithilfe der Dämonen treibt er die Dämonen aus. Jesus verfügt aber weder über magische Fähigkeiten, noch verteilt er Zaubermittel. Er ist kein Medizinmann und auch kein Wunderdoktor. Von den herkömmlichen Ärzten unterscheidet er sich durch seine ungewöhnlichen Honorarforderungen und durch seine alternative Heilmethode, wobei diese beiden in einem inneren Zusammenhang stehen. Jesus heilt gratis, um dadurch die

Gnade (lat. = gratia) Gottes zum Ausdruck zu bringen.* Als einziges Honorar fordert er, Gott die Ehre (lat. = honor) zu geben.

Sein All-Heilmittel ist seine Liebe. Und das bedeutet: *Er selbst ist die Medizin für viele Menschen.* Sein heiles Selbstbewusstsein, geliebter Sohn Gottes zu sein, hat therapeutische Effekte. Es ist also die Persönlichkeit Jesu, die sich auf kranke Menschen wohltuend auswirkt: Seine liebenswerte Art, seine Ausstrahlung und seine Herzlichkeit machen Menschen gesund. Die Zuwendung, die Jesus im Namen Gottes schenkt, wird zur Arznei, durch die verschiedenste Krankheiten geheilt werden. Heute versucht man oft, mit Psychopharmaka chemisch zu heilen, was menschlich kaputt ist. Umgekehrt zeigt sich in der modernen Psychotherapie: Nicht primär Couch und Methoden, sondern vielmehr die Persönlichkeit etwa einer Therapeutin spielen für den Heilungsprozess eine entscheidende Rolle.

Heilende Beziehungen

Schauen wir uns eine Heilungsgeschichte etwas näher an: Als Jesus mit seinen Jüngern und einer großen Menschenmenge Jericho verließ, saß an der Straße ein blinder Bettler namens Bartimäus. Als er hörte, dass es Jesus von Nazareth war, der vorbeikam, rief er laut: »Jesus, hab Erbarmen mit mir!« Viele wurden ärgerlich und befahlen ihm zu schweigen. Er aber schrie noch lauter: »Hab Erbarmen mit mir!« Da blieb Jesus stehen und sagte: »Ruft ihn her!« Sie riefen den Blinden und sagten zu ihm: »Hab nur Mut, steh auf, er ruft dich.« Da warf er seinen Mantel weg, sprang auf und lief auf Jesus zu. Jesus fragte ihn: »Was willst du, das ich dir tun soll?« Der Blinde erwiderte: »Ich möchte wieder sehen können.« Da sagte Jesus zu ihm: »Geh! Dein Glaube hat dir

---

* Entsprechend hat er auch keine Privatpatienten, zumal sich »privat« ableitet von lat. *privatio*: Raub, Ausplünderung.

geholfen.« Sogleich konnte er wieder sehen, und er folgte Jesus auf seinem Weg (Markus 10,46–52).

In dieser Geschichte fällt auf, dass Jesus im Gegensatz zu den Leuten den Blinden nicht wegschiebt. Er ist aufmerksam und nimmt das Schreien des Mannes wahr und ernst. Sodann fragt er Bartimäus, was er denn wolle. Jesus heilt also nicht über den Kopf dieses Mannes hinweg, sondern lässt ihn noch einmal aussprechen, was er selbst ersehnt. Vielleicht mobilisiert er damit die Selbstheilungskräfte des Kranken. Auf jeden Fall aber schreibt er die Heilung nicht seiner eigenen Kraft zu, sondern dem »Glauben« des Bartimäus.

In all diesen Geschichten geht es nie um Schauwunder oder um Mirakel. Vielmehr wird durch Jesus die Macht Gottes als Nähe und Zuwendung spürbar. Dies ermöglicht neue und heilende Beziehungen. Die Welt krankt an vielem, an Isolation, Einsamkeit und Egoismus, an Ungerechtigkeit, Unterdrückung und Gewalt. Viele körperliche Krankheiten wurzeln häufig in erlittenem Unrecht, in Kränkungen oder in Schuld. Wer nicht an Liebe glauben kann und sich in Ersatzbefriedigungen flüchtet, wird süchtig und damit ebenfalls krank. Freundschaft und Versöhnung können heilsam sein.

Wenn Jesus Sünden vergibt, ist dies oft ein erster Schritt zur Heilung. Menschen werden gesund, weil Jesus sie spüren lässt, dass Gott sie annimmt, so wie sie sind. Das ist das eigentliche Wunder. Diese innere Erfahrung kann sich auch auf das äußere Krankheitsbild auswirken. Verweigerte Zuwendung kann Kinder krank machen; Hass kann Menschen bis ins Mark kränken und sie in ihrer körperlichen Verfassung vergiften. Warum sollte dann eine große Liebe nicht auch heilen können? Und wenn ein Schmerzpunkt auf den ganzen Körper ausstrahlen kann, warum sollte sich dann nicht auch eine Sympathie auf den ganzen Leib positiv auswirken? Unser Wissen um psychosomatische Zusammenhänge kann uns die Heilungsgeschichten der Bibel in einem neuen Licht erscheinen lassen.

Kranke und verwundete Menschen sind oft sehr feinfühlig und spüren schnell, wer oder was ihnen wirklich helfen kann. Umgekehrt ist Jesus so sehr Zuneigung, dass er einen besonderen Blick für diejenigen hat, die am Leben, an sich selbst oder an ihrem Gottesbild leiden. Er nimmt die Menschen wahr, die an Mangelerscheinung kranken, weil sie zu wenig Zuwendung erfahren haben. Er geht auf diejenigen zu, die durch erlittene Härte gelähmt sind. Er sieht die Menschen, die so oft übersehen worden waren, dass sie davon erblindet sind. Er nähert sich sogar den Aussätzigen, die aus der Gesellschaft brutal ausgestoßen werden. Das Eigenartige passiert: Jesus macht sich durch die Berührung nicht unrein, sondern die Unreinen werden durch seine Berührung rein. *Jesus hat eine ansteckende Gesundheit.* Denn nichts kann einen Menschen so sehr verändern wie die Erfahrung echter Liebe!

Im Wunderbaren das Göttliche erahnen

Neben den Heilungsgeschichten gibt es noch weitere Erzählungen, die auf die außergewöhnliche Persönlichkeit Jesu aufmerksam machen. Sie sagen: In ihm ist Gott am Werk. Dies wird zum Beispiel deutlich, wenn Jesus dem bedrohlichen Sturm auf dem See Ruhe gebietet. Oder wenn er dafür sorgt, dass es bei einer Hochzeit Wein im Überfluss gibt.* Der Evangelist Johannes spricht in diesem Zusammenhang nicht von »Wundern«, sondern von »Zeichen«. Es handelt sich also um Ereignisse, die auf etwas Tieferes hinweisen, nämlich auf die zugrunde liegende Macht Gottes, die sich in Jesus als Macht der Liebe zeigt.

---

* Das Johannesevangelium erzählt, dass sich durch Jesu Gegenwart das Wasser, das in große Krüge gegossen wird, in Wein verwandelt (Johannes 2,1–12). Der indische Guru Sathya Sai Baba (1926–2011) materialisierte Asche und streute diese aus einem Krug auf seine gebannten Anhänger. Im Vergleich zum Weinwunder Jesu ist dieses Wunder, das man auf einer Videoaufnahme im Internet bestaunen kann, doch ein ziemlich trauriges Wunder …

Jesus gelingen daher manchmal Verrücktheiten, die die berechnende Logik anderer übersteigt. Wenn Jesus das Brot des kleinen Jungen annimmt, der mit kindlichem Vertrauen das wenige für alle zur Verfügung stellt, so werden mit dem Brot auch die harten Herzen derer gebrochen, die ihren Proviant nur für sich gebunkert hatten. So reicht das Brot für alle, und es bleibt sogar noch etwas übrig (Johannes 6,1–15).

Das wahre und eigentliche Wunder, das Jesus bei alldem wirkt, ist nicht das Spektakuläre und äußerlich Sichtbare, sondern das Wirklichwerden von Glaube und Vertrauen, von Gerechtigkeit und Frieden. Es ist ein Wunder, dass es so etwas wie Freundschaft gibt. Es ist wunderbar, dass der Mensch den harten Kern seines Ich durchbrechen und überschreiten kann auf ein Du hin. Und man kann sich nur wundern, wenn eine zerbrochene Lebensgeschichte durch Versöhnung neu beginnt.

Jesus ist ein Wunderkind der Liebe. Liebe aber ist der Tatort Gottes. So erkennen viele Zeitgenossen Jesu: Gott ist, wie Jesus tut. In diesem Mann aus Nazareth ist die Entschiedenheit Gottes für den Menschen leibhaftig, greifbar, hautnah. Daher will Jesus für sein Tun nicht bewundert werden, sondern lenkt den Blick immer auf Gott zurück: Ihm allein soll man danken. Ob die Vorliebe Gottes für den Menschen dessen Gegenliebe findet? Denn das ist die angemessene Antwort auf die Wunder Jesu: Gott danken und das Empfangene mit anderen teilen.

JESUS PROVOZIERT

Für apokalyptische Gerichtsprediger wie etwa für Johannes den Täufer ist die Zeit bedrohlich vorgerückt. Es ist fünf vor zwölf. Für Jesus dagegen hat es bereits zwölf geschlagen: Die neue Zeit hat begonnen, und Gottes neue Welt ist in ihren Anfängen schon da. Jetzt wird das Volk Gottes neu gesammelt. Daher wählt Jesus zwölf Männer aus. Sie stehen für die zwölf Stämme Israels (symbolisiert in den zwölf Söhnen Jakobs), und in diesen beginnt der Bund Gottes mit der ganzen Menschheit. Diese zwölf beruft Jesus in seine Lebensschule. Geduldig nimmt der Zimmermann auch ungehobelte Schüler in die Lehre.

Von Jesus lernen

Was macht Jesus eigentlich so attraktiv? Viele Zeitgenossen erleben: Jesus ist ein Virtuose an freigiebiger Freundschaft. Wer sich ihm anschließt, folgt also einem Freien in dessen Freiheit nach. Kein Wunder, dass Jesus vor allem unterdrückte und abhängige Menschen anzieht und sie zur Eigenständigkeit ermutigt. Wie er sollen auch sie aus einem neuen Selbstbewusstsein leben: Alle sind Töchter und Söhne Gottes und dürfen in der Freiheit der Kinder Gottes leben. Jesus lässt seine biologische Familie zurück und gründet die neue »Familie Gottes«, in der alle geschwisterlich leben können, weil sie einen gemeinsamen Vater im Himmel haben. Einige von denen, die mit ihm gehen wollen, werden aufgefordert, Familie, Beruf und Besitz zurückzulassen – für die Auserwählten eine Herausforderung.

Als heimatloser Wanderprediger nimmt Jesus seine Lehrlinge (»Jünger«) mit auf den Weg und gibt ihnen Unterricht. Er hat kein festes Schulgebäude, aber einen festen Schülerkreis. Bisweilen steigt er in ein Boot, das ihm als schwimmende Kanzel dient. Jesus lehrt mit »göttlicher Vollmacht« und mit Autorität, was seine Zuhörer tief beeindruckt. Autorität meint hier kein oberlehrerhaftes Verhalten, das imponierend über andere dominieren will, indem man sagt: »Du weißt ja doch nichts. Dir werd ich's jetzt mal zeigen!« Das Wort *Autorität* hat seinen Ursprung im lateinischen *augere* (= vermehren, wachsen lassen). Im wörtlichen Sinn hat jemand Autorität, wenn er die Entwicklung anderer fördert. Wahre Autorität macht andere nicht nieder, sondern lässt sie groß werden. Sie macht andere nicht abhängig, sondern mehrt ihre Autonomie, damit sich ihre Persönlichkeit entfalten kann. Wer dagegen die Freiheit eines anderen einschränkt oder ihn erniedrigt, ist bloß autoritär.

Von den Schriftgelehrten wird im Evangelium berichtet, dass sie im Unterschied zu Jesus keine echte Autorität besitzen. Sie sind unglaubwürdig, weil sie den Leuten viele Lasten auferlegen, die sie selbst nicht zu tragen bereit sind. Zum Kreis der Schriftgelehrten gehören auch die sogenannten *Pharisäer*, die aufgrund ihrer doppelbödigen Gesetzesauslegung oft als Heuchler dargestellt werden.* Mit ihren vielen Vorschriften halten sie die Leute klein. Sie selbst aber wollen als Spezialisten für Gott und sein Gesetz groß herauskommen.

Jesus dagegen will die Selbstständigkeit seiner Schüler stärken, damit sie als erwachsene, reife und verantwortliche Personen leben können. Er braucht keine abhängigen und infantilen Bewunderer. Er erlaubt ihnen daher auch nicht, dass sie ihn oder sonst jemanden, nicht einmal einen Heiligen »Vater« nennen. Er weist jeden Paternalismus zurück. Das Ziel von Jesu Pädagogik ist, dass seine Schüler aus der gleichen Würde und Freiheit leben, die er

---

* In diesem Wortsinn werden bis heute Menschen als »Pharisäer« bezeichnet, die schlaue Rezepte erfinden, um ihre eigenen Vorschriften umgehen zu können: Wenn man sich etwa den Anschein eines Abstinenzlers gibt, sich aber heimlich Schnaps in den Kaffee mischt. In Norddeutschland kann man sich im Café einen »Pharisäer« bestellen. Das Getränk sieht auf den ersten Blick wie ein biederer Kaffee mit Schlagsahne aus, enthält aber hochprozentige Ingredienzien.

selbst hat: Wenn der Schüler alles gelernt hat, wird er wie sein Meister sein (Lukas 6,40).
Das unterscheidet Jesus von Gurus, die Menschen auf ihre Person fixieren und sie damit gerade nicht zu sich selbst befreien. Fans löschen sich aus vor ihrem Idol. Anhänger von Stars sonnen sich im Glanz einer Sternschnuppe, die freilich so schnell wieder verglüht, wie sie aufgetaucht ist. Wer einen Star nachäfft, macht sich selbst zum Affen. So werden Stars bisweilen bis ins Detail imitiert. Allein in Deutschland gibt es beispielsweise rund 100 Elvis-Imitationen, die sich exakt wie Elvis Presley kleiden, und in einem Fall hat eine Frau sogar ihren Namen in »Elvis Presley« ändern lassen. Die Starkult-Diener und -Dienerinnen vernachlässigen ihre eigene Person und beziehen ihre Identität von einem fremden Stern. Aber begehen sie damit nicht eine subtile Form von Selbst-Mord? Denn alle Menschen werden als Originale geboren, viele aber sterben als Kopien.

In der Begegnung mit Jesus können Menschen dagegen ihr wahres Selbst entdecken. Indem Jesus an sie glaubt, hilft er ihnen, das Gute in sich zu sehen und zu entfalten. So findet jemand zu seinem eigenen Selbst, weil er einer Liebe trauen lernt, die ihn meint, und zwar ganz genau ihn. Daher ist »Nachfolge Jesu« kein Kopierverfahren. Es geht nicht darum, die Person Jesu nachzuahmen, sondern in dessen Haltung hineinzuwachsen, um ein neues Selbstbewusstsein zu finden. Dieses äußert sich darin, dass Menschen aus der gleichen Gottesbeziehung wie Jesus leben. Ganz in diesem Sinn lehrt Jesus seine Jünger auch beten: Sie dürfen Gott ihren Vater nennen, so wie er selbst das tut. Als Sohn oder Tochter Gottes kann der Mensch erfahren, dass er ganz angenommen ist. Wer der grenzenlosen Zuwendung Gottes glauben kann, erfährt sich gerade nicht als billigen Abklatsch, sondern als kostbares Unikat. Er wird selbstständig denken und selbstbewusst auftreten.

Freundschaftsfähig

Frei werden können wir nur, wenn wir selbst frei werden *wollen.* Daher legt Jesus Wert darauf, dass ihm Menschen aus eigenem Antrieb folgen. Er wendet weder Gewalt noch subtile Manipulation an, sondern lädt liebevoll ein: »Wenn du willst ...« (Markus 10,17–22). Jesus stellt vor die Wahl, zu bleiben oder zu gehen – und zwar ohne Drohung. Er stülpt nichts über. Er lockt und fordert heraus. Seine Liebe will Gegenliebe wecken, die man bewusst und freiwillig in sich aufkeimen lassen kann. Hier wird deutlich, dass Jesus den freien Willen des Menschen respektiert. Ja, durch seine Provokation macht er diesen manchmal erst sichtbar und damit möglich.

Jesus will die Menschen großziehen, um so alle unguten Abhängigkeiten in Beziehungen progressiv zu überwinden. Ein Kind ist zunächst noch ganz abhängig von Eltern und Lehrern. Es soll zu einem erwachsenen Menschen heranreifen, der frei und ebenbürtig ist. Jesus gebraucht dafür das Bild der *Freundschaft.* Unter Freunden gibt es weder Dominanz noch Unterwürfigkeit. Freundschaft ist Beziehung unter Gleichen. »Ich nenne euch nicht mehr Knechte; denn einem Knecht sagt der Herr nicht, was er vorhat. Ihr seid vielmehr meine Freunde; denn ich habe euch alles anvertraut, was ich vom Vater gehört habe« (Johannes 15,15).

Jesus geht noch einen Schritt weiter: Er versteht die Beziehungen in Gottes neuer Welt nicht nur als Besitz gleicher Rechte, sondern als gegenseitigen Dienst, als Sorge füreinander. Die Schlüsselszene für dieses neue Verständnis menschlicher Beziehungen ist die Fußwaschung, von der im Johannesevangelium erzählt wird:

Jesus stand vom Mahl auf, legte sein Gewand ab und band sich ein Tuch aus Leinen um. Dann goss er Wasser in eine Schlüssel und begann, den Jüngern die Füße zu waschen und mit dem Leinentuch abzutrocknen (Johannes 13,4–5).

Jesus hält keine Moralpredigt, sondern vertraut auf die Dynamik des lebendigen Vorbildes. Er wäscht seinen Jüngern die Füße. Er tut den Dienst eines Sklaven, um zu zeigen: In der neuen Welt Gottes gibt es kein Oben und Unten mehr, keine Chefetage und keine *Underdogs.* »Ich habe euch ein Beispiel gegeben«, sagt Jesus, »damit auch ihr so handelt, wie ich an euch gehandelt habe« (Johannes 13,15).

Doch Jesus ist auch nicht naiv. Er kennt die menschliche Natur und rechnet mit Machtspielchen auch in seinem Freundeskreis. Daher ermahnt er seine Freunde immer wieder, sich von den anderen Gesellschaften dieser Welt in der angewandten Physik zu unterscheiden: Bei euch soll kein Druck ausgeübt werden, kein Zwang, keine Gewalt. Jesus kann neue Regeln aufstellen, weil er sich als »Herr und Meister« versteht. Doch sein neues Gesetz stellt die üblichen Regeln der Gesellschaft mit ihren Hierarchien vom Kopf auf die Füße. Die Herrschaft Jesu ist ganz anderer Art und zeigt sich darin, dass er als Herr seinen Schülern die Füße wäscht. Größe gibt es in den Augen Jesu nur noch als Größe der Liebe.

Das Empfangene weitergeben

Jesus ist daran gelegen, dass seine Schüler so wie er zu Lehrern werden. Er nennt nicht nur sich, sondern auch seine Jünger »Licht der Welt«. Sie stehen also nicht in seinem Schatten, sondern sind selbst »Erleuchtete«, die ihre innere Überzeugung anderen weitergeben können. Als Apostel (griech. = Gesandte) Jesu werden sie losgeschickt. So hofft er, dass sich das Reich Gottes nach dem Schneeballprinzip ausbreitet und immer mehr Leute zu neuen Menschen macht.

Erfolgreich kehren die Apostel von ihrem ersten Missionspraktikum zurück und erzählen stolz davon, was sie alles erreicht haben. Doch Jesus applaudiert ihnen nicht. Er ahnt, dass sie sich allzu sehr an pädagogischen Erfolgen oder an der Macht über die Dämonen ergötzen. Es ist jedoch eine Versuchung, seinen Selbstwert in Erfolgen festzumachen, die man sich auf das eigene Konto gutschreibt. Darum gibt er klare Anweisung: Wer als Lehrer des Evangeliums unterwegs ist, darf seine Freude allein darin finden, dass er von Gott gekannt und geliebt wird. Dies ist auf Dauer der allein tragfähige Grund. Denn nicht die eigene Leistung, sondern allein die von Gott geschenkte Identität gibt dem Menschen einen bleibenden Wert und einen unzerstörbaren inneren Halt. Wer sich dagegen von äußeren Erfolgen abhängig macht, verliert genau die Freiheit, die zu verkündigen er aufgebrochen ist (Lukas 10,17–20).

Eine Evaluierung des pädagogischen Konzeptes Jesu zeigt, dass dieses oft nicht aufgeht. Er stößt immer wieder an Grenzen, an die eigenen und die der anderen. Die Jünger erweisen sich manchmal als ziemlich ungelehrig und begriffsstutzig, sodass Jesus die Geduld verliert (Markus 9,19). Umgekehrt ist das Phänomen »Jesus« für die Jünger nur schwer zu verstehen. Ja, mit einem derart Hochbegabten zu leben, ist oft nicht leicht. Manche seiner Worte bleiben widersprüchlich und schrecken sogar viele Leute ab. Doch trotz all dieser Schwierigkeiten ahnen seine Schüler, dass Jesus etwas hat, was sie sonst nirgends finden würden: »Du hast Worte des ewigen Lebens« (Johannes 6,68).

Um es abschließend auf den Punkt zu bringen: Jesus versteht sich als Sonderbotschafter Gottes, der dessen Neubeginn mit seiner Welt verkündet. Ja, Gottes neue Welt bricht in der Person Jesu schon an. Die Begegnung mit ihm fördert und fordert den neuen Menschen. Seine Pädagogik zielt auf die Befreiung aus destruktiven Mustern, damit eine andere und bessere Welt möglich wird. Je tiefer man sich an Jesus bindet, umso mehr findet man diese neue Freiheit.

RAUS AUS DER FALLE!

Seit es Menschen gibt, kommt es zu Konkurrenz und Konflikten: Menschen vergleichen sich mit anderen und begehren das, was auch der andere begehrt. Dadurch wird die Angst angeheizt, zu kurz zu kommen oder nicht genügend zu gelten. Diese Mechanismen werden durch den Anbruch von Gottes neuer Welt entmachtet.

Jesus lebt aus der Zuwendung Gottes und kann daher den Versuchungen widerstehen, sich durch Äußeres zu definieren. Er braucht das, was er »hat«, nicht für seine Identität. Daher lebt er in einer großen Distanz zu allen Arten von Besitz. Weil er die Fülle Gottes erfährt, braucht er weder kleinlich zu rechnen noch ängstlich zu kalkulieren. Er verschenkt seine Zeit, seine Energie, sein Leben. Er ist freigiebig und auf nichts versessen. Der politischen Macht setzt Jesus die Ohnmacht der Liebe entgegen und dem Besitz die Großzügigkeit des Schenkens. So wird auch für andere erfahrbar: Gottes Güte reicht, so weit der Himmel ist. Er lässt seine Sonne scheinen für Gute und Böse und lässt es regnen für Gerechte und Ungerechte (Matthäus 5,45).

Diese Barmherzigkeit Gottes ahmt Jesus nach. Sein Streben richtet sich nicht auf Besitz oder Macht, sondern einzig und allein auf Gott, der grenzenlos großzügig ist. Und zugleich lädt Jesus andere Menschen ein, es ihm gleichzutun.[47] Jesus bringt den Menschen außer Konkurrenz, indem er ihn Gottes Nähe erfahren lässt, die einen Menschen ganz erfüllen kann. Wer in diese Lebensschule eintritt, gewinnt daher die Freiheit, Besitztümer loslassen zu können. Wer auf Gott schaut und dessen Uneigennützigkeit und Weite nachahmt, entkommt der Falle, sich mit anderen zu messen und ihnen zum Rivalen zu werden. Wer Jesu absichtslose Freundschaft annimmt und erwidert, kann sich dem Nächsten uneigennützig zuwenden und an einer Kultur der Menschlichkeit und Gerechtigkeit mitbauen. Wer innerlich den

Platz des himmlischen Friedens findet, hat es nicht mehr nötig, sich gewaltsam gegen seine Mitmenschen durchzusetzen. Ihm wird es sogar möglich, Gewalt durch Liebe zu überwinden.

Und so wird es überliefert: Jesus ist im Ausland unterwegs und lässt in einem Dorf um Gastfreundschaft nachfragen. Doch die Leute lassen die Jünger Jesu abblitzen. Vor lauter Wut wollen die Jünger Feuer vom Himmel fallen lassen. Doch Jesus weist jeden Rachegedanken entschieden zurück (Lukas 9,51–56).

Ein neuer Lebensstil

Jesus stellt ohne Zweifel hohe Ansprüche. In dieser Linie liegt auch die »Bergpredigt«, in der er uns seine steile Ethik präsentiert: Er verkündet eine Umwertung der Werte und stellt die Rangordnungen dieser Welt auf den Kopf. »Die wahre Macht der Gottesherrschaft liegt bei den Armen, den Sanftmütigen, den Verfolgten, den Kindern. Sie und nicht die Inhaber der politischen Macht sind die ›Elite der neuen Zeit‹, Licht der Welt und Salz der Erde.«[48] Die Bergpredigt gipfelt in den sogenannten *Seligpreisungen* und in der Aufforderung zur Feindesliebe:

Selig, die arm sind vor Gott; denn ihnen gehört das Himmelreich.
Selig die Trauernden; denn sie werden getröstet werden.
Selig, die Sanftmütigen; denn sie werden das Land erben.
(...) Ihr habt gehört, dass gesagt worden ist: Auge für Auge und Zahn für Zahn. Ich aber sage euch: Leistet dem, der euch etwas Böses antut, keinen Widerstand, sondern wenn dich einer auf die rechte Wange schlägt, dann halt ihm auch die andere hin! Und wenn dich einer vor Gericht bringen will, um dir das Hemd wegzunehmen, dann lass ihm auch den Mantel!
(...) Ihr habt gehört, dass gesagt worden ist: Du sollst deinen Nächsten lieben und deinen Feind hassen. Ich aber sage euch: Liebt eure Feinde und betet für die, die euch verfolgen (...)
(Matthäus 5,3–5.38 f. 43 f.)[49]

Was Jesus hier sagt, klingt verrückt. Aber allein durch diese Verrückung kann das Schema von Gewalt und Gegengewalt überwunden werden. Sich von alten Abhängigkeiten zu lösen, ist ungeheuer schwer. Oft läuft der Mensch in die Falle der Wiederholungsmuster: Die Mutter lehnt ihre Tochter ab und vernachlässigt sie – und diese wiederholt das Schema ihrer eigenen Tochter gegenüber. Manchmal findet sich darin auch eine unbewusste Rache. Opfer werden zu Tätern, sodass die Kette der Gewalt nicht abreißt. Das Böse funktioniert wie ein sich selbst reproduzierender Mechanismus.

Jesus aber steigt aus dem Zirkel der Gewalt aus. Das jetzt beginnende Reich Gottes ermöglicht es, Konflikte in einer neuen Weise zu leben und Beziehungen anders zu gestalten. Weil Jesus einen Neuanfang mit Gott schenkt, können sich Menschen mit ihrer Geschichte versöhnen. Das Erlittene kann vergeben werden. Es wird Menschen möglich, miteinander neu zu beginnen und das gesellschaftliche Zusammenleben humaner zu gestalten.

Die Gewaltfreiheit, die Jesus predigt und lebt, ist keine Botschaft für Angsthasen und Leisetreter. Denn Aggression und Beleidigung sollen nicht stillschweigend hingenommen werden. Dem gewalttätigen Gegenüber die andere Wange hinzuhalten, ist vielmehr eine gewaltlose Provokation, die ihm die eigene Aggressivität bewusst machen will. Damit appelliert Jesus an das Gute im Menschen, an das er unerschütterlich glaubt. Die Gewalt als solche wird ausgehalten in der Hoffnung, dass sie sich totläuft. Nur so können die alten Mechanismen durchbrochen werden. Es braucht freilich eine große innere Stärke, um die Faust nicht zu ballen. Es braucht Mut, dem anderen die Hand zur Versöhnung zu reichen, nicht wissend, wie die andere Person reagieren wird.

Auf dieses Risiko lässt sich Jesus bewusst ein – und muss die Ablehnung seiner Botschaft schmerzlich erfahren. Dass er beim Großteil der Bevölkerung und gerade bei den führenden Schichten auf taube Ohren stößt, ist für ihn besonders enttäuschend.

Der Mann aus Nazareth, der sich am Anfang von den Gerichtspredigten des Johannes distanziert hat, wird in seinem Ton strenger. Jetzt droht auch er mit dem Gericht Gottes, um seine Landsleute aufzurütteln und zur Entscheidung zu drängen. Viele fühlen sich provoziert und reagieren mit Hass. Dunkle Gewitterwolken brauen sich über Jesus zusammen. Todesdrohungen liegen in der Luft.

Gewaltfrei bis zuletzt

Muss Jesus für das Verkünden des Reiches Gottes am Ende mit dem eigenen Leben bezahlen? Welchen Sinn hätte ein solches Schicksal? In dieser Situation kann sich Jesus mit einer prophetischen Gestalt aus der großen Tradition seines Volkes identifizieren. Im Buch Jesaja ist von einem »Knecht Gottes« die Rede, der selbst angesichts des eigenen Todes immer noch gewaltlos bleibt. Ja, dieser Gottesknecht übernimmt stellvertretend für die Schuldigen das Geschick, das eigentlich sie treffen müsste. Er lässt sich freiwillig zum Sündenbock machen, durch den alle anderen versöhnt werden. Am Ende aber steht die Hoffnung, dass Gott selbst dafür Sorge trägt, dass sein Tod nicht umsonst war (Jesaja 52,13–53,12).

Mit diesem Wort Gottes im Sinn geht Jesus nach Jerusalem, um dort ein großes religiöses Fest mitzufeiern. Er zieht wie ein König in die Stadt ein – doch nicht hoch zu Ross, sondern auf einem Esel, um seine gewaltfreie Herrschaft zu demonstrieren. Mit seinen Jüngern feiert er ein Abschiedsmahl. Immer noch hält Jesus daran fest, dass das Reich Gottes schon angebrochen ist und die Sünden der Menschen vergeben werden. Doch nun ahnt er, dass er als Bote der großen Versöhnung seinen Preis zahlen muss. Er könnte fliehen, doch er bleibt sich treu. Er ist bereit, zum Zeugen einer Liebe zu werden, die das eigene Leben preisgibt für die Freunde. So bezieht er die Rolle des »Gottesknechtes« auf sich und nimmt seinen drohenden gewaltsamen Tod bewusst an: »Mein Leib wird zerbrochen wie Brot, und mein Blut wird ausgegossen wie ein Becher Wein. Und was ich jetzt an mir geschehen lasse und was ich tue, das tue ich für euch!« (Lukas 22,17 ff.) Die Worte, die Jesus während seines letzten Abendmahls spricht, und die Weise, wie er mit seinen Jüngern das Brot bricht, bleiben unvergesslich.

DER TRIUMPH DER GEWALT

Jesus ist ein Provokateur der Freiheit. Einem solchen zu begegnen, kann verschiedenste Reaktionsweisen hervorrufen: Ich kann die Verlockung verspüren, selbst so frei zu werden wie der andere. Ich kann aber auch Angst bekommen vor so viel Unabhängigkeit, weil sie die eigenen Sicherheitssysteme infrage stellt. Die Eigenständigkeit Jesu macht vor allem denen Angst, die ihre Macht durch Angst-Machen, Unterdrückung und Rechtsbeugung etablieren. Weil sich Jesus »politically incorrect« aufführt, wirken seine Person und Botschaft auf die Mächtigen seiner Zeit bedrohlich. Jesus aber lässt sich durch nichts einschüchtern, sondern ist so frei, sich auch Feinde zu machen.

Die Pharisäer bemühen sich, das jüdische Reinheitsgesetz im alltäglichen Umfeld möglichst korrekt zu leben. Daher sind Jesus und seine Jüngerinnen und Jünger, die mit Prostituierten und Kollaborateuren große Feste feiern, für die Pharisäer religiöse Outlaws. Umgekehrt legt sich Jesus mit den Pharisäern an und wäscht ihnen wegen ihrer überzogenen Reinigungsvorschriften öfter den Kopf.

In Jerusalem angekommen, fordert er auch noch die Tempelaristokratie heraus. Das große Tempelheiligtum von Jerusalem ist das religiöse Zentrum des Judentums. Auch wirtschaftlich ist die Stadt vom Tempelbetrieb mit seinen horrenden Tieropfern völlig abhängig. So ist es ein Skandal, dass Jesus den äußeren Tempelkult infrage stellt und einen »neuen Tempel« errichten, d. h. den religiösen Glauben von innen her erneuern will. Seine Sündenvergebung am offiziellen Ritus vorbei ist ohnehin schon geschäftsschädigend, denn Jesu Entschuldungskampagne stellt das lukrative Tilgungsverfahren durch den Opferkult infrage. Dass er das auch noch im Namen Gottes tut, ist für die Religionswächter eine unverzeihliche Anmaßung. Es kommt, wie es kommen muss. Der Konflikt ist unausweichlich.

Es wird überliefert: Jesus zog nach Jerusalem hinauf. Im Tempel fand er die Verkäufer von Rindern, Schafen und Tauben und die Geldwechsler, die dort saßen. Er trieb sie alle aus dem Tempel hinaus und warf die Tische der Geldwechsler und die Stände der Händler um (Markus 11,15–16).

Mit dem heiligen Zorn eines Propheten stört Jesus den Betriebsablauf der Geldwechsler, die fremde Münze in reine Tempelwährung umtauschen. Er vertreibt die Vieh- und Vogelhändler, die unschuldige Tiere feilbieten. Wie er Dämonen ausgetrieben hat, die Menschen besetzt hielten, so will er nun das Haus Gottes von denen befreien, die meinen, man könne Gott für sich pachten oder mit ihm Geschäfte machen. Es bringt Jesus in Wut, dass Geld nicht nur die Welt, sondern sogar noch im Tempel Gottes regieren will. Mit seinem spektakulären Auftritt will er vermutlich aber noch mehr sagen: Die Institution des Tempels hat sich überlebt, denn das Reich Gottes ist schon angebrochen.[50] Daher muss der Tempel für die große Völkerwallfahrt bereit gemacht werden, die am Ende der Zeit, das zum Greifen nahe ist, stattfinden soll.

Das fromme Establishment von Jerusalem fühlt sich provoziert. Der Hauptvorwurf gegen Jesus lautet: Er hat den Tempel beleidigt, indem er seine Zerstörung ankündigt und einen neuen Tempel vorhersagt (Markus 14,58). Dies ist in der jüdischen Tradition ein todeswürdiges Verbrechen. Auf die herrschende Priesterschicht wirken die Worte Jesu besonders skandalös, weil sie deren Machtposition gefährden. Die römische Besatzungsmacht hatte dem jüdischen Priester-Adel eine gewisse Autonomie im Tempelbezirk zugestanden. Um diese nicht zu verlieren, sind die Priester sehr darauf bedacht, dass der Tempel mit seinen Brandopfern nicht zum Unruheherd wird. Die Tempelhierarchie will daher Jesus als Störenfried verhaften lassen. Seine engsten Freunde bekommen es mit der Angst zu tun. Seit Judas, einer der zwölf Apostel, Jesus verraten hat, ist der Jüngerkreis ohnehin in einer

Krise. Als Jesus in einer Nacht-und-Nebel-Aktion verhaftet wird, tauchen die meisten von ihnen unter. Petrus, ein ehemaliger Fischer und jetzt Großsprecher der Jesus-Sympathisanten, wird verdächtigt, zu Jesus zu gehören. Um seine eigene Haut zu retten, verleugnet er seinen Freund, und schließlich verflucht er ihn sogar.

Von allen im Stich gelassen, steht Jesus allein da. Zunächst wird er vor das Gericht der geistlichen Obrigkeit gestellt. Auch in dieser bedrohlichen Situation bleibt Jesus sich selbst treu. Er lässt sich nicht zur Gegengewalt provozieren. Gefasst hält er den Schlag auf die Backe aus, den ihm ein Diener des Hohepriesters versetzt. Zugleich aber lässt er sich nicht einschüchtern, sondern stellt den Diener zur Rede: »Wenn es nicht recht war, was ich gesagt habe, so weise es mir nach. Wenn es aber recht war, warum schlägst du mich?« (Johannes 18,23). Mit seinem Verzicht auf den Gegenschlag appelliert er an das Ethos und Gewissen dieses Mannes. Die Gewaltfreiheit Jesu ist also keine feige Unterwerfung, sondern kommt aus einer inneren Stärke, die den Gewalttätigen zum Nachdenken und zur Umkehr veranlassen will.

Die hohe Geistlichkeit lässt sich jedoch nicht beeindrucken, sondern will Jesus endgültig loswerden. Dazu muss sie ihn der weltlichen Macht ausliefern, denn dieser ist es vorbehalten, Todesurteile zu vollstrecken. Die frommen Tempelherren verraten damit ihre religiöse Überzeugung, dass Gott der wahre und einzige Herrscher Israels ist: Indem sie mit der feindlichen Besatzungsmacht kollaborieren, erkennen sie den Herrschaftsanspruch der Römer an. Wie so oft arbeiten auch hier geistlicher und weltlicher Arm Hand in Hand, wenn es um die Erhaltung ihrer Herrschaftsstrukturen geht. Jesus wird also den Römern ausgeliefert, um ihm kurzen Prozess zu machen.

Für den römischen Statthalter Pontius Pilatus sind die religiösen Querelen mit Jesus ein Streit um Worte wie »Tempel« oder »Gottesreich« und somit kein Hinrichtungsgrund. Die Oberpriester argumentieren Pilatus gegenüber, dass es um das Kaiserreich geht. Denn wer die Ordnung des Tempels und dessen Obrigkeit angreift, der gefährdet Law and Order und damit die römische Herrschaft. Außerdem ist Jesus als Antikönig festlich in Jerusalem eingezogen. Jede Art von Herrschaftsanspruch aber muss doch die Römer alarmieren! So wird Jesus angeklagt, er habe als »Messias« (hebr. = Gesalbter, griech. = Christus) Ambitionen auf den Königsthron Israels.

Pilatus durchschaut das schmutzige Spiel der frommen Saubermänner aus dem Tempel. Von Jesus aber ist er beeindruckt. Der steht vor ihm als der innerlich Stärkere. Vielleicht spürt Pilatus angesichts Jesu seine eigenen Abhängigkeiten: Denn er selbst ist nichts als eine Marionette in einem intriganten Spiel. Die Fäden werden von anderen gezogen, und er muss als von Rom ferngesteuerte Puppe tanzen. Jesus aber ist souverän. Er handelt aus innerer Gewissheit und ist somit frei. Während Pilatus zum Spielball der manipulierenden Kräfte wird, die ihm mit seinem angeknacksten Prestige in Rom drohen, bewundert er Jesus. Denn dieser steht gebunden vor ihm und ist doch freier als er selbst. Pilatus kommt immer mehr unter Druck, und so nimmt das Schicksal Jesu seinen Lauf.

Zunächst hofft Pilatus noch, dass er Jesus retten kann. Doch da passiert etwas, das er nicht mehr zu steuern vermag. Die im April des Jahres 30 in Jerusalem zum Fest versammelte Menge ist ein Unruheherd. Weil es bei religiösen Festen immer wieder zu Ausschreitungen gekommen war, haben die Römer Sicherheitsvorkehrungen getroffen. In der gesamten Stadt liegen Spannungen und Aggressionen in der Luft. Diese drohen wie eine scharf gemachte Bombe bei der geringsten Erschütterung zu explodieren, als Aufruhr, Revolte oder Bürgerkrieg. Pilatus bietet der zusammengelaufenen Menschenmenge an, Jesus freizulassen. Doch dieselben Leute, die Jesus vor Kurzem noch mit dem Jubelruf »Hosianna« in Jerusalem begrüßt hatten, wollen nun sein Blut fließen sehen. Es ist diabolisch (griech. diabolos = Durcheinander-Werfer): Diejenigen, die eben noch Jesus hochleben ließen, wollen jetzt seinen Untergang. Selbst viele seiner Anhänger lassen sich von diesem Sog mitreißen und geben Jesus auf. Die hysterische Menge johlt: »Ans Kreuz mit ihm!«

Pilatus hat die Situation nicht mehr in der Hand. Er gibt dem Druck der Straße nach und wäscht seine Hände in Unschuld. Jesus aber wird zur Hinrichtung abgeführt. Sein Schuldspruch wird am Kreuzesbalken angeheftet: »Jesus von Nazareth. König der Juden«.

Das langsame und qualvolle Sterben am Kreuz gehört zu den schrecklichsten Todesarten, die sich die perverse Fantasie der Menschen ausgedacht hat. Nach römischem Recht dürfen nur Ausländer und Sklaven zu dieser Tortur verurteilt werden. So wird Jesus nun nackt an ein Kreuz genagelt. Für seine jüdischen Glaubensgenossen gilt er deshalb als ein von Gott Verfluchter (Deuteronomium 21,23). Doch er flucht weder seinem Gott noch den Folterknechten. Im Gegenteil, er betet für die, die ihn verfolgen: »Vater, vergib ihnen, denn sie wissen nicht, was sie tun« (Lukas 23,34). Er lässt sich nicht in die Spirale des Hasses hineinziehen, sondern bleibt Gott, seinen Mitmenschen und sich selbst bis zuletzt treu.

Am Ende kann Jesus die ihm vertraute Nähe seines »Abba« nicht mehr spüren. Dies wird zur letzten Versuchung Jesu, dass er seinem Gott am Ende doch noch misstraut. Mit äußerster Kraft schreit er: »Mein Gott, mein Gott, warum hast du mich verlassen?« (Markus 15,34). Gott antwortet nicht und scheint taub (lat. = surdus) für diesen markerschütternden Schrei. Doch selbst in dieser letzten Absurdität wird Jesus an seiner Liebe nicht irre. Das ist die Nagelprobe des Glaubens: Jesus bleibt in der Liebe, auch wenn er nicht mehr spüren kann, ob Gott ihn noch liebt. Er glaubt ins Dunkle der Gottverlassenheit hinein. Mit einem Gebet auf den Lippen stirbt er.

Für die Anhänger Jesu ist dies ein Weltuntergang. Dabei hatte doch Jesus den Beginn einer neuen Welt angekündigt. Lange hatten sie daran geglaubt und waren Jesus begeistert gefolgt. Doch nun sehen sie, dass er als von Gott Verfluchter nackt am Kreuz hängt. Damit ist er vor aller Welt als falscher Messias bloßgestellt. Verstört und beschämt müssen die Jünger einsehen, dass sie ihre Hoffnung auf einen Pseudo-Messias gesetzt haben. Sie verkriechen sich oder machen sich aus dem Staub.

WER HAT DAS LETZTE WORT?

Mit seinem Tod am Kreuz ist das Schicksal des Jesus von Nazareth, Pseudo-König der Juden, besiegelt. Die Mächtigen Jerusalems atmen auf, denn urplötzlich ist es ganz friedlich in der Stadt. Durch die öffentliche Hinrichtung Jesu ist die öffentliche Ordnung wiederhergestellt. Doch die Ruhe ist trügerisch. Einige ehemalige Anhängerinnen und Anhänger Jesu lassen die Sache Jesu nicht auf sich beruhen. Obwohl es immer noch gefährlich ist, als Sympathisant Jesu zu gelten, tauchen sie völlig überraschend aus der Versenkung wieder auf. Kurz zuvor noch verängstigt, sind sie plötzlich voller Mut. Die in alle Winde zerstreuten Jünger sammeln sich wieder. Einige, die sich von Jesus völlig distanziert hatten, bekennen sich jetzt öffentlich zu ihm. Sie reden von Jesus, als ob er immer noch bei ihnen sei. Dabei nehmen sie sogar das Risiko auf sich, verhaftet oder gar hingerichtet zu werden. Nach der Passion Jesu muss also etwas passiert sein, das sie schockiert und aufgewühlt hat.

Die ältesten Zeugnisse, die von dieser umwälzenden Erfahrung berichten, sprechen von der »Auferweckung Jesu«. Diese Bekenntnisse sind das Urgestein, auf das man in den ersten schriftlichen Quellen des Christentums immer wieder stößt: »Gott hat Jesus von den Toten erweckt« (u. a. 1 Thessalonicher 1,10; Galater 1,1; 1 Korinther 6,14).

Aber was soll man sich darunter vorstellen? Die Evangelien bieten keine Darstellung im Stil eines Polizeiberichtes. Was die Anhänger Jesu erlebt haben, wird vielmehr in Geschichten gekleidet. So wird erzählt, dass als Erste die Jüngerinnen aus ihrer Trauer und Angst herausgerissen werden: Die Frauen gehen ans Grab Jesu, um seinen Leichnam einzubalsamieren. Es ist noch früh am Morgen, als sie entdecken, dass das Grab leer ist. Jetzt dämmert es ihnen, und es kommt zu fulminanten Begegnungen (lat. fulmen = Blitz). Ein Engel mit dem Aussehen eines Blitzes hat den Stein vom Grab Jesu gerollt (Matthäus 28,3). Den Frauen passiert aber nicht etwas, sondern ihnen passiert »jemand«, der sie persönlich anspricht. Es fällt ihnen wie Schuppen von den Augen, und es leuchtet ihnen eine Botschaft ein, die sie weitersagen müssen: »Was sucht ihr den Lebendigen bei den Toten? Er ist nicht hier, sondern er ist auferstanden« (Lukas 24,5 f.).

Nach den Frauen widerfährt auch den Jüngern »jemand«. Sie erkennen dadurch Jesus als den »Lebendigen«. Durch diese Begegnung der besonderen Art finden die eingeknickten Jünger ihren aufrechten Gang wieder. Eine entscheidende Schlüsselerfahrung ist, dass der von den Toten Erweckte durch verschlossene Türen kommt.

Die Bibel überliefert folgende Erzählung: Am Abend des ersten Tages der Woche hatten die Jünger aus Furcht vor den Juden die Türen verschlossen. Da kam Jesus, trat in ihre Mitte und sagte zu ihnen: Friede sei mit euch! Nach diesen Worten zeigte er ihnen seine Hände und seine Seite. Da freuten sich die Jünger, dass sie den Herrn sahen (Johannes 20,19–20).

Den hinter verriegelten Türen zitternden Jüngern präsentiert sich Jesus als Friede, der nach innen geht. Nach erstem Befremden erkennen sie ihn an einem Fingerzeig und sehen die Wunden der Kreuzigung. Sie trauen sich nicht, nach der Identität der geheimnisvollen Gestalt zu fragen – und schenken dieser doch ihr ganzes Vertrauen. Das Gegenüber, das ihnen begegnet, zeigt sich als bekannt und fremd zugleich: Der Auferstandene glänzt durch Anwesenheit. Er ist Geistesgegenwart, die sich sehen lassen kann.

Jesus: lebendiger denn je

Sicher ist die Auferstehung Jesu kein Comeback im Sinne einer Wiederbelebung seines Leichnams. Denn der Auferstandene ist irgendwie ganz anders als das bislang vertraute Erscheinungsbild Jesu. Zugleich erkennen die Jünger, dass es kein anderer ist als derjenige, der am Kreuz gehangen hat. Die Evangelien erzählen auch, dass die Jüngerinnen und Jünger das Grab Jesu leer vorgefunden haben. Das leere Grab als solches ist vieldeutig: Es könnte auch als Indiz für Grabraub oder Leichenschändung interpretiert werden. Umgekehrt wären die Erscheinungen Jesu unglaubwürdig, wenn der Gekreuzigte noch im Grab liegen würde. Der Glaube an die Auferstehung verträgt sich nicht mit einer Leiche im Keller. Entsprechend wird von den Erscheinungen des Auferstandenen ausgesprochen körperbetont erzählt. Die Aussagen bleiben widersprüchlich: Er ist berührbar, kann aber nicht festgehalten werden. Er zeigt sich in vertrauten Gesten und ist zugleich ganz anders. Wie diese Erscheinungen zu deuten sind, bleibt für die Jünger eine Herausforderung. Glaube mischt sich mit Zweifel. Die Hoffnung, dass Gott Jesus wirklich vom Tod auferweckt hat, muss immer wieder neu geweckt werden.

Wie gern würden wir mehr wissen über jene Begegnungen mit dem Auferstandenen! Aber wir müssen uns mit diesen eigentümlichen Zeugnissen begnügen. So sehen die Jünger Jesus, aber sie erkennen ihn nicht; und als sie ihn erkennen, brauchen sie ihn nicht mehr zu sehen. Diese Aussagen sind völlig paradox. Aber gerade das spricht für ihre Glaubwürdigkeit. Denn sie zeigen, dass es den Jüngerinnen und Jüngern die Sprache verschlagen hat. Die Zeugenberichte übersteigen die Logik des Gewöhnlichen, weil sie ein außergewöhnliches Ereignis zu vermitteln versuchen. Auch bei einer Liebeserklärung kann einem die Sprache versagen, weil man Zuneigung gerade nicht erklären kann. Es fehlen einfach die passenden Worte. Wer ein Grab sprengt, sprengt auch den Rahmen alles bisher Dagewesenen. Das Faktum der Auferstehung bleibt uns daher grundsätzlich entzogen. Was jenseits des Todes geschieht, können wir nicht begreifen. Doch *ein* geschichtliches Faktum ist uns greifbar: Es muss nach dem Tod Jesu etwas geschehen sein, was die Jüngerinnen und Jünger völlig verändert hat.

Der Anfang der Kirche

Die Anhängerinnen und Anhänger Jesu sind davon überzeugt, dass Jesus in ihrer Mitte lebendig ist. Es ist also *sein* Geist, der sie zusammenführt und innerlich verbindet. Die neue Weise seiner Anwesenheit setzt eine ungeahnte Dynamik frei. Ihre Erfahrung, dass Jesus lebt, ist so anspruchsvoll, dass die Angesprochenen nicht mehr schweigen können. Sie sind getrieben vom Impuls, seine Geschichte in alle Welt hinauszutragen. Überwältigt treten sie an die Öffentlichkeit. Allen Drohungen zum Trotz reden sie davon, was Jesus und ihnen passiert ist. Sie sind Feuer und Flamme für die Botschaft von seiner Auferstehung, die es wert ist, in allen Sprachen verkündet zu werden. Sie erleben ihren Mut als ein Geschenk des »Heiligen Geistes«, den Jesus ihnen versprochen hat. Diese Dynamik wird als »Pfingstfest« gefeiert. Hier haben die Kirche und deren Mission ihren Ursprung. Besonders staunt man über Petrus: Der Fischer, der das sinkende Boot verlassen hatte, wird nun zum Kapitän des Kirchenschiffs.

Diese junge Kirche versteht sich nicht als rückwärtsgewandter Nostalgie-Klub, sondern als eine Art von Zukunftswerkstatt. Denn der Geist Jesu will alle, die an ihn glauben, zu einer Gemeinschaft verbinden, in der das weiterlebt, was mit ihm begonnen hat. Die neue Welt, die in Jesus angebrochen ist, will sich durch den Heiligen Geist in der Kirche realisieren. Das Wort »Kirche« bedeutet wörtlich: die dem »Herrn« (griech. = kyrios; gemeint ist der auferstandene Christus) Zugehörigen. Wer zum Auferstandenen gehört, gehört nicht mehr nur sich selbst. Er ist Bürger einer neuen Gesellschaft, die sich in einer neuen Ordnung zeigen will. Von dieser wird berichtet:

Die Gemeinde der Gläubigen war ein Herz und eine Seele. Keiner nannte etwas von dem, was er hatte, sein Eigentum, sondern sie hatten alles gemeinsam. Die Apostel legten Zeugnis ab von der Auferstehung Jesu, des Herrn. Es gab unter ihnen keine Notleidenden. Denn alle, die Grundstücke oder Häuser besaßen, verkauften ihren Besitz und brachten den Erlös zu den Aposteln. Jedem wurde davon so viel zugeteilt, wie er nötig hatte (Apostelgeschichte 4,32–35).

Für die junge Kirche wird in ihrem sozialen Handeln die neue Welt Gottes schon konkret. Und das bleibt der Auftrag der Kirche: Hier und heute sichtbar machen, dass der Frieden und die Gerechtigkeit Gottes mitten in dieser Welt begonnen haben.

RÜCKBLICK AUF DEN VIERTEN TAG

Am Anfang des Christentums und in seinem Zentrum steht eine geschichtliche Persönlichkeit: Jesus von Nazareth. Verwurzelt in der jüdischen Tradition, ging diesem immer mehr auf, zutiefst mit Gott verbunden zu sein. Und er verstand seine Sendung darin, allen Menschen eine solche Gottesbeziehung zu eröffnen.

Erfahren Menschen sich in dieser Weise als »Kind Gottes«, so können sie ihr Leben neu gestalten. Dies äußert sich etwa in der Gewaltfreiheit, im Einsatz für gerechtere Strukturen oder in der Zuwendung zu Kranken und Ausgestoßenen.

In der Liebe Gottes verankert, konnte Jesus seine Botschaft mit großer Souveränität und Freiheit leben. Genau dies wurde ihm zum Verhängnis: Die religiösen und politischen Autoritäten fürchteten um ihre Macht und ließen Jesus am Kreuz hinrichten. Seine Anhängerinnen und Anhänger bezeugten aber, dass sie Jesus als einem Lebendigen neu begegnet sind. Sie schlossen sich zusammen und wurden zur Urzelle der Kirche.

FÜNFTER TAG: GOTT OUTET SICH

Andreas: *Hast du ein Lieblingsbild von Jesus?*
Melanie: *Ich mag Rembrandt sehr gern. Mich beeindruckt, wie er mit Schatten und Licht arbeitet. Besonders gut gefällt mir seine Emmaus-Darstellung. Jesus sitzt mit zwei Jüngern an einem Tisch. Sie waren nach der Hinrichtung Jesu aus Jerusalem geflüchtet. Unterwegs redeten sie mit einem Unbekannten über ihre zerbrochenen Hoffnungen. Im Dorf Emmaus angekommen, laden sie den Fremden ein, bei ihnen zu bleiben. Beim Essen gehen ihnen die Augen auf, und sie erkennen, dass Jesus mit ihnen unterwegs war. Auf dem Bild von Rembrandt geht von Jesus ein Strahlen aus, das die Schatten zurückdrängt.*
Andreas: *Dieses Gemälde kann ein Bild für unser Leben sein. Mir ist es schon öfter so gegangen, dass ich Ereignisse meines Lebens erst im Rückblick verstanden habe. Es gab eine Zeit, in der ich an einem Vertrauensbruch in einer Freundschaft sehr gelitten habe. Ich war innerlich ganz wund und konnte auch im Gebet keinen Trost finden. Erst viel später ahnte ich, dass ich auch in dieser Dunkelheit nicht allein gewesen war. Es war so etwas wie eine leise Gegenwart Gottes, die mich durch eine Zeit langer Schatten begleitet hat.*
Melanie: *Im Nachdenken von Lebenserfahrungen können wir auf Gott kommen. Vielleicht bin ich deshalb so leidenschaftlich gern Theologin, weil ich das Leben so spannend finde. Der Ursprung von Theologie ist nämlich, dass Menschen über ihre Biografie nachdenken. Gott schreibt sich in meine Lebensgeschichte ein. Theologie ist für mich daher nicht blutleer, sondern lebensvoll. Es geht um diese*

Welt, um mein und unser Leben, um die Zukunft der Menschheit, um Liebe und Tod. All dies ist für mich Sprache Gottes. Und wenn es um Gott und die Welt geht, können wir gar nicht genug denken.

Andreas: *Dass Gott mitten in unserer Welt gefunden werden kann, hat für mich einen konkreten Grund. Ich glaube daran, dass Gott sich in Jesus von Nazareth auf unser menschliches Leben eingelassen hat. Und deshalb kann ich Gott auch in allen Dingen finden.*

Melanie: *Ja, das finde ich auch. Es gehört für mich zur Mitte meines Glaubens, dass es keinen Bereich in meinem Leben gibt, der nicht mit Gott in Berührung ist. Das hat auch praktische Konsequenzen. Ich bin beispielsweise sehr anspruchsvoll, mit mir und mit anderen. Das ist eine Stärke, aber auch eine Schwäche, wenn ich nämlich schnell ungeduldig werde. Eine wichtige Einsicht meines Glaubens ist, dass Jesus ein Lernender war. Gott war in Jesus also gegenwärtig als einer, der nicht fertig ist, sondern unterwegs bleibt. Das ist für mich sehr befreiend. Ich darf unfertig sein und das auch anderen zugestehen.*

Andreas: *In meiner Ordensgemeinschaft ist das Stichwort »Nazareth« sehr wichtig. Als Christen glauben wir, dass Gott sich nicht zu schade war, um ein ganz konkretes Leben in einem Dorf im Hinterland Palästinas zu führen. Dadurch erhält das Alltägliche einen Glanz. Die ganz normalen Menschen, denen ich bei meiner Arbeit begegne, werden liebenswürdig. Das Leben mit seinen gewöhnlichen Vorkommnissen ist nicht banal, sondern kostbar. In unserem Handeln, und mag es noch so unscheinbar sein, ist Gott mit am Werk.*

Melanie: *Das wirft auch ein positives Licht auf unsere menschlichen Fähigkeiten, die Welt zu erforschen und zu gestalten. Eigentlich dürfte es keine weltfremden Christen geben. Denn Weltflucht führt auch von Gott weg. Es zeichnet ja den christlichen Glauben aus, dass er die Erde liebt.*

Andreas: *Heute suchen manche Menschen eine Spiritualität als Gegenwelt zu einer überorganisierten oder durch Technologie un-*

terkühlten Gesellschaft. Meditation wird dann selbst zu einer Technik, die gestresste europäische Subjekte in die ozeanischen Gefühle Asiens tauchen soll. So gelangt man aber auch schnell in ein ethisches Nirwana. Denn wenn ich das eigene Ich vergesse, kann ich mich auch schnell von der Verantwortung für unsere Welt verabschieden.

Melanie: *Im Unterschied dazu fragt der christliche Glaube: Welche Hoffnungen hat Gott für diese Welt? Wir bezeugen den Gott Jesu in dem Maß, in dem wir uns seine Leidenschaft für diese Welt zu eigen machen. Daher gehören Mystik und Politik zusammen. Wer in Gott eintaucht, muss – christlich gesehen – beim Menschen wieder auftauchen. Christliche Spiritualität ist folglich immer spannungsgeladen. Wir können uns dem Himmel nur nähern, wenn wir mit beiden Beinen auf dem Boden der Wirklichkeit stehen. In meiner Arbeit mit jungen Erwachsenen gehören daher spirituelle Angebote, Auseinandersetzung mit gesellschaftlichen Fragen und soziales Engagement zusammen.*

Andreas: *Es geht um den Mut zur ganzen Wirklichkeit. Nicht nur Rembrandt, sondern vor allem Gott ist der Meister von Licht und Schatten. Das Bild meines Lebens ist voller bunter Farben. Doch auch mein Scheitern, meine Angst, meine Zerbrechlichkeit und meine Zweifel gehören zu diesem Bild. Selbst in diesen Schatten darf ich manchmal noch ein strahlendes Gesicht entdecken, das mich an den Jesus von Rembrandt erinnert.*

EIN MYTHOS WIRD ENTLARVT

Das Leben nach dem Tod gehört zu den ältesten Hoffnungen der Menschheit. In vielen Kulturen wird von Toten erzählt, die wieder zum Leben erwachen. Solche fabelhaften Geschichten sind für uns moderne Menschen längst nicht mehr glaubhaft, und wir müssen fragen: Gehört nicht auch die Erzählung von der Auferstehung Jesu in die Mottenkiste der Märchen und Mythen?

Mythen erzählen von Kreisläufen und ewigen Wahrheiten. Zyklen der Natur wie Tag und Nacht, Frühling und Herbst, Geburt und Tod werden durch Geschichten gedeutet. Das alte Ägypten kennt den Mythos von Isis und Osiris. Mit der Ermordung von Osiris kommt es zu Dürre und Unfruchtbarkeit. Isis weckt Osiris von den Toten auf, und das Land wird wieder fruchtbar.

Viele der antiken Mythen kreisen um den Opfermechanismus, durch den eine bedrohliche Spannung innerhalb einer Gesellschaft überwunden werden kann. Die angestaute Gewalt findet in der Opferung eines Einzelnen ein Ventil, sodass wieder Ruhe und Ordnung einkehren. Oft wird davon erzählt, dass eine aggressive Menge sich auf den Nächstbesten stürzt, der an der Krise (angeblich) schuldig ist. Hier läuft ein sozialpsychologischer Mechanismus ab: Unterschwellige Aggressionen und Schuldgefühle werden auf einen Prügelknaben übertragen. Das Motto der Meute lautet: Alle gegen einen. Niemand ist sich der Tatsache bewusst, dass dieser eigentlich unschuldig ist. Wenn der Sündenbock dann getötet wird, findet das Volk einmütig zum Frieden. Dem Opfer wird nun eine göttliche Macht zugeschrieben, weil es ja auf wunderbare Weise Versöhnung stiftet. Die Mythen erzählen von diesem Automatismus und vergöttlichen den Ermordeten. Er wird vom Tod erweckt und nimmt seinen Platz unter den Göttern ein. Religiöse Kulte wiederholen dieses Geschehen regelmäßig in rituellen Opfern. Sie entladen die aggressiven Spannungen an einem Opfer, dessen Tod und Auferstehung gefeiert werden.

Was liegt näher, als in den Erzählungen von Tod und Auferstehung Jesu dieses mythologische Schema wiederzufinden? Sind nicht auch die Evangelien vom mythologischen Gedankengut ihrer Zeit zutiefst geprägt? Ein genauer Blick aber macht nachdenklich und zeigt sogar, dass die Erzählungen von Jesu Leiden, Sterben und Auferstehen das Schema der antiken Mythen entlarven. Dies sei anhand einer kleinen Geschichte verdeutlicht.

»Ein Grabstein ist der beste Aktendeckel«, dachte Pilatus, während er seinem Waschzwang nachgab. »Mit dem vorgerollten Stein ist der kleine Prophet aus Nazareth endgültig zur Verschlusssache Jesu geworden. Und zwar ein für alle Mal. Dann herrschen wieder Ruhe und ich.« Es blieb dem römischen Prokurator für Palästina freilich ein Rätsel, warum sich eine rasende Meute immer so schnell einig wird, wenn einer am Pranger steht. Sobald das Opfer dann baumelt oder am Kreuz hängt, werden sich alle noch ein wenig daran ergötzen und dann zufrieden nach Hause gehen, um mit ihren Kindern »Mensch ärgere Dich nicht« zu spielen. »Es ist wie im Amphitheater«, räsonierte Pilatus weiter. »Man muss den Löwen etwas zum Fressen vorwerfen. Wenn sie ihr Opfer dann zerrissen und verschlungen haben, schnurren sie friedlich wie die Schoßkatzen. Doch der nächste Hunger kommt bestimmt …« Der Statthalter von Roms Gnaden aber hatte vorgesorgt: In seinen Gefängnissen hielt der Potentat genügend potenzielle Prügelknaben in eiserner Reserve, und der schöne Kreisel von Gewalt und Befriedung würde sich weiterdrehen wie die ewigen Planeten.

Es sei noch einmal kurz daran erinnert, was damals passiert ist: Jesus ist in Jerusalem von der Volksmenge begeistert empfangen worden. Doch die religiösen Führer lassen ihn verhaften und überstellen ihn Pilatus, der ihn verurteilen soll. Als Jesus der brodelnden Volksmasse vorgeführt wird, kippt die Stimmung. Jesus wird für schuldig befunden, und der Mob fordert seine Hinrichtung. Niemand durchschaut, was eigentlich abläuft: dass nämlich Aggressionen und Schuldgefühle einer ganzen Menge sich plötzlich auf einen Einzigen richten. Jesus wird urplötzlich zum Sündenbock, an dem sich die Hochspannung wie an einem Blitzableiter entladen kann. Auch die Anhänger Jesu lassen sich von der Massenhysterie mitreißen. Die engeren Freunde Jesu bekommen es mit der Angst zu tun und verkriechen sich.

Doch ganz überraschend tauchen sie wenig später wieder auf und behaupten, dass Gott Jesus von den Toten auferweckt hat. Zugleich bringen sie ihre Überzeugung zum Ausdruck, dass Jesus unschuldig war: »Jesus ist zu Unrecht verurteilt und hingerichtet worden!« Eine solche entlarvende Behauptung passt nicht in eine mythologische Erzählung. Denn diese geht immer davon aus, dass das Opfer schuldig ist und zu Recht geopfert wird. Der Sündenbock-Mechanismus wird im Mythos nicht durchschaut.

Daher stehen die Berichte, in denen der Prozess Jesu und seine Leidensgeschichte (»Passion«) aufgezeichnet sind und die sich in allen vier Evangelien finden, in völligem Gegensatz zu den mythischen Erzählungen der Antike. Ja, die »Passionsberichte« stellen sogar ein bis dahin in der Weltliteratur einmaliges Phänomen dar.

In den Mythen ist es immer die einmütige Menge der Verfolger, die das getötete Opfer vergöttlicht, weil es die wunderbare Macht hat, Versöhnung zu stiften. In den Evangelien ist es eine kleine Minderheit, die aus der Menge ausschert und deren Einmütigkeit zerstört.[51] Sowohl einige ehemalige Anhänger Jesu wie z. B. Petrus als auch frühere Gegner wie etwa Paulus stemmen sich völlig unerwartet gegen das Rad der Geschichte. Sie behaupten kühn: Die Einwohner von Jerusalem und ihre Anführer haben Jesus nicht erkannt. Obwohl sie nichts fanden, wofür er den Tod verdient hätte, forderten sie von Pilatus seine Hinrichtung. Gott aber hat Jesus von den Toten auferweckt (Apostelgeschichte 13,27–30).

Zwei Aussagen stehen im Zentrum dieser Rede des Apostels Paulus: die Auferstehung Jesu und die Einsicht, dass Jesus unschuldig ermordet wurde. Bereits die hebräische Bibel (= die Bibel des Volkes Israel) klagt Verfolger an und betont die Unschuld der Opfer. Die Evangelien aber legen in einzigartiger Weise den bislang unbewussten Mechanismus offen, durch den sich die Gewalttätigen selbst täuschen. Im Johannesevangelium wird sogar die heimliche Funktion des Sündenbocks durchschaut und enttarnt. Der Evangelist lässt einen der Ankläger Jesu sprechen: »Es ist besser, dass ein einziger Mensch für das Volk stirbt, als wenn das ganze Volk zugrunde geht« (Johannes 11,50). In den Passionsberichten werden also Ursache und Ablauf des Opfermechanismus in nie gekannter Klarheit geschildert. Die kollektive Täuschung, die sich auf einen einzigen »Schuldigen« stürzt, wird als Lüge demaskiert. Die Wahrheit dagegen lautet: Jesus ist schuldlos ermordet worden.

Was ist geschehen, dass diese Passionsberichte so geschrieben werden konnten? Wie kamen die Jünger zu diesen Einsichten und zum Mut, sie auch noch öffentlich auszusprechen? Nach ihren eigenen Aussagen haben die Begegnungen mit dem Auferstandenen ihnen die Augen geöffnet.

Kritisch nachgefragt

Natürlich kann man auch versuchen, die Erzählungen von der Auferstehung anders zu deuten: Vielleicht wurden die Jünger einfach nur Opfer von Sinnestäuschungen und Fantasieprodukten. Sie bilden sich etwas ein und werden von Halluzinationen heimgesucht. Dies wäre angesichts ihrer traumatischen Erfahrung sogar etwas sehr Natürliches. Denn wenn jemand einen nahestehenden Menschen verliert, führen Verlustschmerz und Trauer häufig zu Bewältigungs-Halluzinationen. Man sieht den Verstorbenen etwa plötzlich auf der anderen Straßenseite oder hört in der U-Bahn seine Stimme. So liegt es nahe zu vermuten: Auch bei den Jüngerinnen und Jüngern war der Wunsch der Vater der Erscheinungen.

Was lässt sich dazu sagen? Psychologisch kann man zunächst einmal feststellen, dass sich die von den Jüngern berichteten Erscheinungen (»Visionen«) von Bewältigungs-Halluzinationen unterscheiden. Letztere widerfahren nämlich nur einzelnen Menschen, die Auferstehungsvisionen betreffen jedoch auch Gruppen. Es könnte sich hier also um mystische, subjektive Erfahrungen handeln, die zugleich intersubjektiv sind.

Ungewöhnlich an diesen Erscheinungen ist auch, dass sie unterschiedliche Menschen zu einer gemeinsamen Aufgabe verbinden. Diese Art von Visionen wirken also nicht wie Krankheitserscheinungen, sondern sind heilsam und gemeinschaftsbildend. Ja, die Vernetzung und Sorge umeinander, das gemeinsame Engagement und Gebet sind in der Bibel geradezu ein Erkennungsmerkmal, dass jemand dem Auferstandenen begegnet ist. Ein weiterer Unterschied zu Halluzinationen liegt schließlich darin, dass die Erscheinung eines Verstorbenen im Falle Jesu zur Überzeugung führt, dass dieser einen göttlichen Status hat.[52]

Trotzdem: Kann man den Glauben an die Auferstehung nicht doch irgendwie erklären? Vielleicht wollen und können die Jünger einfach nicht wahrhaben, dass alles aus ist. Sie kommen über den Verlust Jesu nicht hinweg. Weil sie nicht als die Getäuschten und Blamierten dastehen wollen, ergreifen sie die Flucht nach vorn. Sie geben vor, Jesus wieder gesehen zu haben. Am Ende glauben sie dann selbst an das Täuschungsmanöver, das sie für andere inszeniert haben.

Doch all diese Erklärungsversuche lassen mehr Fragen offen, als sie lösen! Denn warum sollten die Jüngerinnen und Jünger für eine selbst erfundene Geschichte ihr Leben riskieren? Wer oder was soll die zutiefst resignierten Anhänger Jesu aus ihrer Lähmung befreit und auferweckt haben? Was gibt die Initialzündung dafür, dass sie sich wieder neu sammeln? Wenn Gott es zugelassen hat, dass Jesus als Verfluchter am Kreuz hing, wie sollen ein paar ungebildete Fischer auf die Idee kommen, dass der Fluch der Bibel auf Jesus nicht zutrifft? Wie kommt es dazu, dass der Sündenbock-Mechanismus, der doch unbewusst funktioniert, hier zum ersten Mal genau beschrieben wird? Woher nehmen die Jünger Jesu den Mut, die jetzt noch mächtigeren Täter öffentlich anzuklagen? Warum wollen sie auf einmal die Unschuld Jesu verteidigen, wo es für diesen ohnehin schon zu spät ist? Fragen über Fragen!

Und warum sollten wir die Antwort, die die Betroffenen selbst geben, nicht als eine glaubwürdige Möglichkeit ins Auge fassen? Ein toter Jesus hätte die Jünger kaum aus Blindheit, Furcht oder Resignation aufwecken können. Sie selbst bezeugen den Grund für die unerwartete Wende: Jesus selbst ist auferweckt worden. Sie sprechen von »Erscheinungen« des Auferstandenen. Wenn man die Realität und Macht dieser Visionen infrage stellt, kann man die Revision der Sache Jesu nur schwer erklären.

VOM KREUZ ZUR KRIPPE

Oft gibt es Durchblick erst im Rückblick. Manche Geschichten verstehen wir nur von ihrem Ende her. Krimis zum Beispiel erschließen sich in der Regel erst durch die Auflösung des Falls. Zunächst wird der Leser absichtlich hinters Licht geführt, um ihn dann lange Zeit im Dunkeln tappen zu lassen. Erst im Licht der unerwarteten Lösung wird der vorher erzählte Zusammenhang klar. Manche Intuitionen werden bestätigt, andere erweisen sich als Irrwege.

In diesem Sinn ähnelt die Geschichte Jesu einer Kriminalgeschichte, die mit einem Justizmord enden sollte. Doch es bleibt nicht bei diesem geplanten Ende. Das Leben geht weiter, und den Jüngern passiert etwas, das sie zur Überzeugung führt: Jesus ist von den Toten auferstanden. Durch diese unerwartete Auflösung des Todesfalls Jesu wird den Jüngern klar: Wir sind nicht einem falschen Messias aufgesessen! Das Urteil der Bibel, dass ein Gekreuzigter von Gott verflucht ist, trifft auf Jesus nicht zu. Indem Gott Jesus von den Toten auferweckt, setzt er seine Unterschrift unter dessen Leben und Botschaft. Er beglaubigt ihn als seinen *Messias,* als den Hoffnungsträger, mit dem die neue Welt Gottes schon begonnen hat.

Jesus war nicht ganz normal

Im Licht der Erscheinungen des Auferstandenen können die Jüngerinnen und Jünger nun schrittweise deuten, was sie intuitiv schon lange gespürt hatten. Denn bereits während der Wanderjahre ihres Meisters war ihnen aufgefallen, dass dieser Zimmermanns-Sohn aus einem besonderen Holz geschnitzt war. Und jetzt erinnern sie sich an Gesten und Worte Jesu, deren Zusammenhang ihnen nun aufgeht.

Eine erste Auffälligkeit: Jesus pflegte einen ungewöhnlichen Umgangston mit Gott und erhob sich selbst zum Herrn über die religiöse Hausordnung. Das Judentum betont den großen Respekt vor Gott als dem einzig Absoluten. Nichts und niemand sonst darf verabsolutiert werden. Das wäre nämlich Götzendienst. In diesem *Sinn* wehrt das *Sabbatgebot* der Versuchung, die Arbeit und das Machen des Menschen absolut zu setzen. Wenn nun aber das Gebot selbst verabsolutiert wird, so pervertiert es: Eine Vorschrift zur Ehre Gottes wird mit Gott selbst verwechselt.

Das Bemühen des Judentums, das Sabbatgebot sehr ernst zu nehmen, droht bisweilen in diese Richtung abzugleiten. So sind beispielsweise die an einem Sabbat erlaubten Schritte genau vorgeschrieben, und alle Aus-Schreitungen werden strengstens bestraft. Jesus kritisierte eine solche Schrittzähler-Mentalität. Er übertrat öfter den gebotenen Radius des Gesetzes, um einem Menschen in Not zu helfen. Zur Rede gestellt, behauptete er, dass »der Mensch Herr über den Sabbat« (Markus 2,28) sei. Damit beanspruchte er eine Deutungshoheit, wie sie eigentlich nur dem Verfassungsgeber selbst zukommt.

Ein Zweites ist bemerkenswert. Mit größter Selbstverständlichkeit vergab Jesus anderen Menschen ihre Sünden. *Sündenvergebung* aber war absolute Chefsache. Nur Gott konnte Sünden vergeben, und er tat dies gemäß jüdischem Gesetz nach einer penibel einzuhaltenden Gebrauchsanweisung für bestimmte Riten im Tempel. Und nun sicherte Jesus den Leuten zu, dass sie vor Gott schuldenfrei sind. Er nahm sich damit ein Recht heraus, wie es nur einem Bankbesitzer zusteht. Nur der kann mit dem Anspruch auftreten, universaler Gläubiger zu sein und daher großzügig alle Schulden erlassen zu können.

Anmaßend oder berechtigt?

Jesus war also verhaltensauffällig. Er benahm sich wie der Sohn eines Chefs, der sich allerlei Freiheiten herausnehmen kann. Immer wieder waren die Zeitgenossen Jesu vor die Frage gestellt: »Wer ist dieser Mensch? Mit welchem Recht tut er das alles?« Sein Auftreten ließ verschiedenste Interpretationen zu.

Einige erklärten Jesus einfach für verrückt. Für andere war er ein Gotteslästerer und Provokateur. Für diese Deutung entschieden sich die religiösen und politischen Führer. Seine Anhänger kannten Jesus besser. Weil sie um seine tiefe und ehrliche Religiosität wussten, war der Blasphemievorwurf für sie völlig inakzeptabel. Für sie war klar, dass Jesus in seinem Verhältnis zu Gott etwas ganz Besonderes war. Er war der Intimus Gottes und stand wie kein anderer Mensch mit seinem Abba auf Du und Du.

Die Tragweite der Nähe Jesu zu Gott geht den Freunden des Nazareners allerdings erst durch die Begegnung mit dem Auferstandenen auf. Jetzt wird den Jüngern in einer bestürzenden Weise deutlich: Gott hat Jesus von den Toten auferweckt. Er hat ihm also das Leben neu geschenkt. Jemandem das Leben zu schenken, kann man auch als »Zeugungsakt« verstehen. Wenn Gott Jesus in der Auferstehung lebendig macht, so wird er in einer außergewöhnlichen Weise Urheber des Lebens Jesu, und das heißt: Er ist ihm »Vater«. Damit bestätigt sich, worauf Jesus gebaut hatte: dass Gott in besonderer Weise sein Abba, sein Vater ist. Die Apostel drücken die Beziehung zwischen Jesus und seinem Gott jetzt so aus: *Jesus Christus ist der Sohn Gottes!*

Aus dieser Perspektive werden die Evangelien geschrieben. Man erinnert sich und versucht, das Erlebte neu zu deuten: Wenn Jesus souverän das Limit eines Sabbatweges überschreiten konnte, dann deshalb, weil er sich irgendwie als Souverän der göttlichen Sabbatgesetze verstand. Wenn Jesus neue Maßstäbe im Blick auf die Reinheitsvorschriften setzte, erhob er damit ebenfalls einen quasi-göttlichen Anspruch. Und wenn sein Wort einen göttlichen

Schuldenerlass in Kraft setzen konnte, dann aufgrund einer himmlischen Bankvollmacht. Die von Gott trennenden Sünden konnte Jesus vergeben, weil seine Zuwendung göttlich war und daher Gemeinschaft mit Gott selbst stiftete. In Jesu Güte war Gottes Barmherzigkeit am Werk. In der Begegnung mit ihm konnten Menschen eine Ahnung vom väterlichen Antlitz Gottes bekommen und spüren: »Er ist ganz der Vater.«

Die Schlüsselerfahrung, dass Gott selbst das Leben und die Botschaft Jesu bewahrheitet hat, lässt die Jünger auch den inneren Weg Jesu bis zu seiner mystischen Tauferfahrung am Jordan rückschließend deuten. Den Nachdenklichen unter seinen Freunden wird klar: Das Bewusstsein Jesu, von Gott einzigartig geliebt und gesandt zu sein, war nicht vom Himmel gefallen. Sie fragen sich, ob das Besondere an Jesus nicht schon in seiner Herkunft grundgelegt sein musste. Wie alles Geschichtliche, Evolutionäre und Religiöse war wohl auch das Selbstverständnis Jesu von unten her gewachsen. Das Göttliche an ihm war nichts Aufgesetztes, sondern musste ihm schon ins Stammbuch geschrieben worden sein. Denn während wir Menschen von unseren Anlagen her oft zu eigensüchtigem Verhalten neigen, ist in Jesus eine neue Qualität von Freiheit und Liebesfähigkeit aufgetaucht. Seine Güte war so einzigartig, dass man sie nicht nur einer guten Kinderstube zuschreiben wollte, sondern ihren Ursprung in Gott selbst suchte. Zwei Evangelisten ziehen diese Linie aus und schreiben Kindheitsgeschichten Jesu, um zu zeigen: Die besonderen Gaben dieses Mannes aus Nazareth verdanken sich einer göttlichen Herkunft und Begabung.

Die Jünger Jesu und die Evangelisten suchen nach Worten, um diesen Zusammenhang verstehen und anderen verständlich machen zu können. Was sie erzählen, klingt bisweilen fantastisch. Aber es ist nichts anderes als ihre Geschichte mit Jesus, die sie selbst erlebt haben und die sich ihnen im Licht der Erscheinungen des Auferstandenen erschließt. Was an Ostern, dem Tag der Auferstehung, geschehen ist, wird von ihnen in der *Weihnachtsgeschichte* schon angedeutet.* Sie erzählt von der Geburt Jesu, die unter einem besonderen Stern steht.

Dass der Geburtstag Jesu eine Bedeutung für die ganze Menschheit hat, bringt der Besuch von Sterndeutern aus dem Osten zum Ausdruck. Dem Kind werden Geschenke in die Wiege gelegt, die sein Schicksal voraussagen und verdeutlichen: Gold symbolisiert das Königliche, die Myrrhe weist auf die Totensalbung hin und der Weihrauch auf das Göttliche. So wird gesagt: Dieses Kind ist etwas ganz Besonderes; es wird ein menschliches Schicksal erleiden, und Gott wird in ihm erfahrbar sein. In dieser Art lesen die Evangelien vom Ende Jesu her dessen Anfang und Geschichte.

Das Phänomen »Jesus von Nazareth« wird also von einem *doppelten Ursprung* her verstanden: *Zum einen* ist Jesus aus der Stammesgeschichte Adams und der Glaubensgeschichte Abrahams hervorgegangen. Diese Überzeugung drücken die Evangelien beispielsweise in den beiden Stammbäumen Jesu aus, die sie auflisten. Wie alle Menschen verdankt auch Jesus seinen Ursprung der evolutionären Entwicklung des Menschen, die eine immer größere Befähigung zur Liebe zulässt.

Zum anderen kommt Jesus von Gott her. In dem Bauhandwerker aus Nazareth taucht nämlich eine neue Qualität von Liebe auf. Die Evangelien deuten seine Hochbegabung als Teilhabe an Gott, der selbst ganz Liebe ist. Die spätere christliche Überlieferung formuliert es poetisch: Jesus war »Licht vom Licht, wahrer Gott vom wahren Gott«.

---

* Das Geburtsdatum Jesu ist unbekannt; seit dem 4. Jahrhundert wird der Geburtstag Jesu (Weihnachten) am 25. Dezember gefeiert. Nach der Wintersonnenwende werden die Tage wieder länger, und mit der Geburt Jesu beginnt eine Wende, in der das Licht immer stärker wird.

VERTEIDIGUNG DES WINDELKULTES

Warum denn gleich so hoch gegriffen? Reicht es nicht, dass Jesus »der gute Mensch von Nazareth« war, dessen vorbildliches Leben und Sterben von Gott mit der Auferstehung belohnt wurde? Sicher war er besonders begabt und eine außergewöhnliche Persönlichkeit. Durch seine spirituelle Tiefe konnte er für viele seiner Zeitgenossen etwas von Gott deutlich machen und vielleicht sogar im Namen Gottes handeln. Es mag auch noch angehen, dass Gott Jesus nach dessen Tod eine besondere Ehre zuteilwerden und ihm im Jenseits einen gebührenden Platz zukommen ließ. Warum aber soll der Zimmermann aus Nazareth »göttlich« gewesen sein? Und selbst wenn es so wäre: Was sollte das für uns als Normalsterbliche bedeuten?

Mensch Gott!

Was macht den Menschen zum Menschen? Es scheint in uns ein Bedürfnis nach immer »mehr« zu geben. Wir kommen mit unserem Hunger nach Liebe und Glück an kein Ende. Irgendwie gibt es in uns etwas Unersättliches. Und selbst zu Hause haben wir manchmal noch Heimweh.

Religiöse Menschen deuten diese Sehnsucht, die von nichts Weltlichem oder Menschlichem gesättigt werden kann, als Hunger nach Gott. Wenn Gott die letzte Erfüllung dieser Sehnsucht sein soll, so muss er »ganz anders« sein: unermesslich, unerschöpflich, unvorstellbar, »jenseitig«. Wenn er nun aber so ganz anders ist, wie kann er uns dann überhaupt zugänglich werden? Denn falls er uns unverständlich bleibt, hat er uns nichts zu sagen. Falls er nur jenseitig ist, kann er uns nicht zur Seite stehen. Und welche Bedeutung hätte ein Gott für uns, der hoch erhaben über dem Sternenzelt thront, während wir hier unten im Schlamassel sitzen?

Hier lässt die Verkündigung von Jesus als dem »Christus« aufhorchen. Denn wenn Gott diesen Mann von den Toten auferweckt hat, dann bestätigt er Jesu Leben und Wirken. Gott identifiziert sich gewissermaßen mit dem, was Jesus gesagt und getan hat. Daraus folgt: Jesu hoher Anspruch, im Namen Gottes Sünden zu vergeben oder Kranke zu heilen, war nicht überzogen. Es gilt tatsächlich, dass in seinem Handeln Gott am Werk war. In seiner Predigt kam Gott selbst zu Wort. Wer mit ihm an einem Tisch saß, nahm am Gastmahl Gottes teil. In der Freundschaft mit ihm war Gott einem zum Freund geworden. In seiner Person waren die Jüngerinnen und Jünger irgendwie Gott höchstpersönlich begegnet. Gott, der ganz anders und damit absolut unnahbar ist, hat sich also in einem konkreten Menschen berührbar gemacht. Die frühe Kirche formuliert diese Glaubenserfahrung in einem Bekenntnis: *In Jesus Christus ist Gott Mensch geworden.* Es wird somit betont: Jesus Christus ist durch und durch Mensch, *und* zugleich wird durch ihn Gott selbst gegenwärtig.

Warum ist der Kirche diese Formel so wichtig? Ein Bild soll es verdeutlichen: Eine Brücke verbindet zwei Ufer miteinander. In diesem Sinn kann Jesus Christus als *Brücke* verstanden werden, die Gott und Mensch verbindet. Eine Brücke ruht auf beiden Seiten auf. *Ein bloßer Mensch,* vielleicht beflügelt von schönen Ideen und hohen Idealen, kann keine Brücke zu Gott schlagen. Wäre Jesus also nur ein toller Typ oder ein wundervoller Mensch gewesen, dann bliebe der Mensch mit seiner wunderlichen Tollheit auf seiner Weltseite allein. Der Mensch wüsste nicht, ob seine Gottessehnsucht nur eine Täuschung wäre, eine illusionäre Sehnsucht, die ihm eine betrügerische Natur eingepflanzt hat. Sein Heimweh nach Gott bliebe dann eine unerfüllbare Utopie; eine unheilbare Wunde, an welcher er lebenslänglich krankt.

Wäre Jesus Christus umgekehrt nur *ein verkleideter Gott* gewesen, der wie Zeus oder Apollon auf der Welt herumwandert, so wäre in ihm das Göttliche nicht wirklich berührbar geworden.

Denn ein derart »camouflierter« Gott hätte die Brücke zum Menschen gar nicht geschlagen. Er wäre bloß eine Fata Morgana, eine vorgespiegelte Oase – und der Mensch könnte seinen Durst nach der Nähe Gottes nicht stillen. Noch einmal: Wäre Jesus Christus *nur* Gott, dann kämen wir an Gott nicht wirklich heran. Wäre er aber *nur* ein Mensch, dann kämen wir über uns nicht wirklich hinaus.

Die urchristliche Erfahrung jedoch war: In Leben, Tod und Auferstehung des Wanderpredigers aus Nazareth begegnet uns weder bloß ein netter Mensch noch ein unnahbarer Gott. Vielmehr zeigt sich uns ein göttlicher Glanz auf einem menschlichen Gesicht. Freundschaft ist nur zwischen Gleichen möglich (Aristoteles). Daher gründet allein in der Menschwerdung Gottes die Möglichkeit, dass Gott und Mensch zu Freunden werden können. Gott kommt dem Menschen so weit entgegen, dass der Mensch ihm wirklich begegnen kann. Um den begrenzten Menschen in seiner paradoxen Sehnsucht nach dem Unbegrenzten zu erlösen, tut Gott diesen Schritt: Die Menschwerdung des Menschen (Hominisation) vollendet sich in der Menschwerdung Gottes (Inkarnation). Denn der Mensch ist auf das Göttliche angelegt. Und der garstig tiefe Graben, der ihn von Gott trennt, wird durch die Menschwerdung Gottes überbrückt.

Die große Kult-Revolution

Dieser Glaube ist in vielerlei Hinsicht revolutionär. Ein erster Punkt: Für das Christentum gibt es *keine Trennung mehr zwischen dem Heiligen und dem Profanen* (lat.: profanum = das, was außerhalb des heiligen Bezirkes liegt), zwischen kultisch Reinem und Unreinem. Diese Unterscheidung spielt jedoch in der Religionsgeschichte eine zentrale Rolle. Für einen aufgeklärten Menschen des 21. Jahrhunderts ist kaum noch vorstellbar, welchen Umsturz diese Botschaft provoziert hat. Wer jedoch eine Zeit lang etwa im hinduistischen oder islamischen Kulturkreis lebt, erfährt, wie sehr die Welt dort umstellt ist von religiösen Reinheitsvorschriften und Waschanleitungen. So vieles wird ins Unreine geredet: die Menstruation der Frau, die Berührung eines Toten, der Gang zur Toilette, Schweinefleisch und Samenerguss. Dies geht so weit, dass manche muslimische Kinder einem »ungläubigen« Lehrer aus Angst vor Verunreinigung nicht die Hand geben dürfen. Die Folge solcher Abspaltungen ist eine Zweiteilung der Welt und oft auch Kastenwesen und Frauenverachtung.

Jesus hebt durch seine Lehre und sein konkretes Verhalten derartige Trennungen auf. Folgerichtig wird in den ersten christlichen Schriften betont, dass es beispielsweise keine unreinen Tiere mehr gibt.* Indem sich in der christlichen Deutung Gott zum Menschen macht, wird jedes duale System, das Göttliches und Weltliches zu trennen versucht, endgültig außer Kraft gesetzt.

Dies malt die Weihnachtsgeschichte im Lukasevangelium schön aus: Der heilige Gott verweltlicht sich und kommt in einem Stall zur Welt. In der Geschichte von der Geburt Jesu wird von einem Engelschor erzählt. Dieser tritt aber nicht im goldglänzenden Tempel von Jerusalem auf, sondern auf der grünen Wiese zwischen einfachen Hirten und blökenden Schafen. Diese Geschichte kündigt schon die große Kulturrevolution des Christentums an.

Welche Bedeutung hat der Fall der Mauer zwischen dem Heiligen und dem Weltlichen für unser konkretes Leben? In dieser neuen Sichtweise kann alles Menschliche zu einem Ort werden, um Gott zu begegnen. Auch das Unschöne, das Schmutzige, das Unangenehme bleibt nicht außen vor. Wie konkret die *Nähe Gottes im Banalen* gesucht und gefunden werden kann, sieht man im Aachener Dom. Denn dort sind sogar die Windeln Jesu kultfähig geworden.

---

* Anders als in der »Animal Farm« gilt hier: Alle Tiere sind gleich. Auch Schweine sind gleich.

Seit vielen Jahrhunderten werden in Aachen die Windeln Jesu gezeigt und als Erinnerungsstücke an dessen Leben verehrt. Unabhängig davon, ob es sich hier um die wahren Windeln Jesu oder um Plagiate bzw. Imitationen handelt, steht außer Frage: Die Leute haben sich eine feine Nase für das Konkrete der Menschwerdung Gottes bewahrt, wenn sie zu dieser kuriosen Windel-Wallfahrt aufbrechen. Die Windeln stehen auch für Gestank und Kot, die dem menschlichen Leib und Leben anhaften.

Wir Menschen sind von der Evolution aus dem Faulschlamm hervorgebrachte Wesen mit all den Eigenschaften und Leidenschaften des Erdhaften. Die fromme Bildwelt tut sich bisweilen schwer damit, Gottes Gegenwart in der Banalität eines menschlichen Lebens zu sehen. Manche Maler der Geburt Jesu stellen eher einen vom Himmel gefallenen Wunderknaben dar als das blutige Geschäft einer menschlichen Geburt. Und doch hat die christliche Erinnerung diesen Aspekt nie ganz vergessen und die Windeln Jesu zur Ehre der Altäre erhoben.

Auf dem berühmten Isenheimer Altar hat der Maler Matthias Grünewald dem gekreuzigten Jesus noch einmal die verrotteten und zerfetzten Windeln um die Lenden gewickelt. Es ist ein und derselbe brüchige und morsche Stoff, aus dem wir Menschen und unsere Textilien gewoben sind. Wir sind sterblich und werden vermodern wie unsere ersten Windeln und unser letztes Hemd. Gleich nach der Geburt werden wir in Windeln gewickelt und nach dem Tod endgültig abgewickelt. Auf vielen Ikonen (griech. eikon = Bild), dem Kultbild vor allem des östlichen Christentums, sehen sich Jesus als Wickelkind und Jesus als gebundene Mumie in ihrem *Outfit* sehr ähnlich. Jesus wird mit den Windeln auch das Grabtuch schon in die Wiege gelegt. Gott nimmt also in dessen Geschick das ganze menschliche Leben an, von der Geburt bis zum Tod.

Wenn die Pilger in Aachen die Windeln Jesu berühren und küssen, so küssen sie damit ihr eigenes Geschick, ihre staubige

Herkunft, die Notdurft der menschlichen Geschichte, die ungeschönte Wirklichkeit des Erdenwurms, den ungeschminkten Menschen. In den schmutzigen Windeln gehen sie mit der menschlichen Seite Gottes auf Tuchfühlung und erfahren: Kein Mensch kann so tief in den Kot sinken, als dass ihm Gott nicht auch dort noch begegnen könnte. Denn in Jesus von Nazareth hat Gott die menschliche Lebenswirklichkeit gewählt und bejaht.

Das bedeutet auch: Jesus hatte nicht nur einen Schein-Leib, wie der sogenannte *Doketismus* (griech. dokein = scheinen) behauptete. Diese Lehre wollte nicht wahrhaben, dass Gott gelitten hat. Sie konnte sich Christus nicht als leidensfähig vorstellen. Das Kreuz und das Leid, ja sogar der Leib Jesu wären nur Schein und bloße Illusion. Dagegen hat die kirchliche Lehre immer daran festgehalten, dass Jesus Christus kein simulierter Mensch war. Er führte kein virtuelles Leben, sondern hat wirklich gelebt, geliebt und gelitten; er ist wirklich gestorben und wahrhaft auferstanden.

Die Menschwerdung Gottes will ermutigen, das Leben mit all seinen Fasern zu bejahen. Wir brauchen nicht in virtuelle Scheinwelten zu fliehen. Ebenso wenig müssen wir uns selbst produzieren oder übermenschliche Leistungen erbringen, um endlich jemand zu sein. Wenn Gott sich in Jesus Christus humanisiert hat, können wir mit uns selbst human umgehen. Wir dürfen uns selbst annehmen, so wie wir sind.

Das Göttliche in aller Welt

Eine zweite Folge der Menschwerdung lässt sich pointiert so ausdrücken: *Gott ist nicht weltfremd. Und die Welt ist nicht gottlos.* Daraus folgt: Um Gott zu finden, muss der Mensch nicht mehr in die Ferne schweifen. Er braucht nicht nach oben zu schauen und sich nicht in Höhenflüge zu entrücken. Weltflucht führt auch von Gott weg. Denn christlich gesehen ist das ganz normale menschliche Leben das bevorzugte Gelände, in dem Gottes Spuren zu finden sind. Man braucht Gott nicht im Extravaganten zu suchen, in außergewöhnlichen Wundern oder paranormalen Psi-Phänomenen. Man braucht auch keine weiten Wallfahrten zu besonderen Heilern zu unternehmen oder sich in karge Ashrams zu flüchten. Es reicht, aus sich selbst herauszugehen und den Mitmenschen zu begegnen, um ganz überraschend auf Gott zu treffen. Im Nächsten, vor allem aber im Bedürftigen und Unterdrückten begegnet der Anspruch Gottes. Um Gott zu finden, braucht es also nur eines: Menschlichkeit.

Manch wundersüchtigem Eso-Zeitgenossen wird dies zu banal sein. Christlich gesehen aber ist gerade das alltägliche Leben eine Folie des Göttlichen, die es nur zu lesen gilt. Dazu benötigt man eine Art von 3-D-Brille, welche einem die Tiefe erschließt, die auf dem Flachbildschirm nicht wahrnehmbar ist. »Gott ist da, und ich wusste es nicht«, staunt schon der biblische Jakob (Genesis 28,16).

In allen Kulturen und Religionen finden sich Mosaiksteine für dieses Bild eines menschlich nahen Gottes: die Sehnsucht nach Gerechtigkeit, das Glück in der Liebe, die Suche nach Harmonie, das Bemühen um Frieden. Diese ehrlichen Eigenschaften des Menschen stellen keine Seifenblasen dar, die an den rauen Kanten der Wirklichkeit zerplatzen. Vielmehr zeigt sich in Jesus Christus, dass sie begründet und zukunftsfähig sind. In ihm bewahrheitet Gott die großen Sehnsüchte der Menschheit und haftet unbeschränkt für ihren Sinn und ihren bleibenden Wert.

Ein neues Bild vom Menschen

Eine dritte Konsequenz, die aus dem Glauben an Gottes Menschwerdung erwächst: Wenn das Menschsein zum Ort wird, um Gott zu begegnen, so verleiht dies jedem Menschen *eine einmalige und unzerstörbare Würde.* In einer Schrift der ersten Christen heißt es: Der Mensch ist Tempel Gottes und daher heilig (1 Korinther 6,19).

Man hat immer wieder versucht, die Würde des Menschen unabhängig von Gott zu entwerfen. Doch wie kann sich der zufällig gewordene und vergängliche Mensch selbst etwas Absolutes zuschreiben? Münchhausen kann sich nicht am eigenen Haarschopf aus dem Sumpf ziehen. Das wäre ein ebenso schmerzliches wie aussichtsloses Unternehmen. Ein selbst ernannter Edelmann hat weder Noblesse noch blaues Blut. Adel gibt es durch Abstammung oder dadurch, dass beispielsweise eine Königin einen Untertanen adelt. Der Neandertaler, die Amöbe im Urschlamm oder gar der Urknall reichen als Ahnen nicht aus, um uns Menschen eine Würde zu verleihen. So braucht es neben der biologischen Ahnengalerie noch einen Akt, durch den wir von oben geadelt werden.

Der biblische Glaube, dass Gott Adam und Eva geschaffen hat, gibt eine erste Begründung für eine unantastbare Würde des Menschen und für eine universale Ethik. Endgültig veredelt und göttlich gewürdigt wird das Menschsein aber dadurch, dass Gott in Jesus Christus selbst Mensch wird. Der Emporkömmling der Evolution ist nun blaublütig und zu Freifrau und Freiherr geadelt.

Als Schwestern und Brüder Jesu Christi sind alle Menschen zugleich auch Kinder Gottes. Hier liegt die tiefste Begründung für die Würde aller Menschen. Diese kommt ihnen vom Anfang bis zum Ende ihres Lebens zu und kann ihnen von niemandem abgesprochen werden. Als Töchter und Söhne des *einen* Vaters gehören sie zu der einen Menschheitsfamilie und sind untereinander alle gleich. Diese Überzeugung leistet einen wichtigen Beitrag zur Begründung der Demokratie. Denn rein menschlich gedacht ist das Unmenschliche immer verführerisch nah: nämlich den Mitmenschen zum Untermenschen zu erklären – um der eigenen Machtsteigerung willen. Die Variationen sind vielfältig: die nicht-arischen Juden als Nicht-Menschen, die Schwarzen als geborenes Sklavenvolk, die Frauen als Menschen zweiter Klasse, die Ungeborenen als wuchernde Zellhaufen, an denen beliebig herumexperimentiert werden kann.

Die Menschwerdung Gottes aber adelt ausnahmslos jeden Menschen, und dieser Adel verpflichtet, alle unterschiedslos zu achten. Jeder Mensch ist ein Original: das Unikat des großen Künstlers, der das gleiche Motiv in unendlich vielen Variationen jeweils als Meisterwerk gestalten kann. Niemand ist ein bloßes Abziehbild oder eine billige Kopie. Daher ist jede Form von Uniformierung eine Missachtung des göttlichen Künstlers. Und die Herstellung von genetischen Duplikaten durch Klonen kommt einer kriminellen Raubkopie oder Fälschung eines Kunstwerks gleich.

GOTT LÄSST DIE HÜLLEN FALLEN

Warum aber musste Jesus einen gewaltsamen Tod sterben? Er war eines der ungezählten Opfer menschlicher Grausamkeit. Doch die Apostel predigen noch etwas anderes: Der Tod Jesu hat mit dem Plan Gottes zu tun. Der Messias muss leiden, weil Gott das so vorgesehen hat. Es wird sogar behauptet: Christus ist für unsere Sünden gestorben gemäß der Schrift, d. h. so wie es von Gott vorgesehen war (1 Korinther 15,3). Wenn Jesus aber doch so eng mit seinem Vater verbunden war, warum hat dieser ihn ans Messer geliefert? Von welchem grausamen Gott ist hier die Rede, der seinen eigenen Sohn abschlachten lässt? Welches Gottesbild wird uns hier zugemutet?

Gott zeigt sich ganz anders

Seit den Anfängen der Menschheit malen sich Menschen Bilder von Gott aus. Den Farben des Göttlichen ist jedoch oft Blut beigemischt, und man malt den Teufel an die Wand. Viele stellen sich Gott als blutrünstiges Monster vor. Dem Moloch werden Kinderopfer gebracht, und im Namen Gottes werden Menschen hingerichtet. Opferriten dienen dazu, die Götter zu versöhnen und gleichzeitig die menschliche Gewalt zu kanalisieren. Denn wenn Gott ein Opfer dargebracht wird, findet die Gesellschaft auf »wunderbare Weise« wieder zur Einmütigkeit. Der Ursprung und die soziale Funktion des Sündenbock-Mechanismus werden allerdings nicht durchschaut. In diesem entwicklungsgeschichtlichen Stadium bleibt Religion höchst *ambivalent.* Einerseits dämmt sie durch das Opfer das drohende soziale Chaos ein. Andererseits aber bleibt das Gottesbild eine hässliche Fratze: Es ist Gott selbst, der Blut fließen sehen will. Als Gegengabe erhofft man von ihm Frieden und Wohlergehen. Die Gottesbilder vieler Religionen spiegeln diese Zwiespältigkeit. Und die Frage bleibt offen: Meint es die göttliche Macht wirklich gut mit dem Menschen? Der Zweifel an Gottes Güte ist so alt wie die Menschheit selbst und quasi genetisch in uns verankert. Seit es Menschen gibt, seit Adam und Lucy sozusagen, durchzieht das schlängelnde Fragezeichen des Zweifels die ganze Menschheitsgeschichte.

In der Geschichte der Religionen kommt es erstaunlicherweise zu neuen Einsichten, durch die das Gottesbild immer mehr entgiftet und gereinigt wird. So auch im Judentum, Islam und Christentum. Im *Judentum* meint »Offenbarung« zunächst die Entlarvung eines zwiespältigen Gottesbildes. Es wird immer deutlicher, dass es nur einen einzigen und wahren Gott gibt. Dieser unterscheidet sich von den Götzen, die bloße Widerspiegelungen irdischer Machtverhältnisse oder Mechanismen sind. Jahwe dagegen ist ganz anders und steht daher auch nicht mehr wie selbstverständlich auf der Seite der Mächtigen. Er bleibt allem menschlichen Kalkül entzogen. Zwar bringt man ihm noch Opfer dar, um ihn etwa zu besänftigen. Aber dies ist kein Automatismus mehr.

Die Propheten predigen schließlich sogar einen Gott, dem die Brandopfer der Menschen stinken: »Ich hasse eure Feste und kann eure Feiern nicht riechen ... Dein Harfenspiel will ich nicht hören, sondern: Das Recht ströme wie Wasser und die Gerechtigkeit wie ein nie versiegender Bach« (Amos 5,21–24). Die wahre Gottesverehrung geschieht also nicht durch den Opferkult, sondern durch Gerechtigkeit und Erbarmen. Der Kult wird neu gedeutet: Er dient nicht mehr dazu, den Zorn Gottes zu besänftigen. Vielmehr wird er zum Zeichen, dass Gott sich dem Menschen nähert und ihm Versöhnung schenkt, die sich auch zwischenmenschlich auswirkt. Es zeigt sich: In einem langen Suchen und Fragen, wer Gott ist, entwickelt sich die biblische Offenbarung also weiter. Das Gottesbild verändert sich, und Gott wird immer mehr als eine gütige Macht erfahren, die der menschlichen Sehnsucht nach Zuwendung entspricht. Diese Liebe wird dem Menschen verbindlich versprochen: Gott schließt einen Freundschaftsbund mit Abraham, mit dem Volk Israel, mit der ganzen Menschheit. Er wird als Schöpfer des ganzen Universums gedacht, der den Menschen gewollt und ihm die Gottessehnsucht ins Herz gelegt hat. Man entdeckt seine Güte in den Gaben der Schöpfung, im Präsent der Freiheit und in der Kraft des Eros. Diese werden als Segen Gottes gedeutet. Gott lässt seinem Volk sagen: Ich will dein Bestes!

Aber in all diesen begrenzten Erfahrungen kann Israel der unbegrenzten Güte Gottes oft nicht ganz glauben und wird von Misstrauen geplagt. Dazu kommt, dass das Volk Israel eine sehr bewegte Geschichte hinter sich hat. Einerseits erinnert man sich dankbar an die Befreiung aus dem Sklavenhaus Ägypten oder an die Rückkehr aus dem Exil. Andererseits erleidet Israel aber auch himmelschreiendes Unrecht und Zerstörung. Es gibt unsägliches Leid, das nicht einfach als gerechte Strafe Gottes gedeutet werden kann. Auch die großen Hoffnungen, welche die Propheten dem Volk gemacht haben, bleiben oft unerfüllt. Ja, selbst das Territorium, das Israel als das von Gott »verheißene Land« besiedelt, wird immer wieder zum Zankapfel zwischen verschiedenen Völkern. Gott bleibt irgendwie zwiegesichtig: gütig *und* rachsüchtig, zugewandt *und* lebensbedrohlich. Seine unbegreifliche Distanz kann auch Angst machen. Die Ehrfurcht vor ihm bleibt mit der Furcht gemischt, ob er es wirklich gut mit dem Menschen meint. Gott hat sich also seinem Volk noch nicht eindeutig gezeigt. Um endgültig zu wissen, ob er zu seinem Wort steht, muss Israel immer noch auf den Messias warten.

Im *Islam* ist und bleibt Gott unaussprechlich. Andererseits wird Mohammed das Wort Gottes übermittelt, damit er es den Menschen schriftlich gibt. Jetzt ist Gott buchstäblich präsent. Im Koran wird Gott einerseits immer wieder als barmherzig gepriesen, und mystische Strömungen innerhalb des Islam erfahren Gott als

Liebe. Andererseits haften dem Gottesbild auch gewalttätige Züge an. Dies teilt der Koran mit spirituellen Texten anderer Religionen. Wie sind diese Texte zu lesen? Für die Auslegungsgeschichte des Koran ist Mohammed als letzter und wichtigster aller Propheten von zentraler Bedeutung. Mohammed war nun aber Mystiker, Staatsmann und kriegerischer Feldherr zugleich. Für ihn gab es keine Trennung zwischen Religion und Politik. In seiner Tradition kann daher der Koran auch zur Rechtfertigung von Gewalt und Gottesstaat herangezogen werden. So kennt die Geschichte des Islam »heilige Kriege« und Unterdrückungssysteme. Der moslemische Mainstream bleibt im Blick auf das Gottesbild zwiespältig.

Auch in der Geschichte des *Christentums* kommt es zu schrecklicher Gewalt. Man denke nur an die Kreuzzüge oder die Inquisition. Doch im Unterschied zum Islam kann man sich dabei nicht auf den »Religionsstifter«, d. h. auf Jesus berufen, um Aggression religiös zu rechtfertigen. Im Gegenteil! In den Evangelien finden sich zwar auch Szenen von Drohung und Gewalt, aber die Lehre und das Leben Jesu erzählen von Gott in einer neuen Weise. Gott verbreitet nicht mehr Angst und Schrecken. Vielmehr heißt es jetzt: »Gott ist die Liebe« (1 Johannes 4,16). In der »Evolutionsgeschichte« der Religionen stellt diese eindeutige Gottesbotschaft Jesu einen qualitativen Sprung dar. Doch wie verträgt sich dieses Gottesbild damit, dass Jesus am Kreuz enden musste?

Wenn Gott Liebe ist, dann will er das eine: dass ihm der Mensch seine bedingungslose Zuwendung glaubt. Liebe aber kann man nicht beweisen, sondern nur glaubhaft machen. Eine Verliebte tut alles, damit der Geliebte ihre Empfindung spüren und ihr glauben kann. Was in Jesus Christus geschehen ist, kann in ähnlicher Weise gedeutet werden: Der Bund, den Gott mit Abraham und seinem Volk Israel geschlossen hat, wird in Jesus aktualisiert und mit letzter Konsequenz bestätigt. Gottes Ja-Wort gilt bedingungslos und für immer. In dem Mann aus Nazareth setzt Gott alles daran, damit der Mensch die ihm angebotene Freundschaft glauben und erwidern kann. Er will seine Zustimmung gewinnen – um jeden Preis. Darum gibt er sich in der Leidensgeschichte Jesu selbst preis bis in den Tod. Der Angst des Menschen, dass er ihm etwas – und damit letztlich die große Liebe – vorenthält, begegnet Gott mit der Hingabe seiner selbst. Er hat seinen eigenen Sohn, sein Liebstes, nicht für sich zurückbehalten. Für eine große Liebe riskiert man alles. Für sie stirbt man. Das ist das definitive Coming-out Gottes! Das griechische Wort für »Offenbarung« (apo-kalypsis) bedeutet wörtlich: »die Hüllen fallen lassen«. Im Geschick Jesu trägt Gott seine nackte Haut zu Markte und hängt entblößt am Kreuz. Darin zeigt sich, wie weit Gott geht. Der Tod Jesu am Kreuz ist die letzte Konsequenz seiner Liebe. Mehr als sich selbst kann Gott nicht geben. Dem ist nichts mehr hinzuzufügen.

Hier wird jede Ambivalenz des Gottesbildes endgültig überwunden. Gott hat mit Rache nichts im Sinn. Er sucht nicht nach einem Sündenbock. Er hat auch den Tod seines Sohnes nicht »gewollt«. Gott braucht keine Opfer, um gnädig gestimmt zu werden. Er ist kein Sadist, der daran Freude hat, wenn der Mensch ihm winselnd zu Füßen liegt. Er fordert keine Sühne für die Schuld, die ein Mensch im Lauf seines Lebens oder gar die ganze Menschheit auf sich geladen hat. Der Mensch braucht sich nicht ängstlich darum zu sorgen, ob Gott ihm zugewandt und gnädig ist. In der freiwilligen Hingabe Jesu zeigt sich vielmehr: Gott ist Liebe ohne Bedingungen, Zuwendung ohne Berechnung, Güte ohne Hintergedanken. »Gott ist Licht, und es gibt keine Finsternis in ihm« (1 Johannes 1,5). Der Mensch braucht sich nur in dieses rechte Licht zu stellen.

Weil Gott Liebe ist, lädt er den Menschen zur Freundschaft ein, ohne ihn zu zwingen. Gewaltanwendung ist nämlich nicht Gottes

Art (Irenäus von Lyon, 2. Jahrhundert). Vielmehr: Liebe wünscht sich Gegenliebe und folglich immer auch Freiheit. Nur eine freie Antwort ist auch eine liebende Antwort. Eine mit Gewalt erzwungene Liebe ist eben keine Liebe, sondern Vergewaltigung.

Der russische Schriftsteller Fjodor Dostojewskij lässt seinen Großinquisitor zu Jesus sprechen: »Hättest du Krone und Schwert genommen, so hätten sich dir alle freudig unterworfen. Du hast es versäumt. Du stiegst nicht herab vom Kreuz. Du stiegst nicht herab, weil du die Menschen nicht durch ein Wunder zu Sklaven machen wolltest, weil dich nach freier und nicht nach einer durch Wunder erzwungenen Liebe verlangt.« Wäre Jesus vom Kreuz herabgestiegen, wozu ihn seine Gegner – spöttisch – aufgefordert haben, so wäre das ein erdrückender Gottesbeweis gewesen. Die in Jesus geschenkte Liebe Gottes ist zwar überwältigend, zugleich aber freilassend. Denn selbst wenn sich jemand aus Liebe für einen anderen töten lässt, muss man ihm diese Liebe *glauben.*

DIE DURCHKREUZUNG DER GEWALT

Die öffentliche Darstellung eines Gekreuzigten oder das Kreuz in einem Klassenzimmer sorgt immer wieder für Aufregung. Sind Kreuzesbilder für Kinderaugen nicht eine grausame Zumutung? Fördern sie nicht vielleicht sogar die perverse Fantasie oder die Gewaltbereitschaft von Menschen? Ist das Kruzifix nicht gewaltverherrlichend und zynisch? Solche kritischen Anmerkungen haben allerdings nicht vor Augen, welche kulturgeschichtliche Revolution die Darstellung des Gekreuzigten ausgelöst hat. Im Kreuz wird Gewalt gerade nicht verherrlicht. Im Gegenteil. Es ist die große Mahnung, die Opfer menschlicher Gewalt nicht zu vergessen!

Wer die Evolutionstheorie zur allumfassenden Weltanschauung macht, läuft Gefahr, die Sieger ideologisch zu rechtfertigen. Denn die Evolution geht über Leichen und kennt kein Erbarmen. Die Gesetze der Evolution belohnen immer nur die Gewinner und Nutznießer. Die Verlierer haben einfach Pech gehabt. Dieser Mechanismus wird in der Kulturgeschichte der Menschheit vielfach fortgeschrieben. Mithilfe des großen Gehirns werden uns Menschen immer mehr Freiheitsräume eröffnet. Diese Freiheit trägt allerdings ein Janusgesicht: *Einerseits* ermöglicht sie uns eine wachsende Emanzipation von Naturzwängen. Wir sind fähig zu Kultur und Technik, zu Solidarität und Zwischenmenschlichkeit. *Andererseits* bringt die Unabhängigkeit auch Mechanismen der Gewalt mit sich.

Als lebenslang Lernende sind wir darauf angewiesen, andere nachzuahmen. Die Nachahmung aber wird zur Falle, wenn sie in die Spirale des Begehrens führt. Neid und Gier, Habsucht und Machtgelüste verursachen tödliche Konflikte und gefährden die Menschheit. Im Kreislauf der Gewalt will jeder um jeden Preis das letzte Wort und damit Sieg und Recht auf seiner Seite haben. Daher schiebt man die Schuld immer auf andere, um selbst mit reiner Weste dazustehen. Der archaische Sündenbock-Mechanismus verhindert das Schlimmste. Doch der dadurch entstehende Frieden geht zulasten eines unschuldigen Opfers, das sein Leben unfreiwillig für die anderen lassen *muss*.

Jesus dagegen übernimmt die Rolle des Sündenbocks bewusst und *freiwillig* – und zwar aus Liebe. Diese ist keine erzwungene, sondern selbst gewählte Hingabe. Jesus identifiziert sich mit der Gestalt des »Knechtes Gottes« aus dem Buch des Propheten Jesaja. Der Gottesknecht deutet seinen gewaltsamen Tod als Zeichen der Solidarität mit seinem Volk. In dieser Linie nimmt Jesus sein Geschick freiwillig an und versteht dies als Zeichen wahrer Freundschaft: »Es gibt keine größere Liebe, als wenn einer sein Leben hingibt für seine Freunde« (Johannes 15,13).

Mit seiner Haltung weist Jesus einen Weg aus der Gewaltspirale. Er lässt die ungerechtfertigte Aggression bis zum Äußersten an sich geschehen – und gibt sie nicht weiter. Er hält die Wucht des Schlages aus, ohne an einen Gegenschlag zu denken. Im biblischen Bild gesprochen: Jesus verzichtet auf die zwölf Legionen Engel, die ihn befreien und seine Gegner vernichten könnten. Er verzichtet auch auf das Schwert, das Petrus als Anführer der Jünger Jesu nur zu gerne schwingen würde (Matthäus 26,52 f.). Jesus sinnt nicht auf Vergeltung, sondern betet für seine Peiniger.

Indem Jesus das Böse mit Gutem vergilt, unterbricht er die Endlosschleife von Gewalt und Gegengewalt und eröffnet einen Weg, die Macht des Bösen zu überwinden. Er widersteht der Versuchung zur Rache bis aufs Blut. Daher kann man sagen: Die Menschheit wird *durch sein Blut* aus dem Wiederholungszwang des Bösen erlöst. Die geschichtliche Erblast der Gewalt bleibt an Jesus haften. In diesem Sinn *übernimmt er die Schuld der Welt*, die sonst ja immer auf andere weitergeschoben worden ist – und nimmt sie damit zugleich auch weg. Entsprechend heißt es im christlichen Gottesdienst: »Seht das Lamm Gottes, das hinwegnimmt die Sünde der Welt.« Die schuldhafte Verstrickung in die

Spirale der Gewalt ist unterbrochen, und Jesus wird zum *»neuen Adam«*, in dem die Menschheit neu beginnen kann. Allem Augenschein zum Trotz glaubt Jesus bis zuletzt an das Gute in jedem Menschen und an die Güte Gottes. Er bleibt der Erde und dem Himmel treu. Und in diesem Sinn bekennen ihn die Christen als *Mittler zwischen Gott und den Menschen.*

Alles in allem: Mit Jesu Tod und Auferstehung wird der Gewalt-Mechanismus entlarvt, der seit Jahrtausenden die Menschen dazu veranlasst, sich auf einen Sündenbock zu stürzen. Jetzt wird offenkundig: Die Suche nach einem schwarzen Schaf ist eine Projektion, die alle Aggression an einem Einzigen auslassen will. Diesem jedoch geschieht nicht recht. Das Opferlamm ist unschuldig.

Indem die Evangelien diese Einsicht festhalten und verbreiten, wird es möglich, die Unschuld aller Sündenböcke der Geschichte zu erkennen.[53] Die Opfer von Ungerechtigkeit und Hass bleiben nicht mehr im Dunkel verdrängter Schuld. Sie werden nicht mehr vergessen, sondern ans Licht geholt. *Das Kreuz* ist vermutlich *das erste große Denkmal* in der Geschichte, *mit dem an ein Opfer erinnert wird.* Bis dahin hatte es nur Triumphbögen und Denkmäler der Sieger gegeben, welche die Geschichte immer zu ihren eigenen Gunsten auslegen. Mit den Worten Bertolt Brechts:

Immer doch
Schreibt der Sieger die Geschichte der Besiegten,
Dem Erschlagenen entstellt
Der Schläger die Züge.
Aus der Welt
Geht der Schwächere und zurück bleibt
Die Lüge.[54]

Doch die Geschichtslüge wird durch die Auferweckung Jesu aufgedeckt. Mit dem Kreuz Jesu beginnt ein neuer Abschnitt in der Menschheitsgeschichte: Sie wird nun auch aus dem Blickwinkel der Opfer gesehen, kritisiert und verändert. Dadurch erweitert sich das menschliche Kollektivbewusstsein. Es ist nicht mehr die Siegerpose, die automatisch triumphiert. Die götzenhaften Standbilder der Sieger werden gestürzt – in einer Revolution, die so schnell nicht an ihr Ende kommt, denn die Götzen reproduzieren sich wie eine Erbkrankheit. Jetzt werden auch Denkmäler für die Opfer errichtet: das Kruzifix Jesu*, die Erinnerungskirchen für die christlichen Märtyrer, Mahnmäler für unschuldig Hingerichtete, das Denkmal des »unbekannten Soldaten«, Gedenkstätten der Shoa und der armenischen Christinnen und Christen ... Durch diese Sensibilisierung kommt es zu einer wachsenden Solidarisierung mit den Opfern menschlicher Gewalt und Unterdrückung.

Der Streit um Kreuze auf einem Berggipfel oder in einem Gerichtssaal zeigt auf skandalöse Weise, dass das Kreuz als Mahnmal für Opfer von Gewalt eine bleibende Provokation bedeutet. Mehr noch: Das Kreuz ist das große *Memorial, dass im Namen Gottes keine Gewalt verübt werden darf.* Weil der »Sohn Gottes« im Namen Gottes hingerichtet worden ist, wird alle religiös begründete Gewalt als Ideologie entlarvt. Gewalt im Namen Gottes ist niemals legitim. Mit dem Tod Jesu ist der Gewalt ein für alle Mal die fromme Maske vom Gesicht gerissen worden. Ja, alle Gewalt im Namen Gottes wird zur Blasphemie. Diesen revolutionären Aspekt haben die Gipfelkreuz-Stürmer, die das Kreuz aus der Öffentlichkeit verbannen wollen, nicht verstanden. Das Kreuz ist die provozierende Erinnerung daran, dass menschliche Gewalt nicht religiös verbrämt werden darf. Zugleich warnt es vor der Gefahr kollektiver Projektionen auf einen Sündenbock.

---

* Nach dem literarischen Mahnmal der Passionsberichte brauchte es allerdings noch einige Generationen, bis man sich an bildnerische Darstellungen des Gekreuzigten wagte. Solange noch Kreuzigungen vor der Haustüre stattfanden (bis Kaiser Konstantin, der sie unter christlichem Einfluss abschaffte), war eine solche Repräsentation nicht möglich.

EINE NEUE ART VON LEBEN

In einem Kosmos, der fast ausschließlich aus toter Materie besteht, ist die Rede von der Auferstehung Jesu nur eine schwache Hoffnung. Und wenn wir wahrnehmen, dass alle Lebewesen, wir selbst eingeschlossen, dem Tod entgegengehen, was kann da eine alte Erzählung von einem, der von den Toten auferstanden ist, noch bedeuten? Denn: »Der Tod ist groß. Wir sind die Seinen.« (Rainer Maria Rilke) Und selbst wenn Jesus nicht im Tod geblieben sein sollte, was hat das schon mit uns zu tun?

Seit vielen Jahrmillionen findet auf dem Planeten Erde eine faszinierende Evolution des Lebens statt. Diese Entwicklungsgeschichte hat mit der Hominisation eine neue Stufe erreicht: Der Mensch hat Selbstbewusstsein erlangt. Deshalb können wir über unseren Tod nachdenken. Wir können Schuld empfinden und sehnen uns nach einer Liebe, welche die Größe hat, die ganze Welt zu umarmen. Vielleicht ist diese Sehnsucht ein Fluch. Dies wäre der Fall, wenn wir gar nicht anders können, als an das Gute zu glauben und auf Glück zu hoffen – beides aber nur Illusionen sind. Auch das bisschen Freiheit, das dem Menschen möglich ist, scheint zwiespältig. Denn die Ungebundenheit, die den Menschen zum Menschen macht, lässt ihn zugleich zur Bedrohung allen Lebens werden. Vor allem der Kreislauf von Gewalt und Hass, von Neid und Gier führt ihn in die Falle der Unmenschlichkeit. Und schließlich kommt letzten Endes das menschliche Leben im Tod unter die Räder und wird gnadenlos zermalmt. Der Tod ist das sichere Schicksal aller. So bringt die Evolution den Menschen am Ende doch ins Grab, wo Liebe und Freiheit wieder vernichtet werden.

Wer dem Evangelium von Leben, Tod und Auferstehung Jesu Glauben schenkt, kann unsere Welt und ihre Geschichte auch anders lesen: Der Prozess der Evolution begann an einem unbekannten Ort dieser Erde, wo das erste Leben aller Wahrscheinlichkeit zum Trotz entstanden ist. In ähnlicher Weise kommt es aus christlicher Perspektive in einem unbedeutenden Dorf Palästinas zu einem neuen Leben von Gottes Gnaden. In Jesus von Nazareth taucht völlig überraschend ein Ausnahmemensch auf, der die blinden Gesetze der Evolution sichtlich überbietet. Seine Predigt ist eine Initialzündung für den neuen Menschen. Dessen Grundgesetz lautet: Leben ist mehr als Überleben. Nicht der Kampf ums Dasein muss das menschliche Leben prägen, sondern Zuwendung, Achtsamkeit und Freundschaft können Lebensinhalt werden. Mit Jesus entsteht das Biotop einer neuen Lebensweise. Gottes neue Welt hat begonnen.

Aber es formiert sich auch Widerstand gegen Jesus. Er ahnt: Weil das Reich Gottes in seiner Person gekommen ist, wird sich der letzte Widerstand des Bösen auch an ihm mit äußerster Wucht austoben. Doch mag der Hass ihn noch so sehr umfluten, Jesus bleibt Gott und den Menschen verbunden. Seine Zuneigung lässt sich nicht in ihr Gegenteil verkehren oder gar ins Grab bringen. Er bleibt der Liebe, aus der er lebt, treu. Er liebt über den Tod hinaus.

Und Jesu Hoffnung behält recht: Gottes Liebe kann den Tod nicht leiden. Gott lässt es nicht zu, dass Jesus sinnlos gestorben ist. Er kann nicht schweigen, wenn der Gerechte einem Justizmord zum Opfer fällt. Oder wenn die Wahrheit verdreht wird und die Lüge sich glatt durchsetzt. Er steht dafür ein, dass das Böse nicht triumphiert. Hass und Tod haben in der Geschichte der Welt nicht das letzte Wort. Mit der Auferweckung Jesu unterläuft Gott den Lauf der Welt. Er ruft Jesus wie durch ein neues Schöpfungswort ins Leben. So bewahrheitet er sich als der Abba-Vater, auf den Jesus sein ganzes Vertrauen gesetzt hat.

Der Stein, den man vor das Grab Jesu gewälzt hat, kommt also wieder ins Rollen. Der am Kreuz Ermordete steigt aus dem Grab. Er hält sich nicht an die vorgeschriebene Friedhofsordnung, sondern durchbricht das eherne Gesetz, dass mit dem Tod alles aus ist. Hier ereignet sich die entscheidende Wende: An einem Punkt in der Geschichte ist das Gesetz des Todes außer Kraft gesetzt. Die Macht des Todes ist an *einer* Stelle durchbrochen. Und damit ist der Tod prinzipiell entmachtet! Die Auferstehung Jesu ist also nicht nur sein privates Glück, sondern von weltweiter Bedeutung. Jetzt hat die menschliche Hoffnung auf ein Leben nach dem Tod einen realen Anhaltspunkt bekommen. Die ersten Christen nennen den Auferstandenen daher den »Erstgeborenen der Toten« (Kolosser 1,18). Durch ihn können alle Menschen auf ein neues Leben jenseits der Todesschwelle hoffen. Ja, diese Hoffnung lässt das neue Leben schon hier und jetzt beginnen. Wenn dem Tod der Stachel der Endgültigkeit gezogen ist, so kann der Mensch mit dem Schicksal seiner Sterblichkeit erlöster umgehen.

Wenn der Auferstandene Herr über Leben und Tod ist, so wird er zum Retter des ganzen Kosmos. Der mühsame und oft auch grausame Weg der Evolution findet damit zu einem ungeahnten Ziel und Sinn. Am Ostermorgen steht das Leben sozusagen mit einem Bein schon außerhalb des Grabes. Dies ist der entscheidende evolutionäre Sprung der Menschheitsgeschichte. Die Auferstehung Jesu ist das Missing Link in der Evolution zu einer neuen Art von Leben, das ganz von Liebe durchformt ist.

Liebe ist so etwas wie Energie. Nach christlich-jüdischer Überzeugung verdankt sich die Existenz des Kosmos dieser Energie. In der Auferstehung wird zum ersten Mal in der Geschichte des Universums ein Mensch von dieser Kraft für immer zum Leben erweckt. Die Begegnung mit Jesus als dem Lebendigen führt zu einer neuen Lebensphilosophie. Denn mit seiner Auferstehung als Best Case der Menschheitsgeschichte wird ein für alle Mal glaubhaft: Die Liebe hat das letzte Wort über jeden Menschen und die gesamte Geschichte. Jesu Predigt von der Gewaltlosigkeit wird ins Recht gesetzt. Der Auferstandene verkörpert Versöhnung und

Frieden. Er zeigt den Jüngern seine Kreuzeswunden und sagt zugleich: »Friede sei mit euch!« (Johannes 20,21). In seinen erlösten Wunden endet der Wiederholungszwang zu Hass und Gewalt. Weil sich Christus am Ostermorgen versöhnlich gezeigt hat, ist der Mensch aus dem Teufelskreis des »Auge um Auge« erlöst, und es beginnt eine neue Welt.

Die biblische Vision von Lämmern und Wölfen, die friedlich zusammenliegen, ist keine Utopie mehr. Der heimliche Verdacht, dass Ehrlichkeit oder Anstand nur Illusionen nützlicher Idioten sind, die von den gerissenen Mafiosi dieser Welt schamlos ausgebeutet werden, wird entkräftet. Denn alles, was aus Achtung geschieht, trägt die Spuren einer Zukunft in sich, die nicht mehr vergeht. Keine menschliche Geste der Solidarität, und sei sie noch so unscheinbar, wird vom Fluss der Zeit weggespült. Gott selbst bürgt dafür, dass jede Hingabe und jeder Einsatz für das Gute einen bleibenden Wert hat.

Aus christlicher Perspektive findet also das Drama des Menschen im dramatischen Schicksal Jesu eine Deutung. Die kosmische Evolution zum Menschen hin wird als sinnvoll bestätigt. Seine Gott-Begabung ist kein leerer Trug, sondern wirklichkeitsgetreu. Sein Hunger nach Freundschaft, die Sehnsucht nach Frieden und die unausrottbare Suche nach Sinn sind nicht bloß ein frommer Wunsch. Es gibt jetzt eine berechtigte Hoffnung: Der Mensch mit all seinen Sehnsüchten und Wunden ist beheimatet in einer umfassenden Liebe. Diese neue Welt hat ihren Fuß schon in der Tür zu unserer Wirklichkeit. Es steht uns eine grenzenlose Zukunft offen. So werden wir mitten in unserer Geschichte erlöst von der Angst, dass unser Leben vergeblich sein könnte. Jesus Christus als die sichtbar gewordene Zuneigung Gottes ist unser Erlöser.

RÜCKBLICK AUF DEN FÜNFTEN TAG

Durch die Auferweckung Jesu von den Toten erkannten seine Jünger, dass Jesu Anspruch, mit Gott in einer besonderen Weise verbunden zu sein, keine Anmaßung gewesen war. So bestätigte sich ihre Ahnung, dass sie in seiner Güte und Menschlichkeit Gott selbst begegnet sind.

Diese Gottverbundenheit allen Menschen zu vermitteln, war das zentrale Anliegen von Jesu Leben und Botschaft. Wenn Gott derart in jedem Menschen und in aller Welt präsent ist, verleiht dies der Schöpfung einen besonderen Glanz und dem Menschen eine unantastbare Würde.

Jesus wurde als Opfer von ungerechter Gewalt hingerichtet. Durch seine Auferstehung wurde auch der Mechanismus der Gewalt entlarvt, der menschliche Aggression an einem »Sündenbock« abreagiert. Indem Gott Jesus von den Toten auferweckt, stellt er sich auf die Seite der Opfer ungerechter Gewalt. Damit wird dem Menschen aufgetragen, alle Formen von offener oder subtiler Gewalt möglichst zu überwinden.

SECHSTER TAG: GOTT BEGEISTERT

Andreas: *Kannst du dich an unsere Pilgertour mit jungen Erwachsenen erinnern? Wir haben bei Assisi eine Einsiedlerin besucht.*
Melanie: *Ja, das war sehr eindrucksvoll. Besonders hängen geblieben ist mir der Satz: Im Gebet versuchen wir, unser Herz zu erziehen. Und dann hat mich die große Stille angesprochen, in der diese Frau lebt. Wie ist das in eurer Gemeinschaft?*
Andreas: *Auch für uns ist die Stille sehr wichtig. Beten heißt für mich: Gott Raum geben. In unseren Gemeinschaften leben wir meist in Mietwohnungen. Aber wie beengt unsere Wohnverhältnisse auch sein mögen, ein Zimmer wird immer als Kapelle, als Gebetsraum eingerichtet. Darum geht es auch innerlich: Gott in unserem Herzen einen Raum frei halten.*
Melanie: *Dein Bild vom Freiraum gefällt mir. Beten ist manchmal ein Freiräumen meines Inneren von Dingen, die mich bedrängen: von Aufgaben, Gedanken, Gefühlen, Sorgen. All dies kann mich zu sehr besetzen. Im Beten geht es darum, dass ich versuche, Gott wieder den ersten Platz in meinem Leben zu geben.*
Andreas: *Wenn ich bete, dann versuche ich, in Gottes Gegenwart da zu sein. Ja, in der Stille kann ich aufatmen. Denn Gott will nichts von mir. Er will mich. Im Alltag muss ich Funktionen erfüllen, Rollen spielen, Leistung erbringen. Aber wenn ich im Gebet vor Gott da bin, dann gilt: Hier bin ich Mensch. Hier darf ich sein.*
Melanie: *Mir geht es ähnlich. In der Stille kann ich schlicht werden, unverstellt und einfach. Manchmal spüre ich dann eine große Dankbarkeit und Freude.*

Andreas: *Zur Grundregel unserer Gemeinschaft gehört es, dass wir uns einmal im Monat ein bis zwei Tage Freiraum nehmen, um in eine »Einsiedelei« zu gehen. Das kann ein Gästezimmer in einem Kloster oder die Ferienwohnung einer befreundeten Familie sein. Wichtig ist, allein zu sein und nichts tun zu müssen. In einer solch zweckfreien Atmosphäre kann ich erleben, dass alles ein Geschenk ist. Das hilft mir, mit Gott in Beziehung zu treten und innerlich bei ihm zu bleiben.*

Melanie: *Dann kann Beten auch zum Hören werden, und ich werde sensibler für die vielfältige Sprache Gottes. Wenn ich Texte aus der Bibel meditiere, spricht mich bisweilen ein Text sehr persönlich an. Ich erfahre: Jetzt bin ich gemeint! Aber ich lese nicht nur in der Bibel, sondern schaue auch auf mein Leben, auf den Tag, den ich heute gelebt habe, auf Gelungenes und Schwieriges. Ich möchte es in einem Bild ausdrücken: Beten ist wie eine Schule des Sehens. Wir sehen immer nur selektiv und fixieren uns auf bestimmte Blickrichtungen. Beten kann helfen, dass ich die ganze Wirklichkeit mehr und mehr in Blick nehme und in ihr Gottes Spuren entdecke. Ein solches Beten befreit zu einem realistischeren und vertrauensvolleren Umgang mit der Welt und mit mir selbst.*

Andreas: *Und trotzdem denke ich beim Gebet öfter mal: So eine Zeitverschwendung! Jetzt könnte oder müsste ich doch etwas anderes machen. Die Stille und das Warten kommen mir zu lang vor. Eine Hilfe ist mir dann, dass ich mich im Gebet mit anderen verbunden weiß. Auch die Mitbrüder meiner Gemeinschaft halten täglich eine lange Zeit der Stille. Neben unserem persönlichen Gebet pflegen wir auch gemeinsame Formen wie ein gestaltetes Morgen- oder Abendgebet und die Eucharistiefeier. Jede Freundschaft braucht eine Kultur von Begegnung und Austausch. Das gilt auch für die Beziehung mit Gott. Regelmäßigkeit und Rhythmus sind sehr wichtig. Habt ihr in eurer Gemeinschaft feste Zeiten für euer Beten?*

Melanie: *Eine wichtige Gebetszeit ist für uns das gemeinsame Morgenlob mit Liedern und Psalmen. Wir hören einen Abschnitt aus* *dem Evangelium und lassen den Text in einer Zeit der Stille nachklingen. Das Gebet endet damit, dass wir ausdrücken, was wir auf dem Herzen haben, etwa ein Dank, eine Sorge, eine Bitte. Nach dem Gebet frühstücken wir, und dann starten wir in unsere verschiedenen Arbeitsfelder. Und bei euch?*

Andreas: *Wir wohnen zusammen und teilen miteinander den Alltag, auch mit Einkauf, Kochen, Waschen und Putzen. Das gemeinsame Essen ist eine wichtige Gelegenheit für den Austausch darüber, was wir erleben und was uns beschäftigt. Es gibt auch ein regelmäßiges Treffen an einem Abend, um einander zu erzählen, was uns bei unserer Arbeit, in unseren Beziehungen und im Gebet wichtig ist.*

Melanie: *Ich finde es auch schön, dass ich mit meinen Mitschwestern ab und zu etwas unternehme: ein Abend im Kino, der Besuch einer Ausstellung oder ein Konzert. Und ich bin froh, dass ich eine Gemeinschaft als Lebensraum gefunden habe, in der ich eine menschliche Beheimatung erfahre. Zugleich haben wir auch ein gemeinsames Projekt: Wir arbeiten in unterschiedlichen Berufen, um Menschen in ihrer Not, in ihren Lebensfragen und in ihrer Suche nach Gott zu begleiten. In diesem gemeinsamen Engagement erlebe ich mich mit den anderen wie in einer Seilschaft verbunden.*

Andreas: *Ein schönes Bild! Auch ich kann in meiner Gemeinschaft einen wichtigen Aspekt von Kirche erleben. Denn der christliche Glaube will Menschen von unterschiedlichster Herkunft und Kultur erfahren lassen, dass sie als Kinder Gottes eine gleiche Würde haben. Solidarität, die gegenseitige Ermutigung und das Feiern von Gottes Liebe sind wichtige Elemente einer solchen Gemeinschaft.*

Melanie: *Durch mein Leben als Ordensfrau habe ich als Frau und promovierte Theologin in der Kirche mehr meinen Platz gefunden: Wir sind als internationale Ordensgemeinschaft in die Weltkirche eingebunden und in ihr zugleich selbstständige Global Player.*

Andreas: *Wie siehst du grundsätzlich den Platz von Frauen in der Kirche?*

***Melanie:** Oft höre ich den Vorwurf, dass die Kirche frauenfeindlich ist. Und diese Vorwürfe treffen zu, denn innerkirchlich werden wir Frauen von vielen Bereichen und Aufgabenfeldern systematisch ausgeschlossen. Dies schmerzt mich umso mehr, als sich geschichtlich betrachtet die Gleichberechtigung und Emanzipation der Frau vor allem christlichen Wurzeln verdankt. Die Kirche hat sich im Blick auf die Stellung der Frau von ihren Ursprüngen in anti-konservativer Weise entfernt. Und dadurch nimmt sie Schaden. Und was viel schlimmer ist: Dadurch nimmt die Glaubwürdigkeit des Glaubens Schaden.*

GOTTES HÖHERE MATHEMATIK: 1 = 3

Am Ursprung des christlichen Glaubens steht eine religiöse Erfahrung: In Jesus von Nazareth hat sich Gott *selbst* auf den Weg zu uns Menschen gemacht. Jesus ist kein geschickter Mittelsmann oder Unterhändler, hinter dem das Göttliche als graue Eminenz für immer verborgen bleibt. Wer mit Jesus und der Kraft seines Geistes in Berührung kommt, der bekommt es vielmehr mit Gott persönlich zu tun. In Jesus teilt Gott also nicht nur *etwas* mit, sondern buchstäblich sich *selbst.* Seine Einheit mit Gott drückt Jesus im Johannesevangelium so aus: »Wer mich gesehen hat, hat den Vater gesehen« (Johannes 14,9). Oder noch stärker: »Ich und der Vater sind eins« (Johannes 10,30). Zugleich aber betet Jesus zu seinem »Vater« im Himmel, den er als ein echtes Gegenüber erlebt. Und er verspricht seinen Jüngern eine göttliche Kraft, den »Heiligen Geist«, der sie trösten, erleuchten und innerlich führen soll (Johannes 14,16.26).

All dies ist auf den ersten Blick ziemlich verwirrend! Denn Jesus und seine Jünger waren entschiedene Monotheisten. Und auch nach der Auferstehung Jesu hielten die ersten Christen unbedingt am Glauben an den *einen* Gott fest. Damit aber stellt sich die Frage: Wie soll der Glaube an die Einzigkeit Gottes damit in Einklang gebracht werden, dass dieser Gott in einem Mann aus Nazareth ganz gegenwärtig war und *sich selbst* gezeigt hat? Und wie soll der *eine* Gott noch denkbar sein, wenn er im Heiligen Geist *sich selbst* an die Menschen schenkt? Das bislang vertraute Gottesbild erweist sich als unzureichend und muss neu formatiert werden.

Ein neuer Blick auf Gott

Revolutionen im Weltbild stellen alles auf den Kopf und erzeugen verständlicherweise erst einmal Abwehr. Dies gilt auch für die Umbrüche innerhalb der Naturwissenschaften. Die von Isaak Newton geprägte klassische Physik ging beispielsweise davon aus, dass physikalische Ereignisse prinzipiell exakt messbar und vorausbestimmbar sind. Dieses geschlossene Weltbild zerbrach durch die Quantentheorie von Max Planck. Experimente belegten, dass im atomaren Bereich Ort und Bewegung eines Teilchens nicht gleichzeitig beliebig genau gemessen werden können. Daher lassen sich bestimmte atomare Ereignisse prinzipiell auch nicht vorausberechnen. Selbst Albert Einstein wollte das zunächst nicht wahrhaben und nahm Gott in die Pflicht: »Der Alte würfelt nicht!« Und doch sollte sich die Quantentheorie, die die klassische Physik sprengt, bald durchsetzen. Denn viele Erfahrungen (Experimente) lassen sich damit besser deuten als in der klassischen Physik. Licht etwa kann sowohl als Welle wie auch als Teilchen verstanden werden, da es sich je nach Experiment entsprechend verhält. Obwohl es ein und dasselbe Licht ist, hat es zwei völlig verschiedene Erscheinungsformen. Die bisherige Logik von Entweder-oder greift zu kurz, und der gewohnte Denkrahmen erweist sich als zu eng. Es kommt zu einem Umsturz im physikalischen Weltbild, und das menschliche Vorstellungsvermögen muss sich an bislang Unvorstellbares gewöhnen.

In ähnlicher Weise kam es in der frühen Kirche zu einer Revolution des Gottesbildes. Denn nach der Begegnung mit Jesus Christus musste der Glaube an den *einen* Gott neu buchstabiert werden. Die zentrale Erfahrung der ersten Christen war: In Jesus von Nazareth hat Gott sich endgültig als Liebe gezeigt. Und wie Gott sich gibt, so ist er auch. Entsprechend lautet der Spitzensatz des Neuen Testamentes: »Gott ist Liebe« (1 Johannes 4,16). Seitdem ringt die Theologie um Worte, mit denen sie dieses Geheimnis ausdrücken kann.

Eigentlich ist Liebe ganz einfach. Doch wenn man über sie nachdenkt, wird es kompliziert, und wir kommen schnell an die Grenzen des Sagbaren. Die gewohnten Denkkategorien und das Vorstellungsvermögen des Menschen werden überschritten. Der Versuch, Gott als Liebe zu verstehen, führt zu paradoxen Aussagen wie: Gott ist »drei-einig«. Oder: Der eine Gott ist zugleich »Vater«, »Sohn« und »Heiliger Geist«.

Von der Dynamik der Liebe

Diese Formulierung vom »einen Gott in drei Personen« wirkt wie ein religiöses Kreuzworträtsel. Springen hier die Theologen gedanklich im Dreieck? Manche Menschen belächeln den einfältigen Glauben an einen dreifaltigen Gott. Aber auch das Lächeln von Mensch zu Mensch kann man als etwas Dreifaltiges verstehen: Wenn ich jemanden anlächle, bleibe ich nicht bei mir stehen, sondern wende mich einem Du zu. Ich lächle dich an in der Hoffnung, dass du zurücklächelst und dadurch Gemeinschaft entsteht. Auch Liebe kann, wie wir lächelnd sehen, als eine dreifaltige Erfahrung gedeutet werden. Sie spielt zwischen einem Ich und einem Du. Durch diese wechselseitige Beziehung entsteht etwas Gemeinsames, ein Wir. Somit lassen sich im Wechselspiel der Liebe drei Momente unterscheiden: Ich, Du und Wir. Diese drei gehören wie die Seiten eines Dreiecks untrennbar zusammen, können aber je für sich in Blick genommen werden.

1. Jeder Mensch ist ein Individuum (lat. = Unteilbares). Er ist nicht mehr dividierbar, also unteilbar. Eine Welt für sich zu sein, ist manchmal schmerzhaft. Je mehr mir etwas zu Herzen geht, desto weniger kann ich es anderen mitteilen: eine große Enttäuschung, eine Gewissensentscheidung oder überschäumendes Glück. Was ich in meinem Innersten fühle, denke oder entscheide, ist mein ganz persönliches Geheimnis. Deshalb bleibe ich

auch immer mit mir allein. Ich kann einer letzten Einsamkeit nicht entrinnen. Die Ich-Erfahrung lautet: Jeder ist eine *Insel.*

2. Der Mensch ist unteilbares Individuum und will sich doch anderen mitteilen. Das Ich will sich mit einem Du verbinden. »Ich kann die wundervolle Erfahrung machen, dass ich aus mir selbst herausgehe und innerlich bei dir bin. Ich kann dich anlächeln, und du lächelst zurück.« In einer echten Freundschaft oder Partnerschaft zeigt sich die Wechselseitigkeit in besonderer Dichte: »Je näher ich dir komme, desto mehr bin ich ich selbst. Und durch meine Nähe findest du auch mehr zu dir.« Diese Du-Erfahrung kann die Isolation (lat. = *Verinselung*) überwinden.

3. Die Brücke zwischen Ich und Du verbindet beide zu einem Wir. Das Wir einer Freundschaft ist aber nicht bloß 1 + 1 = 2. Es ist mehr als die Summe von zwei Interessen, die addiert werden. Im Wir zeigt sich eine »potenzierte«, neue personale Wirklichkeit. Es gibt so etwas wie eine Corporate Identity, einen Team*geist*, in dem Menschen gemeinsam etwas entscheiden oder tun können. Zwei Menschen können sich zum Beispiel als Paar einem Kind oder einer gemeinsamen Aufgabe widmen. Umgekehrt kann dasselbe Interesse Menschen zu einem Wir verbinden. Die Wir-Erfahrung zeigt: Die *Brücke zwischen zwei Inseln* ist eine neue personale Wirklichkeit.

In menschlichen Beziehungen finden sich also die drei Aspekte von Ich, Du und Wir. Die drei gehören zusammen und bedingen sich gegenseitig. Vielleicht kann diese Beziehungsdynamik die Rede vom drei-einen Gott besser verstehen helfen. Dabei ist zu beachten: Die Dynamik der Liebe von Ich, Du und Wir entwickelt sich nicht in Gott, sondern ist immer schon da. Gott *ist* die Dynamik der Liebe: Er lebt als der *eine* Gott in *drei* Personen. »Person« soll das Gegenüber in Gott ausdrücken, denn nur, wo es ein Gegenüber gibt, gibt es Gemeinschaft. Doch zugleich ist der Person-Begriff für die Dreifaltigkeit Gottes unangemessen, sodass der große Theologe Anselm von Canterbury beispielsweise von den »drei Ich-weiß-nicht-was« spricht.

Die schwierige Formulierung vom einen Gott in drei Personen, zu der die Kirche nach langen Überlegungen fand, will einfach sagen: Gott ist weder ein einsamer Herrscher noch ein ewiger Junggeselle, der mit sich selbst Solitär spielt. Gott ist *in sich* dreifaltige, lebendige Beziehung. Gott *ist* Gemeinschaft. Als solche ist er der *eine* Gott und eben keine Art Götterklub.

Im Neuen Testament finden sich die drei Aspekte, in denen sich Gott als dreifaltige Liebe zeigt: Die göttliche Schöpferkraft, die am Ursprung von allem steht, bleibt ein ewiges Geheimnis. Zugleich geht diese Liebe aus sich heraus, um in Jesus Mensch unter Menschen zu sein. Und schließlich bewegt sie den Menschen zur Liebe und ist darin selbst gegenwärtig. Anders: Gott ist der uns entzogene Gott »über uns«: *der Vater,* dem wir uns verdanken. Er ist der Gott »neben uns«: *der Sohn,* der in Jesus Christus einer von uns wird und als Bruder mit uns geht. Und er ist der Gott »in uns«: *der Heilige Geist,* der uns als göttliche Kraft der Liebe mit Gott und anderen Menschen verbindet.

Von selbst wäre der Mensch wohl kaum auf diesen Dreisatz gekommen. Doch wer ihn einmal gehört hat, dem kann einleuchten: Gott ist keine Ich-AG, sondern als »Gottvater & Sohn« eine Genossenschaft, eine Kooperative, die im »Heiligen Geist« zusammenwirkt.*

---

* In der christlichen Kunst wird Gott bisweilen als Dreieck dargestellt. Im Gegensatz zum Bermuda-Dreieck, in dem alles Mögliche verschwindet, ist der drei-eine Gott die Quelle, aus der alles hervorströmt.

GEISTES-GEGENWART

Viele Menschen warten auf außerirdische Botschaften. Um sie empfangen zu können, werden riesige Teleskop-Schüsseln gebaut. Wenn die Außerirdischen jedoch über ein Kommunikationssystem verfügen, das uns völlig fremd ist, geht der große Lauschangriff auf das Universum ins Leere. Ebenso gilt: Der Kanarienvogel, der zufällig auf der Antenne des Radiogeräts im Wohnzimmer sitzt, kann weder die elektromagnetischen Signale zu seinen Füßen noch die Stimme der Nachrichtensprecherin verstehen. Wir nehmen die Echolot-Laute der Fledermäuse nicht wahr und können uns mit unserem Kaktus nicht unterhalten. Wohl kann es uns gelingen, aufgrund unserer überlegenen Intelligenz das Sprachsystem von Tieren zu entziffern, etwa den Tanz der Bienen. Die Bienen dagegen werden den Sinn von Tango und Boogie-Woogie oder gar von einem Affentanz niemals begreifen.

Dies zeigt: Kommunikation setzt ein Medium voraus, mit dem beide Partner vertraut sind und mit dessen Hilfe sie sich gegenseitig verstehen können. Es braucht also eine gemeinsame Sprache. Zwischen Menschen ist Kommunikation prinzipiell möglich. Aber dass das Verstehen zwischen zwei Menschen dennoch nicht selbstverständlich ist, zeigt die alltägliche Erfahrung. Um wie viel mehr stellt sich die Frage: Wie soll der Mensch Gott verstehen? Kann es überhaupt eine Kommunikation zwischen ihm und Gott geben, wo dieser doch der »ganz andere« ist? Kann es eine Beziehung zwischen ihnen geben, wenn beide so grundverschieden sind?

Zunächst scheint es, dass der Mensch das »Wort Gottes« nur ungefähr so aufnehmen kann wie der Kanarienvogel die Stimme aus dem Radiogerät. Die Bibel aber bezeugt, dass Gott dem Menschen nicht in unverständlichem Zungenreden begegnet, sondern ihn wirklich und verständlich anzusprechen vermag. Der Mensch kann die Stimme Gottes vernehmen und verstehen. Dies setzt eine besondere innere Begabung voraus. Denn dass die menschlichen Sinne allein nicht ausreichen, um das Geheimnis Gottes zu berühren, lässt sich an fünf Fingern abzählen. Es gibt anscheinend so etwas wie einen sechsten Sinn, einen »geistlichen« Sinn oder so etwas wie ein besonderes Organ, um mit Gott in Beziehung zu treten.

Das Organ zum Gottes-Empfang im Menschen nennen die Christen den »Heiligen Geist«. Dieser wirkt also wie eine Art Antenne und Decodierer, durch dessen Freischaltung der Mensch die Botschaft Gottes empfangen, verstehen und sogar erwidern kann. Dieses göttliche Organ ist nun kein Propaganda-Sender, der dem Menschen eingepflanzt wurde, um ihm etwas einzuflüstern. Die Sensibilität für Gott ist keine Fremdbestimmung. Und ebenso wenig ging der Geist erst mit dem Christentum auf Sendung. Die ganze Bibel lebt von der Überzeugung, dass die göttliche Geisteskraft in der Geschichte wirkt. Dies entdecken die Jüngerinnen und Jünger Jesu vor allem, als sie nach dem Ende der österlichen Erscheinungen allein zurückbleiben. Obgleich Jesus verschwunden ist, erfahren sie, dass er »irgendwie« unter ihnen bleibt und ihr Leben prägt. Sie spüren, dass ihr Glaube an ihn keine nostalgische Stimmung ist, sondern dynamische Energiequelle. Dass der auferstandene Jesus in einer Art Live-Schaltung gegenwärtig ist, verstehen sie als Wirkung seiner Geistes-Gegenwart.

Was mein Leben inspiriert

Wie kann eine Erfahrung dieses göttlichen und daher auch »heiligen« Geistes aussehen? Einen Zugang bieten die Fragen: Wes Geistes Kind bin ich? Was bewegt und prägt mich zutiefst? Ist es der Geist meines ängstlichen »Ego«, der mich immer wieder zweifeln lässt: »Gelte ich genug? Habe ich genug? Werde ich genug geliebt?« Oder ist es der Geist der Liebe, der mir ermöglicht, mich vertrauensvoll zu öffnen und Beziehungen einzugehen?

Um jemand zu sein, muss man Beziehungen haben. Die Christen sehen im Heiligen Geist das göttliche Vitamin B, das uns Menschen beziehungsfähig macht. Seine Anziehungskraft macht uns attraktiv und charmant (das griech. Wort *charis* bedeutet Anmut oder Gnade, die christlich als Gabe des Heiligen Geistes gedeutet wird). Er befähigt uns zur Freundschaft – mit uns selbst, mit anderen und schließlich sogar mit Gott.

Alle Menschen erfahren in ihrem Leben diesen Geist – unabhängig davon, ob sie ihn als Heiligen Geist deuten oder nicht. Zumeist ist seine Gegenwart verborgen und alltäglich, ja fast gewöhnlich: Wo jemand der Liebe traut, sein kleines Schneckenhaus verlässt und die Fühler zu anderen ausstreckt; wo Menschen einander verstehen, wo Solidarität und Teamgeist wachsen, wo sich Versöhnung und Frieden ausbreiten – überall dort ist der Heilige Geist als Gott »in uns« am Werk. Dieser begleitet die Geschichte der Menschheit wie ein unterirdisch fließendes Wasser, das überall heraussprudeln kann. Wenn Menschen von diesem Kraftstrom aus der Tiefe schöpfen, wachsen Freiheit und echte Gemeinschaft. Wer aber von allen guten Geistern verlassen allein aus eigenen Quellen leben will, vertrocknet am Ende völlig geistlos an Egoismus und Einsamkeit. Jeder Mensch ist mit dem Heiligen Geist begabt. Doch auch hier gilt dasselbe wie in anderen Bereichen: Oft bleiben wir hinter den eigenen Möglichkeiten und Begabungen zurück.

Eine geisterfüllte Kirche?

Weil der Geist Gottes so vielfältig wirkt, finden sich in der Bibel unterschiedliche Bilder, um von seiner vielseitigen Kraft zu erzählen. Der wilde Sturm und die sanfte Taube beschreiben ein und denselben Geist, der Feuer und Wasser verbinden kann. Der Heilige Geist scheint nie in menschlicher Gestalt auf, wird aber in männlichen und weiblichen Bildern verdeutlicht, wobei die weibliche Dimension besonders betont ist. In der hebräischen Bibel ist »Geist« ein Femininum und meint die göttliche Lebenskraft, die die Schöpfung »ausbrütet«. Was menschlich gesehen unvereinbar scheint, kann von Gottes Geist durchdrungen und verbunden werden. Dies wird vor allem in der Geschichte Jesu deutlich: Sein Leben, Sterben und Auferstehen machen sichtbar, wozu Liebe fähig ist.

Die Erfahrung der Auferstehung Jesu führt die abgekapselten Jüngerinnen und Jünger wieder neu zusammen. Das ist der Anfang der *Kirche*. Seit ihrer »Geburt« stellt die Kirche eine Gemeinschaft unterschiedlichster Menschen dar. In ihr zählt nicht mehr die Blutsverwandtschaft, sondern es geht um Geistesverwandtschaft. Die von Jesus Begeisterten treten als Zeugengemeinschaft auf, die das Evangelium über die Grenzen von Nation oder Sprache hinweg allen Menschen weitergeben wollen. Sie sind wie Feuer und Flamme für die Botschaft Jesu, und der Funke springt auf andere über.

Die Energie, die dieses zwischenmenschliche Internet ermöglicht, ist der Heilige Geist. Er ist die innere Flamme der Kirche. Wenn dieses Feuer ausgelöscht wird, erstarrt die Kirche zu einem Apparat. Sie wird zum geistlosen Mechanismus, der nach den puren Gesetzen der Macht funktioniert. Aus Angst vor der Freiheit gab es in der Kirchengeschichte zahllose Versuche, den ursprünglich als Brandstifter konzipierten Heiligen Geist zu einem Feuerlöscher umzurüsten. Doch die göttlichen Geistesblitze lassen sich nicht zähmen oder in Gleichstrom umwandeln. Die Geschichte der Kirche kann daher als Außenseite eines dramatischen inneren Ringens verstanden werden: Lässt sich die Kirche vom Freigeist Jesu inspirieren, der die große Vielfalt der Menschen fördert und sie zugleich verbindet? Oder gilt: Ein Gespenst geht um im Vatikan? Angst geistert durch die Kirche, nicht mehr alles kontrollieren zu können. Wes Geistes Kind ist »Mutter« Kirche?

Nach ihrem eigenen Selbstverständnis soll die Kirche ein Beispiel dafür sein, dass Gemeinschaft zwischen unterschiedlichsten

Menschen möglich ist. Wie ein buntes Mosaik lebt sie von der Vielfalt der Farben und Formen. Manche Versuche, die Buntheit zu nivellieren, führen zu uniformer Schwarz-Weiß-Malerei. Wo der Heilige Geist wirkt, können sich dagegen sehr verschiedene Menschen verstehen, einander achten und in ihrer Entwicklung fördern. Darin verwirklicht sich die Würde des Menschen.

Unterwegs zu einem neuen Frauenbild

Wie setzt die Kirche ihr Selbstverständnis in die Tat um? Nehmen wir die *Stellung von Mann und Frau* in den Blick.

Zunächst: Frauen und Männer haben die gleiche Würde. Diese Einsicht gehört zu den Kostbarkeiten des jüdisch-christlichen Erbes und findet sich in dieser Weise in keiner anderen Kultur. Gemäß der asiatischen Wiedergeburtslehre etwa muss die Frau erst als Mann geboren werden, um dem Kreislauf der Reinkarnationen entkommen zu können. Im Unterschied dazu betont die Bibel, dass von beiden Geschlechtern gilt: made in divinity. »Gott schuf den Menschen als sein Abbild; nach dem Bilde Gottes schuf er ihn. Als Mann und Frau schuf er sie« (Genesis 1,27). Nicht der einzelne Mensch allein ist Bild Gottes, sondern der Mensch in seiner Zweigeschlechtlichkeit. Weil Mann und Frau auf Beziehung und Eros hin angelegt sind, können sie Ebenbild eines Gottes sein, der selbst ganz Liebe und Beziehung ist.

Dieses Menschenbild wirkt wie ein Sprengsatz in der patriarchalen Gesellschaft und stellt diese von innen her immer wieder infrage. Bereits in der hebräischen Bibel zeigt sich, dass Gott oft Frauen schickt, wenn die männliche politische Führung versagt. Schließlich überschreitet Jesus von Nazareth die kulturellen Konventionen seiner Zeit, wenn er Frauen wie Männer in seinen Kreis von Freundinnen und Freunden ruft. Und obwohl Frauen nach jüdischem Recht nicht zeugnisfähig waren, sind es einige Jüngerinnen, die als Erste die Auferstehung Jesu bezeugen. Die

Evangelien, die wahrscheinlich von Männern verfasst wurden, berichten einhellig, dass an der Wiege des christlichen Glaubens Frauen stehen. Ihr Zeugnis ist glaubwürdig und gültig. Diese Überzeugung der frühen Kirche kommt einer gesellschaftlichen Verfassungsänderung gleich!

Der Apostel Paulus, der von einer nicht besonders frauenfreundlichen Kultur geprägt ist, hat eine Vision vom neuen Menschen, der durch Christus möglich geworden ist: »Ihr gehört ganz zu Christus, denn in der Taufe seid ihr sein Eigentum geworden. Jetzt ist es nicht mehr wichtig, ob ihr Juden oder Nichtjuden, Sklaven oder Freie, Männer oder Frauen seid. Durch eure Verbindung mit Christus seid ihr neue Menschen geworden; ihr seid in Christus alle eins und vor Gott alle gleich« (Galater 3,27 f., zitiert nach der Übersetzung von Albert Kammermeyer)[55]. In den ersten Jahrhunderten der Kirche wird dieser Gedanke der gleichen Würde aller Menschen weiter entfaltet. Ausgangspunkt ist der Glaube, dass der Mensch Ebenbild Gottes ist. Diese Würde wird dadurch neu grundgelegt, dass Gott in Jesus von Nazareth Mensch geworden ist.

Die urchristliche Idee der freien Person, die unabhängig von Stand und Geschlecht eine Würde hat, ist radikal neu. Das haben auch viele Frauen in der Spätantike schnell begriffen. Sie treten zum Christentum über, weil es dort für sie Selbstständigkeit gibt und sie in ihrer Würde anerkannt werden. Im Christentum eröffnen sich Frauen neue Möglichkeiten, ihr Leben selbst zu bestimmen. So zum Beispiel im Lifestyle der etwas aus der Mode geratenen »Jungfräulichkeit«: Hier definiert sich eine Frau nicht mehr über ihren Mann* oder über ihre Mutterrolle. Sie steht für sich selbst. Entsprechend kommt es in den christlichen Klöstern zur ersten geschichtlichen Selbstorganisation von Frauen.

---

* Eine dramatische Folge der Definition einer Frau vom Ehemann her ist der indische Brauch der Witwenverbrennung.

Ebenso bemerkenswert und vielfach unbekannt: Allen Vorurteilen zum Trotz hat auch das christliche Eheverständnis dazu beigetragen, der Gleichwertigkeit der Frau Geltung zu verschaffen. So setzt die kirchliche Lehre von der Einehe ganz konkret und praktisch durch: Mann und Frau haben die gleiche Wertigkeit eins zu eins. Darüber hinaus lehrt die europäische Rechtsgeschichte, dass der entscheidende Durchbruch zur Gleichberechtigung auf eine kirchliche Forderung zurückgeht: Zu einer gültigen Eheschließung ist die freie Zustimmung der Frau notwendig.[56] Die Frau ist keine Sache mehr, über die ein Kaufvertrag abgeschlossen wird, sondern eine Person, die für sich selbst sprechen kann und soll. Damit stemmt sich die Kirche gegen die interkulturell gängige Praxis, dass eine Frau vom Vater oder vom Clan verheiratet wird. Sie erstreitet für die Frau das Recht, dass sie zustimmen muss, wenn eine Ehe zustande kommen soll.

Diese erste Selbstständigkeit von Frauen war revolutionär. Das blieb nicht ohne Einfluss auf die Gesellschaft. Es ist auch bemerkenswert, dass sich die Bewegung zur Emanzipation der Frau weltgeschichtlich nur im christlich-abendländischen Kulturraum herausgebildet hat. Selbst der gegenwärtige Feminismus verdankt sich diesen Wurzeln.

Die christliche Überzeugung von der gleichen Würde von Mann und Frau war viele Jahrhunderte lang der Motor für die wachsende Gleichberechtigung. Doch der Karren der Kirche ist in dieser Frage im Sand stecken geblieben und inzwischen längst von säkularen Emanzipationsbewegungen überholt und abgehängt worden. Der Gedanke der Emanzipation hat sich aus dem Schoß einer altersmüden Kirche, die sich auf ihrem Erbbesitz ausruht, emanzipiert. Die Religionsgeschichtlerin Hanna-Barbara Gerl-Falkovitz spricht sogar davon, dass sich die Kirche in dieser Frage enterben ließ. Oder vielleicht noch schlimmer: Die Kirche scheint an einer Art Autoimmunerkrankung zu leiden. Sie stößt ihr eigenes Erbgut ab, wodurch der Leib der Kirche Schaden nimmt.

Gott sei Dank wurde das christliche Bild vom Menschen und der gleichen Würde beider Geschlechter vielfach kopiert und fand außerhalb der Kirche reißenden Absatz. Da das Copyright bei Gott liegt, könnte es sich dabei um eine List der unsichtbaren Hand Gottes (= Heiliger Geist) handeln. Der Geist Gottes arbeitet streng konspirativ und lässt sich nicht in die Karten schauen (Eberhard Tiefensee). Er hält sich nicht an kirchlich errichtete Grenzzäune und signiert auch dort, wo man es nie vermutet hätte. So muss eine satte, selbstgenügsame Kirche erkennen: Das Reich Gottes ist größer als der ummauerte Kirchhof, der traditionell oft ein Friedhof ist.

Wie jede Institution lebt die Kirche immer in bestimmten kulturellen Traditionen. Sie hält mit Recht kulturelles Erbe fest, das an die Person und Botschaft Jesu erinnert. Daher wird beispielsweise das Abendmahl bis heute mit Wein und nicht etwa mit Coca-Cola gefeiert. Ohne verbindende und verbindliche Formen verliert der Glaube seine Gestaltungskraft. Er wird eine nebulöse Angelegenheit, in der alles möglich ist. Es braucht feste Bräuche, Sprachregelungen, Riten und Feste gegen den Gedächtnisschwund der Geschichte. Wenn die Kirche sich auf bestimmte Sätze festlegt (»Dogma«), dann will sie dadurch erreichen, dass eine bestimmte Einsicht, um die einmal gerungen wurde, nicht mehr verloren geht. Ein *Dogma* ist freilich kein vatikanisches Konservierungsmittel zur Einweckung toter Wahrheiten. Ähnlich wie Schutzmauern, die Weinberge vor Bodenerosion bewahren sollen, geht es vielmehr um eine Art von Bodenschutzmaßnahme, damit der Glaube weiter wachsen und sich entfalten kann. Aber Traditionen stehen immer auch in der Gefahr, zu verkalken und zu versteinern. Den Prozess der Versteinerung bezeichnet man in der Geologie übrigens als »Petrifizierung«. Um dem zu wehren, erfindet die Kirche im Lauf ihrer Geschichte durch den frischen Wind des Heiligen Geistes ständig neue Traditionen. Gilbert Keith Chesterton sagt zu Recht: »Traditionen sind wie Straßenlaternen. Sie leuchten einem den Weg. Doch nur ein Betrunkener wird sich an ihnen festhalten.«

Es ist eine schon fast zweitausendjährige Tradition, dass die katholische Kirche Frauen eine Würde zuspricht. Aber sie lässt sie noch nicht zu Amt und Würden kommen. Die kirchlichen Leitungsämter (Bischof, Priester) sowie das klassische Dienstamt (Diakon) bleiben Männern vorbehalten. Begründet wird dies mit der Achtung vor einer langen Tradition, die auch immer wieder amtlich bestätigt wurde. Vielleicht kann hier ein Blick in die Geschichte anregend wirken. So tagte zum Beispiel wenige Jahre nach dem Tod Jesu in Jerusalem das sogenannte *Apostelkonzil*, bei dem Papst Petrus I. höchstpersönlich den Vorsitz führte. Bei dieser Versammlung wurde durch die Apostel und den »Heiligen Geist« (!) mit denkbar höchster Autorität beschlossen: Christen dürfen nichts essen, was durch Blut rituell verunreinigt ist (Apostelgeschichte 15,22–29). Für diese Entscheidung konnte man auf die jahrtausendealte Tradition der hebräischen Bibel und auf das Beispiel Jesu zurückgreifen. Doch im Lauf der Zeit hat man den Beschluss der Apostel einfach unter den Tisch fallen lassen, und es gibt keine Vorschriften mehr, was in einem christlichen Haus auf den Tisch kommen soll. Der Wandel des geschichtlichen Umfeldes und neue Einsichten können also selbst eine kirchliche Entscheidung wieder aufheben, die mit höchster Verbindlichkeit beschlossen worden ist.

Die Tradition, Frauen keine kirchlichen Führungsaufgaben zu übertragen, ist weit weniger eindeutig. Das Argument, dass Jesus zwölf Männer als Apostel berufen hat und daher auch nur Männer Priester werden können, verkennt den Sinn dieser Symbolhandlung. Denn diese Wahl erinnert an die zwölf Söhne Jakobs und damit an die zwölf Stämme Israels. Um deren symbolische Sammlung ging es Jesus in der Wahl der zwölf: Er wollte ausdrücken, dass im *neuen Israel* auch die Verlorenen und Vergessenen ihren Platz finden und *alle* wieder zusammengehören. Die Wahl der zwölf ist also nicht exklusiv, sondern inklusiv und will symbolisch alle einschließen: Frauen und Männer, Arme und Reiche, Einheimische und Fremde.

Umgekehrt wurde aus der Tatsache, dass Jesus in entscheidenden Augenblicken drei Apostel als Begleiter und Zeugen wählte, bislang ja auch nicht gefolgert, dass die Kirche bei zentralen Fragen von einem Dreierkollegium zu leiten ist!

Aus einer Symbolhandlung eine kirchenrechtliche Norm herzuleiten, verkennt die Eigenart von Symbolen. Wenn Jesus aus Demut einen Esel als Reittier wählt, so kann man daraus kein Gesetz ableiten, dass die Päpste für ihr Vorwärtskommen auf Esel setzen sollen.

Vor allem aber: Der Ausschluss von Frauen von den kirchlichen Leitungsämtern verdunkelt die Botschaft des Evangeliums. Sie lässt viele Menschen an der Glaubwürdigkeit der Verkündigung zweifeln. Und so verrät die Kirche ihren ureigenen Auftrag. Es ist daher höchste Zeit, dass sie sich in ihrer »Hausordnung« an der göttlichen Beauftragung zur Gleichstellung orientiert.

INS GEBET GENOMMEN

Es ist heute weniger peinlich, beim Schwarzfahren erwischt zu werden als beim Beten. Und wer im Freundes- oder Kolleginnenkreis die Frage stellt: »Betest du?«, wird vermutlich eher ein betretenes Schweigen ernten, als wenn er fragen würde, ob jemand von den Anwesenden Geld in Steueroasen der Karibik angelegt habe. Denn Beten gilt manchen als Flucht auf eine »Insel der Seligen«, um sich vor den rauen Stürmen des Alltags zu schützen. Anderen erscheint Beten infantil: Ähnlich wie das Kleinkind mit dem Teddybären redet, so sprechen Betende mit einem fiktiven Gegenüber, weil sie sich noch in einem kindlichen, magischen Stadium befinden. Allenfalls mag man den Wert des Betens darin erkennen, dass es autosuggestiv wirkt und darin dem positiven Denken ähnlich ist.

Beten scheint irgendwie sinnlos zu sein. Denn der Kosmos und seine Gesetze sind unerbittlich. Merkwürdigerweise aber überschütten wir Menschen uns zu allen möglichen Gelegenheiten mit guten Wünschen. Wir tun so, als ob wir Wünsche frei und dazu noch einen Zauberstab à la Harry Potter zur Verfügung hätten. Wir wünschen einander Gesundheit, alles (!) Gute für das neue Jahr, ein erholsames Wochenende, viel Erfolg, gute Fahrt und dann noch eine gute Nacht. Was sollen diese Wünsche bewirken? Sind die guten Worte, die wir anderen mit auf den Weg geben, mehr als ein frommer Wunsch? Für fromme, religiöse Menschen sind solche Wünsche nicht nur eine bloße Redensart, sondern artverwandt mit dem Gebet.

Der Biologe Alister Hardy definiert den Menschen als das »betende Tier«. Damit bringt er zum Ausdruck, dass unter allen Lebewesen dieser Erde nur der Mensch zu Religion und Kult fähig ist. Löwen und Lämmer beten nicht. Sie leben in ihrer kleinen Welt, die von Trieb und Instinkt gesteuert wird. Sie sind fixiert auf das Unmittelbare. Nur der Mensch fragt weiter und greift über sich selbst hinaus. Dass die Welt keine Rechnung ist, die glatt aufgeht, wird besonders spürbar bei Katastrophen, die einem einen Strich durch die Rechnung machen: eine Krankheit, der Verlust eines geliebten Menschen oder eines gesellschaftlichen Status, Unrecht, das jemand persönlich oder ein ganzes Volk erleiden muss … Aber auch durch besonders gute Erfahrungen kann einem plötzlich aufgehen, dass es mit der Wirklichkeit mehr auf sich hat, als man bislang angenommen hat: die unbändige Freude über die Geburt eines Kindes, ein intensives ästhetisches Erlebnis, eine tiefe Freundschaft …

Glück oder Leid lassen den Menschen danken beziehungsweise klagen. Doch wohin mit der Dankbarkeit etwa beim Anblick einer blühenden Rose? Ich kann zwar zur Rose sagen: »Danke, dass du so schön blühst!« Aber irgendwie ist die Rose doch nicht die richtige Adresse. Sollte ein solcher Dank prinzipiell unzustellbar sein? Religiöse Menschen glauben, dass es dafür einen Adressaten gibt. Sie vertrauen auf einen größeren Zusammenhang, in dem die Hoffnungen, Bitten und Klagen, in dem der Dank und auch die Wünsche der Menschen füreinander einen Platz finden. Dieses Geheimnis nennen sie »Gott«, und ihre Äußerungen von Sehnsucht, Hoffnung, Freude oder Klage nennen sie »Gebet«.

Mit allen Kräften beten

Es gibt seltsame Gebete. »Gott, wenn es dich gibt, lass mich dich erkennen« war das merkwürdige Gebet von Charles de Foucauld (an seinem Vorbild orientieren sich die »Kleinen Brüder vom Evangelium«). Und betend fand er zu Gott und krempelte von da an sein ganzes Leben um. Nur wer betet, kann mit der Zeit entdecken, ob Beten sinnvoll ist. Theoretisch lässt sich das nicht klären!

In unseren alltäglichen Gesprächen und bei manchem Stoßseufzer haben wir manchmal den Eindruck, dass wir wie gegen eine Wand reden. Wer ernsthaft zu beten beginnt, kann erahnen, dass die Wände Ohren haben. Dass jemand da ist, der zuhört. Speziell im christlichen Gebet gilt: »Achtung! Freund hört mit!« Denn in Jesus Christus hat Gott allen Menschen das Du angeboten. Das Revolutionäre des christlichen Betens liegt darin, dass man Gott duzen kann. Als »Vater« ist er jederzeit anrufbar. Es gibt eine gebührenfreie Hotline, einen drahtlosen heißen Draht nach oben. Hier hat der Mensch unbegrenzte Redefreiheit.

Das biblische Beten ist daher von Spontaneität und großem Freimut gekennzeichnet. Die Glaubenden schütten Gott ihr Herz aus. Sie danken, bitten, klagen, schreien, verhandeln, kämpfen, fluchen, fragen, loben, beten an oder schweigen. Was immer einem Menschen auf der Seele liegt: Gott gegenüber kann er es ungeschminkt und geradeheraus sagen. Um dieses Vertrauen, dass wir bei Gott mit der ganzen Wahrheit unseres Lebens an der »richtigen Adresse« sind, wirbt der Heilige Geist. Er ist es, der wie ein Kraftstrom in der Tiefe die Beziehung zum Vater herstellt und in uns betet (Römer 8,26 f.). Von diesem Zufluss zu Gott kann sich der Mensch einfach tragen lassen. Er darf darauf vertrauen, dass seine Worte und Gefühle, seine Ohnmacht und sein Schweigen in Gott münden.

Christliches Beten ist kein innerer Kreisverkehr um das eigene Ich, sondern es führt in eine geheimnisvolle Mitte. Gilbert Keith Chesterton drückt dieses Geheimnis, das sich im Gebet bisweilen ereignet, in einem Bild aus: In der Tiefe des eigenen Herzens entdecke ich eine Art von Zimmer, das ich dort nie vermutet hätte und in dem ein Licht schimmert. Ich erfahre die Stille wie eine Gegenwart. In solchen Momenten weiß ich mich in der eigenen Mitte aufgehoben, weil ich darin nicht allein bin. Von innen her werde ich liebend angeschaut.

Ein solches Beten ist also kein Monolog, sondern ein Dialog. Zum Gelingen eines Gespräches unter Freunden trage ich umso mehr bei, je wahrhaftiger ich bin. Ebenso wichtig ist, dass ich nicht auf mich fixiert bleibe, sondern mein Gegenüber im Blick habe. Ähnliches gilt für das Gebet. Doch leichter gesagt als getan, denn: Wie richtet man sich auf Gott aus? Viele erleben es als hilfreich, mit Worten aus der Bibel zu beten. Dann kann einem manchmal trostvoll oder auch herausfordernd aufgehen: »Hier bin ich gemeint!« Und unversehens findet man sich in einer Begegnung vor. Vom christlichen Beten unterscheidet sich beispielsweise das buddhistische Meditieren, das ohne »Ansehen der Person« geschieht: Man lässt alles los, aber es gibt kein Gegenüber, bei dem man aufgehoben wäre.

Beten drängt zur Tat

Beten lässt sich vielleicht mit einer »*Schule des Sehens*« vergleichen. Betend können einem die Augen aufgehen: »Ich kann mich sehen lassen. Ich bin angesehen – ohne Wenn und Aber, ohne Vorbedingung und Einschränkung.« Daher braucht sich der Mensch im Gebet auch nichts vorzumachen. Er erfährt: »Wenigstens hier, in diesem Augenblick Gottes muss ich mich nicht größer oder geringer machen, als ich bin. Ich darf mich vor Gott wahrhaben.« Daher macht echtes Beten realistisch. Und dies kann einhergehen mit durchaus schmerzhaften Enttäuschungen!

Im Beten weitet sich die Perspektive. Ja, wer betet, versucht, die Welt mit den Augen Gottes zu sehen. Ein solches Beten macht unparteiisch, und es wird zum *Global Prayer*. Denn es öffnet für die göttliche Perspektive, der es um jeden einzelnen Menschen und um das Ganze geht: um den kranken Nachbarn, um die ungeliebte Chefin, um Versöhnung zwischen verfeindeten Völkern und um eine gerechte Weltordnung. Gerade dort, wo Menschen unter Not und Ungerechtigkeit leiden, zeigen sich die Hoffnungen Gottes für diese Welt. Wer betet, kann entdecken: »Gott setzt seine Hoffnung auch auf mich.« Das ist ein hoher Anspruch, und ich muss mich fragen: »Versuche ich, mir Gottes Hoffnungen zu eigen zu machen – und zwar ganz konkret in meinem alltäglichen

Leben, aber auch in den Werten und langfristigen Zielen, die ich verfolge? Oder tue ich es nicht?«

Insofern führt Beten konsequent zu solidarischem Handeln. Ein zentrales Kriterium für die Echtheit christlichen Betens liegt folglich darin, ob es zum konkreten Einsatz motiviert, diese Welt im Sinne Gottes mitzugestalten. Es ist ein fundamentales Missverständnis zu meinen, Beten verleite zum Nichtstun oder sei eine Flucht vor der eigenen Verantwortung. Und es gehört zu den traurigen Kapiteln der christlichen Geschichte, dass es diese Fehlform von »Beten« gab und gibt. Ein Blick in die Geschichte zeigt jedoch auch: Wer die Hände faltet, legt sie danach eben gerade nicht in den Schoß, sondern krempelt die Ärmel hoch, um sich an die Arbeit zu machen. Christen beten nicht darum, dass Gott an ihrer Stelle etwas tut, sondern dass sie zur rechten Zeit an der Stelle sind, wo sie gebraucht werden. Ein Engagement, das im Gebet wurzelt, kann freier werden von der Verbissenheit, das Gute mit Gewalt durchsetzen zu wollen. Das vom Beten inspirierte Handeln ist engagiert, ohne fanatisch zu sein. Es will etwas bewirken und lässt sich zugleich von Misserfolg nicht lähmen.

Beten und Bitten

Doch was hat es damit auf sich, wenn Menschen Gott um etwas bitten? Wer bittet, gesteht sich und anderen zunächst einmal ein: »Hier stoße ich an die Grenzen dessen, was ich tun und bewirken kann. Ich bin bedürftig. Ich lebe nicht allein vom eigenen Vermögen, sondern bin darauf angewiesen, dass mir Lebensnotwendiges gegeben wird.« Freundschaft und Treue beispielsweise sind unbezahlbare Geschenke, die man weder herstellen noch sich verdienen kann. Wir können uns aber für sie bereithalten und darum bitten. Für einen glaubenden Menschen ist es das Natürlichste von der Welt, sich auch mit seinen Bitten und mit seiner Sehnsucht an Gott zu wenden. Dies macht ihn nicht klein, sondern zeigt seine Größe im Vertrauen. Indem er Gott bittet, traut er ihm zu, dass er es gut mit ihm meint. Jesus von Nazareth hat seine Jüngerinnen und Jünger dazu ermutigt, sich an Gott wie an einen vertrauten Freund zu wenden. Das bedeutet auch, dass sie die Erfüllung ihrer Bitte Gott überlassen und glauben, dass sie bei ihm in guten Händen sind.

Warum aber bleiben viele Bitten der Gläubigen unerhört? »Reagiert« Gott auf das Beten des Menschen? Lässt er sich beknien? Zunächst: Gott funktioniert nicht nach der Art eines »Prayomaten«, bei dem man oben einen Gebets-Chip einwirft und unten das gewünschte Produkt herauskommt. Sowenig der Mensch eine Marionette ist, die von Gott dirigiert wird, so wenig ist er umgekehrt Drahtzieher Gottes. Gott muss auch nicht erst vom Menschen erfahren, wo es brennt. Solche Vorstellungen sind infantil und denken von Gott zu klein. Man muss ihn weder um seine Gunst anbetteln noch zu etwas »Liebem« veranlassen. Denn Gott will immer schon das tun, was der Liebe entspricht. Er will das Beste für die Welt und die Menschen. Und gerade deswegen zwingt er sie nicht »zu ihrem Besten«. Zwangsbeglückung bringt kein Glück. Vielmehr soll sich der Mensch zum erwachsenen, freien Partner Gottes entwickeln. Das Gelingen des göttlichen Projektes hängt folglich auch vom Menschen ab.

Gott setzt seine Hoffnung auf den Menschen. Und dieser macht sich im Bittgebet die Herzensanliegen Gottes zu seiner eigenen Angelegenheit.

Werfen wir einen Blick auf das Gebet, das weltweit alle Christen miteinander verbindet, auf das *Vaterunser*. Im Vaterunser beten Christen darum, dass Gottes Reich komme und sein Wille geschehe. Hier wird deutlich: Gott will uns sein Reich, seine Zuwendung, seinen Willen nicht aufzwingen. Er will, dass auch wir wollen. Menschen beten um den Frieden. Damit stimmen sie der Vision Gottes von einer friedvollen Welt zu. Sie beten um Gerechtigkeit und lassen die Sorge Gottes um die Entrechteten nicht bloß seine Sorge sein. Sie bitten um die Bewahrung der Schöpfung und stellen sich damit an die Seite des Schöpfers. In der Bitte des Vaterunsers um das tägliche Brot verbünden sie sich mit dem Anliegen Gottes, dass in dieser Welt niemand hungern soll.

Doch wird die Welt durch unser Bittgebet verändert? Ja. Denn jeder Mensch ist ein Teil dieser Welt. Und Beten verändert zuerst und vor allem die betende Person selbst. Sie bleibt nicht in ihren persönlichen Sorgen gefangen, sondern öffnet sich Gott und damit dem Vertrauen ins Leben. Und sie wird solidarisch mit der großen Sorge Gottes um seine Schöpfung. Vielleicht lässt sich dies mit einer Art Sensibilisierungs-Therapie vergleichen: Entgegen der menschlichen Tendenz, sich selbst der oder die Nächste zu sein und allergisch auf die Infragestellung der eigenen Vorrangstellung zu reagieren, kann Beten für das Leiden anderer sensibilisieren. Wer Gottes Nähe erahnt, will anderen zum Nächsten werden.

Haben Bittgebete auch einen Einfluss auf den Lauf der Welt? In den vergangenen Jahrzehnten ist immer deutlicher geworden, wie sehr in der Welt letztlich alles mit allem zusammenhängt. Glaubende vertrauen darauf, dass Gottes Liebe wie eine verborgene Energie ist. Sie ermöglicht alles, was ist und geschieht. Menschen können sich diesem Kraftstrom öffnen und Liebesenergie freisetzen. Umgekehrt wirken Hass oder Neid wie Energiefresser, die negative Auswirkungen auf das Ganze der Welt haben. Durch seine Liebe wirkt der Mensch an der schöpferischen Liebe Gottes mit. Insofern hat wohl auch jedes Bittgebet, das an Gottes Sorge um diese Welt Anteil nimmt, einen tiefen Sinn und Effekt.

Warum aber bleiben so viele Bitten unerfüllt? Menschen bitten darum, dass ihr Kind nicht stirbt, dass ihre Partnerschaft nicht zerbricht, dass ihr Körper von Metastasen frei wird, dass Kriege ein Ende nehmen … Je konkreter die Bittgebete, umso höher ihr Enttäuschungspotenzial. Dass Bitten oft nicht in Erfüllung gehen, bleibt für die Gläubigen ein schmerzliches Geheimnis! War ihr Bitten also doch vergeblich?

Die Zuneigung und Liebe, die ich in eine Bitte hineinlege, geht nicht verloren, auch wenn der konkrete Wunsch nicht erfüllt wird. Um unser Bild wieder aufzugreifen: Gottes Liebe ist die Kraft, die das Ganze der Welt trägt und verantwortet. Mein Bitten und Vertrauen bringt sich in dieses Große und Ganze ein, das anders wäre, wenn ich gleichgültig bliebe. Wer Energie ins allgemeine Netz einspeist, hat jedoch keinen Einfluss darauf, wem diese konkret zugutekommt. Es liegt auch nicht in seiner Hand, wie sie genutzt wird. In ähnlicher Weise bringt der Mensch in seinem Bitten Liebe in das göttliche Energienetz ein. Er hat jedoch keine Kontrolle darüber, was sein Beten bewirkt. Er hofft aber, dass Gott die Geschichte der Welt verantwortet und dafür Sorge trägt, dass alle Liebe an ihr Ziel kommt. Dies wird sich endgültig erst am Ende der Geschichte zeigen. Der Sinn dessen, was wir tagtäglich erleben, bleibt uns daher oft verschlossen. Das christliche Beten lebt von der Hoffnung, dass unsere Welt im Finale gut ausgehen wird.

Man kann Freunde um alles Mögliche bitten. Das Eigentliche aber, was wir von ihnen ersehnen, ist die Freundschaft selbst: »Ich bitte um dich, um deine Nähe, um dein Vertrauen.« Ähnlich bitten Glaubende Gott im Letzten nicht um *etwas,* sondern um *Gott selbst.* Von dieser Bitte glauben Christen, dass Gott sie erhören wird. Ja, dass er sie durch das Geschenk seiner Freundschaft in Jesus Christus schon erhört hat. Die göttliche Nähe in Jesus lässt sich vielleicht mit dem Bild des Morgenrots beschreiben. Der nahe Tag kündigt sich schon an. Doch die Sonne, durch die alles hell und heil wird, ist noch nicht aufgegangen.

Jedes echte Bittgebet ist immer auch ein *Loslassen.* Im Beten Jesu finden sich diese beiden Aspekte von Bitten und Lassen. Vor seiner Verhaftung geht Jesus in einen Garten, um zu beten. In dieser schlimmsten Nacht seines Lebens kniet er sich ganz in Gott hinein. Er ringt mit ihm und fleht ihn an. Er bittet ihn mit aller Kraft, das drohende Leiden von ihm abzuwenden. Dann aber lässt er diese Bitte noch einmal los im Vertrauen, dass Gott alles, was geschieht, tragen und mit Sinn erfüllen wird. Jesus bringt seinen Lebenswillen vor Gott mit ganzer Leidenschaft zum Ausdruck. Dann aber ringt er sich dazu durch, ganz auf Gott zu setzen und sein Leben in dessen Hand zu legen.

Das Beten Jesu ist Vorbild für das christliche Bittgebet. Der Mensch darf alles, was ihn bedrängt und leidend macht, vor Gott hinausschreien und sich in seiner Not bittend an ihn klammern. Zugleich ermutigt der Blick auf Jesus, selbst die größte Bitte noch einmal loszulassen. Wer so betet, lässt sich in das große Schweigen Gottes hineinfallen – in der Hoffnung, dass dieser sich als rettender Grund der ganzen Welt und ihrer Geschichte erweisen wird.

ICH HABE MIR EIN NEUES TESTAMENT GEKAUFT – UND DAS ALTE WEGGEWORFEN …

Gott hat dem Menschen in Jesus sein Wort gegeben. Damit ist alles Wesentliche gesagt. Gott hält auch Wort bis zuletzt. Denn seine Liebe gilt selbst dann noch, wenn Menschen diese Liebe ablehnen. Die Jüngerinnen und Jünger Jesu waren Zeugen dieser unglaublichen Güte, die den Tod ausgehalten und sich über den Tod hinaus durchgehalten hat. Wer das erfährt, muss davon erzählen: »Wir können unmöglich schweigen über das, was wir gesehen und gehört haben« (Apostelgeschichte 4,20). Entsprechend reden und predigen sie. Ihre Erzählungen vom Leben Jesu und vor allem von seinem Sterben und Auferstehen werden mit der Zeit schriftlich gesammelt.

Bestimmte Texte gewinnen dabei eine immer größere Bedeutung für die junge Kirche. Sie werden zur Grundlage für ihr eigenes Leben, für ihr Beten und Feiern und für ihr Engagement im Namen Jesu. In ihnen sieht die Kirche die befreiende Erfahrung mit Jesus Christus glaubwürdig überliefert. Dabei fällt auf, dass sie vier verschiedene Evangelien als authentisch anerkennt: Es geht um verschiedene Spiegelungen, in denen die *eine* Person Jesu Christi aus unterschiedlichen Perspektiven wahrgenommen und bezeugt wird. Die Evangelien selbst betonen, dass in Christus wesentlich mehr steckt, als sie schriftlich ausdrücken können. In einem langen Prozess verständigt sich die Gemeinschaft der Glaubenden schließlich auf eine bestimmte Sammlung von Texten. Das sogenannte Neue Testament mit seinen vier Evangelien, den Briefen und anderen Schriften hat seine heutige Form gefunden. Zusammen mit der hebräischen Bibel (»Altes Testament«) wird es zur Heiligen Schrift der Christen.

Das hört sich nun alles sehr menschlich und »normal« an. Hatte Gott dabei seine Finger nicht mit im Spiel? Doch, er hatte es –

und zwar untrennbar verwoben mit der menschlichen Schöpferkraft. Was ist damit gemeint? Feindliche Blicke verzerren und werden dem anderen nicht gerecht. Wirklich kennenlernen kann man einen Menschen nur durch Freundschaft. Die Schriftsteller der Jesus-Zeugnisse sind im Geist der Freundschaft mit Jesus Christus verbunden. Sie schreiben in sympathischer Weise über ihre eigenen Erfahrungen mit ihm. Dabei versuchen sie, nicht sich selbst darzustellen, sondern Gott zu Wort kommen zu lassen. Deshalb sind sie glaubwürdige Zeugen.

Sie erleben es als eine Art von Begabung, dass sie ein gültiges Zeugnis ablegen können. Und deuten diese als ein Geschenk des »Heiligen Geistes«. Der Geist Gottes, der als Kraft der Hoffnung und Liebe die menschliche Geschichte mitschreibt, schlägt sich also auch geistreich in Wort und Schrift nieder. Er ist freilich keine Brieftaube Gottes. Ebenso wenig degradiert er Menschen zu Diktiergeräten. Im Gegenteil: Er setzt ihre eigenen kreativen Kräfte frei. Denn der Heilige Geist wohnt in den Herzen der Menschen, in die er als Liebe eingegossen wird (Römer 5,5). Insofern etwa das Zeugnis des Apostels Paulus für Jesus von Herzen kommt, stehen sowohl der Apostel als auch Gott selbst ganz hinter diesem Wort. In diesem Sinn sind der Heilige Geist und die autorisierten Schriftsteller der Bibel unzertrennliche Co-Autoren der Heiligen Schrift. Die Bibel ist *»Gotteswort in Menschenwort«*.

Der Heilige Geist schreibt also keine Bücher. Er schreibt Geschichte. Was in Jesus Christus geschehen ist, klingt weiter und wirkt nach dem Schneeballprinzip in andere zeitliche und geografische Räume hinein. Diese Dynamik verdankt sich dem Heiligen Geist. Seine inspirierende Kraft öffnet Menschen die Augen, um Jesus Christus immer wieder neu zu entdecken. Auch die Kirche wird mit Jesus nicht fertig. Denn in ihm steckt Gottes unerschöpflicher Reichtum. Jede Epoche und Kultur kann mit ihm ins Gespräch kommen und völlig Neues zutage fördern. Das Geschenk, das Gott der Menschheit in Jesus Christus gemacht hat, ist also immer noch nicht ganz ausgepackt, angenommen und entfaltet. Der Heilige Geist treibt die Geschichte der Offenbarung immer weiter voran.

Wenn die Bibel verkehrt wird

Fundamentalistische Strömungen halten die von den Zeugen Jesu verfassten Werke für wortwörtlich eingetrichterte Offenbarung. Für sie hat der Heilige Geist die Rolle eines Ghostwriters. Dies entspricht allerdings nicht dem christlichen, sondern dem islamischen Offenbarungsverständnis. Die Bibelfundamentalisten teilen damit den islamischen Offenbarungsglauben an ein von Gott wörtlich diktiertes Buch. Im Islam sind Gott und sein Wort (der Koran) absolut, d.h. unabänderlich und zeitlos. So kann der Koran auch keiner Entwicklung unterliegen. Dementsprechend begründet im Islam der Text die Gemeinschaft. Im Judentum und Christentum ist das anders: Die Glaubensgemeinschaft – das Volk Israel bzw. die Kirche – versteht sich als geschichtlicher Ursprungsort der Schrift.

Ohne Zweifel sind das Judentum und das Christentum bibliophil. Aber sie sind *keine Buchreligion,* wie fälschlicherweise behauptet wird. Diese Kennzeichnung geht auf den Koran zurück, und es zeugt von mangelnder Kenntnis des eigenen Glaubens, wenn Christen diese islamische Charakterisierung übernehmen. Denn die Bibel ist eben gerade keine von Gott oder einem Engel eingeflüsterte Botschaft. Vielmehr haben Menschen unter dem »Einfluss des Heiligen Geistes« eine ganze Bibel-Bibliothek niedergeschrieben, immer wieder überarbeitet und schließlich als »Gesammelte Werke« der Nachwelt überliefert. Im vielstimmigen Zeugnis der biblischen Bücher werden authentische Gotteserfahrungen festgehalten. »Irrtumsfrei« sind diese Schriften nicht in ihrem wortwörtlichen Sinn. Ihr untrüglicher Sinn besteht darin, dass sie Gott als einen Gott der Liebe zeigen und mit ihm in

Beziehung bringen. Schon Aurelius Augustinus schreibt, dass Gott mit der Heiligen Schrift nicht über den Verlauf von Sonne, Mond und Sternen informieren will. »Christen wollte Gott machen, nicht Astronomen.«

Für uns heute haben die biblischen Schriften genau diesen Sinn: Sie sind gültige Zeugnisse einer Gotteserfahrung von bestimmten Menschen bzw. einer Glaubensgemeinschaft. Als solche wollen sie dazu anleiten, dem bezeugten Gott zu glauben und ihm heute zu begegnen (Johannes 5,39 f.). So kann es nicht darum gehen, ein Druckerzeugnis zu verehren oder Schriften nachzubeten. Vielmehr will der Heilige Geist dazu inspirieren, die Schrift zu verstehen und dadurch mit Jesus Christus in einer lebendigen Beziehung zu stehen. Wir können zu *Zeitgenossen Jesu* werden, der uns jetzt ansprechen, einladen, uns vergeben und uns zu seinen Jüngerinnen und Jüngern machen will. Insofern schreibt jeder glaubende Mensch ein weiteres Buch der Bibel. *Jede und jeder ist höchstpersönlich ein Brief Gottes an seine Mitmenschen.* Die Bibel drückt das so aus: Ihr seid ein Brief Christi. Dieser Brief ist nicht mit Tinte, sondern mit dem Geist des lebendigen Gottes geschrieben. Und zwar nicht auf Tafeln aus Stein, sondern er ist euren lebendigen Herzen eingeprägt (2 Korinther 3,3).

Im Lauf der Geschichte entsteht ein großer Erfahrungsschatz des Glaubens. Dieser dient als »Tradition« in der katholischen Kirche zur Lesehilfe, um die Bibel besser zu verstehen. Ja, die Tradition kann sogar als eine Art Fortsetzungsroman der Bibel bezeichnet werden. Die protestantischen Kirchen dagegen betonen, dass man die Heilige Schrift auch ohne diesen deutenden Hintergrund lesen kann. Innerhalb der protestantischen Tradition entstand im 19. Jahrhundert ein *Bibel-Fundamentalismus,* der bis heute grassiert. In der Diskussion um die Evolutionstheorie wurde die wortwörtlich verstandene Bibel zum feststehenden Felsen in der Brandung, an dem eine naturwissenschaftliche Theorie zu zerschellen hat. Der Kritik an einem solchen

Fundamentalismus können wir nur zustimmen! Ja, wir fragen uns sogar: Ist vielleicht nicht der Atheismus, sondern der religiöse Fundamentalismus der größte Feind der Religion? Denn er wird von Angst regiert. Angst aber – und nicht Unglaube – ist der Gegensatz zum Glauben.

Es ist ein Zeichen von mangelndem Vertrauen, wenn man Gott fixiert und damit zu kontrollieren sucht. Die Fundamentalisten lassen Gott nicht mehr Gott sein. Anstatt sich glaubend an den größeren Gott zu halten, hält man an greifbaren Sätzen fest. Aber es ist eine verteufelte Taktik, unter dem Deckmantel der Frömmigkeit den Glauben zu pervertieren. So argumentiert etwa der »Teufel« bibelfundamentalistisch, wenn er in der Versuchungsgeschichte Jesus mit einem Bibelzitat von Gott abzubringen versucht (Matthäus 4,6).

Die Fundamentalisten müssen in ihrer Wortglauberei den gesamten Buchstabenumfang der Bibel beim Wort nehmen. Es gibt jedoch viele Aussagen, die sie dabei in höchste Verlegenheit bringen: Stand die Sonne über Gibeon still (Josua 10,12 f.), oder hatte die Erde aufgehört, sich zu drehen? Ist der Hase ein Wiederkäuer? (Leviticus 11,6). Was bedeutet die salomonische Lösung der Frauenfrage? (1 Könige 11,3 klingt nach tausenundeiner Nacht: Salomo hatte 700 fürstliche Frauen plus 300 Nebenfrauen = 1000 Frauen.) Weshalb befiehlt Gott einen Völkermord? (Josua 10,40).

Die Bibelstatik der Fundis führt in unlösbare theologische wie ethische Sackgassen. Den »Kreationisten« (von lat. creatio = Schöpfung), die die Schöpfungsgeschichte der Bibel wortwörtlich nehmen, fehlt die Einsicht, dass die Bibel eine »Evolutionsgeschichte« hat: In einem langen Selektionsprozess werden von den vielen menschlichen Erfahrungen diejenigen ausgewählt, die geeignet scheinen, um als glaubwürdige Gotteserfahrungen tradiert zu werden. Dieser Prozess wird vom Heiligen Geist, der in der Kirche wirkt, begleitet. Die Gültigkeit der Glaubenszeugnisse wird durch die Kirche als *believing community* überprüft und bestätigt.* Die kirchliche Glaubensgemeinschaft mit ihren Verantwortlichen ist insofern auch bevollmächtigte Interpretin der Heiligen Schrift.

Der Blick in die Geschichte hat gezeigt: Die Bibel ist eine (r)evolutionäre Büchersammlung. Wie ein wachsendes Mosaik entwirft sie ein immer deutlicheres Bild von Gott. Das Gottesbild entwickelt sich dabei nicht linear, sondern eine erste Skizze wird mit immer neuen Aspekten und Farben angereichert. Die christliche Grundüberzeugung ist: In Jesus Christus zeigt sich Gott nicht nur in einem mosaikhaften Bild, sondern wird ein Mensch aus Fleisch und Blut. In ihm ist Gott anschaulich geworden. Die Bibel kann sogar sagen: Jesus Christus ist das sichtbare »Ebenbild des unsichtbaren Gottes« (Kolosser 1,15).

Damit aber stellt sich die Frage: Welche Bedeutung hat die hebräische Bibel noch für den christlichen Glauben? Wenn sich in Jesus Christus gezeigt hat, wer Gott ist, wird sie dann nicht zum »alten« Testament, das völlig überholt ist?

Zur bleibenden Bedeutung des Alten Testamentes

Das sogenannte Alte Testament wird durch Jesus Christus nicht überflüssig. Zum einen hat die hebräische Bibel einen Wert in sich. Sie ist das gültige Glaubenszeugnis des Volkes Israel und damit die Heilige Schrift des Judentums. Zum anderen hat das Alte Testament auch innerhalb des Christentums einen unverlierbaren Wert. Es ist die bleibende Goldgrundierung, auf welche die Ikone Jesu Christi gemalt und in ihrer Göttlichkeit erkennbar wird. Denn Jesus war Jude, und die hebräische Bibel war seine

* Während in den Naturwissenschaften die Scientific Community durch Falsifikation bestimmte Theorien ausschließt, gilt in Fragen des Glaubens und Lebens oft dann etwas als bewahrheitet, wenn es sich bewährt.

Heilige Schrift. Ohne die hebräische Bibel und ihre Messiaserwartung kann Jesus nicht angemessen verstanden werden.

Umgekehrt beginnen die Christen im Licht der Auferstehung Jesu, das Alte Testament neu zu lesen. Weil sie Jesus als *das Wort* Gottes erfahren haben, das ausgesprochen menschlich wurde, wird er zum ultimativen Kriterium, um die Bibel zu lesen und zu verstehen. Weil Gott in ihm echt Mensch geworden ist, wird er zum Echtheitskriterium für die Mosaiksteine, aus denen sich das Gottesbild zusammensetzt. Manche Worte aus dem Alten Testament passen nicht in das Gottesbild, für das Jesus steht: dass Gott ohne Wenn und Aber gut ist und für das Leben aller einsteht.

Die Autoren des Neuen Testamentes gehen deshalb mit der hebräischen Bibel kritisch (von griech. krinein = unterscheiden) um. Sie wählen aus dem Alten Testament gezielt nur solche Verse aus, die sie in ihrer Erfahrung mit Jesus Christus bestätigt sehen. Ein vielsagendes Beispiel dafür ist, wie der Evangelist Lukas von der programmatischen Antrittsrede in Nazareth berichtet (Lukas 4,16–20). Er lässt Jesus aus der hebräischen Bibel zitieren: Gott »hat mich gesandt, damit ich den Armen eine gute Nachricht bringe; damit ich den Gefangenen die Entlassung verkünde und den Blinden das Augenlicht; damit ich die Zerschlagenen in Freiheit setze und damit ich ein Gnadenjahr des Herrn ausrufe«. Dann unterbricht Jesus die Lesung mitten im Satz und schlägt das Buch zu. Was er nicht vorlesen wollte, war die Rede vom »Tag der Vergeltung Gottes« (bzw. wörtlich: vom »Tag der Rache Gottes«!).

Auch in der weltweit bekannten »Bergpredigt« Jesu drückt sich die christliche Überzeugung aus, dass durch Jesus Christus Gottesbilder und ethische Gebote vertieft, aber auch korrigiert werden. Dort heißt es zum Beispiel: »Ihr habt gehört, dass gesagt worden ist: Du sollst nicht töten! Ich aber sage euch: Wer seinem Bruder und seiner Schwester auch nur zürnt, soll dem Gericht verfallen sein. Ihr habt gehört, dass gesagt worden ist: Du sollst deinen Nächsten lieben und deinen Feind hassen. Ich aber sage euch:

Liebt eure Feinde und betet für die, die euch verfolgen« (Matthäus 5,21 f. 43 f.). Das Leben und die Botschaft Jesu sind der Filter, den alle Gottesbilder passieren müssen. Und dies nicht, um sie zu entfremden, sondern um sie zu reinigen. So gibt es alttestamentliche Texte, die ganz selbstverständlich von Jahwe als dem »Herrn der Heerscharen« sprechen, der unverkennbar Züge einer Kriegsgottheit an sich hat. Aber auch die christliche Gottesrede muss sich immer wieder von Jesus Christus kritisch infrage stellen lassen. Denn alle Religionen können zum Unterdrückungssystem pervertieren. Jesus aber verkündet Gott definitiv als »Abba«, als zärtlichen, liebend-barmherzigen Vater.

Die Bibel gibt es für Christen nur im Doppelpack. Altes und Neues Testament vermitteln authentische Gotteserfahrungen, die freilich wie ein Licht im Prisma menschlicher Erfahrungen gebrochen sind. Es kann folglich nicht darum gehen, die menschliche Handschrift aus der Bibel zu eliminieren, um Gottes Wort in Reinschrift zu erhalten. Es gibt das *Wort Gottes* nur *in einer menschlichen Schreibweise*. Insofern haben selbst die anstößigen Passagen der Bibel bleibende Gültigkeit. Sie erzählen davon, dass der Mensch ein zwiespältiges Wesen ist. Sie sagen etwas über die Geschichte des Menschen, über seine Grausamkeit, seine Irrungen und Wirrungen, aber auch über die Echtheit seiner Gottessehnsucht. Zugleich werden diese schwierigen Passagen durch Jesus Christus »aufgehoben«: Sie werden »bewahrt« und können stehen bleiben, weil nichts Menschliches verdrängt werden muss. Sie werden aber auch aufgehoben im Sinne von »überwunden«.

Um es abschließend auf den Punkt zu bringen: Für das Christentum ist das Wort Gottes nicht Papier und Tinte geworden, sondern Fleisch und Blut. Und wenn der Heilige Geist bisweilen als Taube dargestellt wird, so manipuliert er doch keine Federkiele. Er inspiriert weder Griffel noch Druckerschwärze, sondern die Menschen, die die Bibel geschrieben haben, wie auch alle, die sich von ihr inspirieren lassen. Die Heilige Schrift hat die Funktion, die Person und Botschaft Jesu gegen Vergessen, Verdrängen und Verfälschen zu schützen. Vor allem aber geht es um eine geografische und zeitliche Fernwirkung: Es soll auch kommenden Generationen und allen Völkern ermöglicht werden, über das Medium der Worte mit Jesus Christus als dem Wort Gottes in eine persönliche Beziehung zu treten.

Menschen aller Kulturen und Sprachen können sich von Jesus ansprechen lassen, ohne ihn direkt gehört zu haben. Denn sein Geist schafft ein Netzwerk, eine Art von spirituellem World Wide Web, über das alle persönlichen Lebenssituationen von Menschen mit der Person Jesu verlinkt werden können. Manchmal genügt ein einziger Satz aus der Bibel, um das Leben eines Menschen völlig zu verändern. Der Heilige Geist hat es eben nicht auf Schrift-Typen, sondern auf Menschen abgesehen. Der Buchstabe an sich ist tot. Wenn aber durch die Heilige Schrift irgendein Typ lebendiger wird, dann durch das Wirken des Heiligen Geistes.

Tiere haben keine Gesetzesbücher. Dennoch funktioniert ihr soziales Zusammenleben oft erstaunlich gut. Ameisen sind unverbesserliche Royalistinnen, und im Ameisenstaat wird die Arbeiterinnenfrage nicht diskutiert. Das Bienenvolk kennt keine Verfassung und ist doch in seiner matriarchalen Hierarchie klar gegliedert. Während im Tierreich viele soziale Regeln erbgesetzlich verankert sind, hat der Mensch die instinktive Sicherheit teilweise verloren. Der Wolf beispielsweise wird im Rivalenkampf seinem unterlegenen Artgenossen nicht an die Kehle gehen. Dagegen können sich Menschen gegenseitig zum Wolf werden. Die bei vielen Tieren angeborene Tötungshemmung muss beim Menschen durch ein entsprechendes Gebot ersetzt werden. Dass dieses oft wirkungslos bleibt, gehört zur Tragik der menschlichen Freiheit.

Ethik und Religion sind von Anfang an miteinander verwoben. Gesellschaft, soziale Ordnung und Religion bilden ein komplexes Ganzes. In vielen Kulturen findet sich die Überzeugung, dass die Götter das soziale Verhalten der Menschen beobachten und gegebenenfalls mit Blitz und Donnerwetter bestrafen. Auf diesem Hintergrund werden kulturelle und soziale Normen als religiöse Gesetze formuliert. Bis heute sehen viele Menschen Gott als großen Gesetzgeber, der Gebote erlässt und mit erhobenem Zeigefinger über ihre Einhaltung wacht. Religion und Ethik werden als zwei Seiten ein und derselben Medaille gesehen. Die Aufklärung hat diese Sichtweise verstärkt und aus Gott einen himmlischen Sittenwächter gemacht. Leider Gottes hat die christliche Kirche dieses Zerrbild vielfach übernommen.

Immer noch geistert die Vorstellung durch die Köpfe vieler Menschen, dass Religion die Garantin einer bürgerlichen Buchhalter-Moral sei. Dies aber stellt eine ziemlich flache Sicht von Religion dar. Denn in ihrer Tiefe ist Religion etwas anderes: Da ist jemand fasziniert oder auch erschreckt durch das Göttliche; vielleicht bricht die Sehnsucht nach einer größeren Wirklichkeit oder die Ahnung einer gütigen Macht auf. In der Mitte der biblischen Religion beispielsweise steht die Liebe Gottes, die dem menschlichen Handeln neue Spielräume eröffnet. Den neuen Möglichkeiten entsprechen dann Gebote für den Menschen: Er soll nun seinerseits Gott lieben. Und im Zusammenleben mit seinen Mitmenschen soll er bestimmte Regeln respektieren, die Leben und Freiheit schützen.

Ganz in dieser Linie liegt auch die Lehre Jesu. Er tritt nicht als Moralapostel auf, sondern erzählt von der zuvorkommenden Güte Gottes. Wenn der Mensch dieser Güte glaubt, kann er selbst gut werden und dann auch das Gute tun. Am Anfang steht also nicht das Handeln des Menschen, sondern die Zuwendung Gottes. Wenn Jesus zur Umkehr auffordert, meint er nicht primär eine moralische Verhaltensänderung, sondern er lädt zuallererst zur Freundschaft mit Gott ein (»Bund«). Irgendwie ist jeder Mensch in sich selbst gefangen. Er gleicht einem Betrunkenen, der sich unaufhörlich um eine Litfaßsäule herumtastet und dann verzweifelt schreit: »Ich bin lebendig eingemauert!« Ihm ruft Jesus zu: »Dreh dich um! Gott steht hinter dir! Wende dich Gott zu! Denn er wartet auf dich.«

Wer von Liebe beschenkt wird, kann auch Liebe weitergeben. Die Antwort auf die von Gott empfangene Zuwendung gilt biblisch Gott *und* dem Mitmenschen. »Denn wie kann man Gott lieben, den wir nicht sehen, und den Mitmenschen übersehen, der doch leibhaftig vor uns steht?« (1 Johannes 4,20). Jesus bindet Gottesliebe und Nächstenliebe zusammen. Damit fordert er für den Mitmenschen denselben absoluten Respekt ein, der ursprünglich allein Gott gilt. Nicht nur Gott, sondern auch dem Menschen kommt eine unbegrenzte Würde zu. Nicht allein die religiösen Wallfahrtsstraßen führen nunmehr zu Gott. Alle Wege, die zum Mitmenschen führen, sind auch Wege zu Gott. Das

Zugehen auf den anderen ersetzt das Pilgern nach Jerusalem oder Santiago. Dass wir im Mitmenschen Gott selbst begegnen können, hat seinen innersten Grund darin, dass in dem Menschen Jesus aus Nazareth Gott selbst gegenwärtig war.

Das große Geschenk Gottes an die Menschheit ist also kein steinernes Gesetz oder unpersönliches Gebot, sondern eine Person: Jesus Christus. Wer sich von ihm ansprechen lässt, versucht mit seinem Leben zu antworten. Wer der Liebe eine Antwort schuldig bleibt, verletzt primär nicht eine Norm. Vielmehr verletzt er eine Beziehung und damit auch sich selbst. Bisweilen kann es schmerzlich sein wahrzunehmen, wie wenig man empfangene Sympathie erwidert hat. Wer sieht, wie viel Gott sich seine Leidenschaft für den Menschen kosten lässt, den oder die kann das nicht kaltlassen. Nicht Gottes Strenge fordert den Menschen in seinem konkreten Handeln ein, sondern die Unerbittlichkeit seiner Liebe.

Jesus lässt spüren, wie sehr wir Menschen Gott am Herzen liegen. Davon berührt und von der Person Jesu fasziniert, können neue Freiräume wachsen. Der Wunsch, selbst so frei zu werden wie Jesus und ihn in seiner maßgeblichen Liebesfähigkeit nachzuahmen, motiviert zu einem neuen Lebensstil. Einer Ethik, die auf dem anziehenden Vorbild Jesu gründet, geht es nicht darum, ein bestimmtes politisches, gesellschaftliches oder kirchliches System zu stützen. Es geht ihr vielmehr um eine gelebte Vorschau auf Gottes neue Welt. In der Frage nach Gewalt und Gegengewalt etwa eröffnet die Ethik Jesu völlig neue Handlungsspielräume. Der alte Kreislauf der Rache kann überwunden werden. Dafür steht zum Beispiel Martin Luther King, der sich durch nichts davon abhalten ließ, auch seine Gegner zu lieben. Er war bereit, die Gewalt, die ihm angetan wird, leidend auszuhalten, bis sich die Aggression der anderen erschöpft hat.

Die Gemeinschaft der Glaubenden soll ein Zeichen der Hoffnung sein für eine neue Welt im Sinne Gottes. Diese Hoffnungen haben sich freilich oft zerschlagen. Die Verlockung, das Christentum zur Staatsreligion zu machen und dadurch Macht auszuüben, war zu groß. Aus Dienern Jesu wurden Kirchenfürsten, die sich meist mit rechtsdrehenden Kreisen verbündeten. Infolgedessen wurden selbst die urchristlichen Grundwerte wie Freiheit, Gleichheit und Brüderlichkeit zeitweise verleugnet. Ursprünglich standen sie auf der Fahne der christlichen Revolution. Dann aber machten sie außerhalb der Kirche eine große Karriere. Die neuzeitliche Erklärung der Menschenrechte ist ein Nachdruck der urchristlichen Erstausgabe, die im Lauf der Jahrhunderte vielfach in Vergessenheit geraten war. Hier wird auch sichtbar, dass sich die konkrete Ausgestaltung der christlichen Grundsätze geschichtlich entwickelt. Das ethische Potenzial des christlichen Glaubens ist noch lange nicht ausgeschöpft und drängt zu weiterer Entfaltung.

Gleichheit

Durch den Glauben an die göttliche Schöpfung des Menschen sind alle Menschen vor Gott gleich. Die Betonung, dass sich alle von einem Stammvater »Adam« (hebr. = der Mensch) herleiten, will keinen evolutionsbiologischen Sachverhalt aussagen. Es geht vielmehr um *politische Theologie: Alle Menschen sind ihrer Herkunft nach gleich.*[57] In diesem Sinn deutet auch die jüdische Überlieferung (Talmud) die theologische Lehre, dass die Menschen von einem einzigen Elternpaar abstammen. Niemand soll sagen können: »Mein Vater ist größer als deiner!« Diese Gleichheit wird durch die Menschwerdung Gottes in Jesus von Nazareth noch einmal unterstrichen. Auf diesem Hintergrund sind alle Ungleichheiten unter Menschen gegenüber der grundsätzlichen Gleichheit immer zweitrangig.

Daraus folgt: Soziale Hierarchien können nur dann gerechtfertigt werden, wenn sie die grundlegende Gleichheit schützen. Und das bedeutet: Alle bestehenden Institutionen – in Wirtschaft und

Kirche, in Gesellschaft und Politik, in Wissenschaft und Kultur – müssen kritisch befragt werden: Tragen sie zur Verwirklichung einer größeren Gleichheit bei?

Evolutionstheoretisch ergibt das Prinzip der Gleichheit aller Menschen keinen Sinn.[58] Aber auch im Blick auf viele Religionen muss man sagen, das sie oft ein Gesellschaftssystem mit extremen Ungleichheiten legitimieren. Heutzutage pilgern religionsneugierige Menschen nach Indien und sind vom Hinduismus fasziniert. Sie siedeln sich selbst gern als Reinkarnationsstufe in der *Upperclass* an. Es fährt wohl kaum jemand nach Indien, um sich als Paria oder in einer unteren Kaste einzuordnen. Mit den europäischen Religionstouristen ist es wie mit Zeitreisenden, die natürlich nur dann ins Mittelalter reisen wollen, wenn sie dort an einem Königshof leben dürfen. Wer wollte schon einen Trip in eine andere Epoche machen, in der er sich als Galeerensklave an eine Ruderbank gekettet wiederfindet? Nicht die Hinduismus-Fans, sondern Christen haben die Idee von der Gleichheit aller Menschen nach Indien exportiert und sich mit den Parias solidarisch auf deren Gesellschaftsstufe gestellt. Den von den erleuchteten Gurus übersehenen Sterbenden, die auf den Straßen von Kalkutta in ihrem eigenen Kot lagen, haben sich christliche Ordensfrauen wie Mutter Teresa und ihre Mitschwestern gewidmet.

Freiheit

Der Mensch strebt von Natur aus nach Herrschaft. Diese Tendenz bringt es mit sich, dass sich die einen auf Kosten der anderen durchsetzen und Mitmenschen wie auch die Natur unterdrücken. Im jüdisch-christlichen Glauben wird Gott als jene Macht verstanden, die aus Unterdrückung und Ungerechtigkeit befreit und die Autonomie des Menschen respektiert. Ob sich jemand wirklich an diesen Gott bindet, zeigt sich daran, ob er die Freiheit seiner Mitmenschen achtet und fördert. Auf diesem Hintergrund entstand z. B. im 20. Jahrhundert in Lateinamerika die »Theologie der Befreiung«. Freiheit setzt menschenwürdige Lebensbedingungen voraus. Daher wird der Kampf für soziale Gerechtigkeit, für Bildung und für politische Unabhängigkeit zum Gottesdienst.

Geschwisterlichkeit

Eine christliche Überzeugung lautet: Jesus Christus ist der Bruder aller Menschen geworden. Dieser Glaube hat im Laufe der Jahrhunderte das Menschenbild von Grund auf verändert. Ausgehend von der Gotteskindschaft aller Menschen kämpfte bereits die frühchristliche Internationale für die Universalität der Menschenrechte, wenngleich kirchliche Amtsträger die Signale nicht immer gehört haben. Es sei beispielsweise an Francesco de Vitoria (1483–1546) erinnert: Dieser Dominikanermönch war weltgeschichtlich der erste Jurist, der ein internationales Völkerrecht formulierte. Christlich gesehen darf es also keinen Sexismus oder Rassismus geben. Alle genetisch errechenbaren Verwandtschaftsgrade bleiben zweitrangig gegenüber der grundsätzlichen Bestimmung, dass alle Menschen von einer göttlichen Basis her Schwestern und Brüder sind.

Ein geschwisterlicher Stil zeigt sich unter anderem in der Art der *Leitung:* Sie orientiert sich insoweit am Ideal der Geschwisterlichkeit, als sie auf eine größtmögliche Beteiligung aller in den Entscheidungsprozessen zielt. Auch hier besteht Nachholbedarf in der katholischen Kirche, deren vatikanische Inszenierungen bisweilen wie ein Freilichtmuseum für absolutistische Hofhaltung wirken (vor allem in einem exzessiven Mitra-Kult). Weil alle Getauften das volle Bürgerrecht haben (Epheser 2,19), braucht es auch entsprechende Formen von Mitsprache und Mitverantwortung in der Kirche. Sich mit Berufung auf Jesus als Oberhaupt über andere aufzuführen, kommt einer falschen Behauptung gleich.* An diesem Punkt lässt sich aus der Geschichte lernen. Es ist nämlich eine traditionsvergessene Erscheinung, dass der Papst die römisch-katholischen Bischöfe ernennt. Die traditionelle Form wird hingegen bis heute von den Kirchen des Orients bewahrt: Dort werden die Bischöfe gewählt.

Freiheit, Gleichheit und Brüderlichkeit – die moderne Gesellschaft verdankt diese Visionen unter anderem dem Christentum. Nun haben auch atheistische Strömungen diese großen Prinzipien auf ihre Druckfahnen geschrieben, etwa der sogenannte *atheistische Humanismus*. Dieser verkündet selbstbewusst eine Ethik ohne Gott. Dabei ist den humanistischen Moralaposteln wohl zu wenig bewusst, dass ihr Wertesystem auch von christlichen Wurzeln lebt. Der Glaube an den gemeinsamen »Vater unser im Himmel« hatte alle Menschen auf Erden zu Schwestern und Brüdern gemacht. Wenn nach dem Tod Gottes die Menschheit verwaist ist, wer oder was soll nun die Gleichheit aller mit allen noch garantieren? Der Atheismus als solcher hat noch keine humane Ethik hervorgebracht – es wäre wohl auch so, als wollte die Tochter ihre Mutter gebären. Psychologisch ist dieser Wunsch sehr verständlich, denn man will sich ja von seinen Eltern emanzipieren. Biologisch-geschichtlich aber ist das ein Blödsinn.

---

* Wenn der Aufbau einer Hierarchie sich am Modell einer Pyramide orientiert, sollte man bedenken, dass Pyramiden klassisch ein Aufbewahrungsort für Leichen sind.

Die humanistische Ethik gleicht dem Efeu, der eine Buche befällt – und an ihrer Lebenskraft saugt. Er rankt sich an ihr empor und wird üppig grün. Aber wie alle Schmarotzer braucht der Efeu die Buche zum eigenen Überleben, denn er zehrt von etwas, was er selbst nicht hervorbringen oder erhalten kann. Wehe, der Parasit erwürgt seine Wirtspflanze: Er beginge Selbstmord. Es wäre daher auch im Interesse der Selbsterhaltung, wenn der Humanismus seine vollmundige atheistische Propaganda einstellt und die Frage nach Gott offenlässt.*

* Der französische Chanson-Sänger Georges Brassens wurde einmal gefragt, was der Unterschied zwischen ihm und seinem Kollegen Aimé Duval sei. Brassens antwortete: »Duval glaubt an Gott. Aber er ist sich nicht sicher. Ich glaube nicht an Gott. Aber ich bin mir auch nicht sicher …«

RÜCKBLICK AUF DEN SECHSTEN TAG

Menschen erfahren in Jesus Christus Gott als Zuwendung und Liebe. Vor diesem Hintergrund entwickelt das Christentum ein dynamisches Gottesbild: Wenn Gott Liebe ist, dann kann er als Beziehung verstanden werden, die sich verschenken will. Die Schöpfung von Welt und Mensch wird als Ausdruck dieser Liebe gedeutet.

Die Rede von Gottes »Geist« bezieht sich auf die bleibende göttliche Gegenwart in seiner Schöpfung. Der Mensch als geistiges Wesen kann diese Gegenwart bewusst erfahren und mit Gott etwa im Gebet in Beziehung treten. Weil Gottes Geist im und durch den Menschen wirkt, lassen sich seine Spuren auch in der Geschichte der Menschheit finden. Die Bibel legt davon in besonderer Weise Zeugnis ab.

Inspiriert von Jesu Leben und Botschaft, wird die Einsicht in die Würde und Gleichheit aller Menschen vertieft. Die neuzeitlichen Werte wie die Emanzipation der Frau oder »Freiheit, Gleichheit, Brüderlichkeit« finden hier eine geschichtliche Grundlage.

SIEBTER TAG: GOTT KOMMT ANS ZIEL

Melanie: *Heute ist unser letzter Tag. Was bleibt am Ende?*
Andreas: *Wenn ich auf das Ganze meines Lebens schaue, so sehe ich ein sehr buntes Bild, voll Schönheit und Schrecken. Ich habe wundervolle Erfahrungen von Freundschaft und Liebe machen dürfen. Ich bin gesund, kann meinen Körper spüren und über die Schönheit der Natur staunen. Ich habe Freude am Forschergeist und an der Kultur der Menschheit. Aber es gibt auch das Erschreckende und Zerstörerische. Die Natur kann grausam sein, und der Mensch ist zu unmenschlicher Brutalität fähig. Manchmal ertrage ich die Nachrichten über Gewalt oder die Vernichtung von Lebensraum und Artenvielfalt kaum noch. Und dann ein Freund, der plötzlich Krebs bekommt und stirbt.*
Melanie: *Und worauf hoffen wir? – Das habe ich mich in schweren Zeiten oft gefragt. Und ich stelle diese Frage, wenn ich das Leid anderer Menschen miterlebe. Ich habe darauf keine glatte, fertige Antwort. Eher kann ich auf ein Licht hinweisen, das mir hilft, durch Dunkles zu gehen, und mir einen neuen Morgen verspricht.*
Es berührt mich, wenn ich bei meinen Nichten und Neffen erlebe, wie sie ihre Kinder trösten. Sie nehmen ihr Kind, wenn es weint, in den Arm und sagen leise: »Es wird alles gut.« Das ist eigentlich eine unglaubliche Aussage! Und doch ist das kein billiger Trost, sondern hier meldet sich ein Grundvertrauen zu Wort: Alles wird gut. Dieser Hoffnung kann ich als Christin einen Namen geben. Alles wird gut, weil Gott gut ist. Er wird es richten. Daher hoffe ich, dass Schmerz und Leid eines jeden Menschen irgendwie in einem Grö-

ßeren aufgehoben sein werden. Und ich vertraue, dass Gott die Bruchstücke meines Lebens zu einem Ganzen werden lässt.
Andreas: *Ich war in Bolivien hautnah mit der Ungerechtigkeit konfrontiert, unter der viele Indios leiden müssen. Ich habe oft mit ansehen müssen, wie die Ausbeuter immer obenauf schwimmen. Der Gedanke an eine solche Ungerechtigkeit lässt mir keine Ruhe. Ich kann und will mich nicht damit abfinden, dass Unschuldige hinter Gittern landen und Verbrecher als Honoratioren geehrt werden. Diese innere Unruhe lässt mich nach vorne schauen und auf eine Zukunft hoffen, in der alles recht wird. Eine solche Zukunft ist aber kein Produkt von Menschenhand, sondern kann nur von jenem Gott auf uns zukommen, der das Ganze der Welt verantwortet.*
Melanie: *Genau! Das ist auch meine Hoffnung. Wenn es Gott ist, der unsere Geschichte am Ende auch vollenden wird, entlastet mich das und nimmt mich zugleich angemessen in die Pflicht. Ich muss nicht resigniert den Kopf in den Sand stecken. Ich brauche aber auch nicht verbissen dafür zu kämpfen, dass diese Welt in ein Paradies verwandelt wird. Meine Hoffnung auf eine von Gott geschenkte Zukunft macht mich frei, das mir Mögliche entschiedener und gelassener zugleich zu tun.*
Andreas: *Auch für mich ist mein Glaube an Gott der Grund dafür, dass ich mich für eine bessere Welt einsetzen kann, ohne mich von der Furcht lähmen zu lassen, dass ich mich vielleicht vergeblich bemühe. Auch das mögliche Scheitern meines Einsatzes ist noch nicht das letzte Wort über meine Geschichte. Wo meine Grenzen mich einholen – und selbst in meinem Tod –, ist Gott noch nicht am Ende.*
Ich habe einen sehr guten Freund verloren, der durch eine heimtückische Krankheit früh sterben musste. Das war und ist immer noch schmerzlich. Unsere gemeinsame Geschichte hätte noch so viel Zukunft gehabt. In einer anderen Beziehung hätte ich gerne noch etwas Wichtiges geklärt und ausgesprochen. Aber das war durch den Tod dieses Menschen nicht mehr möglich. Doch irgendwie lebt

in mir eine Hoffnung, dass meine Geschichte mit den schon Verstorbenen noch nicht zu Ende ist.

Melanie: *Ich denke an den Tod meines Vaters. Mein Vater hat gerne gelebt und viel bewirkt. Als seine Kräfte abnahmen und sein Lebensradius immer enger wurde, kristallisierte sich die Mitte seines Lebens umso deutlicher heraus: Was am Abend unseres Lebens zählt und was bleibt, ist, was wir an Liebe geschenkt und empfangen haben. Mein Vater konnte – durch dunkle Täler hindurch – dankbar und versöhnt auf seine Geschichte zurückschauen. Und er konnte von uns Abschied nehmen und sich selbst loslassen im Sinne des A-Dieu, des Zu-Gott. »Ich verlasse mich … auf dich.« In dieser Hoffnung ist mein Vater gestorben. Ein solches Sterben ist ein Ankommen.*

SCHREI ZUM HIMMEL

Wir Menschen leben in einer zwiespältigen Welt. Einerseits finden wir uns in einem grenzenlosen Kosmos vor, dessen Größe und Gesetzmäßigkeiten wir nur bestaunen können. In diesem Weltall hat sich auf einem unbedeutenden Planeten das Unwahrscheinlichste ereignet: Wie durch ein Wunder hat sich das Leben selbst erfunden, und schon in den einfachsten Lebewesen finden sich hochkomplexe und zweckdienliche Muster. In der weiteren Evolution des Lebens kommt es zu einer unvorstellbaren Vielfalt an Arten, Formen und Verhaltensweisen. Dem Menschen schließlich sind Fähigkeiten gegeben, die ihn über die anderen Lebewesen noch einmal hinausheben: Kreativität und Kunst, Intelligenz und Intuition, Freiheit und Liebe.

Doch diese Welt hat auch schreckliche Schattenseiten. Der Kosmos ist vom Chaos bedroht. Sonnen verglühen, und die schönsten Sterne können in schwarzen Löchern verschwinden. Es scheint, dass unser kleiner blauer Planet von Anfang an auf die schiefe Bahn geraten ist: Meteoriten prallten auf die Erde und lösten gewaltige Naturkatastrophen aus. Vulkanausbrüche, Wirbelstürme und Eiszeiten brachen chaotisch über die zerbrechliche Ordnung des Lebens herein. Alles Lebendige konnte sich nur durch milliardenfache Fehlerquoten weiterentwickeln. Jeder Fortschritt baute auf den Leichen ungezählter Verlierer auf. Mit der lebensdienlichen Sensibilität kam von Anfang an auch der Schmerz auf die Welt. Und der Mensch muss nicht nur Schmerzen erleiden, sondern er leidet auch an der Frage nach dem Warum des Schmerzes. Warum gab es das große Erdbeben von Lissabon 1755 und im türkisch-syrischen Grenzgebiet 2023?

Wenn Gott der Grund der Welt sein soll, warum wankt dann der Boden? Hätte Gott nicht eine andere Welt konstruieren können, die weniger störanfällig ist? Vielleicht. Wir wissen es nicht. Wir wissen nur, dass eine perfekt durchorganisierte Welt ein zweifelhaftes Paradies wäre. Denn was wäre das für ein Glück, zu dem wir Menschen vorprogrammiert sind? Machen wir ein Gedankenexperiment und versetzen uns ins Jahr 2109.

Warum müssen wir leiden?

Wir haben das Glück erfunden.

Endlich ist das Leben des Menschen vollkommen schmerzfrei. Und zwar vom (selektierten) Anfang bis zum (süßen) Ende. Ein ausgeklügeltes System, das durch künstliche Intelligenz und Roboter gesteuert wird, hält die beste aller möglichen Welten am Laufen. Durch eine komplexe Apparatur findet täglich eine festgelegte Zahl künstlicher Befruchtungen statt. Die sich entwickelnden menschlichen Föten wachsen in einer künstlichen Fruchtblase auf und werden ihr Leben lang über die Nabelschnur ernährt. Sobald sich die ersten Gehirnzellen bilden, werden dem Homunkulus Elektroden eingepflanzt, die im Gehirn ein permanentes Glücksgefühl stimulieren. Da der Mensch lebenslänglich in einem gläsernen Behälter mit Fruchtwasser bleibt, wird ihm auch der Schmerz der Geburt erspart. Die Augen bleiben geschlossen, damit das Glück nicht durch die Wahrnehmung der äußeren Situation gestört wird. Nach hundert Jahren Dauer-Euphorie wird der Mensch schmerzfrei und selig eingeschläfert. So kann der Zyklus wieder von vorn beginnen und eine neue Generation glücklicher Menschen heranwachsen. Alle medizinischen Störfälle, die während dieses paradiesischen Lebens auftreten könnten, werden durch Dauerüberwachung der Körperfunktionen und entsprechende Eingriffe prophylaktisch ausgeschlossen.

Wer von uns wollte in einem solchen Schlaraffenland leben, in dem uns durch kleine Stromstöße ständig Lustgefühle vermittelt werden? Wäre es wirklich wünschenswert, dauernd unter Strom zu stehen? Eine vollautomatische Triebbefriedigung bringt kein Glück. Ebenso ist ein illusionäres oder erzwungenes Glück eine Farce. Damit der Mensch wirklich glücklich sein kann, muss er frei sein.

Freiheit jedoch ist nur in einer Welt möglich, in der nicht alles streng determiniert ist. Wir können uns zwar vorstellen, dass Gott eine Welt schaffen kann, in der alles bestens funktioniert, weil es entsprechend vorprogrammiert ist. Der Ablauf von Kosmos und Geschichte wäre dann so gesteuert, dass es kein Versagen, kein Leiden und keine Schuld gäbe. In einer total durchgeplanten Welt gäbe es kein Unglück und keinen Schmerz mehr. Aber es gäbe auch kein Glück, sondern nur das pure Funktionieren.

Wenn Gott an einer Welt gelegen ist, in der Lebewesen evolutiv zu Freiheit und Freundschaft fähig werden können, so muss diese Welt Spielräume offen lassen, in denen zum Beispiel Versuch und Irrtum möglich sind. Die Eigenständigkeit hat ihren Preis und muss unter Umständen mit Versagen und Scheitern bezahlt werden. Doch sofort stellt sich die Frage: Hätte sich diese Unabhängigkeit nicht in einer sanften Evolution entwickeln können? Braucht es die doppelte Realität von Lust und Schmerz, damit der Mensch die Fähigkeit zu Ja und Nein ausbilden kann? Die Antwort lässt sich nicht in Erfahrung bringen. Wir können prinzipiell nicht wissen, ob in einer anders konstruierten, leidfreien Welt ein Wesen überhaupt dazu fähig wäre, zu einem anderen zu sagen: »Ich mag dich leiden.« Spekulationen über eine schönere Welt sind ähnlich sinnlos wie die Frage: Würde die römische Republik noch bestehen, wenn Caesar den Rubikon nicht überschritten hätte, sondern mitsamt seinen Würfeln in denselben gefallen wäre?

Eines aber ist sicher: Der jetzt wirklichen Welt lagen exakt jene Ausgangsbedingungen zugrunde, die es ihr erlaubten, Menschen hervorzubringen, die zu Freiheit und Hingabe fähig sind. Naturwissenschaftliche Berechnungen zeigen: Wären die Konstanten und Gesetzmäßigkeiten des Universums nur geringfügig anders, so hätte sich kein Leben entwickeln können. In genau dieser unserer Welt gibt es aber auch die kosmischen Katastrophen und den Schmerz der fühlenden Tiere. Ganz offensichtlich gehört all dies zur Realität unseres Universums, welches die Bedingungen für die Evolution des Menschen bereitstellt.

Wenn Milliarden von Tieren leiden mussten, um die Evolution voranzubringen, so kann man jedoch fragen: Ist der Preis für die Entstehung des Menschen, dem ja nur Freiheit und Liebe in sehr engen Grenzen möglich ist, nicht zu hoch? Aber wer könnte das verrechnen? Wer kalkuliert die Weltsumme von Lust und Leid im Tierreich, und wer macht die kosmische Bilanz von Glück und Unglück auf?

Mit dem Menschen kommt noch eine weitere Dimension ins Spiel. Das Universum und die vormenschliche Evolution kennen nur das »sogenannte Böse«: Unglück und zerstörerische Kräfte naturgesetzlicher Art wie Sturmfluten, Erdbeben, Krankheiten oder den Aggressionstrieb. Mit dem Menschen aber kommt das wirklich Böse auf die Welt. Der Mensch kann sich bewusst Ziele setzen. Von allen Lebewesen ist allein er fähig zu willentlicher Bosheit, zu perfider Lüge, zu brutaler Folter, zu Verrat und Mord.* Vor dem Abgrund des Archipel Gulag oder des Vernichtungslagers Auschwitz kann man nur erschaudern. Wieder stellt sich die Frage: Ist der Preis für die Freiheit des Menschen nicht zu hoch? Und ist der Mensch mit seiner Ungebundenheit nicht völlig überfordert?

Das Leiden ist nach Georg Büchner der »Fels des Atheismus«. Denn wie kann ein guter Gott Not und Ungerechtigkeit zulassen? Ja, wie sollte es angesichts von so viel Elend überhaupt einen Gott geben? Doch damit ist der Gipfel des schmerzvollen Fragens immer noch nicht erreicht! Denn ein weiterer Schmerzpunkt liegt darin, dass Menschen an der Sinnlosigkeit des Leidens leiden. Die Frage, wofür dieses gut sein könnte, bleibt unbeantwortet. Dann aber ist die Frage nach dem Warum selbst irrsinnig, und das Fragen-Müssen des Menschen wird absurd! Hier sind wir

* Friedrich Nietzsche folgerte daraus, dass die Affen zu gutmütig sind, um als Vorfahren des Menschen infrage zu kommen.

wieder mit der großen Alternative und einem letzten Abwägen konfrontiert: Entweder hat die gefühllose Evolution sensible Wesen hervorgebracht, die sinnlos gequält werden – oder der ganze Prozess hat seinen Sinn darin, dass er ein bewusstes Wesen hervorbringen kann, das zu Liebe und Dank fähig ist.

Das Leid bleibt unbegreiflich

Zu allen Zeiten stellte die Frage nach dem Leid auch die Religionen vor ihre größte Herausforderung. Wie kann eine Welt religiös gedeutet werden, in der Übel, Schmerz und Leid, ja sogar die Bosheit herrschen? Für die *Naturreligionen* gehört all dies ganz natürlich zu jenem großen Prozess, in dem sich das Göttliche selbst hervorbringt und verwirklicht. Den Widersprüchen der Welt können aber auch verschiedene Götter zugrunde liegen, die sich gegenseitig befehden. Jedenfalls ist der Einzelne auch mit seinem Leid in den Gesamtprozess des Kosmos eingebettet. Es gibt keine Rebellion, sondern Passivität und Ergebenheit. Zugleich herrscht ein großer Realismus gegenüber der leidvollen Wirklichkeit der Welt.

Ähnlich sieht auch der *Buddhismus* mit großer Klarheit, dass alles Leben von Leid geprägt ist. Durch »Erleuchtung« kann der Mensch das leidvolle Dasein jedoch überwinden. Die entscheidende Einsicht lautet: Die Welt ist ein Schein. Das leidende Ich wird als Illusion entlarvt, das folglich eine Art von Phantomschmerz empfindet. Wer sein Ich loslässt, für den verschwindet auch die quälende Frage nach dem Leid. Die echten Buddhisten sind es leid, immer wieder geboren zu werden, und wollen aus dem Unglücksrad aussteigen. Dagegen ist in Europa der Wunsch nach Reinkarnation in Mode gekommen: Man sucht nach einer unbegrenzten Wiederaufbereitung seines Lebens und will auf das Rad neuer Geburten aufspringen. Während der Buddhismus also die Gier zu überwinden versucht, die das Leiden provoziert, wird von europäischen Wiedergeburtlern häufig die Lebensgier mystifiziert. Dahinter steht wohl die Furcht, sich noch nicht genug ausgelebt zu haben. Es scheint, dass manche Reinkarnations-Fans in ihrem Hunger nach immer weiteren Leben – am besten gleich in Hollywood – unersättlich sind.

Für die Religionen, die von einer göttlichen Schöpfung der Welt ausgehen, stellt sich die Frage nach dem Leid in größter Schärfe. Denn die Widersprüchlichkeit der Welt macht auch deren Schöpfer unglaubwürdig.[59] Die Schatten der Welt bringen Gott ins Zwielicht.

Der *Islam* lässt die Frage, warum Gott eine unvollkommene Schöpfung in Gang gesetzt hat, nicht gelten. Gott ist so undurchschaubar, dass man sich vor ihm nur ergebungsvoll niederwerfen kann. Das Wort »Islam« leitet sich vom arabischen »aslama« ab und bedeutet »sich unterwerfen«. Die Frage, warum Gottes Geschöpfe leiden müssen, bleibt nicht nur ohne Antwort, sondern ist unberechtigt und sogar anmaßend. Für den frommen Moslem gilt das Gebot, das Schicksal der Welt als Geschick des erhabenen und unbegreiflichen Gottes zu akzeptieren. Er hat sich schlicht und einfach in das Unabänderliche zu fügen.

Für das *Judentum* bleibt die Frage nach dem Leiden und besonders nach dem schmerzlichen Schicksal des auserwählten Volkes Israel eine offene Wunde. In den Psalmen klagen Menschen Gott ihr Leid und fragen, ob er sie verlassen hat. Darüber hinaus findet sich in der hebräischen Bibel auch die Geschichte von Hiob, der Familie, Gesundheit und Besitz verloren hat. Vom Leid gezeichnet, wird Hiob zum Rebell und wirft Gott vor, zu Unrecht leiden zu müssen. Am Ende aber muss Hiob einsehen, dass er Gott und dessen Handeln nicht verstehen kann. Überraschend in der Lehrgeschichte von Hiob ist die Anklage. In ihr drückt Hiob den Schmerz darüber aus, dass die Welt nicht so ist, wie sie eigentlich sein sollte. In der Klage gegenüber Gott wird eine bestimmte Sicht von Recht vertreten und Gerechtigkeit eingeklagt. Dies ist Hiob aber nur möglich, weil er seinen Gottesglauben nicht aufgibt. Denn ohne Glauben an Gott gäbe es für Hiob eigentlich keinen Grund, warum die Welt anders sein sollte. Dann aber hätte er – genau genommen – auch keinen Grund zu klagen. Wenn Hiob Gott anklagt, dann ist ihm dies nur möglich aufgrund seiner Hoffnung, dass Gott verlässlich ist. »Im Protest liegt noch die Anerkennung dessen, gegenüber dem wir Protest einlegen.«[60]

Das *Christentum* baut auf dem jüdischen Schöpfungsglauben auf: Mit der Schöpfung nimmt Gott seine Allmacht zurück, um der Entwicklung von Welt und Mensch Raum zu geben. Nach Søren Kierkegaard etwa zeigt sich Gottes Güte darin, dass er sich selbst immer mehr zurückzieht, um den Empfänger unabhängig zu machen. Als Schöpfer hat er dem Menschen eine wachsende Autonomie ermöglicht, auch auf das Risiko hin, dass sich der Mensch gegen ihn entscheidet. Doch er überlässt die Welt dann nicht einfach ihrem Schicksal, sondern bindet sich selbst an deren Geschick. Mit seiner Menschwerdung in Jesus Christus lässt Gott sich auf die leidvolle Welt ein. Er ist bereit, die Konsequenzen seiner Entscheidung für einen Kosmos, dessen Evolution Freiheit ermöglicht, selbst zu tragen. In der Passion Jesu zahlt er sozusagen die Kaution, durch die der Mensch auf freien Fuß kam. Mit dem Kreuz nimmt Jesus auch die Erklärungsnot für alles Leiden auf seine Schultern. Und weil er dies freiwillig tut, lässt das hoffen, dass kein Leiden vergeblich ist.

Doch die Frage nach dem letzten Warum des Leidens wird auch von Jesus nicht beantwortet. Im Markusevangelium ist sein letztes Wort ein Schrei zum Himmel: »Mein Gott, warum hast du mich verlassen?« (Markus 15,34). Hier wird sichtbar: Der christliche Glaube klebt kein billiges Trostpflaster auf die großen Wunden der Welt. Vielmehr hat er den Schmerz des Lebens und die Ohnmacht des Sterbens ungeschminkt vor Augen. Auch für viele Christinnen und Christen bleibt die bohrende Frage nach dem

Warum des Leidens äußerst schmerzhaft. *Sie klagen vor Gott über Gott.* Und in ihrem Klagen hoffen sie, dass Gott sich als Gott erweisen wird. Dass er sein Versprechen, das er in Jesus Christus gegeben hat, wahr machen wird.

Am Ostermorgen wird den Jüngerinnen und Jüngern Jesu deutlich, dass Gott die Macht und den Willen hat, das Leiden zu verwandeln: Der Auferstandene zeigt seine Wunden als Geste des Friedens und der Versöhnung. Doch selbst dieses Zeichen ist keine glatte und abschließende Antwort auf die Frage nach dem Sinn des Leidens. Wohl aber lässt die Geste des Auferstandenen hoffen, dass selbst das unschuldige Leiden im Licht Gottes ausgeheilt werden kann.

Der Glaube an die Auferstehung bietet keinen Weg an, das Leiden theoretisch zu *ver*stehen. Er kann aber einen Weg eröffnen, es praktisch zu *be*stehen – und das vor allem in solidarischer Sorge um diejenigen, die vom Leid am meisten betroffen sind. Wer dies tut, befindet sich in guter Gesellschaft Jesu. Dessen Erzählung, worauf es am Lebensende ankommt, ist überraschend. Es wird nämlich nicht gefragt, welche Glaubenssätze man im Kopf, sondern ob man für andere ein Herz hatte. Jesus Christus identifiziert sich mit den geschundenen oder kranken Körpern der Armen und Unterdrückten und sagt: »Das ist mein Leib!« Wer sich von der Not eines Bedürftigen hat anrühren lassen, ist Christus selbst begegnet: »Was ihr für einen meiner geringsten Brüder und Schwestern getan habt, das habt ihr mir getan« (Matthäus 25,40). In dieser Glaubensperspektive bekommt alle menschliche Solidarität eine universale Bedeutung und überdauert sogar die Geschichte der Welt.

Der christliche Zugang zum Leid ist letztlich kein intellektueller, sondern ein praktischer. Nicht von ungefähr ist das Hospital eine christliche Erfindung, und die Herbergen bzw. Hospize trugen den bezeichnenden Namen »Hôtel-Dieu«, also »Hotel des liebenden Gottes«.

Die entscheidende Frage lautet für Christinnen und Christen daher nicht: »Woher kommt das Leid?«, sondern: »Wie lindere ich es?« Und schließlich: »Wohin führt es?« Der österliche Hoffnungsblick zeigt, dass das Leiden nicht in Leere und Verzweiflung enden muss, sondern im Reich Gottes aufgehoben werden wird. Er wirkt wie ein *Anti-Resignativum,* das vor lähmender Hoffnungslosigkeit bewahrt. Aus dieser Haltung heraus können Christen mit den Leidenden leiden und mit den Weinenden weinen. Mitfühlend drängt es sie, Schmerzen zu lindern und die Ursachen von Ungerechtigkeit oder Krankheit zu bekämpfen. Sie hoffen leise auf eine neue Welt, in der Gott alle Tränen abwischen wird: »Es wird keinen Tod mehr geben, auch keine Trauer, keine Klage, keine Mühsal. Denn was früher war, ist vergangen. Und der auf dem Thron saß, sprach: Seht, ich mache alles neu« (Offenbarung 21,4–5).

DIE FROHBOTSCHAFT VOM GERICHT

Es gibt nur eine gute oder eine schlechte Nachricht. Die schlechte wäre: Es gibt kein göttliches Gericht; die menschliche Justiz ist bereits die letzte Instanz. Sie schreibt fest, was als gerecht zu gelten hat. Doch bereits Friedrich Nietzsche argwöhnte, dass »gerecht« zu sehr nach »gerächt« klinge.

Es kann furchtbar sein, menschlichen Richtern in die Hände zu fallen. Bisweilen werden Urteile, die in totalitären Systemen gefällt wurden, in späteren Demokratien wieder aufgehoben. Doch wie oft behalten menschenverachtende Urteile das letzte Wort! Die menschliche Geschichte trägt keine Naturgesetzlichkeit in sich, die zu größerer Gerechtigkeit tendiert. Das anständige Verhalten im Kleinen wie der heldenmütige Widerstand gegen Diktaturen werden in der Geschichte meist nicht belohnt. Es gibt Opfer von Justizirrtümern und Menschen, die in Schauprozessen unschuldig hingerichtet wurden. Ihnen kann keinerlei Gerechtigkeit mehr widerfahren. Das Scheitern individueller Lebensentwürfe wie auch das Misslingen von Großprojekten der Menschheit hinterlassen klaffende Wunden. Jeder Mensch nimmt so vieles mit ins Grab, was er nie aussprechen oder klarstellen konnte, sosehr er sich das auch gewünscht hatte. Die offenen Rechnungen, die schuldige Tat und das unschuldige Leiden werden für alle Ewigkeit zementiert. Und wer sein Leben im Kampf für Freiheit und Gerechtigkeit verloren hat, bleibt für immer ein Loser.

Die von Revolutionären und Ideologen versprochenen Paradiese mutierten unter der Hand immer wieder zur Hölle der Konzentrationslager und Gulags. Millionen von Menschen gingen durch diese Höllen, die ihnen von ihren Mitmenschen heißgemacht worden waren. Und das ist die entsetzliche *Drohbotschaft: Es gibt keine Appellationsinstanz.* Alles Heulen und Zähneknirschen der flammenden Infernos bleibt unerhört und verhallt in den Weiten eines gleichgültigen Universums. Denn der Kosmos mit seinem Werden und Vergehen kennt weder Gerechtigkeit noch Barmherzigkeit, weder Schuld noch Sühne, weder Recht noch Gnade.

Auf einem winzigen Planeten hat sich zwar fatalerweise ein Wesen entwickelt, das von einer ausgleichenden Gerechtigkeit träumt. Wirklich aber ist nur die nackte Tatsache der Evolution und ihrer Gesetze. Diese löschen alles aus, was nicht dazu programmiert ist, den eigenen Vorteil zu erstreben. Im gnadenlosen Kampf aller gegen alle, in dem auch soziales Verhalten Überlebensvorteile bringen kann, geht es letztlich immer nur um das eine: um Überleben und Reproduktion. Evolution geht nur voran über Leichen. Auf der gigantischen Müllhalde der Entwicklungsgeschichte türmen sich die Vorläufer der jetzigen Lebewesen. Und auch diese werden erbarmungslos verschwinden, um späteren Generationen Platz zu machen, bis die Biosphäre eines Nachts sang- und klanglos untergehen wird, weil die Sonne dem Burnout-Syndrom erliegt.

Dagegen steht Jesu *gute Nachricht vom Gericht Gottes.* Er stellt in Aussicht, dass die Sehnsucht des Menschen nach einer letzten und endgültigen Gerechtigkeit keine leere Hoffnung bleibt. Es gibt eine Gerechtigkeit, so wahr uns Gott helfe. Dies ist eine Frohbotschaft insbesondere für alle Benachteiligten und Opfer von Ungerechtigkeit. Zugleich weckt Jesu Rede vom Gericht die Hoffnung, dass es eine Stunde der Wahrheit geben wird, die jeden und jede frei macht und zur Liebe befähigt.

Das Evangelium vom göttlichen Gericht ist nun freilich in Misskredit geraten – nicht zuletzt durch Höllenprediger, die die Tiefe der biblischen Bilder auf ihren intellektuellen Flachbildschirmen zu Karikaturen verzerrt haben. Ihre Rede vom Gericht war nicht immer von wirklicher Sorge um die Zukunft von Menschen geprägt. Oft mussten Himmel und Hölle als Druckmittel der Moral herhalten. Doch weder wird die Hölle von Ungeheuern bewohnt, noch gibt es in den Tiefen der Erde glühende Hochöfen. Die bildliche Rede von den Posaunen, die den »Jüngsten Tag« ankündigen, will nur eines besagen: Die Lebenszeit des Menschen und der Erde ist befristet. Damit wird auch ein Ende aller Leidensgeschichten in Aussicht gestellt, und zwar als richtendes und rettendes Finale.

Wird Gott der Welt gerecht?

Gerade bei der Rede vom Ende der Welt steht das Gottesbild auf dem Prüfstand. *Am Gottesbild entscheidet sich, ob Aussagen über das Gericht Angst schüren oder Hoffnung wecken.* Steht das Bild eines strafenden, rächenden Gottes vor Augen, der die Geschichte willkürlich abbricht und abrechnen will? Oder ist der Glaube an den biblischen Gott leitend, der das Leben aller will und die Freundschaft mit seinen Geschöpfen sucht?

Die große Hoffnung der biblischen Religion richtet sich auf ein göttliches Gericht, das als höchste Appellationsinstanz jedem und allen wirklich gerecht wird. Das Besondere des christlichen Glaubens liegt in der Aussage, dass Jesus Christus der Richter ist (Apostelgeschichte 10,42; Johannes 5,22.27). Wenn Jesu Leben und Verkündigung der entscheidende Maßstab sind, so liegt das Ziel des Gerichtes nicht darin, mit dem Menschen abzurechnen, sondern ihn zu retten und aufzurichten (Johannes 12,47). Christus als Richter ist zugleich auch unser Verteidiger. Er ist positiv befangen. Zudem ist er einer, der selbst auf der Anklagebank gesessen hat. Er hat am eigenen Leib die Situation erlebt, unschuldig verklagt und sogar zum Tod verurteilt zu werden. Von ihm kann man hoffen, dass er durch und durch fair ist.

Und schließlich: Der Mensch wird im göttlichen Gericht nicht aus einer Außenperspektive beurteilt, sondern von einem, der jeden Menschen in- und auswendig kennt. Und dies ist von größter Bedeutung. Denn bei allem Bemühen um Wahrheit bleibt jede

Einschätzung eines anderen Menschen vermessen. Wir können die Freiheit anderer nicht angemessen in unser Urteil einbeziehen. Kein Staatsanwalt, keine Richterin und nicht einmal die psychologische Gutachterin sind fähig, jemandem wirklich ins Herz zu schauen und dessen Freiheits-Spielraum auszuloten. Sogar im Blick auf uns selbst wissen wir ja nie genau, ob und wie frei wir in unseren einzelnen Entscheidungen sind.

Die Sehnsucht nach Gerechtigkeit wendet sich daher an einen Gott, der um unsere intimsten Regungen und Gedanken weiß und selbst unsere unbewussten Motive noch kennt. Der Gott, der den Menschen auf Herz und Nieren prüft, kann auch den Handlungsspielraum ermessen, der jeder und jedem zur Verfügung steht. Gott allein vermag Zufall und Notwendigkeit eines menschlichen Lebens zu durchschauen. Nur er kennt das Quäntchen Freiheit, den guten Willen und die echte, unverratene Sehnsucht eines jeden Menschen.

Weil Gott uns von innen her kennt, legt er keine äußerliche Messlatte an. Wir werden nicht über einen Kamm geschoren. Vielmehr sind das individuelle Freiheitsmaß und die konkreten Handlungsmöglichkeiten entscheidend. *Jeder Mensch ist folglich seine eigene Maßeinheit.* Und es kommt ganz im Sinne der Evolution darauf an, inwieweit eine Person das, was in ihr angelegt ist, im Lauf ihres Lebens entfaltet und entwickelt. Kurz gesagt: Es geht um die (liebende) Selbstverwirklichung.

Den Gedanken der Selbst-Verwirklichung verdeutlicht Martin Buber mit einer Geschichte:

Als Rabbi Sussja im Sterben lag, fragten ihn seine Freunde: Hast du denn gar keine Angst? Er antwortet ihnen: Wenn ich an all die großen Lehrer unserer Geschichte denke wie etwa an Moses, Abraham und den Propheten Jeremia, dann wird mir schon bange. Aber ich bin mir sicher, dass Gott mich in der kommenden Welt nicht fragen wird: Warum bist du nicht Mose gewesen? Vielmehr wird er mich fragen: Warum bist du nicht Sussja gewesen?[61]

Beim göttlichen Gericht wird also niemand nach fremden Gesetzen beurteilt oder an anderen gemessen, sondern die einzige Frage wird lauten: »Bist du du selbst gewesen, und hast du deine begrenzte Freiheit genutzt, um aus dir herauszugehen?« *Am Abend des Lebens wird der Mensch nur nach seiner Liebe gefragt.*

Möglicherweise blitzt im Netz der Determinanten nur selten ein Funke der Freiheit auf. Aber genau diese Entscheidung wird den Ausschlag geben: Habe ich mich in meinem begrenzten Freiraum konkret für das Leben entschieden? Habe ich mein Leben dankbar angenommen und mich zur Freundschaft einladen lassen? Habe ich mich – und wenn es auch nur für einen lichten Moment war – für Sinn statt für Unsinn, für Liebe statt für Hass, für ein Du statt für Selbstverschlossenheit entschieden? Vielleicht habe ich wenigstens einmal meiner Sehnsucht, über mich hinauszugehen, getraut und mein Leben vertrauensvoll losgelassen. Die endgültige Qualifikation eines Lebens als gut und gelungen kann am seidenen Faden einer winzigen Geste hängen. Wenn jemand einem anderen auch nur einen Becher Wasser gegeben hat – um der Liebe willen –, so kann dieser Schluck Wasser lebensrettend sein und seinen Geber für das ewige Leben qualifizieren (Markus 9,41). Und wer sich einmal »unsterblich« verliebt hat, hat die *Deadline* des Egoismus überschritten und das ewige Leben schon berührt. Denn in jedem Zugehen auf ein Du ist Christus als das Du Gottes präsent.

Durch Liebe geläutert

Das Sterben jedes Menschen ist ein *A-Dieu,* ein Gehen zu Gott, ein Hineintreten in die göttliche Dimension. Diese ist jenseits von Raum und Zeit beheimatet, und in ihr ist alle Geschichte als Gegenwart präsent. Wenn dem Menschen sterbend die Augen aufgehen, schaut ihm Christus offen ins Gesicht. In diesem Augen*blick* sieht der Mensch die volle Wahrheit seines Lebens: Ich werde frei von aller Selbsttäuschung. Ich erkenne, wo ich Menschen glücklich gemacht und wo ich Freundschaft empfangen habe. Ich sehe aber auch meinen versteckten Egoismus, nehme wahr, was Trug und Schein an mir ist und wo ich hinter besseren Möglichkeiten meines Lebens zurückgeblieben bin.

Zugleich sieht der Mensch, dass er erkannt und geliebt ist. Dass er auch mit all seinen Grenzen und seiner Schuld angenommen und bejaht wird. Dies ist ein beglückender und zugleich beschämender Augen*blick*. Jetzt wird der Mensch zum Richter über sich selbst. Das letzte Gericht ist nämlich kein »von außen« verhängtes Urteil. Es liegt vielmehr an jedem Einzelnen: *Kann und will ich der Güte Gottes glauben – oder traue ich seiner Liebe nicht?* Der Mensch kann sich selbst zugrunde richten und sich für immer in seiner Privathölle einschließen. Oder er kann Gnade vor Recht ergehen lassen. Dann wird er die ihm geschenkte Vergebung annehmen.

Dies ist auch ein schmerzlicher Prozess: Im sogenannten *Fegefeuer* komme ich ans Licht Gottes. Jetzt wird mir bewusst, wie wenig ich der Zuwendung Gottes entsprochen habe. Es tut weh zu sehen, dass ich den, der mich unendlich liebt, so verletzt habe. Das Fegefeuer dieser Selbsterkenntnis verbrennt die Restbestände des Egoismus und entschlackt den Menschen von aller Selbstbezogenheit. Jetzt kann er die hingestreckte Hand Gottes ergreifen und sich selbst und anderen verzeihen. Ein klassisches Bild von der Auferstehung Christi zeigt den Auferstandenen, der jenseits der Todesschwelle Adam und mit ihm allen Menschen die Hand reicht. Hier wird sichtbar, dass Gottes Gericht aufrichten und in die richtige Ordnung bringen will, sodass wir ganz und gar in Ordnung sind.

Das göttliche Gericht ist kein bloßer Privatprozess zwischen mir und meinem Gott. Es hat auch eine universale Bedeutung. Zum Gericht müssen alle antreten: die Opfer und ihre Henker; die gemarterten Toten und die Schergen, denen das hämische Lachen jetzt im Hals stecken bleibt; die geschändeten Frauen und die versteckten Täter. Auch die Kleinkinder und die Ungeborenen werden aufgerufen. Sie gehören zu uns. Keiner, der je gelebt und gelitten hat, ist ausgeschlossen. Darin liegt die Frohbotschaft vom Gericht: Keine irdische Macht, sondern Gott spricht das letzte Wort über das Leben jedes einzelnen und aller Menschen.

In dem Film »Sophie Scholl – die letzten Tage« droht der Gestapo-Beamte Robert Mohr beim Verhör damit, dass sich Sophie Scholl gegen das Gesetz vergangen habe. Doch diese antwortet aus ihrem christlichen Selbstverständnis heraus: »Es gibt noch eine andere Gerechtigkeit!« Jede Verurteilung durch ein menschliches Gericht kann allein im Namen des Gesetzes oder im Namen des Volkes ausgesprochen werden. Im religiösen Weltbild gibt es darüber hinaus noch eine Instanz, die dem menschlichen Zugriff und der Manipulation entzogen ist: die göttliche. Das Gewissen, das sich im Letzten nur Gott gegenüber verantwortlich weiß, kann zum Ungehorsam gegenüber tyrannischen Herrschern verpflichten. Und wer außer Gott könnte Richter über jene sein, die die Geschichte machen?

Die Anständigen sind also nicht am Ende auch noch die Dummen, die von ihren Halsabschneidern verspottet werden. Die Mörder triumphieren nicht über ihre Opfer und die Sklavenhalter nicht über die Geknechteten. Die Opfer werden rehabilitiert, und dies bleibt kein wirkungsloser, papierener Erlass, sondern erreicht in der Auferstehung der Toten die Opfer selbst.

Jedes einzelne menschliche Leben wird im Tod, d. h. nach dem endgültig abgeschlossenen Leben, noch einmal von Gott in seiner Gesamtheit angeschaut und wertgeschätzt. Was Menschen einander angetan haben, wird nicht einfach unter den Teppich gekehrt. Keinem wird erspart bleiben, den Menschen, an denen er schuldig geworden ist, in die Augen zu schauen. Zugleich wird jedes individuelle Leben in seiner Verflochtenheit mit der gesamten

Menschheit betrachtet. Hier geschieht Radikal-Aufklärung: dass der Mensch sowohl seine unverschuldeten Anteile als auch sein selbst verschuldetes Bleiben in der Unmündigkeit durchschaut. Jeder Mensch sieht nun auch die Unfreiheit der anderen. Die Opfer sehen, inwieweit auch die Täter ihrerseits Opfer unfreier Strukturen und biografischer Zwänge waren. Wenn jeder sich selbst und alle anderen mit den Augen Gottes sieht, kommt die volle Wahrheit ans Licht.

Weil im Gericht Gottes alles richtiggestellt wird, *kann* eine Versöhnung von der Wurzel her gelingen. Sie muss es aber nicht. Versöhnung geschieht nicht zwangsläufig. Daher ist das göttliche Gericht ein dramatisches Geschehen: Erlösung kann sich in dem Maß entwickeln, wie die Täter ihre Schuld bereuen und die Opfer ihren Tätern vergeben. Weil Jesus Christus seinen Henkern radikal vergeben hat, können sich die Opfer dieser Dynamik anvertrauen. Es gilt aber auch hier: Die Versöhnung ist ein Geschehen der Freiheit. Gott zwingt nicht, doch seine Hoffnung geht aufs Ganze. In Christus bittet er die Opfer, ihren Tätern zu verzeihen.

Die letzte Entscheidung jedes Menschen im Angesicht Christi ist auch von einer kosmischen Verantwortung geprägt. Denn jede Person ist durch ihre Verflechtung mit der Welt und ihrer Geschichte immer auch für beides mitverantwortlich. Sie spricht ihr Ja oder Nein nicht nur für sich, sondern auch für ihren Anteil an Geschichte und Schöpfung. Was auf dem winzigen Planeten Erde geschieht, betrifft den Sinn aller Galaxien und Sternennebel. Mit jedem Nein eines Menschen ist der große Prozess des kosmischen Werdens von Sinnlosigkeit bedroht, und die vielen Opfer der evolutionären Schritte haben umsonst gelitten. Nur für sich selbst würde mancher Mensch vielleicht ein trotziges oder enttäuschtes Nein sprechen. Was aber sagt er, wenn er ein Mitspracherecht für andere hat? Was ist sein letztes Wort, wenn auch von seinem Ja der »Himmel« als versöhnte Gemeinschaft aller abhängt?

EWIG WÄHRT AM LÄNGSTEN

Der Mensch ist das einzige Tier, das um seinen Tod weiß. Kein anderes Tier bestattet die toten Artgenossen. Nicht einmal die Schimpansen kämen auf die Idee, ihrem verstorbenen Alpha-Tier eine Art von Lenin-Mao-soleum zu bauen. Typisch menschlich sind auch die Grabbeigaben, die sich schon bei den Neandertalern finden. Mithilfe seines großen Gehirns kann der Mensch über die Gegenwart hinausdenken. So weiß er, dass er eines Tages nicht mehr sein wird. Dieses Wissen hat dem Menschen die Angst vor dem Tod beschert. Der Tod ist der Feind Nummer eins des Menschen. In vielen Märchen und Mythen geht es um die Frage, wie man dem Tod entrinnen kann. Mal ist es eine Wunderpflanze, mal das Lebenswasser, das gegen den Tod immunisiert und ewig frische Wangen schenkt.

Von der Qual eines endlosen Lebens

Die Erfüllung des uralten Menschheitstraumes vom ewigen Leben, von unvergänglicher Jugendblüte und vom Sieg über den Tod scheint heute in greifbare Nähe gerückt. In unserer »schönen neuen Welt« stellen Bioinstitute eine Verlängerung des Lebens gegen unendlich in Aussicht. Die Medien berichten immer wieder von Gebietsgewinnen an der Front gegen den Tod: Enzyme, die die Sterblichkeit hinauszögern, werden entschlüsselt, und viele hoffen, dass man so den Schlüssel zur Unsterblichkeit finden könne. Der Wunderstoff trägt den Namen Telomerase und wirkt als biochemischer Jungbrunnen. Wenn es gelingen sollte, mithilfe dieses Enzyms den Alterungsprozess des Menschen aufzuhalten, könnte man ewig jung bleiben. »Gentechnikern ist es unlängst gelungen, die Lebenserwartung von Würmern der Art *Caenorhabditis elegans* zu versechsfachen – warum sollte das beim *Homo sapiens* nicht gelingen?«[62]

Freilich: Ist ein beliebig verlängerbares Leben nicht nur ein machbares, sondern auch ein erstrebenswertes Ziel? Denn was wäre mit der Abschaffung des natürlichen Todes erreicht? Um der Langeweile zu entkommen, müsste man die im Übermaß gewonnene Lebenszeit auch wieder totschlagen. Ein Event müsste das andere jagen. Darüber hinaus verlöre das Leben seinen Ernst. Denn wenn alles prinzipiell wiederholbar wird, gibt es den kostbaren und einmaligen Augenblick nicht mehr. Jedes Erlebnis, jede Freude und jede Begegnung wird bedeutungslos. Das Leben wird unendlich lang, aber auch unendlich langweilig. Weil alles neu probiert werden kann, ist es eigentlich gleichgültig, wie man sich entscheidet. Und schließlich: Wenn man des Lebens überdrüssig wird und nicht durch einen gnädigen Zufall einem Unglück zum Opfer fällt, dann bleibt nur noch der Selbstmord. Dass dieser nach einer bestimmten Anzahl von Lebensjahren mit »Ablauf der Betriebserlaubnis« nahegelegt oder verordnet werden muss, liegt auf der Hand. Der Service der Schweizer Todesfirma »Dignitas« müsste dann wohl zum sozialstaatlichen Pflichtprogramm werden: Jedem Menschen wird zu einem gesetzlich festgelegten Zeitpunkt, der je nach wirtschaftlicher Konjunktur variieren könnte, die entsprechende Dosis von Natrium-Pentobarbital verordnet (dieses tödliche Heilmittel ist in Deutschland bislang allerdings nur zum Einschläfern von Tieren zugelassen). Zu guter Letzt müsste man eine lebenslängliche Haft angesichts der Endlosschleifen beim Hofgang wohl in die Todesstrafe umwandeln, was als Schritt zur Humanisierung der Justiz gedeutet werden könnte. Alles in allem: Der Traum von einem endlosen Leben entpuppt sich als Albtraum!

Ein endlos verlängertes irdisches Leben wird schon im Märchen als Fluch betrachtet. Das bayerische Volksmärchen »Der Goggolori« erzählt von einem Kobold, der nicht sterben kann und sich nach dem Tod sehnt. Die Eltern eines Mädchens sind bereit, dem Kobold den Tod ihrer Tochter zu überlassen, wenn er ihnen dafür Geld und Glück gibt. Der Tod wird hier als Erlösung verstanden, denn nur durch ihn entkommt man dem qualvollen Open End. Ein nur zeitlich verlängertes Leben ist letztlich nichts anderes als ein endlos hinausgezögertes Sterben. Und was sollen unbegrenzte lebensverlängernde Maßnahmen, wenn es für dieses Leben keinen tieferen Sinn gibt? Sisyphos schleppt jahraus, jahrein seinen Stein auf den Berg, um ihn dann Ewigkeiten lang wieder hinunterrollen zu sehen. Bereits Friedrich Nietzsche durchschaute diese Billigausgabe von Ewigkeit: »So wenig Schmerz als möglich, so lange leben wie möglich – also eine Art von ewiger Seligkeit, freilich eine sehr bescheidene im Vergleich mit den Verheißungen der Religion.«

Was meint »Ewigkeit«?

Doch wie kann man sich das »Ewige« vorstellen, wenn wir Menschen nur in den Kategorien von Raum und Zeit denken können? Das Göttliche ist für uns unbegreiflich. Und daher ist alles Reden über Himmel und Hölle immer vermessen. Die menschlichen Vorstellungen von jener Welt, in deren ungeahnte Dimensionen man im Tod eintritt, sind oft fantastisch. Dennoch sind sie keine bloßen Fantasieprodukte, denn es gibt menschliche Erfahrungen, die uns über diese Welt hinausdenken und eine »jenseitige« Dimension erahnen lassen. Für die Christen gibt vor allem der Glaube an die Auferstehung Jesu Anlass zu einer Hoffnung, die über alles Vorstellbare hinausreicht. Wenn Gott sich und seiner Schöpfung treu ist, wie sollte dann die Geschichte der Welt und des Menschen keine bleibende Zukunft haben? Alle Bilder aber, mit denen sich Menschen die Zukunft in Gott ausmalen, sind vage Versuche, diese Hoffnungen auszudrücken.

Als der rüstige Jesuitenpater Wilhelm Klein anlässlich seines hundertsten Geburtstages gefragt wurde: »Wollen Sie noch lange leben?«, gab dieser entrüstet zur Antwort: »Lange leben? – Ich will ewig leben!« Langes Leben hat mit dem im religiösen Sinn gemeinten »ewigen Leben« nichts zu tun. Keine zeitliche Erfahrung kann der übergroßen Sehnsucht des Menschen nach Leben und Glück ganz entsprechen. Immer bleibt ein Rest, der auch durch Quantifizierung der Lebensjahre nicht eingeholt werden kann. Die gentechnische Dauerkarte für den Wellness-Bereich des irdischen Lebens erfüllt den tiefen Hunger nach dem »vollen Leben« sicher nicht. Das *ewige Leben* ist nämlich eine *qualitative* und keine quantitative Größe. Sätze wie »Wer früher stirbt, lebt länger ewig« oder »Die Ewigkeit zieht sich ziemlich lange hin, besonders in der zweiten Hälfte« sind ein ähnlicher Unfug wie die Fragen: Wie lange dauert blau? Wie schwer wiegt glücklich? Wie schmeckt gelber Strom?

Ewigkeit ist eine Dimension außerhalb der Zeit und für uns prinzipiell nicht vorstellbar. Dennoch können wir die *Qualität des Ewigen,* die quer zur messbaren Zeit steht, bisweilen erahnen. Jede Erfahrung von Transzendenz, durch die wir über unser Ich hinausgehen, ist dadurch gekennzeichnet, dass wir die Zeit vergessen. Wir sind ganz hingerissen und darin zugleich ganz gegenwärtig. So gibt es ewig schöne Begegnungen, die mich etwas von der Qualität des himmlischen Lebens erahnen lassen. Blicke ich in die Augen eines geliebten Menschen, kann mir aufgehen, was ein »ewiger Augenblick« ist. Und wenn ich spielend die Zeit vergesse oder mich von etwas Schönem ergreifen lasse, kann ich den »Himmel auf Erden« erleben. Die Zeit vergeht wie im Flug und bleibt zugleich stehen. Mystikerinnen und Dichter beschreiben verdichtete Augenblicke von großer Liebe oder von Glück als Vorahnung dessen, was mit »ewigem Leben« gemeint ist: keine Verlängerung der Zeitachse gegen unendlich, sondern ein absolut verdichteter Aggregatzustand des Erlebens.* *Der »Himmel« ist Freude, die nicht altert. Himmel ist zeitvergessenes Glück.*

* Die islamische Überlieferung erzählt beispielsweise von jener Sekunde, in welcher der bis zum Rand mit Wasser gefüllte Krug des Propheten Mohammed umstürzte. Noch bevor Wasser herausfließen konnte, schaut Mohammed in einem Augenblick alle Gärten Allahs mit ihren Herrlichkeiten.

Umgekehrt können wir auch die Zeitlosigkeit der *Hölle* erahnen: Es gibt zum Beispiel die Lange-Weile, in der sich die Zeit unendlich langsam dahinschleppt. Noch dramatischer wird es, wenn der Schmerz Minuten zu Ewigkeiten dehnt. Das damit verbundene paradoxe Zeitgefühl ist im Übrigen für die moderne Physik alles andere als abstrus. Diese hat längst erkannt, dass Zeit relativ ist. So geht eine bewegte Uhr langsamer als eine Standuhr, wohingegen eine Uhr auf einer Bergspitze schneller läuft als eine im Tal. Zeit kann also gebogen und verzerrt werden.

Wie (sich) die Bibel das ewige Leben ausmalt

Was meint nun ewiges Leben? Vergegenwärtigen wir uns, dass Leben sehr unterschiedlich definiert werden kann. Außenansichten können Gesetzmäßigkeiten feststellen, die allen Lebewesen gemeinsam sind, etwa der biochemische Prozess des Stoffwechsels. Nun haben wir Menschen aber auch eine Innenansicht von Leben: Wir erfahren uns selbst als lebendig. Daher wissen wir auch, dass Leben leben will. Am lebendigsten erfahren wir uns wohl dann, wenn wir mit unserer inneren Welt nach außen in Beziehung treten können: im Schöpferischen und Kreativen, in Begegnung und Kommunikation. In Freundschaft und Zuneigung kann (vollendete) Lebensfülle aufscheinen. Liebe schenkt Ewigkeit, schenkt tiefe, tiefe Ewigkeit. In diesem Sinn ist für den christlichen Glauben das »Leben in Fülle« das endgültige Ankommen in der Liebe.

Das »ewige Leben« bedeutet, dass der einzelne Mensch für immer in das blühende Leben Gottes eintauchen wird. Nicht irgendein Ort, sondern Gott selbst wird zum Himmel, wenn der Mensch sich auf ihn einlässt. Von dieser himmlischen Gemeinschaft mit Gott erzählt die Bibel in anschaulichen Bildern. Sie ist wie eine *Hochzeit,* und zwar als universales Volksfest. Der Himmel ist kein Privatvergnügen. Vielmehr tauchen alle Menschen und die gesamte Geschichte durch die Liebesenergie Gottes in einen unendlichen Austausch ein. Sich aneinander freuen, genießen und schenken … – ein solches Fest ist keine blasse und eintönige Benefizveranstaltung, sondern *Highlife*, in dem unaufhörlich Neues geschieht, weil das Leben Gottes unerschöpflich ist. Die »ewige Seligkeit« wird einem daher so wenig langweilig wie das Gesundsein (Aurelius Augustinus).

Ein anderes biblisches Bild für den Himmel ist das *neue Jerusalem*. Die zwölf Tore dieser himmlischen Stadt tragen die Namen der zwölf Stämme Israels und repräsentieren die gesamte Menschheit: Die paradiesische Stadt Gottes mit ihren Toren zu den vier Himmelsrichtungen ist keine exklusive VIP-Lounge. Sie steht allen Menschen offen. Auch ist die himmlische Stadt kein Luftschloss, sondern wird erbaut aus den Elementen der menschlichen Geschichte. Wenn ein Mensch stirbt, endet seine Zeit, die in der Geschichte linear verlaufen ist. Zugleich kommt er in Gott an. Er verendet also nicht ins Leere hinein, sondern seine Lebenszeit wird vollendet. Alles, was ein Mensch gelebt hat und wie er geworden ist, wird im Tod nicht ewig gestrig. Vielmehr bringt jede Person ihre Geschichte mit allem, was sie gezeichnet und ausgezeichnet hat, für immer in die Gegenwart Gottes ein. Jede Träne und jeder Schmerz werden geheilt, Jubel und Lachen klingen weiter. So kommt mit jedem Menschen ein Stück Geschichte und Evolution bei Gott an.

Das heißt auch: Niemand wird anonym verbaut oder nur als Übergangsstufe betrachtet. Jede einzelne Person bleibt in Gott als solche bewahrt. Auch diese Hoffnung wird im Bild der himmlischen Stadt angedeutet: Auf den Grundsteinen der neuen Stadt stehen die konkreten Namen der Apostel. Diese werden zugleich als kostbare Edelsteine beschrieben (Offenbarung 21,9–21). Das weist darauf hin, dass jeder Mensch eine Kostbarkeit ist, eine einmalige Perle, die Gott teuer ist und für immer in ihm bewahrt bleibt. Wie merkwürdig muten dagegen die Versuche an, die

Asche eines Menschen zu verewigen, indem man sie zu einem Diamanten presst, den man dann am Finger trägt …

Die himmlische Stadt, also die Vollendung der Geschichte, ist kein Machwerk von Menschenhand. Gott selbst ist der Baumeister, der selbst noch aus den Trümmern und Fragmenten der Geschichte das neue Jerusalem errichten wird. Wenn ich dies glauben kann, brauche ich hier und heute weder zu resignieren noch hektisch oder fanatisch zu handeln. Ich werde nicht mehr unter dem Zwang stehen, das Leben als letzte Gelegenheit immer mehr zu beschleunigen. Vielmehr kann ich zunehmend das heute Mögliche tun und das letzte Gelingen der Geschichte gelassen in Gottes Hände legen. In dieser Hoffnung liegt ein befreiendes Potenzial für unsere überbeschleunigte Welt.

Allumfassend

Was aber geschieht mit der konkreten Materie des Kosmos? Wir wissen es nicht. Vielleicht legen sich vom Glauben her einige Hoffnungen und Folgerungen nahe – wohl wissend, dass auch hier die Bilder zu kurz greifen. Christlich gesehen ist die Welt und damit auch die Materie Gottes gute Schöpfung. Sie ist also in sich wertvoll. Am Ende der Welt ist sie daher nicht zum Wegwerfen, sondern zur Vollendung bestimmt. Denn Christen hoffen nicht auf eine Erlösung *von* der Welt, sondern auf eine Erlösung *der* Welt. Was kann damit gemeint sein?

Ein Stein besteht aus toter Materie. Im Menschen ist die Materie lebendig und ihrer selbst bewusst. Steine leiden weder an Kälte noch an Einsamkeit. Menschen hingegen suchen Kontakt und Beziehung. Vielleicht findet darin die Materie ihren Sinn: dass sie Leben, Freiheit und Beziehung ermöglicht. Dies ist im menschlichen Leib der Fall. Doch zugleich bleibt der Leib *ambivalent*. Selbst der Gesichtsausdruck eines Menschen kann unterschiedlich gedeutet werden: Lachst du mich an – oder lachst du mich aus? Die Materie findet wohl dann zu ihrer Vollendung, wenn alle Ambivalenz wegfällt. Wie das aussieht, ist für uns nicht vorstellbar. Aber vielleicht können die Erzählungen, die von der Auferstehung Jesu handeln, eine Ahnung davon vermitteln. Der »Leib« des Auferstandenen erscheint *eindeutig:* Er ist ganz und gar durchsichtig geworden für Liebe.

Der Glaube an die »leibhafte« Auferstehung unterstreicht die bleibende Würde des menschlichen Leibes. Menschen drücken sich mittels ihres Körpers aus. Der menschliche Leib ist auch Voraussetzung für alle Beziehungen. Die Geschichte und Identität des Menschen haben eine leibliche Dimension. So bleiben Schmerz oder Glück einem Menschen oft ins Gesicht geschrieben. Die Erfahrungen der Jünger mit dem auferstandenen Christus lassen ahnen, dass das Gesicht des in Gott hinein auferstandenen Menschen gewahrt bleibt. Denn der christliche Glaube hofft, dass der Mensch mit seiner Identität bei Gott ankommt. Was jemand erlebt und erlitten hat, was ihn geprägt hat, das verkörpert sich in einer Art von »neuem Leib«. Dieser muss aber nicht materiell mit dem irdischen Leib identisch sein – zumal sich dessen Zusammensetzung im Lauf eines menschlichen Lebens ohnehin oft verändert hat. Mit seinem »Leib« bringt der Mensch auch ein Stück Welt in den Himmel ein.

Die Zeugen und Zeuginnen der Auferstehung Jesu sprechen in *paradoxen Bildern* von einer leibhaftigen Erfahrung. Wir können versuchen, das so zu verstehen: Der Auferstandene präsentiert sich als eine Form von Energie, welche die normalen raumzeitlichen Grenzen übersteigt. Er lebt in einer Art Cyberspace, der von allen Beschränkungen der physikalischen Körper befreit ist. Er ist berührbar *und* kann doch nicht festgehalten werden. Er trägt die Wunden seines Lebens *und* ist doch heil. Sein Leib ist transparent geworden für Herzlichkeit und Versöhnung.

Dieses Ereignis weckt die Hoffnung, dass auch bei der Vollendung aller Welt nichts verloren geht. Wenn der gesamte Kosmos von Gottes Geist endgültig durchdrungen wird, ist auch die Ambivalenz alles Materiellen überwunden. Vielleicht lässt sich sagen, dass die Materie in eine neue Art von Energie verwandelt wird, die sich als Liebe verwirklicht. Man könnte den in Himmel verwandelten Kosmos dann mit einem vollendeten Kunstwerk vergleichen, in dem sich die göttliche und menschliche Zuwendung zum Ausdruck bringen.

Abschließend sei noch einmal gefragt: Ist der Himmel ein bloßes Jenseits? Ist das ewige Leben eine bloße Vertröstung auf etwas, das nach unserer Zeit anfängt? Nein. Ewigkeit ist ein Ausdruck für die bleibende Gegenwart Gottes. Diese ist wie ein tragender Grund, auf dem unsere Zeit dahinfließt. Daher lässt sich im Jetzt bisweilen die Ewigkeit schon berühren. Je mehr jemand selbstvergessen aus sich herausgeht, umso fließender werden für ihn die Grenzen zwischen Zeit und Ewigkeit. Die Bibel drückt es so aus: Wer liebt, ist schon aus dem Tod in das Leben hinübergegangen (1 Johannes 3,14). Und wer sich im Glauben an Gott bindet und in der Liebe bleibt, der hat schon das ewige Leben (Johannes 5,24).

TOD UND TEUFEL

Wer keiner Liebe glauben kann, schaufelt sich sein eigenes Grab. Man kann zwar noch rein äußerlich am Leben sein, aber Isolation oder Hass schneiden den Menschen vom wahren Leben ab. Tod meint: Abbruch aller Beziehungen. Dieser eigentliche Tod, mit dem sich der Mensch selbst aus der Zuneigung Gottes herausreißt, führt zum definitiven Selbstverlust. Drastisch ausgedrückt: »Wer nicht liebt, bleibt im Tod« (1 Johannes 3,14). Wie aber kommt der Mensch dazu, die Liebe, die er eigentlich ersehnt, zu verweigern und zu zerstören?

Die Evolution hat dem Menschen einen wachsenden Spielraum ermöglicht. Dieser bringt ihn aber in höchste Gefahr. Denn wir sind nicht nur zu Kultur und Sprache fähig geworden, sondern auch zum Mord an unseresgleichen. Die Begabung, andere nachahmen zu können und dadurch zu lernen, führt auch zu einem gewaltigen Neidpotenzial. Die Spannungen in der menschlichen Gemeinschaft werden »in kultivierter Weise« dadurch abgebaut, dass man sie regelmäßig auf einen Sündenbock überträgt. Durch dieses Opfer kommt wieder Frieden unters Volk. In Wirklichkeit aber ist man einem teuflischen Mechanismus aufgesessen: Die Sequenz von Gewaltmustern entfaltet sich nämlich zu einem wahren Teufelskreis. Immer wieder werden Unschuldige geopfert, um die aufkochende Gewaltbereitschaft einzudämmen. Die Fähigkeit zur Imitation führt zu einem Drehwurm, der den Menschen immer mehr besetzt. Ein Blick in die Menschheitsgeschichte zeigt diesen vielfach herrschenden Mechanismus: Gewalt wird mit Gewalt ausgetrieben, Hass wird mit Hass erwidert. Dadurch aber wird der Mensch immer mehr in sich selbst eingezirkelt. Das Ich kreist um das Ich.

Vom Teufelskreis des Bösen

Das Programm, das hier abläuft, nennen wir das »Böse«. Der Teufel ist kein bocksbeiniger Geselle, der nach Schwefel stinkt, wie das volkstümlich oft dargestellt wird. Die Bibel ist mit ihren Bildern vom Bösen wesentlich vorsichtiger. Was sie aber ins Wort bringen will, ist eine erschreckende Wahrheit über uns Menschen: Es gibt fürchterliche Mechanismen von Bosheit und Zerstörung, von Lüge und Gewalt, von Gier und Hass. Der Schwindel-Kreislauf des Bösen kann einzelne Menschen besetzen, aber auch ganze Völker mit sich reißen. Es gibt auf individueller und sozialer Ebene beispielsweise eine zwanghafte Wiederholung von Gier, Gewalt und Rache. Dieser Automatismus wirkt wie eine »unsichtbare Hand« und scheint fast ein Eigenleben zu führen. So hat das Böse den Anschein eines Endlosbandes, das »wie von selbst« immer wieder neu anfängt. Dadurch sieht das Böse aus wie ein »Jemand«, der spontan etwas wollen und verursachen kann. Man gibt ihm daher Namen wie etwa »Teufel«, »Beelzebul« oder »Satan«. Von einer wirklichen Person unterscheidet sich das Böse aber gerade dadurch, dass es keine Identität hat, die sich frei und liebevoll zu verwirklichen vermag. Wenn zu einer Person gehört, in Beziehung zu stehen, zu kommunizieren oder Verantwortung wahrzunehmen, dann ist das Böse geradezu eine Un-Person. Es ist ein zwanghafter Mechanismus, der in der Maske eines »Selbst« auftritt, also nur eine simulierte Person. Der Teufel wird in der Bibel auch der »Vater der Lüge« genannt (Johannes 8,44). Er ist der, der alles verdreht (griech. = diabolos). Satan ist eine teuflische Vorspiegelung, und seine Selbstvorstellung lautet: »Ich bin, der ich nicht bin.« Sein Dornbusch brennt nur, um alle zu verbrennen.

Anders als in vielen Weltanschauungen kommt für den jüdisch-christlichen Glauben das Böse nicht aus der Materie. Im Gegensatz zu Gott hat der Teufel kein Antlitz. Er ist auch kein Gegen-Gott. Satan ist eine Art anonyme Struktur, eine seelenlose Mechanik, die sich automatisch immer wieder wie von selbst aufzieht. Der Teufel ist ein perfides Programm. Weil dieses so teuflisch raffiniert wirkt, hat es den Anschein von Intelligenz und gleicht einem eiskalten Rechner. Die Logik der Gewalt, die mit Gewalt ausgetrieben werden muss, klingt höchst rational und plausibel. Das endlose Zirkelprogramm des Bösen kommt auch in der sprichwörtlich gewordenen Feststellung zum Ausdruck: Der Teufel wird mit Beelzebul ausgetrieben (Lukas 11,15). Daher bleibt der Mensch im Bösen gefangen. Der Veitstanz der Gewalt beginnt immer wieder von vorn. Hinter der bildlichen Rede vom Teufel steht also die Erfahrung, dass das Böse nicht bloß die Summe und das Ergebnis von menschlichen Taten ist. Das Böse hat Wirkkräfte, die über die einzelne Person hinausgehen.

Wenn sich ein Mensch vom Teufel »inspirieren« lässt, so wird er immer mehr besetzt von Gier, Hass oder Gewalt. »Hausbesetzer« wie Rachegedanken, Misstrauen, das Streben nach Macht oder Reichtum und alle Formen von Sucht nehmen einen immer mehr gefangen. Dadurch gerate ich in einen unendlichen Teufelskreis und kann immer weniger aus mir heraus- und auf andere zugehen. Wie in einer Geisterbahn drehe ich mich wieder und wieder um dieselben düsteren Gedanken. Ich rotiere immer mehr um mich selbst und »verzehre« mich dabei. Auf vielen Höllendarstellungen wird dies eindrucksvoll illustriert: Die Hölle ist ein Schlund oder ein Drachenmaul und frisst die Menschen. Natürlich wohnen in der Hölle keine Drachen oder Dinos. Auch gibt es keine Feuerteufel, die ihre Opfer weich kochen oder grillen. Die Hölle frisst die Person aber insofern, als sie die Befähigung zu Freiheit und Freundschaft zerstört. Weil der Teufel ein gesichtsloses Zerstörungspotenzial ist, vernichtet er das Personale – das also, was den Menschen zum Menschen macht.

Teufel und Dämonen gibt es *wirklich*, insofern sie *wirksam* sind. Ihre Realität ist aber nur eine geliehene. Sie beziehen ihre Energie nämlich von denen, die sie besetzen und aussaugen. Die

Gier nach Macht oder Reichtum ist beispielsweise nur insoweit wirksam, als ich dieser Gier Raum gebe. Ebenso kann auf gesellschaftlicher Ebene eine nationalistische oder kapitalistische Ideologie nur dann zum herrschenden Programm werden, wenn Menschen dieses Programm installieren.

Der Teufel führt »nur« ein parasitäres Scheinleben. Er gleicht einem Virus, das selbst ja kein Leben ist, sondern sich in der lebendigen Zelle einnistet. Das Virus programmiert die Zelle um. Sie produziert dann nicht mehr das, was ihrem Leben dient. Vielmehr stellt sie jetzt weitere Viren her und zerstört sich dadurch oft selbst. In ähnlicher Weise befällt und besetzt das Böse den menschlichen Geist. Es lässt ihn ein destruktives Programm reproduzieren, das den Menschen immer mehr von sich selbst, von anderen und von Gott entfremdet und ihn deshalb letztlich zerstört. Daher warnt die Bibel: »Gebt dem Teufel keinen Raum!« (Epheser 4,27).

Am Abend des Lebens wirst du nur nach der Liebe gefragt (Johannes vom Kreuz)

Wie kann der Mensch dem Kreis der Hölle entkommen? Gott hat für uns die Hand ins Feuer der von Menschen gemachten Hölle gelegt. Denn in Jesus Christus wurde er Opfer der menschlichen Gewalt und blieb doch seiner Liebe treu. Durch Tod und Auferstehung Jesu wurde der blinde Kreislauf der Gewalt entlarvt und die Unschuld des Opfers öffentlich proklamiert. Damit wurde dem Teufel die Maske vom Gesicht gerissen: Der Mechanismus, dass man einen Sündenbock opfern muss, damit Friede einkehrt, ist offengelegt und als Lüge gebrandmarkt. Gott braucht keine Opfer, und in seinem Namen darf keine Gewalt verübt werden. Indem Jesus den Todeskreisel der Gewalt durchbrochen hat, steht dem Menschen ein neuer Lebensraum offen. Er kann Hass durch Liebe überwinden.

Mit der Auferstehung Christi hat Gottes neue Welt definitiv begonnen, und dem Menschen ist ein Neuanfang möglich. Wer an die Liebe glaubt, kann aus dem Wiederholungszwang der Gewalt und dem inneren Kreisen um sich selbst ausbrechen. Wenn Dämonen bewirken, dass Menschen sich einigeln, so heilt der Geist Jesu Christi durch Kommunikation und Gemeinschaft. Und wer liebt, hat auch den Tod schon überwunden.

Zur Liebe aber sind wir nicht gezwungen. Wir sind daher frei zu wählen, ob wir die offene Hand Gottes ergreifen wollen oder ob wir uns für immer in die Hölle des Hasses und der Einsamkeit einschließen. Gott verurteilt niemanden zur Hölle. Es ist der Mensch selbst, der sich dazu verdammen und exekutieren kann. Nach Cleve Staples Lewis werden die Tore der Hölle von innen her zugehalten. Und über dem Eingang der Hölle steht geschrieben: »Ich gehöre mir selbst.« Hier schließt sich jemand ein und will in alle Ewigkeit keinem Du mehr begegnen. Er wählt die Isolation und läuft um seine Insel, wo er nur noch auf seine eigenen Fußspuren trifft. Im tödlichen Kreislauf um sich selbst verweigert er sich trotzig jeder Beziehung und Gemeinschaft. Wenn sich also jemand in seinem Willen zur Einsamkeit selbst definitiv den Riegel vorschiebt, entsteht für ihn das Niemandsland der Hölle.

Mark Twain wollte den Himmel wegen des Klimas, die Hölle wegen der Gesellschaft vorziehen. Dabei ist ihm wohl entgangen, dass es in der Hölle nur Einzelzellen gibt, denn Hölle bedeutet selbst gewählte Isolationshaft. Ob all dies tatsächlich jemand will oder ob die Hölle leer ist, wissen wir nicht. Doch weil der Mensch frei ist, besteht prinzipiell die Möglichkeit, dass sich jemand endgültig verschließt.

Alles Sprechen vom Himmel, Gericht, Fegefeuer und Hölle sind Bilder für etwas, das jeden begrifflichen Rahmen sprengt. Vielleicht vermag die Dichtung am ehesten anzudeuten, was mit diesen Bildern gemeint ist.

die letzten dinge

nur ich
ganz ohne dich
das ist die hölle

der schmerz
dich nicht genug geliebt zu haben
das ist mein fegefeuer

du
und alles in dir
ist unser Himmel[63]

Weil Christus durch seine Auferstehung alle Grenzen der Raumzeit überschritten hat, begegnet er jedem Menschen im Augenblick des Todes. Denn im Sterben verlässt die menschliche Person das Koordinatensystem von Raum und Zeit. Jedem Menschen, der je auf dieser Welt gelebt hat oder noch leben wird, bietet Christus jenseits der Todesschwelle die Hand an. Ja, er bittet ihn, in einem letzten Akt der Freiheit zu sich und zu Gott Ja zu sagen.

Wenn Christus jedem Menschen – von Adam und Lucy angefangen – im Tod begegnet, geschieht dort jenes Gericht, das über Himmel und Hölle entscheidet.

Das *göttliche Gericht* ist in letzter Konsequenz ein *Selbstgericht* des Menschen: Will ich im Blick auf das Ganze meines Lebens die radikale Selbstvernichtung wählen, indem ich alle Liebe ablehne? Will ich mich definitiv von der Sonne losketten, um in den absoluten Gefrierpunkt des Nichts zu stürzen? Oder will ich mich in die offenen Arme Christi werfen, in jenem seligen Schmerz, der alle Lieblosigkeit ausbrennt? Dann wird wahr: *Ende gut – alles gut.*

EPILOG IN DER HÖLLE

Der Teufel, die diabolischen Heerscharen.
Nachher der Gottesknecht. Die drei Erzteufel treten vor.

BEELZEBUL
Die Sonne glüht, doch nicht mehr lange,
dann ist die Funzel ausgebrannt.
Uns Teufeln ist davor nicht bange,
denn Nacht ist uns seit je bekannt.

MEPHISTOPHELES
Die Erde zum Erbrechen eiert,
zum Kotzen ist doch diese öde Welt.
Die Umlaufbahn ist ausgeleiert;
sie nichts im Innersten zusammenhält.

SATANAS
Und schnell und unbegreiflich schneller,
so jagt der Mensch nach leerem Glück.
Er meint, sein Hirn wird immer heller,
und fällt noch mehr in Wahn zurück.

ALLE DREI
(in disharmonischem Chor)
Der Anblick lässt uns Teufel lachen.
Die Hölle trägt den Sieg davon!
Selbst Gott kann daran nichts mehr machen.
Die Menschheit: Sie gehört uns schon.

Der Gottesknecht tritt auf. Die Teufel erbleichen.

DER GOTTESKNECHT
Erkennt ihr mich?

BEELZEBUL
Du bist SEIN Knecht!
Ärgert sich schwarz und tritt zur Seite.

MEPHISTOPHELES
Mir wird ganz schlecht.
Wendet sich rot vor Zorn ab.

SATANAS
Ich seh nicht recht!
Bricht gelb vor Neid zusammen.

DER TEUFEL
Fasst sich ein Hirn und stellt sich dem Gottesknecht in den Weg.
Du hier? Das ist kein Ort für dich!
Flieh schnell in deines Vaters Schoß!
Hier herrscht das Dunkel ewiglich.
Dein sanftes Licht, das stört hier bloß!

DER GOTTESKNECHT
Wir sahen uns zuletzt auf Golgatha,
am Kreuz hing ich zur neunten Stund.
Nach eurem Plan lief alles, was geschah.
Da lachtet ihr aus vollem Mund.

DER TEUFEL
Das war ein bitt'res Aus für dich.
Du suchtest Freundschaft, wahre Liebe,
doch alle ließen dich im Stich
und folgten ihrem bösen Triebe.

GOTTESKNECHT
Es war dein altbewährter Trick:
Du säst die Angst und den Konflikt.
Dann wird ein Opfer ausgesucht,
das den versöhnt, der es verflucht.
Gefangen in dem Teufelskreis
wird allen dann die Hölle heiß.

DER TEUFEL
Du hast mein Schattenspiel durchschaut!
Der Mensch jedoch – vor Angst wie blind –
hat deiner Liebe stets misstraut
und ist nun ganz des Teufels Kind.

DER GOTTESKNECHT
Ich werde durch die Hölle gehn
und bleib vor jeder Zelle stehn.
Ich werde klopfen, Namen nennen,
an meiner Stimm' sie mich erkennen!
Bei Adam, Lucy will ich pochen,
denn meine Lieb' ist ungebrochen.

DER TEUFEL
Das darf doch nie und nimmernie gescheh'n!
So weit darf selbst der Gottesknecht nicht geh'n!
Sie könnten mir zu schlechter Letzt entrinnen.
Verriegelt sind die Türen nur von innen …

DER GOTTESKNECHT
Wenn sie hören, dass ich »Friede« sage,
kein Wort des Vorwurfs und auch keine Rache,
sie wie ein Hirt bis in den Himmel trage,
dann ist die leere Hölle eine ausgemachte Sache.

RÜCKBLICK AUF DEN SIEBTEN TAG

Mit der Entstehung des Lebens waren auch der Schmerz und der Tod in die Welt gekommen. Durch den Glauben an die Auferstehung Jesu Christi fällt ein neues Licht auf die dunkle Frage nach Leiden und Tod. Allerdings gibt das Christentum keine theoretische Antwort, sondern eine praktische: Es gilt, das Leiden solidarisch zu bestehen. Doch oft gleicht der Einsatz von Menschen einem Tropfen auf den heißen Stein. Der christliche Glaube schenkt die Hoffnung, dass das begrenzte menschliche Handeln von Gott weitergeführt und die Geschichte des Kosmos vollendet wird.

ZEHN THESEN ZUR FREIHEIT

1. Freiheit ist kein Zustand, sondern ein Prozess fortwährender Befreiung.

2. Im Menschen hat die Evolution ein Wesen hervorgebracht, das sich immer neue Freiräume zu erschließen versucht.

3. Der mit *Selbst*bewusstein begabte Mensch will sein Leben *selbst* in die Hand nehmen und sich aus biologischen, psychologischen und sozialen Vorgaben immer weiter emanzipieren.

4. Freiheit ist Voraussetzung für Liebe. Eine erzwungene Freundschaft ist keine.

5. Jemanden lieben meint: Eine andere Person als sie selbst bejahen und ihre Freiheit – und damit ihre Entfaltung – fördern.

6. Das biblische Volk Israel deutet die geglückte Befreiung aus der Sklaverei Ägyptens als göttliches Geschenk: Gott will die Freiheit seines Volkes, damit es mit ihm einen Bund, ein freundschaftliches Bündnis eingehen kann.

7. Die dem Menschen geschenkte Freiheit beinhaltet damit immer auch die Möglichkeit, sich gegen Gott zu entscheiden.

8. Menschliche Freiheit bleibt stets bedroht durch Angst, Gier und Egoismus. Die Zehn Gebote der Bibel sind Weisungen, um die Freiheit und das gesellschaftliche Miteinander zu schützen.

9. Jesus von Nazareth war derart in der Liebe Gottes verwurzelt, dass er in großer Freiheit reden und handeln konnte. Indem er auch anderen Menschen dieses Grundvertrauen vermittelte, wurden diese freier von Ängsten und Abhängigkeiten und zu neuer Gemeinschaft befähigt.

10. Der Glaube an Jesus Christus kann aus einengenden und ängstigenden Mustern befreien. Je mehr der Mensch seinen Selbstwert im Vertrauen auf Gott findet, umso mehr kann er auch andere in ihrer Entfaltung fördern und zu einer gerechteren Welt beitragen.

AM MORGEN DES ACHTEN TAGES

Melanie: *Schade, dass unsere Zeit zu Ende geht. Ich hätte gern noch manches weiter diskutiert und vertieft.*
Andreas: *Das Gespräch über Gott und die Welt geht weiter. Vielleicht haben ja auch unsere Leserinnen und Leser Geschmack daran gefunden.*
Melanie: *Danken möchte ich allen, mit denen wir schon im Vorfeld diskutieren konnten und denen wir zahlreiche Anregungen verdanken: meiner Mutter Barbara Wolfers, Dr. Maika Gruber (Biologin) und Mag. Erhard Lesacher (Theologe).*
Andreas: *Eine große Hilfe war es, dass uns Prof. Dr. Eberhard Tiefensee (Philosoph und Theologe), Dr. Bernhard Warmbrunn (Mediziner), Angela Mielke (Theologin), Dr. Arno Mielke (Physiker) sowie Manfred Rauh in Bolivien (Theologe) beim Niederschreiben unserer Ideen kritisch begleitet haben. Auch der Herausgeber der Zeitschrift »Christ in der Gegenwart«, Johannes Röser, und zwei gute Bekannte aus Leipzig, Lars Michalek und Rüdiger Bock, haben uns mit zahlreichen Anregungen und weiterführender Kritik sehr unterstützt.*

Melanie: *Und nicht zuletzt hat uns Stefan Wiesner bei der Bearbeitung der Neuauflage viel Vertrauen geschenkt und dieses Projekt sehr gut begleitet.*

Andreas: *Unser Autorenhonorar geht an das Projekt »Christlicher Glaube sucht neue Heimat«: Im Jahr 2015 haben Christinnen und Christen, die von Islamisten aus dem Irak und aus Syrien vertrieben worden waren, in Leipzig eine neue Gemeinde gegründet. Sie brauchen Räume für ihren Gottesdienst (in aramäischer Sprache, d. h. in der Muttersprache Jesu) und für das Gemeindeleben.*

Nähere Informationen finden sich auf deren Homepage:
https://syrisch-orthodox-leipzig.de

Fotos: © Gerd Neuhold, Ulrik Hölzel

VITEN

Andreas Knapp, Dr. theol., ist Priester und Autor. Viele Jahre leitete er das Priesterseminar in Freiburg. Im Jahr 2000 schloss er sich dem Orden der »Kleinen Brüder vom Evangelium« an. Heute lebt er mit drei Mitbrüdern in einem Plattenbau in Leipzig, wo er sich vor allem in der Flüchtlingsarbeit engagiert. Andreas Knapp ist Autor zahlreicher erfolgreicher Bücher; sein Werk wurde mehrfach ausgezeichnet, u.a. mit dem renommierten Herbert-Haag-Preis (2018).

Melanie Wolfers, Dr. theol., Mag. phil., Jahrgang 1971, ist Philosophin, Theologin und Mutmacherin. Aufgewachsen in Norddeutschland, studierte sie Philosophie und Theologie in Freiburg und München und wirkt seitdem als Beraterin, Rednerin und Autorin. Seit 2004 lebt die Expertin für Lebensfragen und Spiritualität in einer christlichen Ordensgemeinschaft in Wien. Melanie Wolfers schöpft aus ihrer langjährigen Erfahrung als Seelsorgerin; sie ist Bestsellerautorin, schreibt für überregionale Magazine wie BRIGITTE und betreibt den erfolgreichen Podcast GANZ SCHÖN MUTIG – dein Podcast für ein erfülltes Leben.

www.melaniewolfers.de

ZUM WEITERLESEN

Arnold Angenendt, Toleranz und Gewalt. Das Christentum zwischen Bibel und Schwert, Münster 5/2018

Henri de Lubac, Über Gott hinaus. Tragödie des atheistischen Humanismus, Einsiedeln 1984

Martin Ebner, Jesus von Nazaret. Was wir von ihm wissen können, Stuttgart 2/2007

René Girard, Ich sah den Satan vom Himmel fallen wie einen Blitz. Eine kritische Apologie des Christentums, München 1999

Hans Kessler, Gott – warum er uns nicht loslässt, Mainz 2016

Andreas Knapp/Melanie Wolfers, Sprengstoff Religion? Was man heute über Islam und Christentum wissen muss, München 2/2018

Christian Kummer, An Gott als Person glauben? Eine Spurensicherung, Ostfildern 2/2020

Johannes Röser, Auf der Spur des unbekannten Gottes. Christsein in moderner Welt, Freiburg 2021

Gerd Theißen, Die Jesusbewegung. Sozialgeschichte einer Revolution der Werte, Gütersloh 2004

Melanie Wolfers, Die Kraft des Vergebens. Wie wir Kränkungen überwinden und neu lebendig werden, Freiburg 2014

Melanie Wolfers, Zuversicht. Die Kraft, die an das Morgen glaubt, München 5/2022

Wer es ganz ausführlich haben will (1566 Seiten)
Thomas Pröpper, Theologische Anthropologie, Freiburg 2015

Und wer es ganz knapp haben will (99 Seiten)
Andreas Knapp, Noch knapper. 99 Miniaturen über Gott und die Welt, Würzburg 2021

QUELLENANGABEN

1 Vgl. Yuval Noah Harari, Eine kurze Geschichte der Menschheit, München 2013.

2 Robert Spaemann, Das Natürliche und das Vernünftige, München 1987, S. 90.

3 Vgl. Johannes Röser, Moralmacher Religion?, in: Christ in der Gegenwart Nr. 58/2006, S. 35–38.

4 Zitiert in: Ulrich Lüke, Das Säugetier von Gottes Gnaden, Freiburg i. Br. 2006, S. 267.

5 Vgl. den Artikel »Beten schafft Erleichterung« in: »Bleib gesund«, AOK-Magazin für Sachsen und Thüringen, Nr. 1/2008, S. 28–29.

6 Vgl. Manfred Spitzer, Gott-Gen und Großmutterneuron, Stuttgart 2006, S. 5.

7 Vgl. Richard Dawkins, Der Gotteswahn, Berlin 2006; Yuval Noah Harari, 21 Lektionen für das 21. Jahrhundert, München 2021, S. 2016 f.; 330 u. a.

8 Christopher Hitchens, Der Herr ist kein Hirte. Wie Religion die Welt vergiftet, München 2007.

9 Richard Dawkins, Der Gotteswahn, S. 242; vgl. ebd. S. 263.

10 Richard Dawkins, Das egoistische Gen, Berlin 1978, S. 2 f.; zum Folgenden vgl. ders., Der Gotteswahn, S. 258 f.

11 Ulrich Lüke, Das Säugetier von Gottes Gnaden, S. 267.

12 Vgl. die Kritik am »genetischen Fundamentalismus« durch Simon Conway Morris, Jenseits des Zufalls, Berlin 2008, S. 256 ff.; Ulrich Bahnsen, Erbgut in Auflösung, in: DIE ZEIT Nr. 25 vom 12. Juni 2008, S. 33 f.

13 Vgl. Alister McGrath: Der Atheismus-Wahn. Eine Antwort auf Richard Dawkins und den atheistischen Fundamentalismus, München 2007, S. 74 ff.

14 Manfred Spitzer: Selbstbestimmen. Gehirnforschung und die Frage: Was sollen wir tun?, München 2004, S. 125.

15 Vgl. Yuval Noah Harari, Eine kurze Geschichte der Menschheit, S. 288.

16 John Polkinghorne, Die Welt des rationalen Diskurses löst sich auf in das absurde Geplapper feuernder Synapsen, zit. in: John Lennox, Hat die Wissenschaft Gott begraben? Eine kritische Analyse moderner Denkvoraussetzungen, Wuppertal 2002, S. 38; siehe hierzu auch Eberhard Schockenhoff, Theologie der Freiheit, Freiburg i. Br. 2007, sowie: Ulrich Lüke, Zur Freiheit determiniert – zur Determination befreit? Zwischendiagnose zur aktuellen Hirnforschungsdebatte, in: Stimmen der Zeit 2004, S. 610–622.

17 Vgl. hierzu und zum Folgenden: Ulrich Lüke, Das Säugetier von Gottes Gnaden, S. 252–273.

18 Vgl. Reinhard Löw, Über das Schöne, Stuttgart/Wien 1994, S. 41 f.

19 Über diese »Spiegelneuronen« referiert Frank Ochmann, Die gefühlte Moral. Warum wir Gut und Böse unterscheiden können, Berlin 2008, S. 108 ff.

20 Robert Spaemann: Das Natürliche und das Vernünftige. Piper, München 1987, S. 90.

21 Vgl. besonders: Hans Joas, Braucht der Mensch Religion? Über Erfahrungen der Selbsttranszendenz, Freiburg i. Br. 2004, S. 17–31.

22 Zitiert aus: Bernhard Meuser, Christ sein für Einsteiger, München 2007, S. 47.

23 Ernesto Cardenal, Das Buch von der Liebe © Peter Hammer Verlag, Wuppertal 1971, Neuausgabe 2004.

24 Vgl. Manfred Spitzer, Selbstbestimmen, S. 86 f.

25 Vgl. auch René Girard, Das Heilige und die Gewalt, Düsseldorf 1994, S. 141.

26 Zitiert nach: John Lennox, Hat die Wissenschaft Gott begraben?, SCM R. Brockhaus, Holzgerlingen 2021.

27 DER SPIEGEL Nr. 22/2007, 56 ff. berichtet von diesem »Kreuzzug der Gottlosen«.

28 Vgl. zum Folgenden die große Studie von Arnold Angenendt, Toleranz und Gewalt. Das Christentum zwischen Bibel und Schwert, Münster 2007; Erich Zenger, Gewalt im Namen Gottes – der notwendige Preis des biblischen Monotheismus?, in: Alfons Fürst (Hg.), Friede auf Erden? Die Weltreligionen zwischen Gewaltverzicht und Gewaltbereitschaft. Freiburg i. Br. 2006, S. 13–44.

29 Yuval Noah Harari, Eine kurze Geschichte der Menschheit, S. 260, 264 f.

30 Johann Baptist Metz, Memoria passionis, © 2017 Verlag Herder GmbH, Freiburg i. Br., S. 160f.

31 Johann Baptist Metz, Lothar Kuld, Adolf Weisbrod, Compassion – Weltprogramm des Christentums, © 2000 Verlag Herder GmbH, Freiburg i. Br., S. 9.

32 René Girard, Ich sah den Satan vom Himmel fallen wie einen Blitz, München 1999, S. 151.

33 Jan Assmann, Nachwort, in: Reinhard Gregor Kratz/Hermann Spieckermann (Hg.), Götterbilder – Gottesbilder – Weltbilder, Bd. 2: Polytheismus und Monotheismus in der Welt der Antike, © Mohr Siebeck, Tübingen, 2., durchgesehene Auflage; 2009, S. 328.

34 Jacques Monod, Zufall und Notwendigkeit: Philosophische Fragen der modernen Biologie, übersetzt von Friedrich Griese, Piper Verlag, München 1996 [1970], S. 5.

35 C. S. Lewis, Über den Schmerz, München, Kösel 1978, S. 17.

36 Vgl. Yuval Noah Harari, Homo Deus. Eine Geschichte von morgen, München 2021, S. 220. 531; ders., Eine kurze Geschichte der Menschheit, S. 288.

37 Dietrich Bonhoeffer, Widerstand und Ergebung. Briefe und Aufzeichnungen aus der Haft. Herausgegeben von Eberhard Bethge, München 1951, S. 195.

38 Robert Spaemann, Moralische Grundbegriffe, C. H. Beck Verlag, München 2021.

39 Vgl. Eberhard Schockenhoff, Theologie der Freiheit, S. 197 ff.

40 Hans-Joachim Höhn, Der fremde Gott. Glaube in postsäkularer Kultur, Würzburg 2008, S. 105.

41 Dass unserem Kosmos genau die Spielregeln zugrunde liegen, die fast zwangsläufig zur Entstehung von Leben, Bewusstsein, Intelligenz und Freiheit führen, wird von Simon Conway Morris eindrucksvoll dargelegt in: Jenseits des Zufalls, Berlin 2008.

42 Vgl. John Lennox, Hat die Wissenschaft Gott begraben?, S. 9.

43 Vgl. Hanna-Barbara Gerl-Falkovitz, Eros, Glück, Tod und andere Versuche im christlichen Denken, Gräfelfing 2001, S. 91.

44 Vgl. zum Kapitel über das Leben Jesu: Gerd Theißen, Die Jesusbewegung. Sozialgeschichte einer Revolution der Werte, Gütersloh 2004; Martin Ebner, Jesus von Nazaret. Was wir von ihm wissen können, Stuttgart 2007.

45 Vgl. Claus-Peter März, Jesus. Sein Weg – Seine Botschaft – Seine Zeit, Leipzig 2007, S. 34 f.

46 Vgl. Martin Ebner, Jesus von Nazaret, S. 104–117.

47 Vgl. René Girard, Ich sah den Satan vom Himmel fallen wie einen Blitz, S. 28 f.

48 Gerd Theißen, Die Jesusbewegung, S. 115.

49 Einheitsübersetzung der Heiligen Schrift, vollständig durchgesehene und überarbeitete Ausgabe © 2016 Katholische Bibelanstalt, Stuttgart.

50 Vgl. Martin Ebner, Jesus von Nazaret, S. 150.

51 Vgl. René Girard, Wissenschaft und christlicher Glaube, Tübingen 2007, S. 49.

52 Vgl. Gerd Theißen, Die Jesusbewegung, S. 54.

53 Vgl. René Girard, Ich sah den Satan vom Himmel fallen wie einen Blitz, S. 18.

54 Textauszug aus: Bertolt Brecht, Die Verurteilulng des Lukullus, in: ders., Werke. Große kommentierte Berliner und Frankfurter Ausgabe, Band 6: Stücke 6. © Bertolt-Brecht-Erben / Suhrkamp Verlag 1989.

55 Das Neue Testament. Eine Übersetzung, die unsere Sprache spricht, © 2005 by Albert Kammermeyer. Alle Rechte weltweit vorbehalten. Abdruck mit freundlicher Genehmigung.

56 Vgl. Arnold Angenendt, Toleranz und Gewalt, S. 170.

57 Vgl. Arnold Angenendt, Toleranz und Gewalt, S. 192.

58 Vgl. Peter Strasser, Warum überhaupt Religion? Der Gott, der Richard Dawkins schuf, München 2008, S. 90.

59 Vgl. zum Folgenden: Peter L. Berger, Erlösender Glaube? Fragen an das Christentum. Berlin 2006, S. 37–50.

60 Robert Spaemann, Der letzte Gottesbeweis. München 2007, S. 15.

61 Vgl. »Die Frage der Fragen« aus: Martin Buber, Die Erzählungen der Chassidim, Manesse Verlag, Zürich, in der Verlagsgruppe Random House, München.

62 Yuval Noah Harari, Eine kurze Geschichte der Menschheit, S. 327.

63 Andreas Knapp, Brennender als Feuer. Geistliche Gedichte, © Echter Verlag, Würzburg, 9. Auflage 2020, S. 30.

Weitere bene!-Bücher von Melanie Wolfe

Viele von uns erleben sich ohnmächtig angesichts der Krisen auf der Welt – aber auch in Situationen, denen wir in unserem Alltag begegnen. Melanie Wolfers beschreibt sieben Grundhaltungen, die uns helfen, der Ohnmacht ihre Macht zu nehmen und die Kraft zu entdecken, die in uns wohnt.

Hardcover mit Schutzumschlag
192 Seiten
ISBN 978-3-96340-252-4
€ [D] 19,– · € [A] 19,60

Nichts beeinflusst unser Lebensglück so sehr wie Entscheidungen. Melanie Wolfers vermittelt anhand eines innovativen Konzepts alltagstaugliche Strategien, Methoden, Beispiele und Tipps, um eine kluge Wahl zu treffen.

Hardcover mit Schutzumschlag
256 Seiten
ISBN 978-3-96340-117-6
€ [D] 19,– · € [A] 19,60

Woher kommt es, dass wir uns schwertun, etwas zu wagen? Dass wir so zögerlich oder gar ängstlich sind? Melanie Wolfers geht diesen Fragen auf den Grund und zeigt, wie wir mutig, angstfreier und somit besser leben können.

Hardcover mit Schutzumschlag
224 Seiten
ISBN 978-3-96340-022-3
€ [D] 17,– · € [A] 17,50

nd Andreas Knapp

Zuversicht ist eine innere Kraft, die vieles zum Positiven verändern kann. Mit ihrer Hilfe können wir in schwierigen Situationen neue Perspektiven entdecken. Melanie Wolfers zeigt, wie wir Zuversicht gewinnen und stärken können.

Hardcover mit Veredelung
160 Seiten
ISBN 978-3-96340-206-7
€ [D] 14,– · € [A] 14,40

Es tut gut, ganz bewusst innezuhalten. Sich die Zeit zu gönnen, die es braucht, um sich innerlich neu zu sortieren – gerade dann, wenn die Wogen des Lebens wieder einmal hochschlagen. Unsere Seele wird es uns danken.

Hardcover mit Veredelung
128 Seiten
ISBN 978-3-96340-269-2
€ [D] 12,– · € [A] 12,40

Immer mehr zu besitzen wird uns als »Glück« angepriesen. Doch viele haben längst gemerkt, dass dies so nicht stimmt ... Andreas Knapp lädt zu einem alternativen Lebensstil und Lebensgefühl ein. Dabei folgt er zwei Spuren: der von Jesus Christus und der von Charles de Foucauld, der Ende des 19. Jahrhunderts eine radikale Lebenswende vollzog.

Hardcover mit Veredelung
176 Seiten
ISBN 978-3-96340-196-1
€ [D] 18,– · € [A] 18,50

Besuchen Sie uns im Internet:
www.bene-verlag.de

Aus Verantwortung für die Umwelt hat sich die Verlagsgruppe Droemer Knaur zu einer nachhaltigen Buchproduktion verpflichtet. Der bewusste Umgang mit unseren Ressourcen, der Schutz unseres Klimas und der Natur gehören zu unseren obersten Unternehmenszielen. Gemeinsam mit unseren Partnern und Lieferanten setzen wir uns für eine klimaneutrale Buchproduktion ein, die den Erwerb von Klimazertifikaten zur Kompensation des CO_2-Ausstoßes einschließt.
Weitere Informationen finden Sie unter: www.klimaneutralerverlag.de

FSC www.fsc.org
MIX
Papier aus verantwortungsvollen Quellen
FSC® C014496

Überarbeitete Neuausgabe August 2023

Ein Imprint der Verlagsgruppe
Droemer Knaur GmbH & Co. KG, München

Bei den Bibeltexten orientieren wir uns u. a. an der Einheitsübersetzung der Heiligen Schrift (hrsg. von der Katholischen Bibelanstalt Stuttgart), an der Jerusalemer Bibel (hrsg. vom Herder Verlag, Freiburg i. Br.) und an: Das Neue Testament. Eine Übersetzung, die unsere Sprache spricht, übersetzt von Albert Kammermayer (Don Bosco Medien 2012).
Lektorat: Andrea Langenbacher, Stefan Wiesner
Covergestaltung: Maike Michel
Coverabbildung: Noah Sydnor/Shutterstock.com
Druck und Bindung: GGP Media GmbH; Pößneck
ISBN 978-3-96340-257-9

5 4 3 2 1